Collins *gem*

Collins

English–Bangla
Dictionary
বাংলা – ইংরেজী

HarperCollins Publishers
Westerhill Road
Bishopbriggs
Glasgow
G64 2QT

First Edition 2011

© HarperCollins Publishers 2011

ISBN 978-0-00-738712-0

Collins ® is a registered trademark of
HarperCollins Publishers Limited

www.collins.co.uk

A catalogue record for this book is
available from the British Library

Typeset in India by Aptara

Acknowledgements

We would like to thank those authors
and publishers who kindly gave
permission for copyright material
to be used in the Collins Word Web.
We would also like to thank Times
Newspapers Ltd for providing valuable
data.

HarperCollins does not warrant
that www.collinsdictionary.com,
www.collins.co.uk or any
other website mentioned in this title
will be provided uninterrupted, that
any website will be error free, that
defects will be corrected, or that the
website or the server that makes it
available are free of viruses or bugs.
For full terms and conditions please
refer to the site terms provided on
the website.

CONTENTS

সূচীপত্র

Editorial Consultant সম্পাদনা পরামর্শদাতা
Pritam Bhattacharjee

Translation co-ordination অনুবাদ সমন্বয়কারী
Ajit Shirodkar

Translators অনুবাদকমন্ডলী
Prachi Banerjee
Gopal Chowdhury

Computing Support কম্পিউটার সহায়তা
Thomas Callan

Editors সম্পাদকমন্ডলী
Suchitra Choudhury
Gerry Breslin
Freddy Chick
Lucy Cooper
Kerry Ferguson
Paige Weber

Editor-in-Chief মুখ্য-সম্পাদক
Dr Elaine Higgleton

ABBREVIATIONS — আদ্যক্ষরা

abbreviation	*abbr*	আদ্যক্ষর
adjective	*adj*	বিশেষণ
adverb	*adv*	ক্রিয়া-বিশেষণ
conjunction	*conj*	সংযোজক অব্যয়
determiner	*det*	বিশেষ্য নির্দ্দিষ্টকারী
exclamation	*excl*	বিস্ময়সূচক
noun	*n*	বিশেষ্য
noun plural	*npl*	বিশেষ্য বহুবচন
number	*num*	বচন
particle	*part*	অপ্রধান পদ
preposition	*prep*	বিশেষ্য বা বিশেষণের পূর্বের শব্দ বা শব্দগুচ্ছ
pronoun	*pron*	সর্বনাম
verb	*v*	ক্রিয়া
intransitive verb	*vi*	অকর্মক ক্রিয়া
transitive verb	*vt*	সকর্মক ক্রিয়া

ENGLISH PRONUNCIATION ইংরেজী উচ্চারণ

The International Phonetic Alphabet is used to show how English words are pronounced in this dictionary.

আন্তর্জাতিক বাচন-ধ্বনি বা ফোনেটিক বর্ণমালা ব্যবহার করে বোঝানো হয়েছে কিভাবে এই অভিধানে ইংরেজী শব্দগুলি উচ্চারণ করা হয়েছে।

Stress ধ্বনি প্রাধান্য

The mark (') in the phonetics field indicates a primary stress and the mark (ˌ) indicates a secondary stress.

(') – এই চিহ্ন বাচন-ধ্বনি বোঝানোর নির্দিষ্ট ক্ষেত্রে মুখ্য প্রাধান্য দিতে হবে বোঝায় আর (ˌ) – এই চিহ্ন গৌণ প্রাধান্য দিতে হবে বোঝায়।

Vowels স্বরধ্বনিসমূহ

	English Example ইংরেজী উদাহরণ	**Explanation** ব্যাখ্যা
[ɑ:]	*father*	'a' ধ্বনির উচ্চারণ যেরকম far শব্দে
[ʌ]	*but, come*	'u' ধ্বনির উচ্চারণ যেরকম come শব্দে
[æ]	*man, cat*	'a' ধ্বনির উচ্চারণ যেরকম cat শব্দে
[ə]	*father, ago*	'e' ধ্বনির উচ্চারণ যেরকম ago শব্দে
[ə]	*bird, heard*	'i' ধ্বনির উচ্চারণ যেরকম heard শব্দে
[ɛ]	*get, bed*	'e' ধ্বনির উচ্চারণ যেরকম bed শব্দে
[i]	*it, big*	'i' ধ্বনির উচ্চারণ যেরকম big শব্দে
[i]	*tea, see*	'ea' ধ্বনির উচ্চারণ যেরকম see শব্দে
[ɔ]	*hot, wash*	'o' ধ্বনির উচ্চারণ যেরকম wash শব্দে
[ɔ]	*saw, all*	'aw' ধ্বনির উচ্চারণ যেরকম all শব্দে
[u]	*put, book*	'u' ধ্বনির উচ্চারণ যেরকম book শব্দে
[u]	*too, you*	'oo' ধ্বনির উচ্চারণ যেরকম you শব্দে

Diphthongs বিশেষ স্বরধ্বনি

	English Example ইংরেজী উদাহরণ	**Explanation** ব্যাখ্যা
[ai]	*fly, high*	'y' ধ্বনির উচ্চারণ যেরকম high শব্দে
[au]	*how, house*	'ow' ধ্বনির উচ্চারণ যেরকম house শব্দে
[ɛə]	*there, bear*	'ere' ধ্বনির উচ্চারণ যেরকম bear শব্দে
[ei]	*day, obey*	'ay' ধ্বনির উচ্চারণ যেরকম obey শব্দে
[iə]	*here, hear*	'ere' ধ্বনির উচ্চারণ যেরকম hear শব্দে
[əu]	*go, note*	'o' ধ্বনির উচ্চারণ যেরকম note শব্দে
[əi]	*boy, oil*	'oy' ধ্বনির উচ্চারণ যেরকম oil শব্দে
[uə]	*poor, sure*	'oo' ধ্বনির উচ্চারণ যেরকম sure শব্দে

Consonants ব্যঞ্জনধ্বনিসমূহ

	English Example ইংরেজী উদাহরণ	**Explanation** ব্যাখ্যা
[b]	*big, lobby*	'b' ধ্বনির উচ্চারণ যেরকম lobby শব্দে
[d]	*mended*	'ded' ধ্বনির উচ্চারণ যেরকম mended শব্দে
[g]	*go, get, big*	'g' ধ্বনির উচ্চারণ যেরকম big শব্দে
[ʤ]	*gin, judge*	'g' ধ্বনির উচ্চারণ যেরকম judge শব্দে
[ŋ]	*sing*	'ng' ধ্বনির উচ্চারণ যেরকম sing শব্দে
[h]	*house, he*	'h' ধ্বনির উচ্চারণ যেরকম he শব্দে
[j]	*young, yes*	'y' ধ্বনির উচ্চারণ যেরকম yes শব্দে
[k]	*come, mock*	'c' ধ্বনির উচ্চারণ যেরকম mock শব্দে
[r]	*red, tread*	'r' ধ্বনির উচ্চারণ যেরকম tread শব্দে
[s]	*sand, yes*	's' ধ্বনির উচ্চারণ যেরকম yes শব্দে
[z]	*rose, zebra*	's' ধ্বনির উচ্চারণ যেরকম zebra শব্দে
[ʃ]	*she, machine*	'sh' ধ্বনির উচ্চারণ যেরকম machine শব্দে
[tʃ]	*chin, rich*	'ch' ধ্বনির উচ্চারণ যেরকম rich শব্দে
[v]	*valley*	'v' ধ্বনির উচ্চারণ যেরকম valley শব্দে
[w]	*water, which*	'w' ধ্বনির উচ্চারণ যেরকম which শব্দে
[ʒ]	*vision*	's' ধ্বনির উচ্চারণ যেরকম vision শব্দে
[θ]	*think, myth*	'th' ধ্বনির উচ্চারণ যেরকম myth শব্দে
[ð]	*this, the*	'th' ধ্বনির উচ্চারণ যেরকম the শব্দে

বাংলা-ইংরেজী

BANGLA-ENGLISH

অ

অঙ্কুর *npl* sprouts
অতিবাহিত *prep* past
অতিরিক্ত মালপত্র *n* excess baggage
অত্যন্ত আগ্রহান্বিত *adj* very enthusiastic
অনুরূপ *adj* similar ▹ *prep* like
অন্ত্র *npl* bowels, intestines
অন্ধ ভক্ত *n* fanatic
অন্যায় *adj* wrong, unfair
অপরাহ্ণ *n* afternoon
অভব্য *adj* impolite
অর্থবিনিয়োগ *vt* investment
অলস *adj* lazy
অল্প *n* little
অল্পতম *adj* minimum
অংশ নেওয়া *n* appearance
অসমঞ্জস *adj* inconsistent
অসময় *n* untimely
অসাধু *adj* dishonest, unscrupulous
অসুস্থতার প্রমাণ পত্র *n* medical certificate
অস্ট্রিয়া-বাসী *n* Austrian
অকর্মের ঢেঁকি *n* (ব্যক্তি) good-for-nothing ▹ *adj* (জিনিষ) rubbish
অকারণ উত্তেজিত *adj* fussy
অকারণে উত্তেজনা *n* fuss
অকাল *adj* premature
অকৃতকার্য *n* failure
অকৃতকার্য হওয়া *v* fail
অকৃতজ্ঞ *adj* ungrateful
অকেজো *adj* (ব্যক্তি) idle; (যন্ত্র) non-functional
অক্টোপাস *n* octopus
অক্টোবর *n* October
অক্ষম *adj* (শারীরিক) disabled; (কাজে) unable
অক্ষমতা *n* disability
অক্ষর *n* letter
অক্ষরে অক্ষরে *adv* literally
অক্ষাংশ *n* latitude
অক্সিজেন *n* oxygen
অগভীর *adj* shallow
অগভীর জলে চলা *vi* paddle
অগোছাল অবস্থা *n* clutter
অগ্নি-নির্বাপক যন্ত্র *n* fire extinguisher
অগ্নিকান্ড *n* blaze
অগ্নিশিখা *n* flame
অগ্নিসংকেত *n* fire alarm
অগ্রহণযোগ্য *adj* unacceptable

অগ্রাধিকার *n* priority

অঘটন *n* miracle

অঙ্ক *n* (সংখ্যা) sum; (নাটক) act

অঙ্কশাস্ত্র *npl* mathematics

অঙ্কশাস্ত্র সম্বন্ধীয় *adj* mathematical

অঙ্গ *n* (শারীরিক) body part; (আংশিক) part

অঙ্গন *n* courtyard

অঙ্গভঙ্গি *n* gesture

অঙ্গসজ্জা *n* make-up

অঙ্গার *n* carbon, ash

অঙ্গীকার *v* promise ▷ *n* commitment

অচল *adj* obsolete

অচল হয়ে যাওয়া *n* breakdown

অচলাবস্থা *n* stalemate

অজস্র অভিনন্দন *npl* congratulations

অজানা *adj* unknown

অজ্ঞ *adj* ignorant

অজ্ঞতা *n* ignorance

অজ্ঞান *adj* unconscious

অজ্ঞান করবার ওষুধ *n* anaesthetic

অজ্ঞান হওয়া *vi* faint

অঞ্চল *n* area, region

অটল *adj* persistent

অটোগ্রাফ *n* autograph

অট্টালিকা *n* mansion

অতি ক্ষুদ্র *adj* minute

অতি গোপন *adj* top-secret

অতি মূল্যায়ন করা *vt* overestimate

অতিক্রম করা *v* (রেকর্ড) go past ▷ *vt* (বাধা) pass

অতিথি *n* guest

অতিথি কক্ষ *n* spare room, guest room

অতিথিশালা *n* guesthouse

অতিপ্রাকৃতিক *adj* supernatural

অতিবাহিত করা *vt* spend

অতিরঞ্জন *n* exaggeration

অতিরিক্ত *adj* excessive

অতীত *n* past

অত্যধিক *adj* excessive ▷ *pron* much

অত্যন্ত প্রিয় *adj* favourite

অত্যন্ত ভয়ার্ত *adj* petrified

অত্যন্ত ভাল *adj* superb

অত্যন্ত মজার *adj* hilarious

অত্যাধুনিক *adj* ultra-modern, state-of-the-art

অথবা *conj* or

অদক্ষ *adj* (কর্মী) unskilled; (পদ্ধতি) inefficient

অদম্য *adj* uncontrollable

অ

অদরকারী *adj* useless
অদলবদল করা *v* alter
অদূরদর্শী *adj* short-sighted
অদৃশ্য *adj* invisible
অদ্ভুত *adj* eccentric, strange
অধস্তন *n* inferior
অধিক *adv* more
অধিকতর *pron* more
অধিকতর খারাপ *adv* worse
অধিকতর ভালো *adv* better
অধিকতরভাবে *adv* increasingly
অধিকাংশ *adv* largely ▷ *n* majority
অধিগ্রহণ *n* takeover
অধিবর্ষ *n* leap year
অধিবেশন *n* session
অধীনস্থ সংস্থা *n* subsidiary
অধূমপায়ী *n* non-smoker
অধৈর্য *adj* impatient
অধৈর্যভাবে *adv* impatiently
অধ্যবসায়ী হওয়া *vi* persevere
অধ্যাপক *n* (কলেজ বা বিশ্ববিদ্যালয়) lecturer, professor; (স্কুল) teacher
অধ্যায় *n* chapter
অনধিকার প্রবেশকারী *n* intruder, trespasser
অনন্তকাল *n* eternity
অনন্য *adj* unique

অনভিজ্ঞ *adj* inexperienced
অনমনীয় *adj* inflexible
অনলাইন *adj* online
অনলাইনে *adv* online
অনাথ *n* orphan
অনামী *adj* anonymous
অনিচ্ছাকৃত *adj* unintentional
অনিচ্ছাকৃত ভুল *n* oversight
অনিচ্ছার ভঙ্গী *vi* shrug
অনিচ্ছুক *adj* reluctant
অনিচ্ছুকভাবে *adv* reluctantly
অনিবার্য *adj* unavoidable
অনিয়মিত *adj* irregular
অনিশ্চয়তা *n* uncertainty
অনিশ্চিত *adj* (ঘটনা) uncertain; (বিষয়) undecided
অনিষ্টজনক *adj* mischievous
অনুকরণ *n* (ব্যক্তি, পদ্ধতি) imitation; (বস্তু, অলংকার, চিত্র) reproduction
অনুগ্রহ করে *excl* please!
অনুচিত *adj* unfair
অনুচ্ছেদ *n* paragraph
অনুজ্জ্বল *adj* dull
অনুদান *n* aid, grant
অনুদার *adj* narrow-minded
অনুপযুক্ত ঘোষণা করা *vt* disqualify

অনুপস্থিত *adj* absent, missing
অনুপস্থিতি *n* absence
অনুপস্থিতি বোধ করা *vt* miss
অনুপাত *n* proportion, ratio
অনুপ্রবেশকারী *n* infiltrator
অনুপ্রাণিত *adj* inspired
অনুপ্রেরণা *n* inspiration
অনুবাদ *n* translation
অনুবাদ করা *vt* translate
অনুবাদক *n* translator
অনুবীক্ষণ যন্ত্র *n* microscope
অনুভব করা *vt* feel
অনুভূতি *n* feeling
অনুভূতিহীন *adj* insensitive
অনুভূমিক *adj* horizontal
অনুমতি *n* permission
অনুমতি দেওয়া/অনুমতি প্রদান করা *vt* allow
অনুমতিপত্র *n* pass, permit
অনুমান *vt* assume
অনুমান করা *vt* expect ▷ *v* speculate
অনুমানসাপেক্ষ *adj* predictable
অনুমোদন *n* approval ▷ *vt* authorize
অনুমোদন করা *vi* approve
অনুরাগী *n* fan
অনুরোধ *n* request
অনুরোধ করা *vt* request
অনুলিপি *n* copy
অনুশাসন *n* discipline
অনুশীলন *n* exercise
অনুশোচনা *n* regret
অনুশোচনা করা *vt* regret
অনুষ্ঠান-পরিচালক *n* compere
অনুষ্ঠানের মহড়া *n* rehearsal
অনুষ্ঠানের মহড়া দেওয়া *v* rehearse
অনুসন্ধান *n* enquiry, inquiry
অনুসন্ধান কক্ষ *n* inquiry desk
অনুসন্ধান করা *v* inquire
অনুসন্ধান কার্যালয় *n* inquiries office
অনুসন্ধানকারী *n* investigator
অনুসরণ *n* pursuit
অনুসরণ করা *v* follow ▷ *vt* pursue
অনুসারে *prep* according to
অনেক *det* (বেশি) much; (গোনা) many ▷ *n* (বস্তু) mass
অনেক *adj* several
অনেকগুলি *pron* many
অনৈতিক *adj* immoral
অন্ডকোষ *n* testicle
অন্তরঙ্গ *adj* intimate

অ

অন্তর্দৃষ্টি n intuition

অন্তর্ধান n disappearance

অন্তর্বাস npl (পুরুষ) pants, underpants ▷ n (স্ত্রী) slip, underwear

অন্তর্ভুক্ত করা vt include

অন্তর্হিত হওয়া vi disappear

অন্তঃস্থিত adj inner

অন্তিম adj final, terminal

অন্তিম তারিখ n expiry date

অন্ত্যেষ্টি n funeral

অন্দরসজ্জা বিশেষজ্ঞ n interior designer

অন্ধ adj blind

অন্ধকার adj dark ▷ n dark

অন্ধকারাচ্ছন্ন adj gloomy

অন্ধকূপ n dungeon

অন্য একটি det another

অন্যত্র adv elsewhere

অন্যথায় adv otherwise

অন্যদিকে ফেরা v turn the other way

অন্যভাবে adv otherwise

অন্যমনস্কভাবে adv inadvertently

অন্যমহিলার বাচ্চার জন্মদাত্রী n surrogate mother

অন্যরকম prep unlike ▷ adj different

অন্যান্য adj other

অন্যায় আচরণ করা vi misbehave

অন্যায় বিচার করা vt misjudge

অন্যের পরিচয়-তথ্য চুরি করা n identity theft

অপচয় n waste

অপচয় করা vt waste

অপছন্দ করা vt dislike

অপমান করা vt insult

অপরাজিত adj unbeatable, invincible

অপরাধ n crime, offence

অপরাধ-সম্পর্কিত adj criminal

অপরাধবোধ n guilt

অপরাধী vt convict ▷ n criminal

অপরাধীদের দল n gang

অপরাধীদের সদস্য n gangster

অপরিচিত adj unfamiliar

অপরিণত adj immature

অপরিবর্তনশীল ক্রিয়া n infinitive

অপরিবর্তিত adj unchanged

অপরিমার্জিত adj unedited

অপরিশীলিত খাদ্য npl wholefoods

অপরিষ্কার adj untidy

অপরিহার্য *adj* indispensable

অপসারণ *n* removal

অপসারণ করা *vt* remove, dismiss

অপসারণযোগ্য *adj* removable

অপহরণ করা *vt* abduct, kidnap

অপহরণকারী *n* kidnapper

অপারেটর *n* operator

অপুষ্টি *n* malnutrition

অপূর্ব *adj* marvellous

অপেক্ষা *prep* (তুলনা) than

অপেক্ষা করা *v* hang on, wait

অপেক্ষা করিয়ে রাখা *v* hold up

অপেক্ষাকৃত কম *adj* fewer ▷ *adv* less

অপেক্ষাকৃত কম *adj* relatively poor

অপেক্ষাকৃত খারাপ *adj* second-class

অপেক্ষাকৃত ছোট *adj* younger

অপেরা *n* opera

অপেশাদার *n* amateur

অপ্রকৃতিস্থ *adj* insane

অপ্রতুল *adj* inadequate, insufficient

অপ্রত্যাশিত *adj* unexpected

অপ্রত্যাশিতভাবে *adv* unexpectedly

অপ্রয়োজনীয় *adj* unnecessary

অপ্রয়োজনীয় ই-মেল *n* spam

অপ্রাপ্তবয়স্ক *n* minor

অপ্রাসঙ্গিক *adj* irrelevant

অফসাইড *adj* offside

অফিস *n* office

অফিস-সংক্রান্ত *adj* office-related

অফিসার *n* officer

অফিসের সময় *npl* office hours, peak hours

অবতরণ *n* touchdown

অবদান *n* contribution

অবদান রাখা *vi* contribute

অবধারিতভাবে *adv* necessarily

অবন্ধুজনোচিত *adj* unfriendly

অবমাননা *n* contempt, insult

অবমূল্যায়ন করা *vt* underestimate

অবরোহণ করা *v* descend

অবশ *adj* paralysed

অবশ করার ওষুধ *n* local anaesthetic

অবশিষ্ট *npl* remains

অবশিষ্টাংশ *adj* remaining
▷ *n* trace

অবশেষে *adv* finally

অবশ্যই *v* must

অবশ্যম্ভাবী *adj* inevitable

অবসর *n* leisure

অবসর গ্রহণ করা *vi* retire

অবসর বিনোদন *n* pastime

অবসর সময় কাটানোর জায়গা
n leisure centre

অবসর-নিবাস *n* resort

অবসরগ্রহণ *n* retirement

অবসরপ্রাপ্ত *adj* retired

অবসাদ-প্রতিরোধক *n*
antidepressant

অবস্থা *n* condition

অবস্থান *n* location, place

অবস্থান কাল *n* stay

অবস্থিত *adj* situated

অবহিত করা *vt* inform

অবহেলা *n* neglect

অবহেলা করা *vt* ignore,
neglect

অবহেলিত *adj* neglected

অবাক হওয়া *vt* wonder

অবাধ্য *adj* disobedient

অবাস্তব *adj* impractical,
unrealistic

অবিচলিত *adj* consistent

অবিচার *n* injustice

অবিবাহিত *n* bachelor

অবিবাহিতা মহিলা *adj*
unmarried ▷ *n* spinster

অবিবেচক *adj* inconsiderate

অবিরতভাবে *adv* constantly

অবিরাম *adj* endless,
unceasing

অবিলম্ব *adj* immediate,
instant

অবিলম্বে *adv* immediately,
instantly

অবিশ্বাসযোগ্য *adj* unreliable

অবিশ্বাসী *adj* unfaithful

অবিশ্বাস্য *adj* unbelievable

অবিস্মরণীয় *adj*
unforgettable

অবৈদ্যুতিক *adj* mechanical

অবৈধ *adj* illegal

অবৈধ শিকার *adj* poached

অব্যাহতি পাওয়া *v* get away

অভঙ্গুর *adj* (জিনিষ)
unbreakable; (মনোভাব)
impolite

অভয়ারণ্য *n* reserve

অভিজ্ঞ *adj* experienced

অভিজ্ঞতা *n* experience

অভিধান *n* dictionary

অভিনন্দিত করা *vt*
congratulate

অভিনয় *n* acting

অভিনয় করা *vi* act ▷ *v* star
অভিনেতা *n* actor
অভিনেত্রী *n* actress
অভিবাদন করা *v* salute
অভিবাসন *n* immigration
অভিবাসী *n* immigrant
অভিভাবকত্ব *n* custody
অভিভূত *adj* overwhelmed, touched
অভিমুখে *prep* towards
অভিযান *n* expedition
অভিযুক্ত *n* accused
অভিযুক্ত করা *v* prosecute
অভিযোগ *n* complaint
অভিযোগ করা *v* complain
অভিযোগে *n* charge
অভিযোগে দায়ী করা *vt* charge
অভিযোজন *v* adjust ▷ *n* adjustment
অভিযোজনযোগ্য *adj* adjustable
অভিশাপ *n* curse
অভূতপূর্ব *adj* unprecedented
অভ্যন্তরীণ *adj* internal
অভ্যন্তরে *adv* inside
অভ্যাস *n* habit, practice
অভ্যাস করা *vt* practise
অমনোযোগী *adj* absent-minded
অমনোযোগী করা *vt* distract
অমান্য করা *v* disobey
অমীমাংসিত থাকা *vi* be inconclusive
অম্ল *n* acid
অম্লবর্ষণ/এসিড বৃষ্টি *n* acid rain
অযোগ্য *adj* unsuitable
অযৌক্তিক *adj* unreasonable
অরক্ষিত *adj* insecure, vulnerable
অরণ্য *n* forest
অর্কিড *n* orchid
অর্কেস্ট্রা *n* orchestra
অর্জন করা *vt* achieve
অর্ডার ফর্ম *n* order form
অর্থ *n* meaning
অর্থ নির্ধারণ করা *vt* define
অর্থনীতিবিদ *n* economist
অর্থনৈতিক *adj* economic
অর্থব্যবস্থা *n* economy
অর্থশাস্ত্র *npl* economics
অর্থসংগ্রহ *npl* proceeds
অর্থসংস্থান *n* finance
অর্থাৎ *abbr* that is, i.e. ▷ *v* stand for
অর্থের বিনিময়ে অন্যের বাড়িতে বাসকারী ব্যক্তি *n* lodger
অর্দ্ধ গোলাকার *n* semicircle
অর্ধেক *adv* half ▷ *n* half

অর্ধেক দাম *adj* half-price
অর্ধেক দামে *adv* half-price
অর্ধেকভাবে *adv* fifty-fifty
অর্শ *npl* piles
অলংকার *n* ornament
অলিভ গাছ *n* olive
অলিভ তেল *n* olive oil
অল্প আঁচে সিদ্ধ *adj* poached
অল্প কয়েকটি *det* few
অল্পবয়সী *adj* young
অল্পবিস্তর বাধা *n* hitch
অংশ *n* (অংশ) part, portion
অংশ নেওয়া *v* (প্রতিযোগীতা) participate
অশক্ত *adj* unfit
অংশগ্রহণ করা *vi* participate
অশিক্ষিত *adj* illiterate
অশিষ্ট দেওয়াললিখন *npl* graffiti
অংশীদার *n* partner
অশোধিত *adj* crude
অশোভন *adj* blatant
অশ্রু *n* tear
অষ্টম *adj* eighth
অষ্টাদশীয় *adj* eighteenth
অসচ্ছল *adj* poor
অসতর্ক *adj* careless
অসৎ *adj* dishonest
অসত্য *adj* untrue
অসনাক্ত *adj* unidentified
অসন্তুষ্ট *adj* dissatisfied
অসন্তোষজনক *adj* unpleasant
অসফল *n* disappointment ▷ *adj* unsuccessful
অসফল হওয়া *vi* backfire
অসভ্য *adj* uncivilized
অসম্পূর্ণ *adj* incomplete
অসম্ভব *adj* impossible
অসম্মত হওয়া *vi* disagree
অসম্মতি *n* disagreement
অসংযত *adj* improper
অসহনীয় *adj* unbearable
অসহ্য ঠান্ডা *adj* chilly
অসাড় *adj* numb
অসাধারণ *adj* exceptional, extraordinary
অসামরিক চাকুরে *n* civil servant
অসামরিক ব্যক্তি *adj* civilian
অসামান্য *adj* outstanding
অসি *n* sword
অসুখী *adj* unhappy
অসুখে পড়া *vt* catch
অসুবিধা *n* difficulty
অসুবিধাজনক *adj* inconvenient
অসুস্থ *adj* ill, sick

অসুস্থ করে তোলার মত *adj* sickening
অসুস্থ থাকাকালীন বেতন *n* sick pay
অসুস্থতা *n* illness, sickness
অসুস্থতার জন্য ছুটি *n* sick leave
অস্ট্রিয়া সম্পর্কিত *adj* Austrian
অস্ট্রেলিয়া সম্পর্কিত *adj* Australian
অস্ট্রেলিয়া-বাসী *n* Australian
অস্তিত্ব *vi* exist
অস্ত্রশস্ত্র *n* weapon
অস্ত্রোপচার *n* operation, surgery
অস্ত্রোপচার কক্ষ *n* operating theatre
অস্ত্রোপচার করা *vi* operate
অস্থায়িত্ব *n* instability
অস্থায়ী *adj* temporary
অস্থায়ী কর্মী *n* temp
অস্থায়ী শিক্ষক *n* temporary teacher
অস্থিভঙ্গ *n* fracture
অস্থির *adj* restless
অস্পষ্ট *adj* unclear, vague
অস্বস্তিকর *adj* uncomfortable
অস্বস্তিতে ফেলা *vt* offend
অস্বাভাবিক *adj* abnormal, unusual
অস্বাস্থ্যকর *adj* unhealthy
অস্বীকার করা *vt* deny

আ

অ্যাঙ্গোলা-বাসী *n* Angolan
অ্যাকর্ডিয়ান *n* accordion
অ্যাকাউন্ট নম্বর *n* account number
অ্যাকোয়ারিয়াম *n* aquarium
অ্যাঙ্গোলা সম্পর্কিত *adj* Angolan
অ্যাঞ্জাইনা *n* angina
অ্যাডাপ্টর *n* adaptor
অ্যাড্রিয়াটিক সাগর *n* Adriatic Sea ▷ *adj* Adriatic
অ্যানোরেক্সিয়া একটি রোগ *n* anorexia
অ্যানোরেক্সিয়া রোগী *adj* anorexic
অ্যান্টাকর্টিকা মহাদেশ *n* Antarctica
অ্যান্টিসেপটিক *n* antiseptic

অ্যাপস্ট্রফি, একটি চিহ্ন *n* apostrophe
অ্যাপার্টমেন্ট *n* apartment
অ্যাপিন্ডিসাইটিস *n* appendicitis
অ্যাম্প *n* amp
অ্যাম্বুলেন্স *n* ambulance
অ্যারোবিক ব্যায়াম *npl* aerobics
অ্যালার্জি *n* allergy
অ্যালার্জির ওষুধ *n* antihistamine
অ্যালার্ম ঘড়ি *n* alarm clock
অ্যালুমিনিয়াম *n* aluminium
অ্যাসপ্যারাগাস *n* asparagus
আইরিশ ভদ্রমহিলা *n* Irishwoman
আইসল্যান্ড দেশীয় *adj* Icelandic
আজেবাজে জিনিষপত্র *n* litter
আত্ম-শৃংখলা *n* self-discipline
আন্দিজ পর্বতমালা *npl* Andes
আফগানিস্থান-বাসী *n* Afghan
আফ্রিকাবাসীগণ *npl* Africans
আফ্রিকার অধিবাসী *n* African
আমেরিকা বাসী *n* (নাগরিক) American
আমেরিকার ফুটবল খেলা *n* (খেলা) American football
আয়তনের একক *n* unit of area
আয়ারল্যান্ড দেশীয় *adj* Irish
আয়ারল্যান্ডের উত্তরপূর্ব অঞ্চল *n* Northern Ireland
আয়ারল্যান্ডের ভাষা *n* Irish
আরবি ভাষা *n* Arabic
আর্মেনিয়ান ভাষা *n* Armenian
আর্মেনীয়া-বাসী *n* Armenian
আলবেনীয় ভাষা *n* Albanian
আলমারি *n* cabinet, cupboard
আইন *n* law
আইনী *adj* legal
আইনের খসড়া *n* bill
আইনের স্কুল *n* law school
আইপড *n* iPod®
আইবুড়োভাত *n* hen night
আইভিলতা *n* ivy
আইরিশ ভদ্রলোক *n* Irishman
আইলাইনার *n* eyeliner
আইশ্যাডো *n* eye shadow
আইসক্রিম *n* (খাবার শেষ পদ) dessert; (বরফঠান্ডা মিষ্টি) ice cream
আইসক্রিম খাওয়ার চামচ *n* dessert spoon
আইসল্যান্ডের ভাষা *n* Icelandic
আইসিং সুগার *n* icing sugar
আউন্স *n* ounce
আওয়াজ *n* pitch

আওয়াজ, সঙ্গীত *n* soundtrack
আওয়াজ করা *v* click ▷ *vi* squeak
আওয়াজ পরিবর্ধক *n* amplifier
আঁকড়া *n* hook
আঁকড়ে ধরা *vt* grasp
আকর্ষক *adj* stunning
আকর্ষণ *n* attraction
আকর্ষণ করা *vt* attract
আকর্ষণীয় *adj* attractive
আংকল *n* uncle
আকস্মিক *adj* abrupt
আকস্মিকভাবে *adv* abruptly
আঁকা *v* draw
আকাঙ্খা *n* desire
আঁকাবাঁকা পথ *n* detour
আকার *n* shape
আকাশ *n* sky
আকৃতি *n* figure
আক্কেল দাঁত *n* wisdom tooth
আক্রমণ *n* attack
আক্রমণ করা *v* attack
আক্রমণাত্মক *adj* aggressive
আখরোট *n* walnut
আগন্তুক *n* stranger
আগমন *n* arrival
আগস্ট *n* August
আগস্ট মাস *n* August
আগাছা *n* weed
আগাছানাশক *n* weed killer
আগাম *n* advance
আগামী *adj* future
আগামী কাল *adv* tomorrow
আগুন *n* fire
আগুন ধরিয়ে দেওয়ার মত ইচ্ছাকৃত অপরাধ *n* arson
আগে *adv* before, earlier ▷ *prep* before
আগে নিয়ে যাওয়া *vt* bring forward
আগের দিন *n* previous day
আগ্নেয়গিরি *n* volcano
আগ্রহ *n* enthusiasm
আগ্রহী *adj* interesting
আঘাত *n* (পাওয়া আঘাত) wound ▷ *vt* (করা) hit
আঙ্গিনা *n* yard
আঙ্গুর *n* grape
আঙ্গুরের ক্ষেত *n* vineyard
আঙ্গুল *n* finger
আঙ্গুলের ছাপ *n* fingerprint
আঙ্গুলের নখ *n* fingernail
আঁচড়ে যাওয়া *vt* scratch
আচরণ *n* behaviour ▷ *npl* manners
আচরণ করা *vi* behave
আছে *v* have
আজ *adv* today

আজ রাত *adv* tonight

আজকাল *adv* nowadays

আজারবাইজান সম্পর্কিত *adj* (দেশীয়) Azerbaijani

আজারবাইজান-বাসী *n* (নাগরিক) Azerbaijani

আঞ্চলিক *adj* regional

আট *num* eight

আটক *n* blockage ▷ *vt* capture

আটক করা *vt* detain

আটকানো *vt* stick; (আঠা দিয়ে) glue

আটকে থাকার অনুভূতি হয় যার *adj* claustrophobic

আটকে পড়া *adj* stranded

আটকে যাওয়া *adj* stuck

আটলান্টিক মহাসমুদ্র *n* Atlantic Ocean

আঁটসাঁট *adj* (জিনিষ) tight

আঁটসাঁট পোষাক *npl* (পোষাক) tights

আটা *adj* wholemeal

আঁটা *v* tighten

আংটা *n* buckle, clasp

আংটি *n* ring

আঠা *n* glue

আঠারো *num* eighteen

আঠালো *adj* (আটকে থাকা) sticky; (আঠা জাতীয়) resinous

আতঙ্ক *n* panic

আতঙ্কিত হওয়া *v* panic

আতশ কাঁচ *n* magnifying glass

আতসবাজি *npl* fireworks

আতিথেয়তা *n* hospitality

আত্ম সচেতন *adj* self-conscious

আত্ম-কেন্দ্রিক *adj* self-centred

আত্ম-নিয়ন্ত্রণ *n* self-control

আত্ম-নির্ভর *adj* self-contained

আত্ম-রক্ষা *n* self-defence

আত্মঘাতী বোমাবাজ *n* suicide bomber

আত্মজীবনী *n* autobiography

আত্মশক্তি *n* spirit

আত্মসন্তুষ্ট *adj* smug

আত্মসমর্পণ *vi* surrender

আত্মহত্যা *n* suicide

আত্মা *n* soul

আত্মীয় *n* relative

আদর্শ *adj* ideal

আদর্শ স্থানীয় *n* icon

আদর্শগতভাবে *adv* ideally

আদা *n* ginger

আদালত *n* court

আদিম *adj* primitive

আদেশ *n* command, order

আদেশ দেওয়া *vt* boss around, order

আদ্যক্ষর *npl* initials

আধ-ঘন্টা *n* half-hour

আধসিদ্ধ *adj* rare

আধা *adj* half

আধা-আধা *adj* fifty-fifty

আঁধার *n* darkness

আধুনিক *adj* modern, trendy

আধুনিক ভাষা *n* modern language

আধুনিক সুবিধা *npl* modern conveniences

আধুনিকীকরণ *vt* modernize

আধ্যাত্মিক *adj* spiritual

আনকোরা নতুন *adj* brand-new

আনন্দ *n* joy, happiness

আনন্দ উপভোগ করা *vt* enjoy

আনন্দ প্রদান করা *v* entertain

আনন্দ প্রদানকারী *n* entertainer

আনন্দজনক *adj* merry

আনন্দদায়ক *adj* sweet

আনন্দধ্বনি! *excl* hooray!

আনন্দভ্রমণ *n* outing

আনন্দমেলা *n* funfair

আনন্দহীন *adj* bleak

আনন্দিত *adj* delighted, happy

আনন্দে চিৎকার করা *v* cheer

আনন্দের চিৎকার *n* cheer

আনন্দের ব্যাপার *adv* happily

আনারস *n* pineapple

আনুকূল্য *n* favour

আনুগত্য *n* loyalty

আনুপাতিক *adj* proportional

আনুমানিক *adj* approximate

আনুমানিকভাবে *adv* approximately

আনুষ্ঠানিক *adj* ritual

আনুষ্ঠানিক ক্রিয়াকর্ম *n* ritual

আন্তর্জাতিক *adj* international

আন্দাজ *n* guess

আন্দাজ করা *v* guess

আপডেট করা *vt* update

আপৎকালীন অবতরণ *n* emergency landing

আপৎকালীন বহিরাগমন *n* emergency exit

আপত্তি *n* objection

আপদ *n* nuisance

আপনাদের নিজেদের *pron* yourselves

আপনার *pron* yours

আপনার/তোমার *det* your

আপনি/তুমি নিজে *pron* yourself

আপাতরূপে *adv* apparently
আপেল *n* apple
আপেলের পিঠা *n* apple pie
আপোস *n* compromise
আপোস করা *vi* compromise
আপোস-আলোচনা *npl* negotiations
আপোস-আলোচনায় অংশগ্রহণকারী ব্যক্তি *n* negotiator
আফগানিস্থান সম্পর্কিত *adj* Afghan
আফিম গাছ *n* poppy
আফ্রিকা সম্পর্কিত *adj* African
আফ্রিকান্স *n* (আফ্রিকার শ্বেতাংগ অধিবাসীদের ভাষা) Afrikaans
আফ্রিকার শ্বেতাংগ অধিবাসী *n* Afrikaner
আবছা *adj* (দৃষ্টি) faint, indistinct; (রঙ) tinted
আব *n* wart
আবর্জনা *n* rubbish
আবর্জনা জড়ো করবার জায়গা *n* rubbish dump
আবর্জনা ফেলার পাত্র *n* bin, dustbin
আবশ্যক *adj* compulsory
আবহাওয়া *n* weather
আবহাওয়ার পূর্বাভাস *n* weather forecast
আবাসিক *n* resident
আবিষ্কার *n* invention
আবিষ্কার করা *v* explore ▷ *vt* invent
আবিষ্কার করা *vt* discover
আবিষ্কারক *n* inventor
আবেগ *n* emotion
আবেগপ্রবণ *adj* sentimental
আবেগপ্রবন *adj* soppy
আবেগময় *adj* emotional, moving
আবেদন *n* application
আবেদন করা *v* apply
আবেদনকারী *n* applicant
আবেদনপত্র *n* application form
আবেশ *n* obsession
আভাস *n* hint
আম *n* mango
আমদানি *n* import
আমদানি করা *vt* import
আমন্ত্রণ *n* invitation
আমন্ত্রণ করা *vt* invite
আমরা *pron* we
আমরা নিজেরা *pron* ourselves
আমলাতন্ত্র *n* bureaucracy
আমাকে *pron* me

আমাদের *det* our ▷ *pron* us

আমাদের নিজেদের *pron* ourselves

আমার *pron* mine ▷ *det* my

আমি *pron* I

আমেরিকা মহাদেশ *n* America

আমেরিকা সম্পর্কিত *adj* American

আমোদজনক *adj* entertaining

আম্পায়ার *n* umpire

আয় *n* income

আয়কর *n* income tax

আয়তকার *adj* rectangular

আয়তক্ষেত্র *n* rectangle

আয়তাকার *adj* oblong

আয়না *n* mirror

আয়োজক *n* sponsor

আয়োজন করা *vt* organize

আয়োজন সম্পূর্ণ করা *vt* finalize

আর কি *adv* else

আর নয় *adv* anymore

আরব দেশের *adj* Arab

আরবদেশীয় *adj* (দেশ) Arabic

আরবীয় *n* (জাতি) Arab

আরশোলা *n* cockroach

আরাধনা করা *vt* adore

আরাম কেদারা *n* easy chair

আরামদায়ক *adj* comfortable

আরেকজন *pron* one

আরেকবার যদি বলেন *excl* pardon?

আরো কিছু সময় *adv* longer

আরো কিছুটা *adv* slightly

আরো খারাপ *adj* worse

আরো খারাপ করা *v* worsen

আরো দূরে *adv* further

আরো বেশি *adv* extra

আরো ভাল করে *adv* preferably

আরোগ্য লাভ *n* recovery

আরোগ্য লাভ করা *vi* recover

আরোগ্য-নিকেতন *n* nursing home

আরোগ্যলাভ *n* cure

আরোগ্যলাভ করানো *vt* cure

আরোহণ *v* climb; (গাড়িতে ওঠা) embark

আরোহী *n* (পর্বত) climber; (সওয়ারী) rider

আর্জি *n* petition

আর্জেন্টিনা সম্পর্কিত *adj* Argentinian

আর্জেন্টিনা-বাসী *n* Argentinian

আর্থিক *adj* financial, monetary

আর্থিক উন্নতি *n* prosperity

আর্থিক বছর *n* financial year

আর্থিক মন্দা *n* recession

আর্থিক সহায়তা *n* sponsorship

আর্থিকভাবে সাহায্য করা *vt* provide for

আর্দ্র *adj* damp

আর্দ্রতা *n* humidity, moisture

আর্মেনিয়া সম্পর্কিত *adj* Armenian

আলগা *adj* loose

আলগা করা *vt* untie, unfasten

আলজাইমার অসুখ *n* Alzheimer's disease

আলজেরিয়া সম্পর্কিত *adj* Algerian

আলজেরীয় *n* Algerian

আলট্রাসাউন্ড *n* ultrasound

আলবেনিয়া *n* Albania

আলবেনিয়া সম্পর্কিত *adj* Albanian

আলবেনীয় *n* Albanian

আলস্টার *n* Ulster

আলাদা *adj* different, distinctive

আলাদা করা *v* separate, take apart

আলাদা হওয়া *vi* vary

আলাদাভাবে *adv* separately

আলিঙ্গন *n* embrace

আলিঙ্গন করা *vt* hug

আলু *n* potato

আলুবখরা *n* plum

আলুভাজা *npl* potato chips

আলুভাতে *npl* mashed potatoes

আলুর খোসা ছাড়াবার যন্ত্র *n* potato peeler

আলো জ্বালানো *vt* light

আলোক শক্তি *n* light

আলোকচিত্র বিদ্যা *n* photography

আলোকরশ্মি *n* beam

আলোকসজ্জা *n* lighting

আলোকিত *adj* light

আলোচনা *n* discussion

আলোচনা করা *vt* discuss

আলোর বাল্ব *n* light bulb

আল্ট্রা হিট ট্রিটেড দুধ *n* UHT milk

আল্পস্ পর্বতমালা *npl* Alps

আল্লা *n* Allah

আঁশ *n* scale

আশঙ্কাসূচক *adj* alarming

আশপাশে *adv* around

আশা *n* hope

আশা করা *v* hope

আশাপ্রদ *adj* hopeful, optimistic
আশাপ্রদভাবে *adv* hopefully
আশাবাদ *n* optimism
আশাবাদী *n* optimist ▷ *adj* positive
আশাহীন *adj* hopeless
আশি *num* eighty
আংশিক *adj* partial ▷ *adv* partly
আশীর্বাদ করা *vt* bless
আশীর্বাদের আংটি *n* engagement ring
আশ্চর্যজনক *adj* amazing, astounding
আশ্রয় *n* refuge, shelter
আশ্রয় খোঁজে যারা *n* asylum seeker
আশ্রয় দান *n* asylum
আসন *n* seat
আসন্ন *adj* coming
আসবাবপত্র *n* furniture
আসবাবপত্র-সজ্জিত *adj* furnished
আসল *adj* pure
আসল কথা *n* fact
আসা *vi* come
আসা যাওয়া *n* movement
আস্ত *adj* intact
আস্তরণ *n* lining
আস্তাকুঁড় *n* dump
আস্তাকুঁড়ে ফেলে দেওয়া *vt* dump
আস্তাবল *n* stable
আস্থা *n* confidence
আস্থাপত্র *npl* credentials
আস্থাশীল *adj* trusting
আহত *adj* injured
আহার *n* meal
আহারের প্রথম পদ *n* starter, appetizer

ই

ইউক্রেনের নাগরিক *n* Ukrainian
ইউক্রেনের ভাষা *n* Ukrainian
ইটালিয়ান ভাষা *n* Italian
ইটালীর নাগরিক *n* Italian
ইতস্ততঃ করা *vi* hesitate
ইথিওপিয়া দেশীয় *adj* Ethiopian
ইন্দোনেশিয়ার নাগরিক *n* Indonesian
ইরাকের নাগরিক *n* Iraqi

ইংরাজী *n* English
ইরান দেশীয় *adj* Iranian
ই ইউ *n* EU
ই-কমার্স *n* e-commerce
ই-মেল *n* email
ই-মেল করা *v* email
ই-মেল ঠিকানা *n* email address
ইউক্রেন দেশীয় *adj* Ukrainian
ইউথ হোস্টেল *n* youth hostel
ইউনিফর্ম *n* uniform
ইউনিয়ন *n* union
ইউরেনিয়াম *n* uranium
ইউরোপ *n* Europe
ইউরোপীয় *adj* European
ইউরোপীয়ান ইউনিয়ন *n* European Union
ইউরোপের জনগণ *n* European
ইচ্ছা *n* will
ইচ্ছা করা *vt* wish
ইচ্ছাকৃত *adj* intentional
ইচ্ছাকৃতভাবে *adv* willingly
ইচ্ছাশক্তি *n* willpower
ইচ্ছুক *adj* willing
ইঞ্চি *n* inch
ইঞ্জিন *n* engine
ইঞ্জেকশন *n* injection
ইঁট *n* brick
ইটালী দেশীয় *adj* Italian
ইতিহাস *n* history
ইতিহাসকার *n* historian
ইত্যবসরে *adv* meantime
ইত্যাদি *abbr* etc
ইথিওপিয়ার জনগণ *n* Ethiopian
ইঁদুর *n* mouse
ইনজেকশন *n* jab, injection
ইনফ্লুয়েঞ্জা *n* influenza
ইনবক্স *n* inbox
ইনসুলিন *n* insulin
ইনহেলার *n* inhaler
ইন্টারকম *n* intercom
ইন্টারনেট *n* Internet
ইন্টারনেট কাফে *n* Internet café
ইন্টারনেট ব্যবহারকারী *n* Internet user
ইন্টারনেটের চ্যাটরুম *n* chatroom
ইন্টেন্সিভ কেয়ার ইউনিট *n* intensive care unit
ইন্দোনেশিয়া দেশীয় *adj* Indonesian
ইয়েলো পেজ *n* Yellow Pages®
ইরাক দেশীয় *adj* Iraqi
ইরানের নাগরিক *n* Iranian

ই

ইংরেজ *n* Englishman
ইংরেজ নারী *n* Englishwoman
ইংলন্ড *n* England
ইংলন্ড দেশীয় *adj* English
ইলেকট্রনিক-বই *n* e-book
ইশারা ভাষা *n* sign language
ইসলাম ধর্ম *n* Islam
ইসলাম ধর্ম সম্পর্কিত *adj* Islamic
ইস্টার উৎসবের জন্য ডিম *n* Easter egg
ইস্তাহার *n* (পুস্তিকা) brochure; (মতবাদ) manifesto
ইস্ত্রি করা *v* iron ▷ *n* ironing
ইস্ত্রি করার বোর্ড *n* ironing board
ইস্ত্রী *n* iron
ইস্পাত *n* steel
ইস্রায়েল দেশীয় *adj* Israeli
ইস্রায়েলের নাগরিক *n* Israeli
ইহুদিদের ধর্মীয় খাবার *adj* kosher
ইহুদিদের বাৎসরিক অনুষ্ঠান *n* Passover
ইহুদী *n* Jew
ইহুদী জাতীয় *adj* Jewish
ইহুদীদের পূজাস্থল *n* synagogue

ঈ

ঈগল জাতীয় পাখি *n* bird of prey
ঈগল পাখি *n* eagle
ঈর্ষা *n* envy
ঈর্ষা করা *vt* envy
ঈর্ষান্বিত *adj* envious
ঈর্ষাপরায়ণ *adj* jealous
ঈশ্বর *n* God
ঈশ্বর-প্রদত্ত *adj* gifted
ঈষদুষ্ণ *adj* lukewarm

উ

উগান্ডার নাগরিক *n* Ugandan
উত্তর আফ্রিকার অধিবাসী *n* Resident of North Africa
উত্তর আমেরিকার অধিবাসী *n* North American
উৎসর্গীকৃত *adj* dedicated, devoted

উইলো গাছ *n* willow
উঁকি মারা *vi* pry
উকিল *n* lawyer, solicitor
উকুন *npl* lice
উকো *n* file
উগান্ডা দেশীয় *adj* Ugandan
উগ্র *adj* vicious
উগ্রপন্থা *n* terrorism
উগ্রপন্থী *n* terrorist
উগ্রপন্থী হামলা *n* terrorist attack
উচিত *v* ought, should
উঁচু *adj* high ▷ *adv* high
উঁচু অংশ *n* top
উঁচু ইলেকট্রিক খুঁটি *n* pylon
উঁচু গাছবিশেষ *n* poplar
উঁচু চেয়ার *n* highchair
উঁচু থেকে কোন কিছু দেখা *vt* overlook
উঁচু স্থান থেকে লাফানো *n* bungee jumping
উঁচু হিলের জুতো *adj* high-heeled
উঁচু-হিল জুতো *npl* high heels
উঁচুনীচু *adj* bumpy
উচ্চ আওয়াজসম্পন্ন পুরুষ গায়ক *n* tenor
উচ্চ আওয়াজে *adv* loudly
উচ্চ-শিক্ষা *n* higher education
উচ্চজাতের *adj* pedigree
উচ্চতা *n* altitude, height
উচ্চপদস্থ কর্মচারী *n* mandarin
উচ্চমার্গের *n* classic
উচ্চস্বরে *adv* aloud
উচ্চাভিলাষ *n* ambition
উচ্চাভিলাষী *adj* ambitious
উচ্চারণ *n* pronunciation
উচ্চারণ করা *vt* pronounce
উচ্ছ্বসিত হয়ে কথা বলা *vi* rave
উচ্ছ্বাস *n* ecstasy
উচ্ছ্বাসময় *n* rave
উজ্জ্বল *adj* bright, vivid
উজ্জ্বল হওয়া *vi* shine
উট *n* (জন্তু) camel
উটপাখি *n* (পাখীবিশেষ) ostrich
উঠিয়ে নেওয়া *v* pick up
উঠে দাঁড়ান *v* stand up
উঠে পড়া *v* get up
উড়ে চলে যাওয়া *vi* fly away
উৎকৃষ্টতর *adj* better
উৎক্ষেপণ *vt* launch
উত্তর *n* answer, reply ▷ *adj* north
উত্তর আফ্রিকা দেশীয় *adj* North African
উত্তর আমেরিকা দেশীয় *adj* North American
উত্তর দেওয়া *v* answer

উ

উত্তর দেওয়ার যন্ত্র *n* answering machine
উত্তর দেওয়ার যন্ত্র (ফোনের সাথে সংযুক্ত) *n* answerphone
উত্তর মেরু *n* North Pole
উত্তর সাগর *n* North Sea
উত্তরদিক *adv* north
উত্তরপশ্চিম *n* northwest
উত্তরপূর্ব *n* northeast
উত্তরমুখী *adj* northbound
উত্তরাঞ্চল *adj* northern
উত্তরাধিকার *n* inheritance
উত্তরাধিকার সূত্রে প্রাপ্ত *vt* inherit
উত্তরাধিকারিণী *n* heiress
উত্তরাধিকারী *n* heir, successor
উত্তাল *n* turbulence
উত্তীর্ণ *n* pass
উত্তেজক *adj* gripping
উত্তেজনাপ্রবণ *adj* exciting
উত্তেজিত *adj* excited
উৎপন্ন করা *vt* produce
উৎপাদন *n* production
উৎপাদনশীলতা *n* productivity
উৎপাদিত দ্রব্য *n* product
উৎফুল্ল *adj* cheerful
উত্যক্ত করা *vt* tease
উৎস থেকে আসা *vt* come from
উৎসব *n* (পূজা) festival; (বর্ষবরণ) celebration
উৎসর্গ *n* dedication ▹ *adj* dedicated
উৎসাহ *n* encouragement
উৎসাহ প্রদান করা *vt* encourage
উৎসাহজনক *adj* encouraging
উদর *n* tummy
উদার *adj* generous, liberal
উদারতা *n* generosity
উদাহরণ *n* example, instance
উদ্দীপনা *n* zest
উদ্দেশ্য *n* purpose, objective
উদ্দেশ্য করা *vi* point
উদ্দেশ্যহীন *adj* pointless
উদ্ধত *adj* arrogant
উদ্ধার *n* rescue
উদ্ধার করা *vt* rescue
উদ্ধৃতি *n* quotation
উদ্ধৃতি চিহ্ন *npl* quotation marks
উদ্ধৃতি দেওয়া *n* quote ▹ *vt* quote
উদ্বাস্তু *n* refugee
উদ্বিগ্ন হওয়া *vi* fret
উদ্বেগ *n* anxiety

উদ্বেগমুক্ত *adj* relieved
উদ্ভট *adj* weird, odd
উদ্ভব *n* origin
উদ্ভাবন *n* innovation
উদ্ভাবন করা *vt* devise
উদ্ভাবনমূলক *adj* innovative
উদ্ভাবনশক্তিবিশিষ্ট *adj* ingenious
উদ্ভিদ *n* plant
উদ্ভিদসমূহ *n* vegetation
উদ্যোগ *n* initiative; (ব্যবসা যুক্ত) enterprise
উধাও হয়ে যাওয়া *vi* vanish
উনবিংশ *num* nineteen
উনবিংশতম *adj* nineteenth
উনুনের শিক *n* grill
উন্নত *adj* advanced
উন্নততর *adj* superior
উন্নতি *n* improvement, progress
উন্নতি করা *v* improve
উন্নয়নশীল দেশ *n* developing country
উন্মত্ত *adj* crazy
উন্মাদ *n* lunatic
উন্মুক্ত *adj* open
উন্মোচন করা *vt* bare
উপকথা *n* legend
উপকরণ *n* ingredient
উপকারী *adj* helpful
উপকূল *n* coast
উপকূলরক্ষী *n* coastguard
উপগ্রহ *n* satellite
উপগ্রহ ডিশ *n* satellite dish
উপগ্রহ ভিত্তিক পথ নির্দেশিকা *n* sat nav
উপজাতি *n* tribe
উপত্যকা *n* valley
উপদেশ দেওয়া *vt* advise
উপদ্বীপ *n* peninsula
উপন্যাস *n* novel
উপভাষা *n* dialect
উপভোগ্য *adj* enjoyable
উপযুক্ত *adj* suitable, appropriate
উপযুক্ত হওয়া *vt* (কোনো কিছু) suit
উপরিভাগ *n* surface
উপলব্ধি করা *v* realize
উপসাগর *n* bay
উপসাগরীয় রাজ্য *npl* Gulf States
উপস্থাপক *n* presenter
উপস্থাপনা *n* presentation
উপস্থিত *adj* present
উপস্থিত হওয়া *v* attend, show up
উপস্থিতি *n* attendance, presence
উপহার *n* gift, present

উ

উপাদান *n* component; (রন্ধন সামগ্রী) ingredient
উপায় *n* way
উপাসনা *vt* worship
উপুড় হয়ে বসা *vi* crouch down
উভগামী রাস্তা *n* dual carriageway
উভয় *det* both
▹ *pron* both
উভয়েই নয় *pron* neither
উরুগুয়ে সম্পর্কিত *adj* Uruguayan
উরুগুয়ের বসবাসকারী *n* Uruguayan
উর্দ্ধতন *n* superior
উর্বর *adj* fertile
উলঙ্গ *adj* naked
উলটো দিকে ঘোরা *n* U-turn
উলনির্মিত *npl* woollens
উল্কাপিন্ড *n* meteorite
উল্কি *n* tattoo
উল্টো *n* reverse
উল্টো করা *vt* reverse
উল্টোদিকে *adv* backwards
উল্লম্ব *adj* vertical
উল্লেখ করা *vt* mention
উল্লেখযোগ্য *adj* notable, significant
উষ্ণ *adj* warm

ঊ

ঊরু *n* thigh

ঋ

ঋণ *n* debt; (ব্যাংক) loan
ঋতু *n* season

এ

একপ্রকার সামুদ্রিক মাছ *n* cod
একশ্রেণীর মোটা কাপড়/ক্যানভাস *n* canvas
এডস্ রোগ *n* AIDS
এ *prep* in
এ ছাড়া *prep* apart from

এই *det* this
এই রকম *det* such
এই শর্তে *conj* provided
এইগুলি *det* these ▹ *pron* these
এইচ আই ভি নেগিটিভ *adj* HIV-negative
এইচ আই ভি পজিটিভ *adj* HIV-positive
এইটি *pron* this
এইমাত্র *adv* just
এইরকম *det* such
এক *num* one
এক জন করে খেলা, সিংগলস *npl* singles
এক তৃতীয়াংশ *n* third
এক দেওয়ালের বাড়ি *n* semi-detached house
এক রকম *adj* (তুলনা) same
এক সঙ্গে *adj* simultaneous ▹ *adv* simultaneously
এক-অষ্টমাংশ *n* eighth
এক-চতুর্থাংশ *n* quarter
এক-দশমাংশ *n* tenth
এক-সহস্রাংশ *n* thousandth
একই দিনে ফেরার টিকিট *n* day return
একই রকম *n* stereotype
একক *n* (মাপার) unit
একক বাজনা *n* (সঙ্গীত) solo
একক শিল্পী *n* soloist
একগুঁয়ে *adj* stubborn
একঘেয়ে করে তোলা *vt* bore
একঘেয়েমি *adj* boring; (একটানা) monotonous
একচেটিয়া *n* monopoly
একজাতীয় কুকুর *n* poodle
একজাতীয় ক্ষুদ্র নিশাচর প্রাণী *n* badger
একজাতীয় গাছ *n* geranium
একজাতীয় চিরহরিৎ গুল্ম *n* holly
একটানা *adj* constant
একটি *det* a, an ▹ *adj* single
একটি যন্ত্রবিশেষ *n* plane
একটি সম্ভাষণ *excl* hi!
একতলা *n* ground floor
একত্রিত হওয়া *vi* get together, meet up
একত্রীকরণ *v* round up
একদম ঠিক *adv* all right
একদিকের টিকিট *n* single ticket
একদৃষ্টে তাকানো *vi* gaze
একনজরে দেখা *vi* glance
একনায়ক *n* dictator
একপক্ষকাল *n* fortnight
একপশলা বৃষ্টি *n* shower
একপায়ে লাফানো *vi* hop

একপাল *n* litter
একপাশে *adv* aside
একপ্রকার বাদ্যযন্ত্র *n* French horn, oboe
একপ্রকার মদ *n* (গোলাপ-গন্ধী) rosé; (উগ্র) rum
একপ্রকার সাইকেল *n* tandem
একপ্রকার সুগন্ধি লতা *n* thyme
একপ্রকার স্যালাড *n* coleslaw
একপ্রকারের ফুল *n* carnation
একবার *adv* once
একবারের জন্য *n* one-off
একমত হওয়া *v* agree
একমাত্র *adj* only
একরূপ *adj* identical
একলা *adj* unattended
একলা মা/বাবা *n* single parent
একশো *num* hundred
একশো কোটি *num* billion
একসাথে *adv* together
একা *adj* alone
একাকিত্ব *n* loneliness
একাকী *adj* lonely
একাদশ *adj* eleventh
একান্তভাবে *adv* exclusively
এক্স-রে *n* X-ray
এক্স-রে করা *vt* X-ray
এক্সটেনশন কেবল *n* extension cable
এখন *adv* now
এখনও *adv* yet
এখনো *adv* still
এখানে *adv* here
এগারো *num* eleven
এগিয়ে থাকা *n* lead
এগিয়ে যাওয়া *vi* advance, go ahead
এছাড়া *adv* too
এছাড়াও *adv* (তালিকা) also; (যুক্তি) besides; (বাইরে) apart from
এজেন্ট *n* agent
এজেন্সী *n* agency
এটি *pron* it
এড়িয়ে যাওয়া *vt* avoid
এদিক-ওদিক বিচরণকারী ব্যক্তি *n* rambler
এনামেল *n* enamel
এপ্রিল *n* April
এপ্রিল ফুল দিবস *n* April Fools' Day
এবং *conj* and
এম এম এস *n* MMS
এম পি থ্রি প্লেয়ার *n* MP3 player
এম পি ফোর প্লেয়ার *n* MP4 player

এমনকি *adv* even
এয়ারস্পেস *n* airspace
এর *prep* of ▹ *part* to
এর মধ্যে *adv* meanwhile
এরই মধ্যে *adv* already
এরপর *adv* next
এরিয়াল *n* aerial
এরোপ্লেন যাত্রা *n* flight
এলোমেলো *adj* random
এলোমেলো অবস্থা *n* muddle
এশিয়া *n* Asia
এশিয়া সম্পর্কিত *adj* Asian
এশিয়ার অধিবাসী *n* Asian
এস এম এস (মোবাইলে বার্তা পাঠানো) *n* SMS
এস্টোনিয়া দেশীয় *adj* Estonian
এস্টোনিয়ান *n* Estonian
এস্টোনিয়ার জনগণ *n* Estonian

ঐ

ঐকতান *n* concert
ঐক্যবদ্ধ হওয়া *v* unite
ঐচ্ছিক *adj* optional
ঐতিহাসিক *adj* historical
ঐতিহ্য *n* heritage, tradition

ও

ওই *pron* that
ওয়েস্ট ইন্ডিজ দেশীয় *adj* West Indian
ওয়েস্ট ইন্ডিজের নাগরিক *n* West Indian
ওইগুলি *det* those ▹ *pron* those
ওক গাছ *n* oak
ওকগাছের ফল *n* acorn
ওজন *n* weight
ওজন করা *vt* weigh
ওজর *n* alibi
ওজোন *n* ozone
ওজোনের স্তর *n* ozone layer
ওটমিল *n* oatmeal
ওটাও না *conj* nor
ওঠা *vi* rise
ওঠানো *vt* raise
ওড়না *n* veil
ওড়া *vi* fly
ওপর-ওপর *adj* superficial
ওপরতলা *adv* upstairs
ওপরদিকে *adv* upwards
ওপরে *prep* (উঁচুতে) above, over; (উপরে) on

ওপরের *adj* upper
ওপরের অংশ *n* top
ওপরের অংশ নিচের দিকে করা *adv* upside down
ওপারে. *prep* across
ওভেন *n* oven
ওভেন-দস্তানা *n* oven glove
ওভেন-নিরোধী *adj* ovenproof
ওমলেট *n* omelette
ওয়াই-ফাই *n* Wi-Fi
ওয়াইনের গ্লাস *n* wine glass
ওয়াইনের তালিকা *n* wine list
ওয়াকি-টকি *n* walkie-talkie
ওয়াটার-স্কি *n* water-skiing
ওয়ারান্টি *n* warranty
ওয়ার্ডের প্রহরী *n* warden
ওয়ালপেপার *n* wallpaper
ওয়েব *n* web
ওয়েব ব্রাউজার *n* web browser
ওয়েবক্যাম *n* webcam
ওয়েবজিন *n* webzine
ওয়েবমাষ্টার *n* webmaster
ওয়েবসাইট *n* website
ওয়েলস্ দেশীয় *adj* Welsh
ওয়েলস্ ভাষা *n* Welsh
ওয়েস্টকোট *n* waistcoat
ওষুধ *n* medicine
ওষুধের দোকান *n* chemist
ওষ্ঠযুগল *n* lips

ঔ

ঔপন্যাসিক *n* novelist
ঔষধ বিক্রেতা *n* pharmacist
ঔষধ ব্যবহারের নির্দেশ দেওয়া *vt* prescribe
ঔষধ ব্যবহারের নির্দেশিকা *n* prescription
ঔষধবর্জিত চিকিৎসা *n* treatment without medicines
ঔষধালয় *n* pharmacy
ঔষধি *npl* herbs

ক

কম সীসাযুক্ত *n* unleaded
কম সীসাযুক্ত পেট্রল *n* unleaded petrol
কসাইয়ের দোকান/কসাইখানা *n* butcher's shop
কালো কিসমিস *n* blackcurrant

কি? *pron* what

কিসমিস্ *n* raisin

কোটি *n* crore (ten million)

কোনটিই নয় / এটাও নয়...
ওটাও নয় *conj* neither
... nor

কোরিয়ার ভাষা *n* Korean

ক্যামেরা-ফোন *n* camera
phone

ককটেল / মদের সংমিশ্রণ *n*
cocktail

ককপিট / বিমানচালনা স্থান *n*
cockpit

কংকাল *n* skeleton

ককেশাস পর্বতমালা *n*
Caucasus

কংক্রিট *n* concrete

কখন? *adv* when

কখনও নয় *adv* never

কখনও সখনও *adj*
occasional ▷ *adv* rarely

কখনো *adv* sometime

কখনো কখনো *adv*
sometimes

কংগো *n* Congo

কচি বাছুর *n* veal

কচুরিপানা *n* hyacinth

কচ্ছপ *n* tortoise, turtle

কটুক্তি *adj* (খারাপ কথা)
malicious ▷ *n* swearword

কঠিন *adj* difficult; (বস্তু)
solid; (দুঃসময়) hard

কঠিন দীর্ঘযাত্রা *n* trek

কঠিন পথে চলা *vi* trek

কঠিন পরীক্ষা *n* ordeal

কঠোর *adv* (জিনিস) hard
▷ *adj* strict

কঠোর ভাবে *adv* strictly

কড জাতীয় মাছ *n* haddock ক

কড়া পাঁউরুটি *n* rusk

কণা *n* grain

কণ্ঠস্বর *n* voice

কণ্ডরা *n* tendon

কত *adv* how

কথা *n* talk

কথা বলা *vi* talk

কথিত *adj* alleged

কথোপকথন *n* conversation

কথোপকথন করা *vt* talk to

কদাচিৎ *adv* seldom

কনট্যাক্ট লেন্স *npl* contact
lenses

কনভয়/সাঁজোয়া গাড়ি *n*
convoy

কনভেয়ার বেল্ট *n* conveyor
belt

কনিষ্ঠ *adj* junior

কনুই *n* elbow

কনে *n* bride

কনের সহচরী *n* bridesmaid

কন্ডিশনার *n* conditioner

কন্ডোম *n* condom

কন্দ *n* bulb

কন্যা *n* daughter

কন্যা রাশি *n* Virgo

কপাল *n* forehead

কপিরাইট *n* copyright

কফি *n* coffee

কফিন/শবাধার *n* coffin

কফির টেবিল *n* coffee table

কফির পাত্র *n* coffeepot

কফির বীজ *n* coffee beans

কবজা *n* hinge

কবজি *n* wrist

কবজি-বন্ধনী *n* bracelet

কবর *n* grave

কবর দেওয়া *vt* bury

কবরখানা *n* cemetery, graveyard

কবরের পাথর *n* gravestone

কবলে *n* clutch, grip

কবি *n* poet

কবিতা *n* poem

কম *adj* less

কম করা *vt* minimize

কম ফ্যাটযুক্ত *adj* low-fat

কম মূল্য প্রাপ্তি *adj* underpaid

কম সম্ভাবনাযুক্ত *adj* unlikely

কম হওয়া *n* shortfall

কম-অ্যালকোহলযুক্ত *adj* low-alcohol

কমদামী *adj* economical

কমপক্ষে *adv* at least ▷ *n* minimum

কমপ্যাক্ট ডিস্ক/ সিডি *n* compact disc

কমলা খয়েরি রংবিশিষ্ট *adj* ginger

কমলারঙ *n* (রং) orange

কমলালেবু *n* (ফল) orange

কমলালেবু জাতীয় ফল *n* clementine, tangerine, mandarin

কমলালেবুর জ্যাম *n* marmalade

কমলালেবুর রস *n* orange juice

কমানো *v* cut down

কমিটি *n* committee

কমে যাওয়া *v* diminish

কম্পমান *adj* unsteady

কম্পাস *n* compass

কম্পিউটার *n* computer; workstation

কম্পিউটার গেম *n* computer game

কম্পিউটার বিজ্ঞান *n* computer science

কম্পিউটার ব্যবহার *n* computing

কম্পিউটার সার্ভার *n* server

কম্পিউটারে ছাপা কাগজ *n* printout

কম্পিউটারে ব্যবহৃত স্মাইলি *n* smiley

কম্পিউটারের কারসর *n* cursor

কম্পিউটারের সফটওয়ার *n* software

কম্পিউটারের সার্চ ইঞ্জিন *n* search engine

কম্পিউটারের স্ক্রীনসেভার *n* screensaver

কম্বল *n* blanket

কয়লা *n* coal

কয়লাখনি *n* colliery

কয়েকটি *pron* few

কয়েদী *n* prisoner

কয়েন রাখবার কৌটো *n* piggybank

কর *n* tax

করণীয় কাজ *n* commission

করতে চাওয়া *vt* mean

করতে পারা *v* can, may

করদাতা *n* taxpayer

করমুক্ত *adj* duty-free

করমুক্ত জিনিষ *n* duty-free

করা *vt* do

করাত *n* saw

করুণ *adj* pathetic

করুণা *n* pity

করুণা করা *vt* pity

কর্কগাছ *n* cork

কর্ডুরয় *n* corduroy

কর্ণফ্লেক্স *npl* cornflakes

কর্তব্যনিষ্ঠ *adj* conscientious

কর্তৃপক্ষ *n* management

কর্দমাক্ত *adj* muddy

কর্নেল *n* colonel

কর্পদকহীন *adj* penniless

কর্পোরাল *n* corporal

কর্ম *n* act

কর্ম অভিজ্ঞতা *n* work experience

কর্মকর্তা *n* boss

কর্মক্ষেত্র *n* workplace

কর্মচারী *n* employee ▷ *npl* staff

কর্মরত *adj* engaged

কর্মশক্তি *n* energy

কর্মসূচী *n* scheme

কর্মহীন *adj* jobless

কর্মী *n* worker

কর্মীদের বিশ্রাম ঘর *n* staffroom

কর্মীবাহিনী *n* workforce

কলম *n* pen

কলম্বিয়া *n* Colombia

ক

কলম্বিয়া-বাসী *n* Colombian
কলম্বিয়ার সাথে সম্পর্কিত *adj* Colombian
কলসেন্টার *n* call centre
কলা *n* banana
কলার *n* collar
কলেজ *n* college
কল্পনা *n* imagination
কল্পনা করা *vt* fancy, imagine
কল্পবিজ্ঞান *n* science fiction, sci-fi
কল্পিত *adj* imaginary
কষ্ট পাওয়া *v* suffer
কষ্টকর *adj* stressful ▷ *n* wrench
কষ্টকর দীর্ঘপথ *n* tramp
কষ্টসহিষ্ণু *adj* tough
কষ্টসাধ্য *adj* ticklish
কসাই *n* butcher
কাউকে *pron* anyone
কাউকে বিশ্বাস করা *vt* rely on
কাউবয় *n* cowboy
কাক *n* crow
কাঁকড়া *n* crab
কাকতাড়ুয়া *n* scarecrow
কাঁকর *n* (ছোট পাথর যা রাস্তায় দেয়; খাবারে থাকা;) grit
কাগজ *n* paper
কাগজের কাটা অংশ *n* cutting

কাঁচ *n* glass
কাঁচঘর *n* conservatory
কাঁচা *adj* raw
কাঁচি *npl* scissors
কাছ থেকে *prep* from
কাছাকাছি *adv* close, near
কাছে *adj* near ▷ *prep* near
কাছে আসা *vi* come up
কাছেই *adj* nearby
কাজ *n* task, work; (চাকরি) job
কাজ করা *vi* work
কাজ করার জায়গা *n* workspace
কাজ খোঁজার জায়গা *n* job centre
কাজু *n* cashew
কাজে ফাঁকি দেওয়া *v* skive
কাজের অনুমতিপত্র *n* work permit
কাটলেট *n* cutlet
কাটা *vt* cut
কাঁটা *n* thorn
কাটা চিহ্ন *n* cut
কাঁটা তার *n* barbed wire
কাঁটা-চামচ *n* cutlery
কাঁটাগাছ *n* hawthorn
কাঁটাগাছবিশেষ *n* thistle
কাঁটাচামচ *n* fork
কাটানো *v* go through

কাটার যন্ত্র *npl* clippers
কাঠ *n* timber, wood
কাঠকয়লা *n* charcoal
কাঠনির্মিত *adj* wooden
কাঠবাদাম *n* almond
কাঠবিড়ালী *n* squirrel
কাঠামো *n* frame, structure
কাঠের কাজ *n* carpentry, woodwork
কাঠের গুঁড়ি *n* log
কাঠের গুড়ো *n* sawdust
কাঠের জুতো *n* clog
কাণ্ডজ্ঞানহীন *adj* tactless
কাতুকুতু দেওয়া *vt* tickle
কাদা *n* mud; (বরফ যুক্ত) slush
কাঁদা *vi* cry, sob
কাঁদানে গ্যাস *n* tear gas
কাদামাখা ডোবা *n* puddle
কাঁধ *n* shoulder
কাঁধের পিছন দিক *n* shoulder blade
কান *n* ear
কানাডা *n* Canada
কানাডা-বাসী *n* Canadian
কানাডার সঙ্গে সম্পর্কিত *adj* Canadian
কানে তালা লাগার মত আওয়াজ *adj* deafening
কানে ব্যথা *n* earache

কানে শোনার যন্ত্র *n* hearing aid
কানের গ্রাহকযন্ত্র *npl* earphones
কানের দুল *n* earring
কানের পর্দা *n* eardrum
কানের প্লাগ *npl* earplugs
কাণ্ডজ্ঞানহীন *adj* senseless
কাপ *n* cup
কাপড় *n* cloth, fabric, material
কাপড় (একশ্রেণীর) *n* felt
কাপড় কাচার পাউডার *n* detergent
কাপড় ধোওয়া *n* washing
কাপড় ধোওয়ার পাউডার *n* washing powder
কাপড় ধোওয়ার মেশিন *n* washing machine
কাপড় শুকোনোর ড্রায়ার *n* tumble dryer
কাপড় শুকোনোর যন্ত্র *n* spin dryer
কাপড় শুকোবার দড়ি *n* washing line
কাঁপা *v* shake ▷ *vi* tremble
কাপুরুষ *n* coward
কাপুরুষোচিত *adj* cowardly
কাবাব *n* kebab
কামড় *n* bite

কামড়ানো v bite
কামান n cannon
কাম্বোডিয়া n Cambodia
কাম্বোডিয়া-বাসী n Cambodian
কাম্বোডিয়ার সাথে সম্পর্কযুক্ত adj Cambodian
কার det whose
কারখানা n factory, plant
কারণ conj because ▷ n cause, reason
কারণে prep due to, owing to
কারাগার n jail, prison
কারাগারের কর্মকর্তা n prison officer
কারাবাস করা vt jail
কারি n curry
কারি পাউডার n curry powder
কারুকার্যময় হাতের বোতাম npl cufflinks
কারোর জন্য প্রতীক্ষা করা vi wait up
কারোর নিজের det one's
কারোর নিজের হওয়া vt belong to
কারোর পক্ষে n behalf
কারোর প্রতি বিতৃষ্ণা n venom
কার্টুন n cartoon
কার্টুন ফিল্ম n cartoon

কার্ড n card
কার্ড-ফোন n cardphone
কার্ডবোর্ড/ কাগজের বক্স n carton
কার্তুজ n cartridge
কার্পেট n carpet
কার্ফু n curfew
কার্বরেটর n carburettor
কার্যকরী adj efficient
কার্যকলাপ npl proceedings
কার্যক্রম n programme
কার্যনির্বাহী adj acting
কালসিটে n bruise
কালা adj deaf
কালি n ink
কালো adj black
কালো কফি n black coffee
কালোজাম n blackberry
কাল্পনিক কাহিনী n fiction
কাশি n cough
কাশি হওয়া vi cough
কাশির ওষুধ n cough mixture, expectorant
কাঁসা n bronze
কাস্টার্ড n custard
কাস্তে বা মেশিন দিয়ে ঘাস কাটা vt mow
কাহিনী n tale
কি ভীষণ! excl how horrible!
কিউবা প্রজাতন্ত্র n Cuba

কিউবা-বাসী *n* Cuban

কিউবার সঙ্গে সম্পর্কিত *adj* Cuban

কিছু জিনিস *pron* something

কিছু নয় *pron* none

কিছু না *pron* nothing

কিছু বোনা *n* knitting

কিছু সময় *adj* part-time

কিছুক্ষণ *n* some time, a little while

কিছুটা *det* some

কিছুর ওপরে *prep* onto

কিছুর মধ্যে *prep* onto

কিছুর মধ্যে খোঁজা *v* look up

কিনা *conj* whether

কিন্তু *conj* but

কিমা *n* mince

কিমি/ঘন্টা *abbr* km/h

কিলো *n* kilo

কিলোমিটার *n* kilometre

কিশমিশ *n* sultana

কিশোর বা কিশোরী *n* teenager

কিস্তি *n* instalment; (দাবাখেলা) check

কুইজ *n* quiz

কুকার *n* cooker

কুকুর *n* dog

কুকুর (একশ্রেণীর) *n* collie

কুকুরছানা *n* puppy

কুকুরের ঘর *n* kennel

কুকুরের প্রজাতি *n* spaniel

কুচকাওয়াজ *n* parade

কুঞ্চন *n* curl

কুটিকুটি করে ছেঁড়া *vt* rip up

কুটোর আগুন *n* bonfire

কুঠার *n* axe

কুড়মুড়ে বিস্কুট *n* cracker

কুড়ি *num* twenty

কুঁড়ি *n* blossom

কুঁড়ে *adj* lazy

কুঁড়েঘর *n* hut

কুৎসিত *adj* ugly

কুমড়ো *n* pumpkin

কুমারী *n* (সম্বোধন) Miss; (কিশোরী) young girl; (কুমারীত্ব সংক্রান্ত) virgin

কুমির *n* crocodile

কুমির প্রজাতির *n* alligator

কুম্ভ রাশি *n* Aquarius

কুয়াশা *n* fog, mist

কুয়াশাচ্ছন্ন *adj* misty

কুয়াশাপূর্ণ *adj* foggy

কুয়েত দেশীয় *adj* Kuwaiti

কুয়েতের নাগরিক *n* Kuwaiti

কুয়ো *n* well

কুরুশে বোনা *v* crochet

কুল আঁটি *n* bunion

কুলি *n* porter

কুসংস্কার *adj* superstitious

ক

কুস্তি *n* wrestling

কুস্তিগির *n* wrestler

কূটনীতিক *n* diplomat

কূটনৈতিক *adj* diplomatic

কৃত *adj* done

কৃতজ্ঞ *adj* grateful

কৃত্রিম *adj* artificial

কৃত্রিম দাঁত *npl* dentures

কৃপণ *n* miser ▷ *adj* stingy

কৃষক *n* farmer

কৃষি *n* agriculture

কৃষিভিত্তিক *adj* agricultural

কৃষ্ণসার হরিণ *n* antelope

কে *pron* who

কেউ *pron* somebody

কেউ নয় *pron* no one

কেউই নয় *conj* neither

কেক *n* cake, pastry

কেকের ওপরে মিষ্টি দেওয়া *n* icing

কেঁচো *n* worm

কেটলি *n* kettle

কেটে দেওয়া *vt* cross out

কেটে নেওয়া *vt* deduct

কেটে ফেলা *vt* cut

কেতা *n* fashion

কেতাদুরস্ত *adj* fashionable

কেন *adv* why

কেনা *vt* buy

কেনাকাটা *n* shopping

কেনাকাটার স্থান *n* shopping centre

কেনিয়া দেশীয় *adj* Kenyan

কেনিয়ার নাগরিক *n* Kenyan

কেন্দ্র *n* centre

কেন্দ্রীয় *adj* central

কেন্দ্রীয় তাপ পরিবহন ব্যবস্থা *n* central heating

কেবল *adj* mere

কেবল টিভি *n* cable television

কেবল/ প্ল্যাস্টিক মোড়া ইলেকট্রিকের তার *n* cable

কেবলচালিত গাড়ী *n* cable car

কেবলমাত্র *adj* only ▷ *adv* only

কেবলমাত্র তাদের *pron* theirs

কেবিন *n* cabin

কেমন করে *adv* how

কেলেংকারী *n* disgrace

কেশবিন্যাস *n* hairdo, hairstyle

কেশবিন্যাসকারী *n* hairdresser

কেশবিন্যাসকারীর দোকান *n* hairdresser

কৈশোর *npl* teens

কোক *n* Coke®

কোকিল *n* cuckoo

কোকো *n* cocoa

কোকো বীজের তৈরি মিষ্টান্ন *n* chocolate

কোচ *n* couch

কোঁচকানো *adj* curly

কোট *n* coat

কোট ঝোলাবার হ্যাঙ্গার *n* coathanger

কোটিপতি *n* millionaire

কোণ *n* (অবয়বের) angle; (কোনায়) corner

কোথা থেকে *conj* where

কোথাও থাকা *vi* stay

কোথাও না *adv* nowhere

কোথায়? *adv* where

কোদাল *n* spade

কোন *det* any

কোন এক স্থান *adv* someplace

কোন একজন *pron* someone

কোন কিছু শোনা *vi* listen

কোন কিছুর অন্তর্ভুক্ত *vi* belong

কোন কিছুর ওপরে ঝোঁকা *v* bend over

কোন কিছুর নিচে *prep* underneath

কোন জায়গায় *pron* there

কোন জিনিস *pron* anything

কোন বস্তুর আয়তাকার টুকরো *n* block

কোন ব্যক্তি নয় *pron* nobody

কোন স্থানে *prep* at

কোন? *det* which

কোনখানে *adv* somewhere

কোনটা *pron* which

কোনদিনও *adv* ever

কোনাকুনি *adj* diagonal

কোনামোড়া মাদুর *n* fitted sheet

কোমর *n* waist

কোমল *adj* soft

কোমা *n* coma

কোম্পানী *n* company

কোম্পানীর গাড়ী *n* company car

কোম্পানীর শেয়ার *n* stock, company share

কোয়েল *n* quail

কোরান *n* Koran

কোরানো *vt* grate

কোরিয়া দেশীয় *adj* Korean

কোরিয়ার মানুষ *n* Korean

কোল *n* lap

কোলাহল *n* noise

কোলাহলপূর্ণ *adj* noisy

কোলাহলপূর্ণ অনুষ্ঠান *n* bash

ক

কোলাহলপূর্ণ আওয়াজ *n*
cacophony, noise

কোলেস্টেরল *n* cholesterol

কোষ *n* cell

কোষাধ্যক্ষ *n* (নগদ) cashier;
(রাজস্ব) treasurer

কোষ্ঠকাঠিন্যযুক্ত *adj*
constipated

কোষ্ঠশোধক পদার্থ *n*
laxative

কোষ্ঠী *n* horoscope

কোস্টা রিকা *n* Costa Rica

কৌটো *n* can

কৌটো খোলার যন্ত্র *n* tin
opener

কৌটোয় সংরক্ষিত *adj*
tinned

কৌতুক *n* joke

কৌতুক করা *vt* mock

কৌতুক বোধ *n* sense of
humour

কৌতুকশিল্পী *n* comedian

কৌতূহলী *adj* curious,
inquisitive

কৌশল *n* (পদ্ধতি) technique;
(ঠকানো) trick ▷ *npl* (পন্থা)
tactics

কৌশলী *adj* tactful

কৌশলে চালনা করা *vt*
manipulate

ক্যাকটাস/কাঁটাওয়ালা গাছ *n*
cactus

ক্যাঙ্গারু *n* kangaroo

ক্যাটালগ/জিনিসের তালিকা *n*
catalogue

ক্যানটিন/ভোজনালয় *n*
canteen

ক্যানারি *n* canary

ক্যানারিস দ্বীপপুঞ্জ *npl*
Canaries

ক্যানেস্তারা *n* canister

ক্যান্সার *n* cancer

ক্যাপটেন *n* captain

ক্যাপসুল *n* capsule

ক্যাফিন *n* caffeine

ক্যাম-কর্ডার/বহনযোগ্য
ভিডিও ক্যামেরা *n*
camcorder

ক্যামেরা *n* camera

ক্যামেরুন *n* Cameroon

ক্যাম্পার *n* camper

ক্যারাট/সোনা-হীরে ওজনের
মাপ *n* carat

ক্যারাটে *n* karate

ক্যারাভ্যান *n* caravan

ক্যারামেল *n* caramel

ক্যারিবিয়ান দ্বীপপুঞ্জের সঙ্গে
সম্পর্কিত *adj* Caribbean

ক্যারিবিয়ান সাগর *n*
Caribbean

ক্যালসিয়াম *n* calcium
ক্যালেন্ডর/ তারিখ, দিন সম্বলিত তালিকা *n* calendar
ক্যালোরি *n* calorie
ক্যাসিনো *n* casino
ক্যাসেট *n* cassette
ক্যুরিয়ার *n* courier
ক্রম *n* sequence
ক্রমশ অবনতি হওয়া *vi* deteriorate
ক্রমাগত *adj* steady
ক্রমিক *adj* (সংখ্যাক্রমিক) consecutive; (ক্রমশঃ) gradual
ক্রয় করা *vt* purchase
ক্রস-ওয়ার্ড *n* crossword
ক্রস-কান্ট্রি ক্রীড়া *n* cross-country
ক্রাচ *n* crutch
ক্রিকেট খেলা *n* cricket
ক্রিম *n* cream
ক্রিয়া *n* (কাজ সংক্রান্ত) action; (ব্যকরণ সংক্রান্ত) verb
ক্রিয়াকলাপ *n* activity
ক্রিয়ার কাল *n* tense
ক্রীড়া *npl* sports
ক্রীড়াবিদ *n* athlete, sportsman
ক্রীড়াবিষয়ক *adj* sports
ক্রীড়াস্থল *n* stadium
ক্রীতদাস *n* slave
ক্রীম-কেক *n* cream-cake
ক্রু-কাট চুল *n* crew cut
ক্রুদ্ধ *adj* resentful, angry
ক্রুদ্ধ হওয়া *vt* resent, hate
ক্রুশ *n* cross
ক্রুশে ঝোলানো যীশুর মূর্তি *n* crucifix
ক্রেনবেরি *n* cranberry
ক্রেডিট কার্ড *n* credit card
ক্রেতা *n* buyer, customer
ক্রেন (যন্ত্র) *n* crane
ক্রেশ *n* crèche
ক্রোধ *n* anger
ক্রোধান্বিত *adj* glaring
ক্রোধোন্মত্ত *adj* furious
ক্রোমিয়াম *n* chromium
ক্রোয়েশিয়র সাথে সম্পর্কিত *adj* Croatian
ক্রোয়েশিয়া *n* Croatia
ক্রোয়েশিয়া-বাসী *n* Croatian
ক্রোয়েশিয়ান *n* Croatian
ক্লান্ত *adj* exhausted, tired
ক্লান্তিকর *adj* tiring
ক্লান্তিময় অবস্থা *n* boredom
ক্লাব *n* club
ক্লিপ *n* clip
ক্লোকরুম *n* cloakroom
ক্লোরিন *n* chlorine
ক্ল্যারিওনেট বাদ্যযন্ত্র *n* clarinet

খ

ক্ষণভঙ্গুর *adj* fragile
ক্ষণিক *adj* momentary
ক্ষণিকের জন্য *adv* momentarily
ক্ষত চিহ্ন *n* scar
ক্ষতি *n* loss
ক্ষতি করা *vt* damage, harm
ক্ষতিকর *adj* harmful
ক্ষতিপূরণ *n* compensation
ক্ষতিপূরণ দেওয়া *vt* compensate
ক্ষমতা *n* power
ক্ষমা *n* (প্রার্থনা) apology; (করা) mercy
ক্ষমা করা *vt* forgive ▷ *n* pardon
ক্ষমা চাওয়া *vi* apologize
ক্ষয় *vi* decay
ক্ষয় করা *vt* ruin
ক্ষয়ক্ষতি *n* damage
ক্ষিপ্ত *adj* mad
ক্ষীণভাবে *adv* remotely
ক্ষুদ্র *adj* tiny
ক্ষুদ্র দলা *n* pellet
ক্ষুদ্র নকল *n* miniature
ক্ষুদ্রাতিক্ষুদ্র প্রাণী *n* microscopic organism
ক্ষুধা *n* hunger
ক্ষুধার ইচ্ছা *n* appetite
ক্ষুধার্ত *adj* hungry
ক্ষেত্র *n* sector
ক্ষেপণাস্ত্র *n* missile
খেই *n* cue
খোসোসমেত স্যাঁকা আলু *n* jacket potato
খচ্চর *n* mule
খড় *n* hay, straw
খড় ছাওয়া চাল *adj* thatched
খড়ি *n* chalk
খড়ের গাদা *n* haystack
খনক যন্ত্র *n* digger
খনি *n* mine
খনি সম্বন্ধীয় *n* mining
খনিজ মেশা প্রাকৃতিক জল *n* mineral water
খনিজদ্রব্য *adj* mineral ▷ *n* mineral
খনিজীবী *n* miner
খন্ড *n* chunk
খন্ডকাল *adv* part-time
খন্ডিত *adj* broken
খন্ডিত অংশ *n* module
খবর *npl* news
খবরের কাগজ *n* paper
খর *npl* rapids

খরগোশ *n* rabbit
খরচ *npl* expenses
খরচ করবার সামর্থ্য *vt* afford
খরচসাধ্য *adj* affordable
খরা *n* drought
খলনায়ক *n* villain
খসড়া *n* draft
খাওয়া *v* eat
খাওয়ানো *vt* feed
খাঁচা *n* cage
খাজাঞ্চি *n* teller
খাটসংলগ্ন টেবিল *n* bedside
  table
খাটসংলগ্ন ল্যাম্প *n* bedside
  lamp
খাঁটি *adj* real
খাটো *adj* shrunken
খাড়া *adj* steep
খাতাপত্র-কাগজকলম *n*
  stationery
খাদ *n* ditch
খাদান *n* quarry
খাদ্য *n* food
খাদ্য তালিকা *n* menu
খাদ্য সরবরাহের ব্যবসা *n*
  catering
খাদ্যসংযম করা *vi* diet
খাদ্যে বিষক্রিয়া *n* food
  poisoning
খাবার *n* diet

খাবার ঘর *n* dining room
খাবার বওয়ার গাড়ী *n* dining
  car
খাবার সময় *n* mealtime
খাম *n* envelope
খামার *n* farm
খামার-বাড়ী *n* farmhouse
খারাপ *adj* bad
খারাপ কিছু ঘটা *vt* bad,
  unpleasant
খারিজ করা *vt* dismiss
খাল *n* canal
খালাস করা *vt* unload
খালি *adj* empty, vacant
খালি করা *vt* empty, vacate
  ▷ *v* evacuate
খালি পায়ে *adv* barefoot
খালি সময় *n* spare time
খালি-পা *adj* barefoot
খিঁচুনি *n* spasm
খিটখিটে *adj* irritable
খিলখিলিয়ে হাসা *vi* giggle
খিলান *n* arch
খুচরো বিক্রি *n* retail
খুচরো বিক্রি করা *vi* retail
খুচরো বিক্রির দাম *n* retail
  price
খুচরো বিক্রেতা *n* retailer
খুঁজে পাওয়া *vt* spot
খুঁজে বার করা *v* find out

খুঁটি *n* pole, post

খুঁড়িয়ে চলা *vi* limp

খুঁত *n* flaw

খুন *n* murder

খুন করা *vt* murder

খুনি *n* murderer

খুনী *n* murderer

খুব *adv* extremely, very

খুব আঁটো, চামড়ার সাথে লেগে থাকে *adj* skin-tight

খুব কম *adv* barely

খুব কষ্টে কাজ করা *vi* slave

খুব গুরুত্বপূর্ণ *adj* vital, highly important

খুব ছোট *adj* skimpy

খুব জোরে *adv* much

খুব বড় আকারের *adj* gigantic

খুব বেশি *pron* many ▷ *adv* too

খুব ভাল *adj* super

খুব রোগা *adj* skinny

খুব শুকনো *adj* bone dry

খুব সুন্দর *adj* fantastic

খুবই কম বা না *adv* hardly

খুরপী *n* trowel

খুলে ফেলা *adv* apart ▷ *v* unroll

খুশী *adj* happy, content

খুসকি *n* dandruff

খেয়াতরী *n* ferry

খেলনা *n* toy

খেলনা ঘোড়া *n* rocking horse

খেলা *n* game

খেলা করা *vi* play

খেলার জন্য জায়গা *n* pitch

খেলার জায়গা *n* court

খেলার জুতো *npl* trainers

খেলার পোশাক *n* sportswear

খেলার মাঠ *n* (শিশুদের জন্য) playground; (ফাঁকা খেলার জায়গা) playing field

খেলার সময় *n* playtime

খেলাসুলভ *adj* playful

খেলোয়াড় *n* player

খেলোয়াড় সুলভ *adj* sportsmanlike

খেলোয়াড়দের ঘর *n* pavilion

খেলোয়ার, যে সার্ভ করে *n* server

খোঁজ পাওয়া *vt* track down

খোঁজা *vt* find, look for

খোঁড়া *v* dig ▷ *adj* lame

খোদাই করা *v* print

খোদাই করা অক্ষর *n* inscription

খোবানি *n* apricot

খোয়ারি *n* hangover

খোলস *n* shell

খোলসহীন পোকা *n* slug

খোলা *v* open ⊳ *n* shell
খোলা থাকার সময় *npl* opening hours
খোলা মনের *adj* broad-minded
খোলাখুলিভাবে *adv* frankly
খোসা *n* peel
খোসা ছাড়ানো *vt* peel
খ্যাতি *n* fame
খ্রীষ্টধর্ম *n* Christianity
খ্রীষ্টধর্মের গান *n* carol
খ্রীষ্টধর্মের সাথে সম্পর্কিত *adj* Christian
খ্রীষ্টপূর্ব *n* BC
খ্রীষ্টমাসে সাজানোর গাছ *n* Christmas tree
খ্রীষ্টানদের উৎসব *n* carnival

গ

গণছুটি *n* public leave
গগনচুম্বী ভবন *n* skyscraper
গচ্ছিত টাকার পরিমাণের থেকে বেশি টাকা তোলা *n* overdraft ⊳ *adj* overdrawn
গজ *n* yard
গঠন *n* composition
গঠন করা *vt* construct
গঠনমূলক *adj* constructive
গড় *n* average
গড়পড়তা মান *adj* average quality
গড়িয়ে দেওয়া *v* roll
গড়িয়ে পড়া *v* slide
গণতন্ত্র *n* democracy
গণতান্ত্রিক *adj* democratic
গণনা *n* calculation, estimate
গণনা করা *vt* calculate, estimate
গণিত *npl* maths
গণ্য করা *vt* treat
গণ্যমান্য *adj* important
গত *adj* last
গতকাল *adv* yesterday
গতি *n* speed
গতি কম করা *v* slow down
গতি পরিমাপক *n* speedometer
গতি বাড়ানো *v* accelerate, speed up
গতিবর্ধক *n* accelerator
গতিবৃদ্ধি *n* acceleration
গতিসীমা *n* speed limit
গদা *n* club
গদি *n* mattress

গদিআঁটা *n* (সোফা) cushion
গঁদের আঠা *n* (আঠা) resin
গন্তব্যস্থান *n* destination
গন্ধ *n* smell
গন্ধ ছাড়া *vi* (পচা) smell
গন্ধ পাওয়া *vt* smell
গবাদি পশু *npl* cattle
গবেষণা *n* research
গভীর *adj* deep
গভীরতা *n* depth
গভীরভাবে *adv* deeply
গম *n* wheat
গমনের যোগ্য *adj* accessible
গমে অ্যালার্জি *n* wheat intolerance
গম্ভীর *adj* reserved
গম্ভীর গলার লোক *n* bass
গয়না *n* jewel
গরগর আওয়াজ করা *vi* purr
গরগর করা *vi* growl
গরম *adj* hot
গরম করা *vt* heat ⊳ *v* warm up
গরম্ জলের বোতল *n* hot-water bottle
গরমের ছুটি *npl* summer holidays
গরমের দিন *n* summertime
গরাদ *n* bar
গরিলা *n* gorilla
গরু *n* cow
গরুর গাড়ী *n* cart
গরুর মাংস *n* beef
গর্জন করা *vi* growl
গর্ত *n* hole
গর্ত করা *v* drill
গর্ব *n* pride
গর্ব করা *vi* boast
গর্বিত *adj* proud
গর্ভবতী *adj* pregnant
গর্ভবতী নারীর পরিচর্যা *adj* antenatal
গর্ভাবস্থা *n* pregnancy
গলদা চিংড়ি *n* lobster
গলফ খেলা *n* golf
গলফ খেলার ক্লাব *n* golf club
গলফ শেখার ক্লাব *n* golf club
গলফের শুরুর স্থান *n* tee
গলা *vi* (গলে যাওয়া) melt ⊳ *n* (গলার আওয়াজ) voice; (শারীরিক) throat
গলা টিপে মারা *vt* strangle
গলাধঃকরণ *n* swallow
গলানো *vt* melt
গলাবন্ধনী *n* collar
গলার হাড় *n* collarbone
গলি *n* lane
গলে যায় *adj* soluble
গল্প *n* story

গল্পের অথবা ফিল্মের চরিত্র *n* character
গহনা *n* jewellery
গাইডবুক *n* guidebook
গাছ *n* tree
গাছ (একশ্রেণীর) *n* (বেগুনী ফুল) lilac; (বীচ-কাঠ) beech
গাছের গুঁড়ি *n* trunk
গাছের টব *n* plant pot
গাছের দোকান *n* garden centre
গাজর *n* carrot
গাজর প্রজাতির সব্জি *n* parsnip
গাড়ি *n* saloon
গাড়ি চলাচলের ছোট রাস্তা *n* slip road
গাড়ি চালক *n* driver
গাড়ি পার্ক করা *v* park
গাড়ি বারান্দা *n* driveway
গাড়ি সারাবার জায়গা *n* garage
গাড়ি-বারান্দা *n* porch
গাড়িচালক *n* driver
গাড়িচালনার পাঠক্রম *n* driving lesson
গাড়িচালনার লাইসেন্স *n* driving licence
গাড়িচালনার শিক্ষক *n* driving instructor
গাড়িতে ভ্রমণ *n* drive
গাড়িতে লিফট *n* lift
গাড়িতে লিফট নেওয়া *vi* hitchhike ▷ *n* hitchhiking
গাড়িতে লিফট নেওয়া ব্যক্তি *n* hitchhiker
গাড়ির আলো *n* sidelight
গাড়ির গিয়ার *n* gear
গাড়ির ডানদিকে স্টিয়ারিং *n* right-hand drive
গাড়ির দুধারে লাগানো আয়না *n* wing mirror
গাড়ির সামনের কাঁচ *n* windscreen
গাড়ির সামনের কাঁচ পরিষ্কার করবার ওয়াইপার *n* windscreen wiper
গাড়ির স্টিয়ারিং *n* steering
গাড়ী দুর্ঘটনা *n* crash
গাড়ী ধোওয়ার জায়গা *n* car wash
গাড়ী পারাপারের নৌকা *n* car ferry
গাড়ী রাখবার জায়গা *n* car park
গাড়ী-ভাড়া *n* car rental
গাড়ীর চাকায় ফুটো *n* puncture
গাড়ীর চাকার রড *n* axle

গাড়ীর থেকে নির্গত দূষণ কম করবার সরঞ্জামবিশেষ *n* catalytic converter

গাড়ীর চাবি *npl* car keys

গাড়ীর বিমা *n* car insurance

গাঢ় *adj* dark

গাঢ় নীল রং *adj* navy

গাদা *n* stack

গাদাগাদি করে *v* squeeze in

গাদাগাদি করে ভরা *adj* jammed

গাঁদাফুল *n* marigold

গাধা *n* donkey

গান *n* song

গান করা *v* sing

গান গাওয়া *n* singing

গানের আলবাম *n* album

গানের কথা *npl* lyrics

গায়ক *n* singer

গায়ের রং *n* complexion

গাল *n* cheek

গালি দেওয়া *vi* swear

গালিগালাজের ভাষা *n* slang

গালের হাড় *n* cheekbone

গাস্কেট *n* gasket

গিঁট *n* knot

গিঁট দেওয়া *vt* do up

গিটার *n* guitar

গিনিপিগ হিসাবে ব্যবহৃত *n* guinea pig

গির্জার অনুষ্ঠান *n* Mass

গিলে খাওয়া *vi* swallow

গিলে নেওয়া *vt* swallow

গীর্জা *n* church

গুগল করা *v* Google

গুচ্ছ *n* set

গুজব *n* rumour

গুটিয়ে ফেলা *v* wrap up

গুণ *n* multiplication

গুণগুণ করা *vi* hum

গুণমান *n* quality

গুণ্ঠন *n* hood

গুদাম *n* store

গুদামঘর *n* warehouse

গুদামজাত করা *vt* store

গুদামে রাখা *n* storage

গুনমানের মাপকাঠি *n* standard

গুনে নেওয়া *vt* count

গুপ্তচর *n* spy

গুপ্তচরের কাজ করা *vi* spy

গুবরেপোকা *n* beetle

গুরুতর *adj* serious; (কারণ) major

গুরুতরভাবে *adv* heavily, seriously

গুরুত্ব *n* importance, significance

গুরুত্ব আরোপ করা *vt* underline

গুরুত্বপূর্ণ *adj* significant, crucial
গুরুত্বপূর্ণ আবেদন *n* appeal
গুরুত্বহীন *adj* unimportant
গুলি করা *vt* shoot
গুলি করার ঘটনা *n* shooting
গুলি চালনা *n* shot
গুলিয়ে ফেলা *vt* confuse ▷ *n* mix-up
গুল্ম *n* bush
গুহা *n* cave
গৃহকর্তা *n* host
গৃহপালিত *adj* tame
গৃহবধূ *n* housewife
গৃহযুদ্ধ *n* civil war
গৃহশিক্ষক *n* tutor
গৃহশিক্ষা *n* tuition
গৃহহীন *adj* homeless
গৃহাকুল *adj* homesick
গৃহাভ্যন্তর *adv* indoors
গেঁটেবাত *n* arthritis
গোঙানি *vi* moan
গোছগাছ করা *v* tidy up
গোটা *adj* whole
গোড়াতে *adv* originally
গোড়ালি *n* heel
গোপন *adj* hidden, secret
গোপন করা *vt* hide
গোপন তথ্য ফাঁস না করার বদলে টাকা নেওয়া *vt* blackmail
গোপনভাবে *adv* secretly
গোপনীয় *adj* confidential ▷ *n* secret
গোপনীয়তা *n* privacy
গোপনে *n* confidence
গোঁফ *n* moustache ▷ *npl* whiskers
গোবরাট *n* window sill
গোমড়ামুখো *adj* sulky
গোয়েন্দা *n* detective
গোয়েন্দা বিভাগ *n* secret service
গোয়েন্দাগিরি *n* espionage
গোল *adj* round
গোলকধাঁধা *n* maze
গোলমরিচ *n* pepper
গোলমরিচ পেষার যন্ত্র *n* peppermill
গোলরক্ষক *n* goalkeeper
গোলাপ ফুল *n* rose
গোলাপী *adj* pink
গোলাবাড়ি *n* barn
গোসাপ-জাতীয় প্রাণী *n* newt
গৌরবপূর্ণ *adj* glorious
গ্যারান্টি *n* guarantee
গ্যারান্টি দেওয়া *vt* guarantee
গ্যারেজ *n* garage
গ্যালারি *n* gallery
গ্যাস *n* gas
গ্যাসকুকার *n* gas cooker

গ্রন্থাগার *n* library
গ্রন্থাগারিক *n* librarian
গ্রন্থি *n* gland
গ্রহ *n* planet
গ্রহণ করা *v* accept
গ্রহণযোগ্য *adj* acceptable
গ্রহীতা *n* recipient
গ্রানাইট *n* granite
গ্রাফ *n* graph
গ্রাম *n* village
গ্রাম (ওজনের একক) *n* gram
গ্রামাঞ্চল *n* country
গ্রামীণ *adj* rural
গ্রাহক *n* consumer
গ্রীক ভাষা *n* Greek
গ্রীজযুক্ত *adj* greasy
গ্রীটিংস কার্ড *n* greetings card
গ্রীণ স্যালাড *n* green salad
গ্রীণহাউজ *n* greenhouse
গ্রীষ্মকাল *n* summer
গ্রীষ্মপ্রধান স্থান *adj* tropical
গ্রীসদেশীয় *adj* Greek
গ্রীসের অধিবাসী *n* Greek
গ্রেপ্তার *n* arrest
গ্রেপ্তার করা *vt* arrest
গ্লাইডার *n* glider
গ্লাইডারে ওড়া *n* gliding
গ্লাস *n* glass
গ্লুকোজ *n* glucose

ঘ

ঘটনা *n* incident, event
ঘটনা অনুয়ায়ী *adj* topical
ঘটনাকাল *n* occasion
ঘটনাবহুল *adj* eventful
ঘটনার পরিণাম *n* result
ঘড়ি *n* clock
ঘড়ির কাঁটার অভিমুখে *adv* clockwise
ঘড়ির কাঁটার বিপরীতমুখে *adv* anticlockwise
ঘন *adj* dense, thick
ঘন শ্যামল *adj* lush
ঘন সন্নিবদ্ধ *adj* compact
ঘনক *n* cube
ঘনত্ব *n* density
ঘনীভবন *n* condensation
ঘন্টা *n* (সময়) hour; (বাদ্য) bell
ঘন্টায় *adj* hourly
ঘর *n* room
ঘরে পরিষেবা *n* room service
ঘরোয়া *adj* casual, informal
ঘরোয়াভাবে *adv* casually
ঘর্মাক্ত *adj* sweaty
ঘষা *vt* rub

ঘসটে চলা *vi* shuffle
ঘসে ঘসে মোছা *vt* scrub
ঘা *n* sore
ঘাঘরা *n* kilt
ঘাটতি *n* (অর্থনৈতিক) deficit; (কম পড়া) lack, shortage
ঘাতক *n* killer
ঘানা দেশীয় *adj* Ghanaian
ঘানার জনগণ *n* Ghanaian
ঘাম *n* sweat
ঘামনাশক পদার্থ *n* antiperspirant
ঘামা *vi* sweat
ঘাস *n* grass
ঘাস কাটার মেশিন *n* (বাগান) lawnmower
ঘাস কাটার যন্ত্র *n* (মাঠ) mower
ঘিরে ফেলা *vt* surround
ঘুড়ি *n* kite
ঘুম *n* sleep
ঘুম চোখ *adj* sleepy
ঘুমন্ত *adj* asleep
ঘুমপাড়ানি ওষুধ *n* tranquillizer
ঘুমপাড়ানি গান *n* lullaby
ঘুমানোর সময় *n* bedtime
ঘুমিয়ে পড়া *vi* doze off
ঘুমিয়ে হাঁটা *vi* sleepwalk
ঘুমের বড়ি *n* sleeping pill
ঘুমোন *vi* sleep
ঘুমোনর ব্যবস্থা সহ রেলের কামরা *n* sleeper car
ঘুরিয়ে খোলা *v* unscrew
ঘুরিয়ে নেওয়া *v* swerve
ঘুরিয়ে বাঁধা *vt* wind
ঘুরে বেড়ান *n* stroll
ঘুরে বেড়ানো *vi* wander
ঘুরে যাওয়া *v* turn ▷ *vi* wind
ঘুষ *n* bribery
ঘুষ দেওয়া *vt* bribe
ঘুঁষি *n* punch
ঘুঁষি মারা *vt* punch
ঘুসি মারা *v* punch
ঘূর্ণিঝড় *n* hurricane
ঘূর্নিঝড *n* tornado
ঘৃণা *n* hatred
ঘৃণা করা *vt* hate
ঘেঁটে দেখা *vi* browse
ঘোটকী *n* mare
ঘোড়দৌড় *n* horse racing
ঘোড়দৌড়ের মাঠ *n* racecourse
ঘোড়সওয়ার *n* jockey
ঘোড়া *n* horse
ঘোড়ায় চড়া *n* horse riding
ঘোড়ার জিন *n* saddle
ঘোড়ার নাল *n* horseshoe
ঘোড়ার পিঠে লাফিয়ে চলা *n* gallop

ঘোড়ার স্বচ্ছন্দ দৌড় *vi* canter

ঘোষণা *n* announcement

ঘোষণা করা *vt* announce

ঘোষণা বা প্রচার *n* advert

ঘোষনা করা *vt* declare

ঘ্যানঘ্যান করা *v* nag

চ

চাকুরী *n* job

চিউইং গাম/ চিবানোর মিষ্টি গাম *n* chewing gum

চিনামাটির তৈরি *adj* ceramic

চীনা ভাষা *n* Chinese

চেক ভাষা *n* Czech

চ্যাট শো/ হালকা কথাবার্তা বলার শো *n* chat show

চ্যাট/ হালকা কথাবার্তা *n* chat

চ্যাট/ হালকা কথাবার্তা বলা *vi* chat

চওড়া *adj* broad, wide

চওড়া রাস্তা *n* avenue

চওড়াভাবে *adv* wide

চকচকে কাগজ *n* tinsel

চকিতের দেখা *n* glance

চক্র *n* (গোলাকার) circle; (চাকা) wheel; (যাহার পুনরাবৃত্তি হয়) cycle

চক্রাকার *adj* circular

চক্রাকারে *prep* round

চঞ্চল *adj* energetic

চটচটে আঠালো মিষ্টি পদার্থ *n* (গুড়) treacle; (মিষ্টি পদ) quick preparation

চটজলদি তৈরি *adj* ready-cooked

চড় মারা *vt* slap, smack

চড়াই পাখি *n* sparrow

চতুর্থ *adj* fourth

চতুর্দশ *num* fourteen

চতুর্দশতম *adj* fourteenth

চত্বর *n* complex

চন্দ্রমল্লিকা ফুল *n* chrysanthemum

চপ্পল *n* flip flops, sandals

চমৎকার *adj* splendid

চরবৃত্তি *n* spying

চরম *adj* extreme

চরম মাথাব্যথা *n* migraine

চরমপন্থা *n* extremism

চরমপন্থী *n* extremist

চরিত্র *n* character

চর্মরোগ *n* eczema

চলচ্চিত্র *n* film, movie

চলচ্চিত্র-তারকা *n* film star

চলতে থাকা *vi* continue

চলনশীল *n* mobile

চলমান বাড়ি *n* mobile home

চলাকালীন *prep* during

চলে যাওয়া *adv* away ▷ *vi* go away

চলে যাওয়া *adj* out

চল্লিশ *num* forty

চশমা *npl* glasses

চশমা-বিক্রেতা *n* optician

চা *n* tea

চা খাবার সময় *n* teatime

চা ব্যাগ *n* tea bag

চা-চামচ *n* teaspoon

চা-পান *n* tea

চাওয়া *vt* (চাহিদা করা) ask for; (প্রবলভাবে ইচ্ছা করা) long for; (কোনো ব্যক্তিকে) seek; (কোনো বস্তুকে) want

চাকর *n* servant

চাকা *n* wheel

চাকা লাগানো মোড়া চেয়ার *n* buggy

চাকার মাঝখানের ঢাকনা *n* hubcap

চাকার স্পোক *n* spoke

চাঞ্চল্যসৃষ্টিকারী *adj* sensational

চাটা *vt* lick

চাতাল *n* landing

চাঁদ *n* moon

চাদর *n* sheet

চাঁদা *n* subscription

চাপ *n* (বায়ু বা জল) pressure; (মানসিক বা শারীরিক) strain, stress

চাপ দেওয়া *vt* pressurize

চাপ সৃষ্টি করা *vt* pressure, stress

চাপা দেওয়া *vt* run over

চাপা রাগে চুপ থাকা *vi* sulk

চাপে পড়া *adj* stressed

চাবি *n* key

চাবির রিং *n* keyring

চাবুক *n* whip

চামচ *n* spoon

চামচ ভর্তি *n* spoonful

চামড়া *n* (চামড়ার তৈরি) leather; (ত্বক) skin

চায়ের কাপ *n* teacup

চায়ের কেটলি *n* teapot

চায়ের প্লেট *n* saucer

চার *num* four

চার গায়ক *n* quartet

চারিধারে *prep* around

চারিপাশে তাকানো *v* look round

চারুকলা *n* art

চারুকলা বিদ্যালয় *n* art school

চ

চাল *n* rice
চালনা করা *v* operate
চালাক *adj* clever
চালান *n* (টাকার রসিদ) invoice; (মাল পাঠানো) shipment
চালান দেওয়া *vt* invoice
চালানো *v* drive
চালিয়ে যাওয়া *v* carry on, go on ▷ *vt* continue, keep
চালু *adv* on
চালু করা *v* start off
চালু খাতা *n* current account
চাষ *n* farming
চাহিদা *n* need, requirement
চাহিদাপূর্ণ *adj* demanding
চাহিদামাফিক *adj* customized
চিকিৎসা *n* treatment
চিকিৎসাকার্যের সহায়ক *n* paramedic
চিকিৎসাবিদ্যা বিষয়ক *adj* medical
চিকিৎসালয় *n* clinic, infirmary
চিঠি *n* letter
চিঠি পাঠানো *vt* mail
চিংড়িমাছ *n* prawn, shrimp
চিড়িয়াখানা *n* zoo
চিতাবাঘ *n* leopard

চিৎকার *n* (আর্তনাদ) shriek ▷ *vi* (চেঁচানো) shout
চিৎকার করা *vi* bark ▷ *v* shout, yell
চিৎকার করে ডাকা *v* call
চিত্তবিনোদনের জায়গা *n* amusement arcade
চিত্র *n* (তুলি দিয়ে আঁকা) painting, picture; (পেন্সিল বা রঙে আঁকা) drawing
চিত্রকর *n* painter
চিত্রগ্রাহক *n* photographer
চিত্রগ্রাহক/ক্যামেরা-ম্যান *n* cameraman
চিনতে পারা *vt* recognize
চিনি *n* sugar
চিনি-বিহীন *adj* sugar-free
চিনির পরিবর্ত *n* sweetener
চিনির শিরা *n* syrup
চিন্তা *n* concern
চিন্তা করা *vt* (ভাবা) think ▷ *vi* (ভাবনা করা) worry
চিন্তা না করা *v* bother
চিন্তার বিষয় *adj* worrying
চিন্তিত *adj* concerned, worried
চিবানো *v* chew
চিমটি *npl* tweezers
চিমটি কাটা *vt* pinch
চিমনি *n* chimney

চিরকূট *n* slip
চিরদিন *adv* forever
চিরন্তন *adj* eternal
চিরসবুজ গাছ (একশ্রেণীর) *n* yew
চিরাচরিত *adj* traditional
চিরুনি *n* comb
চিলির অধিবাসী *n* Chilean
চিলির সাথে সম্পর্কিত *adj* Chilean
চিলেকোঠার ঘর *n* attic
চিলেগুদাম *n* loft
চিহ্ন *n* mark
চিহ্ন *n* sign
চিহ্নিত করা *vt* mark
চীন প্রজাতন্ত্র *n* China
চীন-বাসী *n* Chinese
চীনামাটি *n* china
চীনামাটির তৈরি দ্রব্য *n* pottery, porcelain
চীনার খাবার কাঠি *npl* chopsticks
চীনেবাদাম *n* peanut
চীনেবাদাম মাখন *n* peanut butter
চীনেবাদামে অ্যালার্জি *n* peanut allergy
চীনের সাথে সম্পর্কিত *adj* Chinese
চুক্তি *n* treaty
চুন *n* lime
চুনকাম করা *vt* whitewash
চুনাপাথর *n* limestone
চুপ করা *v* shut up
চুপচাপ *n* silence ▷ *adj* silent
চুম্বক *n* magnet
চুম্বকীয় *adj* magnetic
চুম্বন *n* kiss
চুম্বন করা *v* kiss
চুরি *n* theft
চুরি করা *v* steal
চুরুট *n* cigar
চুল *n* hair
চুল আঁচড়ানো *vt* comb
চুল আটকানোর ক্লিপ *n* hairgrip
চুল কাটেন এবং স্টাইল করেন যিনি *n* stylist
চুল কোঁচকানোর সরঞ্জাম *n* curler
চুল ঢাকার স্কার্ফ *n* headscarf
চুল শোকানোর পদ্ধতি *n* blow-dry
চুল সোজা করার সরঞ্জাম *npl* straighteners
চুলকাটা *n* haircut
চুলকানি *vi* itch
চুলকানিযুক্ত *adj* itchy
চুলকানো *v* scratch

চুলে লাগানোর জেলি *n* hair gel

চুলে লাগানোর স্প্রে *n* hair spray

চুলের গোছা *n* lock

চুলের ব্রাশ *n* hairbrush

চূড়া *n* steeple, tower

চূড়ান্ত *adj* (শেষ পর্যায়ের) final; (প্রচণ্ড) ultimate ▷ *n* final

চূড়ান্ত বিশৃঙ্খলা *n* chaos

চূড়ান্ত বিশৃঙ্খলাযুক্ত *adj* chaotic

চূড়ান্তভাবে *adv* finally

চূর্ণ করা *vt* crush

চেক এর অধিবাসী *n* Czech

চেক প্রজাতন্ত্র *n* Czech Republic

চেক প্রজাতন্ত্রের সঙ্গে সম্পর্কিত *adj* Czech

চেক-ইন/ নাম-ঠিকানা নিবন্ধকরণ *v* check in

চেচনিয়া *n* Chechnya

চেঁচানো *n* cry

চেতনা ফিরে পাওয়া *vi* come round

চেন *n* zip

চেন খোলা *vt* unzip

চেন টানা *vt* zip

চেনা *vt* know

চেনার মত *adj* recognizable

চেপা *vt* squeeze

চেপে যাওয়া *vt* squash

চেয়ার *n* chair

চেয়ার-লিফট/ পাহাড়ী জায়গায় এর সাহায্যে মানুষ ওঠানামা করে *n* chairlift

চেরীফল *n* cherry

চেষ্টা *n* attempt, effort

চেষ্টা করা *vt* attempt ▷ *vi* try

চোখ *n* eye

চোখ টিপে ইশারা করা *vi* wink

চোখ পিটপিট করা *v* blink

চোখে কালো পটি পরানো *vt* blindfold

চোখের কালো পটি *n* blindfold

চোখের ছানি *n* cataract

চোখের ড্রপ *npl* eye drops

চোখের দৃষ্টি *n* eyesight

চোখের পাতা *n* eyelid

চোখের মণি *n* iris, pupil

চোখের লোম *n* eyelash

চোয়াল *n* jaw

চোর *n* thief

চোরঘন্টি *n* burglar alarm

চোষা *v* suck

চৌকাঠ *n* doorstep

চ্যাটালো *adj* flat
চ্যাড/ উত্তর-মধ্য আফ্রিকার একটি প্রজাতন্ত্র *n* Chad
চ্যানেল/ টিভির চ্যানেল *n* channel
চ্যাপেল/ খ্রীষ্টানদের ব্যক্তিগত প্রার্থনাঘর *n* chapel
চ্যালেঞ্জ/সাহস ও ঝুঁকি *n* challenge

ছ

ছক্কা *npl* dice
ছড়ানো *n* spray
ছড়ি *n* staff
ছড়িয়ে দেওয়া *v* spray ▷ *vt* spread ▷ *vi* stretch
ছড়িয়ে পড়া *v* spill
ছড়িয়ে যাওয়া *v* spread (out)
ছড়ে যাওয়ার দাগ *n* scratch
ছত্রাক *n* mushroom
ছদ্মনাম *prep* alias ▷ *n* pseudonym
ছদ্মবেশ ধারণ করা *vt* disguise
ছন্দ *n* rhythm
ছবি *n* photograph
ছবি তোলা *vt* photograph
ছবি দেখান *vt* screen
ছবির কথা অনুবাদ করে নিচে লেখা *adj* subtitled
ছবির কথা অনুবাদ করে নিচে লেখা হয় *npl* subtitles
ছবির কাঠামো *n* picture frame
ছবির মত সুন্দর *adj* picturesque
ছবিসম্বলিত গল্প *n* comic strip
ছয় *num* six
ছাইদানি *n* ashtray
ছাউনি ফেলা *vi* camp
ছাউনিতে থাকা *n* camping
ছাউনিস্থল *n* campsite
ছাঁকনি *n* filter
ছাঁকনী *n* sieve
ছাঁকা *vt* filter
ছাঁকা তেলে ভাজা *vt* deep-fry
ছাগল *n* goat
ছাঁচ *n* model, mould
ছাঁটা *vt* trim
ছাঁটাই *n* redundancy
ছাঁটাই হওয়া *adj* redundant
ছাড় *n* (প্রবীণ নাগরিক ছাড় ইত্যাদি) concession; (দাম কম করা) discount

ছাড়া *prep* except ▷ *vt* do
  without
ছাড়ানো *vt* cut off
ছাড়িয়ে *prep* beyond
ছাতা *n* umbrella; (পচন ধরা)
  mould
ছাতা পড়া *adj* mouldy
ছাত্র-ছাত্রী *n* student
ছাত্রছাত্রী *n* pupil
ছাত্রছাত্রীর জন্য ছাড় *n*
  student discount
ছাদ *n* (বাড়ির ভেতরকার)
  ceiling; (বাড়ির উপরের)
  roof; (বাড়ির উপরের ঘেরা)
  terrace
ছাদের নিচে জায়গা *n*
  headroom
ছাপা *v* print
ছাপার ভুল *n* misprint, typo
ছায়া *n* shadow
ছায়ার নিচে *n* shade
ছারপোকা *n* bug
ছিঁড়ে ফেলা *vt* tear
ছিদ্র *n* piercing
ছিদ্রযুক্ত পাত্র *n* colander
ছিনতাই করা *vt* mug
ছিনিয়ে নেওয়া *vt* snatch
ছিপ *n* fishing rod
ছিপের সাহায্যে মাছ ধরা *n*
  angling

ছুঁচো *n* mole
ছুটি *n* holiday, leave
ছুটে যাওয়া *vi* dash
ছুতো *n* pretext
ছুতোর *n* carpenter, joiner
ছুয়ে ফেলা *v* catch up
ছুরি *n* knife
ছুরিকাঘাত *vt* stab
ছেঁড়া *n* tear
ছেড়ে আসা *vt* leave
ছেড়ে দেওয়া *v* give up ▷ *vt*
  (মাপ করে দেওয়া) waive
ছেড়ে যাওয়া *n* parting
ছেদচিহ্ন *n* comma
ছেদযতি চিহ্ন *n* punctuation
ছেনি *n* chisel
ছেলে *n* lad
ছেলে বন্ধু *n* boyfriend
ছেলে বা মেয়েদের জাঙ্গিয়া *npl*
  briefs
ছোঁ মেরে নেওয়া *vt* snatch
ছোট *adj* little, small
ছোট গল্প *n* short story
ছোট গোলাকৃতি কেক *n* bun
ছোট ছেলে বা লোক *n* chap
ছোট টুকরো *n* chip
ছোট টুকরো করা *vt* chop
ছোট ট্যাক্সি *n* minicab
ছোট তীক্ষ্ণদন্তী প্রাণী *n* gerbil
ছোট দোকান *n* kiosk

ছোট প্যাকেট *vt* pack
ছোট ফ্যাটবাড়ি *n* studio flat
ছোট বাড়ী *n* cottage
ছোট বিক্রেতা *n* vendor
ছোট বিজ্ঞাপন *npl* small ads
ছোট বীজ *n* pip
ছোট মাথাওয়ালা পেরেক *n* thumbtack
ছোট মোরগ *n* cockerel
ছোট রাস্তা *n* shortcut
ছোট সামুদ্রিক মাছ *n* anchovy
ছোট হয়ে যাওয়া *v* shrink
ছোট্ট চীনা কুকুর *n* Pekinese
ছোট্ট ভুল *n* slip-up
ছোঁড়া *vt* throw
ছোঁয়াচে *adj* catching, contagious
ছোলার ডাল *n* chickpea

জ

জনগণের ব্যবহৃত যানবাহন *n* public transport
জংলি ফুলের গাছ *n* heather
জাইলোফোন/জলতরংগ *n* xylophone
জার্মান ভাষা *n* German
জিনিষপত্র *npl* belongings, things
জই *npl* oats
জগ *n* jug
জগিং করা *n* jogging
জঘন্য *adj* awful, repulsive
জঙ্গল *n* jungle
জটিল *adj* complex, complicated
জটিলতা *n* complication
জড়িয়ে থাকা *vt* involve
জড়িয়ে ধরা *vt* cuddle
জড়ো হওয়া *v* gather
জনগণ *npl* people ▷ *adj* public ▷ *n* public
জনগণনা *n* census
জনগণের জন্য টেলিফোন *n* call box
জনগোষ্ঠীগত *adj* ethnic
জনপ্রিয় *adj* popular
জনপ্রিয়তা *n* popularity
জনবহুল *adj* busy, crowded
জনবাহুল্য *n* congestion
জনমত *n* public opinion
জনমানবহীন দ্বীপ *n* lonely island
জনসংখ্যা *n* population
জনসমীক্ষা *n* opinion poll

জনসম্পর্ক *npl* public relations

জন্ডিস *n* jaundice

জন্তু *n* animal

জন্ম *n* birth

জন্ম পরিচয়পত্র *n* birth certificate

জন্মগত প্রতিভা *n* inborn talent

জন্মদিন *n* birthday

জন্মনিয়ন্ত্রক *n* contraceptive

জন্মনিয়ন্ত্রণ *n* contraception

জন্মভূমি *n* homeland ▷ *adj* native

জন্মস্থান *n* birthplace

জন্য *prep* for

জবাব *n* response

জবাব দেওয়া *vi* respond

জমকালো *adj* gorgeous

জমা *n* deposit

জমাট-প্রতিরোধক *n* antifreeze

জমি *n* land

জমি বাড়ির দালাল *n* estate agent

জমিদার *n* landowner

জমির মাপ *n* acre

জমে যাওয়া *vi* freeze

জয়স্টিক *n* joystick

জয়ী *adj* winning

জরাজীর্ণ *adj* worn

জরিমানা *n* fine

জরুরী *adj* urgent

জরুরী অবস্থা *n* urgency; (রাজনৈতিক) emergency

জরুরী আবেদন করা *vi* appeal urgently

জর্জরিত *adj* obsessed

জর্জিয়া দেশীয় *adj* Georgian

জর্জিয়া রাষ্ট্র *n* Georgia

জর্জিয়ার জনগণ *n* Georgian

জর্ডন দেশীয় *adj* Jordanian

জর্ডনের মানুষ *n* Jordanian

জল *n* water ▷ *vt* water

জল ছিটান *vi* splash

জল দেওয়ার পাত্র/ মদ দেওয়ার পাত্র *n* carafe

জল পানের লম্বা পাত্র *n* trough

জল শোকানোর স্থান *n* draining board

জল স্রোত *n* stream

জল, নলের সংযোগ করা *n* plumbing

জলক্রীড়া (একধরণের) *n* windsurfing

জলখাবার *npl* refreshments ▷ *n* snack

জলদস্যু *n* pirate

জলনিরোধী *adj* waterproof

জলপ্রপাত *n* cataract
জলফড়িং *n* dragonfly
জলফোস্কা *n* blister
জলবায়ু *n* climate
জলবায়ুর পরিবর্তন *n* climate change
জলভরা কোষ *n* cyst
জলময় হওয়া *vt* flood
জলযোগের দোকান *n* snack bar
জলরং *n* watercolour
জলহস্তী *n* hippo
জলাতঙ্ক রোগ *n* rabies
জলাধার *n* reservoir
জলাভূমি *n* marsh, swamp
জলাভূমির উদ্ভিজ্জ পদার্থ *n* peat
জলে পরিপূর্ণ হওয়া *vi* flood
জলের কল *n* tap
জলের নীচে *adv* underwater
জলের পাইপ (একশ্রেণীর) *n* hose
জলের সিংক *n* sink
জহুরী *n* jeweller
জহুরীর দোকান *n* jeweller
জাং *n* shin
জাঁকজমকপূর্ণ *adj* elegant
জাগ্রত *adj* awake
জাতি *n* race
জাতিগত *adj* racial

জাতিবিদ্বেষ *n* racism
জাতিবিদ্বেষী *adj* racist ▷ *n* racist
জাতীয় *adj* national
জাতীয় সঙ্গীত *n* national anthem
জাতীয়করণ করা *vt* nationalize
জাতীয়তাবাদ *n* nationalism
জাতীয়তাবাদী *n* nationalist
জাদু *adj* magic
জাদুকর *n* magician
জাদুঘর *n* museum
জাদুবল *adj* magical
জাদুবিদ্যা *n* magic
জাদুমন্ত্র *n* spell
জানা *vt* know
জানানো *vt* notify
জানালা *n* window
জানালা দরজার শাটার *npl* shutters
জানালার কাঁচ *n* window pane
জানালার ধারের সীট *n* window seat
জানুয়ারি *n* January
জাপান দেশীয় *adj* Japanese
জাপানী *n* Japanese
জাফরান *n* saffron
জাম *n* berry

জ

জামা *n* shirt
জামা কাপড় খোলা *v* strip
জামাইকা দেশীয় *adj* Jamaican
জামাইকার মানুষ *n* Jamaican
জামাকাপড় *npl* clothes
জামাকাপড় শুকাবার দড়ি *n* clothes line
জামাতা *n* son-in-law
জামিন *n* bail
জাম্পার *n* jumper
জাম্বিয়া *n* Zambia
জাম্বিয়া দেশীয় *adj* Zambian
জাম্বিয়ার বসবাসকারী *n* Zambian
জায়গা *n* room, space
জায়গা দেওয়া *vt* accommodate
জায়ফল *n* nutmeg
জার্মান মিজলস্ (হাম) *n* German measles
জার্মানি *n* Germany
জার্মানি দেশীয় *adj* German
জার্মানির অধিবাসী *n* German
জার্সি *n* jersey
জাল *n* net
জাল করা *vt* forge
জালিয়াতি *n* forgery, fraud
জাহজ নির্মান *n* shipbuilding
জাহাজ *n* ship

জাহাজ দুর্ঘটনা *n* shipwreck
জাহাজ দুর্ঘটনা থেকে বেচে যাওয়া *adj* shipwrecked
জাহাজ নোঙ্গর করা *v* moor
জাহাজঘাঁটি *n* shipyard
জাহাজযাত্রা *n* sailing
জাহাজে প্রমোদভ্রমণ *n* cruise
জাহাজে সাগর পার হওয়া *n* crossing
জাহাজের খোল *n* hull
জিজ্ঞাসা করা *vt* ask, question ▷ *v* enquire
জিজ্ঞাসা চিহ্ন *n* question mark
জিজ্ঞাসাবাদ করা *vt* interrogate
জিন *n* (জিনগত) gene; (মদ্য) gin
জিনগত *adj* genetic
জিনগতভাবে পরিবর্তিত *adj* genetically-modified, GM
জিনতত্ত্ব *n* genetics
জিনিস *n* thing
জিনিসপত্র *npl* goods
জিনিসপত্র বার করা *v* unpack
জিনিসপত্র রাখার ট্রলি *n* shopping trolley
জিন্স *npl* jeans
জিভ *n* tongue

জিমন্যাস্টিকে পারদর্শী *n* gymnast

জিম্বাবোয়ে দেশীয় *adj* Zimbabwean

জিম্বাবোয়ের বসবাসকারী *n* Zimbabwean

জিরে *n* cumin

জীব *n* creature

জীবন *n* life

জীবনচরিত *n* biography

জীবনদায়ক *adj* life-saving

জীবনধারণ করা *vt* live on

জীবনধারনের মান *n* standard of living

জীবনযাত্রার ধরণ *n* lifestyle

জীবন্ত *adj* live

জীববিদ্যা *n* biology

জীববিদ্যাসংক্রান্ত *adj* biological

জীবাণু *npl* (বিশেষ রোগ) bacteria ▷ *n* (সাধারণ) germ

জীবাণুনাশক *n* disinfectant

জীবাণুবিয়োজ্য *adj* biodegradable

জীবাণুমুক্ত করা *vt* sterilize

জীবিকা *n* living

জীবিত *adj* alive

জীবিত থাকা *n* survival

জীবিত ব্যক্তি *n* survivor

জুডো *n* judo

জুতো *n* shoes

জুতোর দোকান *n* shoe shop

জুতোর পালিশ *n* shoe polish

জুতোর ফিতে *n* shoelace

জুন *n* June

জুম লেন্স *n* zoom lens

জুয়া *n* gambling

জুয়াখেলা *v* gamble

জুয়াখেলা (একশ্রেণীর) *n* roulette

জুয়াড়ি *n* gambler

জুরি *n* jury

জুলাই *n* July

জেগে ওঠা *v* wake up

জেগে থাকা *v* awake

জেটি *n* pier

জেতা *v* win

জেদি *adj* obstinate

জেনারেটর *n* generator

জেনারেল *n* general

জেনেশুনে *adv* deliberately

জেব্রা *n* zebra

জেব্রা ক্রসিং *n* zebra crossing

জেল ক্রীম *n* gel

জেলা *n* district

জেলি *n* jelly

জেলিফিস *n* jellyfish

জেলে *n* fisherman

জেলে-নৌকা *n* fishing boat

জ

জেলের অধিবাসী *n* inmate
জেহোবার সাক্ষী *n* Jehovah's Witness
জৈব *adj* organic
জৈব রসায়ন *n* biochemistry
জোকার *n* clown
জোগাড় করা *vt* obtain
জোট *n* alliance
জোড় *adj* even
জোড়া *n* pair
জোড়া ফিতে *npl* braces
জোড়া লাগানো *vt* fix
জোড়াতালি দেওয়া *adj* patched
জোর করা *vt* force, persuade ▷ *vi* insist
জোর করে ছেঁড়া *v* rip
জোর দিয়ে উল্লেখ করা *vt* emphasize
জোরসহকারে *adv* roughly
জোরালো *adj* loud
জোরে ছোঁড়া *vt* pitch
জোরে জোরে পড়া *vt* read out
জোরে বলা *vi* speak up
জৌলুসময় *adj* glamorous
জ্ঞান *n* knowledge, wisdom
জ্ঞান হারানো *v* pass out
জ্ঞানী *adj* knowledgeable, wise
জ্বর *n* fever
জ্বর (একশ্রেণীর) *n* hay fever
জ্বর ফোস্কা *n* cold sore
জ্বলা *vi* burn
জ্বলে যাওয়া *v* burn down
জ্বালা *n* inflammation
জ্বালাতন করা *vt* pester
জ্বালানী *n* fuel
জ্বালাযুক্ত *adj* inflamed
জ্বালিয়ে দেওয়া *vt* burn
জ্যাক *n* jack
জ্যাকেট *n* (প্রাচীন ঐতিহ্যবাহী) tuxedo; (দৈনন্দিন) jacket
জ্যাম *n* jam
জ্যাম রাখার জার *n* jam jar
জ্যামভরা কেক *n* flan
জ্যেষ্ঠ *adj* eldest
জ্যোতির্বিদ্যা *n* astronomy
জ্যোতিষশাস্ত্র *n* astrology

ঝ

ঝগড়া *n* quarrel
ঝগড়া করা *vi* quarrel, squabble
ঝটকানো *v* flap
ঝড় *n* storm

ঝড়বিশেষ *n* cyclone
ঝরঝরে *adj* fluent
ঝরণা *n* (মানুষের তৈরি) fountain; (প্রাকৃতিক) waterfall
ঝরে পড়া *vi* fall out
ঝলক দেওয়া *v* flash
ঝলকানি *n* flash
ঝলমলে *adj* bright
ঝলসানো *adj* grilled, roast
ঝলসানো চাহনি *vi* glare
ঝলসে যাওয়া *vt* grill
ঝাঁকানো *vt* shake
ঝাঁকুনি *n* concussion
ঝাড়ু *n* broom
ঝাড়ু দেওয়া *vt* sweep
ঝাড়ুদার *n* dustman
ঝাঁপ দেওয়া *vi* dive
ঝারি *n* watering can
ঝিঙ্গে *n* courgette
ঝিঁঝি পোকা *n* cricket
ঝিমানো *vi* doze
ঝিরঝিরে হালকা বৃষ্টি *n* drizzle
ঝিল *n* lake
ঝুঁকি *n* risk
ঝুঁকি নেওয়া *vt* risk
ঝুঁকিপ্রবণ *adj* risky
ঝুঁকে থাকা *vi* lean
ঝুড়ি *n* basket
ঝুমকো লতা *n* buttercup
ঝুলবারান্দা *n* balcony
ঝুলে থাকা চুলের গোছা *n* fringe
ঝোঁক থাকা *vi* tend
ঝোঁকানো *adj* bent
ঝোড়ো *adj* stormy
ঝোপ *n* shrub
ঝোপ-ঝাড় *n* bush
ঝোপঝাড়ের সারি *n* hedge
ঝোলানো *vt* hang

ট

টক *adj* sour
টন (পরিমাপ) *n* ton
টনসিল *npl* tonsils
টনসিলের অসুখ *n* tonsillitis
টনিক *n* tonic
টফি *n* toffee
টবের গাছ *n* pot plant
টমেটো *n* tomato
টমেটো সস *n* tomato sauce
টর্চ *n* torch
টল টলে জল *n* sparkling water
টলমল করা *vi* stagger

টহল দল *n* patrol

টাই *n* tie

টাইপ করা *v* type

টাইপ করার যন্ত্র *n* typewriter

টাইপ করে যে *n* typist

টাইফয়েড *n* typhoid

টাইম বম্ব *n* time bomb

টাউন হল *n* town hall

টাঁকশাল *n* mint

টাকা *n* taka

টাকা/রুপি *n* rupee

টাকা কেটে নেওয়া *vt* debit

টাকা দেওয়া *v* pay

টাকা ফেরত দেওয়া *vt* pay back

টাকা রাখবার কাউন্টার *n* till

টাকাপয়সা *n* money

টাকার পরিমাণ *n* sum

টাকার ব্যাগ *n* purse

টাঙ্গানো *vi* hang

টাচপ্যাড *n* touch pad

টাটকা *adj* fresh

টাট্টু ঘোড়া *n* pony

টাট্টু ঘোড়ায় ভ্রমণ *n* pony trekking

টানলে বড় হয় *adj* stretchy

টানা *vt* pull

টানা সেতু *n* suspension bridge

টানাটানি *n* tug-of-war

টায়ার *n* tyre

টারপুলিন *n* tarpaulin

টালি *n* tile

টালি দ্বারা বাঁধানো *adj* tiled

টি *det* the

টি টাওয়েল *n* tea towel

টি শার্ট *n* T-shirt

টিউনিশিয়া *n* Tunisia

টিউনেশিয় *adj* Tunisian

টিউনেশিয়ার নাগরিক *n* Tunisian

টিউব *n* tube

টিউমার *n* tumour

টিউলিপ ফুল *n* tulip

টিকটিকি *n* lizard

টিকলি *n* tag

টিকা দেওয়া *vt* vaccinate

টিকাদান *n* vaccination

টিকিট *n* ticket

টিকিট অফিস *n* box office

টিকিট কাটার মেশিন *n* ticket machine

টিকিট বিক্রির অফিস *n* ticket office

টিঁকে থাকা *v* last

টিক্ চিহ্ন *n* tick

টিন *n* tin

টিন ফয়েল *n* tinfoil

টিনের বাক্স *n* trunk

টিপে নেবানো *vt* stub out

টিভি *n* TV
টিয়াপাখি *n* parrot
টিস্যু *n* tissue
টুকরো *n* piece
টুকরো করা *vt* divide
টুকরো করে কাটা *vt* cut up, slice
টুকরো করে ছিঁড়ে ফেলা *v* tear up
টুকরো হয়ে যাওয়া *v* break up
টুকে রাখা *vt* note down
টুঁটি *n* throat
টুনা মাছ *n* tuna
টুপি *n* cap
টেকনো *n* techno
টেকো *adj* bald
টেডি বিয়ার *n* teddy bear
টেনপিন বোলিং *n* tenpin bowling
টেনিস *n* tennis
টেনিস কোর্ট *n* tennis court
টেনিস খেলোয়াড় *n* tennis player
টেনিস ব্যাট *n* tennis racket
টেনে আনা *vt* drag ▷ *v* draw
টেনে ধরা *v* pull up
টেনে নিয়ে যাওয়া *vt* tow away
টেনে বার করা *v* pull out
টেপ করা *vt* tape
টেপ পরিমাপক *n* tape measure
টেপ রেকর্ডার *n* tape recorder
টেবিল *n* table
টেবিল ওয়াইন *n* table wine
টেবিল ক্লথ *n* tablecloth
টেবিল টেনিস *n* table tennis
টেবিলচামচ *n* tablespoon
টেরিয়ার *n* terrier
টেলিফোন *n* telephone
টেলিফোন করা *n* call ▷ *v* call
টেলিফোনের তথ্যসম্বলিত তালিকা *n* telephone directory
টেলিফোনের প্রত্যুত্তর *v* call back
টেলিফোনের মাধ্যমে বিক্রয় *n* telesales
টেলিভিশন *n* television
টেলিভিশনের ধারাবাহিক *n* soap opera
টেলিস্কোপ *n* telescope
টোকেন *n* token
টোকা মারা *vt* knock
টোগো (দেশ) *n* Togo
টোটা রাখার খোপ *n* magazine
টোল খাওয়া *vt* dent

টোল খাওয়ানো *n* dent
টোষ্ট *n* toast
টোষ্ট বানানোর যন্ত্র *n* toaster
ট্যাক্স রিটার্ণ *n* tax return
ট্যাক্সি *n* taxi
ট্যাক্সি চালক *n* taxi driver
ট্যাঙ্কার জাহাজ *n* tanker
ট্যাপ নৃত্য *n* tap-dancing
ট্যাবলেট *n* tablet
ট্যারা *vi* squint
ট্যারাগন *n* tarragon
ট্যালকম পাউডার *n* talcum powder
ট্রফি *n* trophy
ট্রলি *n* trolley
ট্রাক *n* truck
ট্রাক চালক *n* truck driver
ট্রানজিস্টার *n* transistor
ট্রাফিক লাইট *npl* traffic lights
ট্রাভেলার চেক *n* traveller's cheque
ট্রাম গাড়ি *n* tram
ট্রাম্পোলিন (খেলার সামগ্রী) *n* trampoline
ট্রেইলার *n* trailer
ট্রেন *n* train
ট্রেনে শোওয়ার বিছানা *n* couchette
ট্রেনে, জাহাজে ঘুমানোর স্থান *n* berth
ট্র্যাকস্যুট *n* tracksuit
ট্র্যাক্টর *n* tractor

ঠ

ঠকঠক্ আওয়াজ *n* rattle
ঠকানো *vi* cheat
ঠগ *n* cheat
ঠাকুমা *n* grandmother
ঠাকুমা-ঠাকুর্দা *npl* grandparents
ঠাকুর্দা *n* grandfather
ঠাণ্ডা রাখার বাক্স *n* icebox
ঠান্ডা *adj* cold
ঠান্ডা করা *v* chill ▷ *vt* freeze
ঠান্ডায় কাঁপা *vi* shiver
ঠাসা *adj* crammed
ঠিক *adj* right
ঠিক আছে *adj* all right ▷ *excl* OK!
ঠিকঠাক *adj* okay
ঠিকঠাক চলা *vi* work
ঠিকা *n* contract
ঠিকাদার *n* contractor

ঠিকানা *n* address
ঠিকানা লেখবার বই *n* address book
ঠিকানার তালিকা *n* mailing list
ঠেলে দেওয়া *vt* poke
ঠেসে ভর্তি করা *v* cram
ঠোঁট *n* beak
ঠোঁটের মলম *n* lip salve

ড

ডাকবিলি কর্মী/পোষ্টম্যান *n* postman
ডাকবিলি মহিলা কর্মী/পোষ্টম্যাস (মহিলা) *n* postwoman
ডগা *n* point
ডবল বাস *n* double bass
ডমিনিক প্রজাতন্ত্র *n* Dominican Republic
ডলফিন *n* dolphin
ডলার *n* dollar
ডাইনি *n* witch
ডাইরেক্ট ডেবিট *n* direct debit
ডাউনলোড করা *vt* download
ডাক *n* post
ডাকচিহ্ন *n* postmark
ডাকটিকিট *n* stamp
ডাকনাম *n* nickname
ডাকবাক্স *n* postbox
ডাকমূল্য *n* postage
ডাকা *vt* call
ডাকাত *n* robber
ডাকাতি *n* robbery
ডাকাতি করা *vt* rob
ডাক্তার *n* doctor
ডাক্তারখানা *n* surgery
ডাচ ভাষা *n* Dutch
ডান *adj* right
ডানদিকে *adj* right-hand
ডানহাতি *adj* right-handed
ডানা *n* wing
ডায়াবেটিস *n* diabetes
ডায়াল করা *v* dial
ডায়াল করার কোড *n* dialling code
ডায়ালিং টোন *n* dialling tone
ডায়েরী *n* diary
ডাংরি জাতীয় পোশাক *npl* overalls
ডাল *npl* pulses
ডাঁশমাছি *n* midge
ডিগ্রী ফারেনহিট *n* degree Fahrenheit

ডিগ্রী সেন্টিগ্রেড *n* degree centigrade

ডিগ্রী সেলসিয়াস *n* degree Celsius

ডিঙিনৌকো *n* dinghy

ডিঙ্গি নৌকা *n* canoe

ডিঙ্গি নৌকার প্রতিযোগিতা *n* canoeing

ডিজিটাল *adj* digital

ডিজিটাল ক্যামেরা *n* digital camera

ডিজিটাল ঘড়ি *n* digital watch

ডিজিটাল টেলিভিশন *n* digital television

ডিজিটাল রেডিও *n* digital radio

ডিনারের সময় *n* dinner time

ডিপ্লোমা *n* diploma

ডিভিডি *n* DVD

ডিভিডি প্লেয়ার *n* DVD player

ডিভিডি বার্ণার *n* DVD burner

ডিম *n* egg

ডিম এবং ক্রীমের তৈরি কেকজাতীয় খাবার *n* mousse

ডিম পাড়া *vt* lay

ডিম রাখার বাটি *n* eggcup

ডিমের কুসুম *n* egg yolk

ডিমের ঝুরি *npl* scrambled eggs

ডিমের সাদা অংশ *n* egg white

ডিমের হলুদ অংশ *n* yolk

ডিম্বাকৃতি *adj* oval

ডিম্বাশয় *n* ovary

ডিশ *n* dish

ডিশ তোয়ালে *n* dish towel

ডিশ মোছার কাপড় *n* dishcloth

ডিসওয়াশার *n* dishwasher

ডিসলেক্সিয়া *n* dyslexia

ডিসেম্বর *n* December

ডিস্ক *n* disc, disk

ডিস্ক জকি *n* disc jockey

ডিস্ক ড্রাইভ *n* disk drive

ডিস্কেট *n* diskette

ডিস্কো *n* disco

ডুব *n* dip ▷ *v* dive

ডুব সাঁতার *n* scuba diving

ডুবসাঁতারুর নিঃশ্বাস নেবার নল *n* snorkel

ডুবুরি *n* diver

ডুবে যাওয়া *vi* plunge ▷ *v* sink

ডুবোজাহাজ *n* submarine

ডুমুর *n* fig

ডেটা *npl* data

ডেনমার্ক সম্বন্ধীয় *adj* Danish
ডেনমার্ক-বাসী *n* Dane
ডেবিট *n* debit
ডেবিট কার্ড *n* debit card
ডেয়ারী *n* dairy
ডেয়ারী প্রস্তুত খাদ্য *n* dairy produce
ডেয়ারী প্রস্তুত খাদ্যদ্রব্য *npl* dairy products
ডেলা *n* lump
ডেস্ক *n* desk
ডোবানো *vt* dip
ডোরা কাটা *adj* striped, stripy
ড্যানিশ *n* Danish
ড্যাফোডিল ফুল/ হলুদ রঙের ফুল *n* daffodil
ড্রয়ার *n* drawer
ড্রয়ারওয়ালা আলমারি *n* chest of drawers
ড্রাই-ক্লিন করা *n* dry-cleaning
ড্রাগন *n* dragon
ড্রাম *n* drum
ড্রামবাদক *n* drummer
ড্রায়ার *n* dryer
ড্রিল *n* drill
ড্রেসিং গাউন *n* dressing gown

ড্রেসিং টেবিল *n* dressing table
ড্রটস খেলা *npl* draughts
ঢিবি *n* embankment

ঢ

ঢলঢলে বহির্বাস *n* apron
ঢাকনা *n* lid
ঢাকা *n* cover
ঢাকা দেওয়া *vt* cover
ঢাল *n* shield
ঢালা *vt* pour
ঢালু স্থান *n* slope
ঢিলা পোষাক *n* pinafore
ঢিলে *adj* loose, slack
ঢিলে ঢালা শার্ট *n* sweatshirt
ঢিলে হাফ প্যান্ট *npl* boxer shorts
ঢিলে-ঢালা পোষাক *adj* baggy
ঢেউ *n* (জল) waves
ঢেউখেলানো *adj* wavy
ঢেঁকি *n* seesaw
ঢেঁকুর *n* burp
ঢেঁকুর তোলা *vi* burp
ঢোকার রাস্তা *n* way in; (ঘটা) probability

ঢ

ত

তথ্য অনুসন্ধান *npl* directory enquiries
তড়িত-বিজ্ঞানবিদ / ইলেকট্রিশিয়ান *n* electrician
তৃতীয়তঃ *adv* thirdly
তৈরি *adj* dressed
তৈরি করা *vt* make, manufacture
তোষামোদ *vt* flatter
তকতকে *adj* spotless
তখন *adv* then
তছনছ করা *n* vandalism
তছনছ হয়ে যাওয়া *vt* vandalize
তছনছকারী ব্যক্তি *n* vandal
তড়িৎশক্তি *n* current
তত্ত্ব *n* theory
তত্ত্বাবধান *n* oversight
তথাপি *adv* however
তথ্য *npl* documents ▷ *n* information
তথ্য কার্যালয় *n* information office
তথ্য বিন্যাস করা *vt* format
তথ্যচিত্র *n* documentary
তথ্যতালিকা *n* chart
তথ্যপঞ্জিকা *n* directory
তথ্যপ্রযুক্তি *n* IT
তথ্যভিত্তিক *adj* informative
তথ্যাবলী *n* documentation
তদন্ত *n* inquest, investigation
তদারক করা *vt* supervise
তদারককারী *n* supervisor
তন্তু *n* fibre
তন্নতন্ন করে খোঁজা *vi* hunt
তন্বী *adj* slim
তবুও *adv* nevertheless ▷ *conj* though
তরঙ্গদৈর্ঘ্য *n* wavelength
তরতাজা *adj* refreshing
তরতাজা করে তোলা *v* freshen up
তরমুজ *n* watermelon
তরল *n* liquid
তরল করবার মেশিন *n* liquidizer
তরল রাখবার পাত্র *n* casserole
তরল সাবান *n* washing-up liquid
তরুণী *n* lass
তর্ক করা *vt* debate
তর্কবিতর্ক *n* argument, row
তর্কবিতর্ক করা *vi* argue, row

তর্কাতীত *adj* undisputed

তর্জনী *n* index finger

তল *n* plane

তলদেশ *n* bottom

তলা *n* floor

তলায় *prep* beneath ▷ *adv*
  underneath

তলার দিকে *adj* bottom

তলিয়ে যাওয়া *v* drown

তল্পিতল্পা *n* luggage

তল্পিতল্পা রাখার তাক *n*
  luggage rack

তল্লাসী *n* search

তল্লাসী দল *n* search party

তহবিল *npl* funds

তাই *adv* so

তাইওয়ান *n* Taiwan

তাইওয়ান দেশীয় *adj*
  Taiwanese

তাইওয়ানের বসবাসকারী *n*
  Taiwanese

তাক *n* rack, shelf

তাকে (নারী) *pron* her

তাকে (পুরুষ) *pron* him

তাচ্ছিল্যের হাসা *vi* snigger

তাজা *adj* fresh

তাজিকিস্তান *n* Tajikistan

তাড়া করা *vt* go after

তাড়াতাড়ি *adv* quickly,
  promptly

তাড়াতাড়ি করা *v* hurry up

তাড়াহুড়ো *n* hurry

তাড়াহুড়ো করা *vi* hurry

তাড়াহুড়োর সময় *n* rush hour

তাদের *det* their

তাদেরকে *pron* them

তানজানিয়া *n* Tanzania

তানজানিয়া দেশীয় *adj*
  Tanzanian

তানজানিয়ার অধিবাসী *n*
  Tanzanian

তাপ *n* heat

তাপমাত্রা *n* temperature

তাঁবু *n* tent

তামা *n* copper

তামাক *n* tobacco

তামাক বিক্রির দোকান *n*
  tobacconist

তামাটে *n* tan

তামাসা করা *vi* kid

তার *det* its ▷ *n* string;
  (টেলিগ্রাম) telegram;
  (বৈদ্যুতিক) wire

তার (নারী) *det* her ▷ *pron*
  hers

তার (পুরুষ) *pron* his ▷ *det*
  his

তারকা *n* star

তারকা চিহ্ন *n* star

তারপর *conj* then

ত

তারবিহীন *adj* cordless

তারা নিজেরা *pron* themselves

তারিখ *n* date

তারিখের পূর্বে ব্যবহার সর্বাধিক উত্তম *n* best-before date

তারিখের মধ্যে বিক্রি করা *n* sell-by date

তাল *n* beat

তালগাছ *n* palm

তালগোল পাকিয়ে ফেলা *vt* mix up

তালা *n* lock

তালা খোলা *vt* unlock

তালা ভেঙে ঘরে ঢুকেছে *n* break-in, burglary

তালা ভেঙে ঘরে ঢোকা *vi* break in

তালা লাগানো *vt* lock

তালাওয়ালা *n* locksmith

তালিকা *n* list

তালিকাভুক্ত করা *vt* list

তালিকাভুক্ত নয় *adj* unlisted

তালিকাভুক্ত বিষয় *n* item

তালিকাভুক্তকরণ *n* registration

তালু *n* palm

তাস *n* playing card

তাস দেওয়া *vt* deal

তাসখেলার টেক্কা *det* a ▷ *n* ace

তাসমানিয়া *n* Tasmania

তাসের খেলা *n* card game

তাহা *det* that ▷ *pron* that

তাহারা *pron* they

তাহিতি *n* Tahiti

তিক্ত *adj* bitter

তিতিবিরক্ত হওয়া *adj* fed up

তিতির *n* partridge

তিন *num* three

তিন চাকার সাইকেল *n* tricycle

তিনগুণ করা *v* treble

তিনটি অংশ *adj* triple

তিনতালে নৃত্য করা *vi* waltz

তিনতালের নৃত্য *n* waltz

তিনি (পুরুষ) *pron* he

তিব্বত *n* Tibet

তিব্বত দেশীয় *adj* Tibetan

তিব্বতী *n* Tibetan

তিব্বতী ভাষা *n* Tibetan

তিমি *n* whale

তিরস্কার করা *vt* tell off

তির্যক চিহ্ন *n* forward slash

তিল *n* mole

তীক্ষ্ণ *adj* sharp

তীক্ষ্ণদন্তী প্রাণীবিশেষ *n* rodent

তীব্র মনোবেদনা *n* grief

তীর *n* arrow

তীরচিহ্ন *n* arrow mark

তীর্থযাত্রা *n* pilgrimage
তীর্থযাত্রী *n* pilgrim
তীর্থস্থান *n* place of pilgrimage
তুচ্ছ *adj* trivial
তুতে *n* copper sulphate
তুমি *pron* you
তুরষ্ক দেশীয় *adj* Turkish
তুরস্ক (দেশ) *n* Turkey
তুরস্কের লোক *n* Turk
তুর্কী ভাষা *n* Turkish
তুলনা *n* comparison
তুলনা করা *vt* compare
তুলনামূলকভাবে *adv* comparatively, relatively
তুলনীয় *adj* comparable
তুলসী *n* basil
তুলা *n* Libra
তুলে আনা *vt* fetch
তুলে ধরা *vt* boost, lift
তুলোয় জড়ানো কাঠি *n* cotton bud
তুলোর বল *n* cotton wool
তুষ *n* bran
তুষার ঝড় *n* snowstorm
তুষারঝড় *n* blizzard
তুষারপাত *n* frost
তৃণভূমি *n* meadow
তৃতীয় *adj* third
তৃপ্তিকর *adj* delightful
তৃষ্ণা *n* thirst
তৃষ্ণার্ত *adj* thirsty
তেজপাতা *n* bay leaf
তেজস্ক্রিয় *adj* radioactive
তেল *n* oil
তেল তোলবার পাটাতন ও যন্ত্রপাতি *n* oil rig
তেল দেওয়া *vt* oil
তৈরি হয় *vt* consist of
তৈল শোধনাগার *n* oil refinery
তৈলকূপ *n* oil well
তোতলানো *v* stammer, stutter
তোয়ালে *n* towel
তোলা *vt* pick
ত্বক-পরিষ্কারক *n* cleanser
ত্বকে দাগ *n* rash
ত্বরিত *adj* prompt
ত্রয়ী *npl* triplets
ত্রয়োদশ *num* thirteen
ত্রয়োদশতম *adj* thirteenth
ত্রিনিদাদ এ্যান্ড টোবাগো, (দেশ) *n* Trinidad and Tobago
ত্রিভুজ *n* triangle
ত্রিমাত্রিক *adj* three-dimensional
ত্রিশ *num* thirty
ত্রুটি *n* fault, defect; (ভুল) error

ত্রুটিযুক্ত *adj* faulty; (ভুল) inaccurate
ত্রুটিহীনতা *n* perfection

থ

থাইল্যান্ডের নাগরিক *n* Thai
থাইল্যান্ডের ভাষা *n* Thai
থলে *n* shopping bag
থাইল্যান্ড *n* Thailand
থাইল্যান্ড দেশীয় *adj* Thai
থাকা *v* be ▷ *vi* (রাখা) keep; (সাথে থাকা) stay
থাবা *n* paw
থামা *n* stop
থামানো *v* stop
থার্ড পার্টি ইন্সিওরেন্স *n* third-party insurance
থার্মোমিটার *n* thermometer
থার্মোস *n* Thermos®
থার্মোস্ট্যাট *n* thermostat
থিতু হওয়া *v* settle down
থিম পার্ক *n* theme park
থুতনি *n* chin
থুথু *n* spit
থুথু ফেলা *v* spit
থেকে *prep* (জায়গা ইত্যাদি) from; (সময় বা কাল) since ▷ *adv* since
থেকে যাওয়া *v* remain
থেমে যাওয়া *n* halt

দ

দই *n* yoghurt
দক্ষিণ আফ্রিকার নাগরিক *n* South African
দক্ষিণ আমেরিকার মানুষ *n* South American
দুই ফোকাস যুক্ত (বাইফোকাল) চশমা *npl* bifocals
দেখভাল করেন যিনি/ পরিচর্যাকারী/কেয়ারটেকার *n* caretaker
দ্বিতীয়তঃ *adv* secondly
দ্বিভাষিক *adj* bilingual
দক্ষ *n* expert ▷ *adj* skilful
দক্ষতা *n* skill
দক্ষতার সাথে *adv* effectively, efficiently
দক্ষতাসম্পন্ন *adj* skilled
দক্ষিণ *adj* south

দক্ষিণ আফ্রিকা *n* South Africa
দক্ষিণ আফ্রিকা দেশীয় *adj* South African
দক্ষিণ আমেরিকার *adj* South American
দক্ষিণ কোরিয়া *n* South Korea
দক্ষিণ মুখী *adj* southbound
দক্ষিণ মেরু *n* South Pole
দক্ষিণ-পন্থী *adj* right-wing
দক্ষিণদিক *n* south
দক্ষিণদিকে *adv* south
দক্ষিণপশ্চিম *n* southwest
দক্ষিণপূর্ব *n* southeast
দক্ষিন আমেরিকা *n* South America
দক্ষিনাঞ্চলীয় *adj* southern
দখল করা *vt* conquer
দখল নেওয়া *v* take over
দড়ি *n* rope
দড়িতে জামাকাপড় আটকাবার ক্লিপ *n* clothes peg
দত্তক নেওয়া *vt* adopt
দত্তকগ্রহণ *n* adoption
দত্তকরূপে গৃহীত *adj* adopted
দন্ড *n* rod
দন্ডিত করা *vt* penalize
দন্ত-চিকিৎসক *n* dentist
দন্ত বিষয়ক *adj* dental
দফা *n* clause
দম ফুরানো *vt* wind
দম বন্ধ হয়ে আসা *vi* suffocate
দমকলকর্মী *n* fireman
দমকলবাহিনী *n* fire brigade
দমনাত্মক হওয়া *vt* crack down on
দম্পতি *n* couple
দয়া *n* kindness
দয়া করে *adv* kindly
দয়ালু *adj* kind
দর-কষাকষি করা *vi* haggle
দরকার হওয়া *vt* require
দরকারী *adj* useful
দরজা *n* (বাড়ি বা ঘরের) door; (বাগানের ইত্যাদি) gate
দরজার বেল *n* doorbell
দরজার হাতল *n* door handle
দরজারক্ষী *n* doorman
দরদী *adj* caring
দরাদরি *n* bargain
দরিদ্র *adj* poor
দর্জি *n* tailor
দর্শক *n* (টেলিভিশন) viewer; (থিয়েটার, সভা ইত্যাদি) audience
দর্শনকেন্দ্রিক *adj* visual
দর্শনশাস্ত্র *n* philosophy

দ

দল *n* group; (খেলা বা রাজনীতি) side, team

দলিল *n* will; (নথি) document; (সম্পত্তির) deed

দশ *num* ten

দশক *n* decade

দশম *adj* tenth

দশমিক *adj* decimal

দশলক্ষ *num* million

দস্তা *n* zinc

দস্তানা *n* glove

দস্তানা বিশেষ *n* mitten

দাগ *n* mark, stain

দাগ ওঠানোর উপাদান *n* stain remover

দাগ দিয়ে রাখা *vt* tick off

দাগ লাগা *vt* stain

দাঙ্গা *n* riot

দাঙ্গা লাগা *vi* riot

দাঁড় চালানো *vt* paddle

দাঁড় বওয়া *v* row

দাঁড়কাক *n* raven

দাঁড়ান *vi* stand

দাড়ি *n* beard

দাঁড়ি *n* full stop

দাড়ি কামানো *v* shave

দাড়ি কামানোর ক্রীম *n* shaving cream

দাড়ি কামানোর ফোম *n* shaving foam

দাড়ি কামানোর মেসিন *n* shaver

দাড়ি না কামানো *adj* unshaven

দাঁড়িপাল্লা *npl* scales

দাঁড়িয়ে যাওয়া *adj* stuck

দাঁত *n* tooth

দাঁত উজ্জ্বল করার দ্রব্য *n* dental floss

দাঁত কাঠি *n* toothpick

দাঁত বার করে হাসা *vi* grin

দাঁত মাজার ব্রাশ *n* toothbrush

দাতব্য প্রতিষ্ঠান *n* charity

দাঁতব্যথা *n* toothache

দাতা *n* donor

দাঁতের মাজন *n* toothpaste

দান করা *vt* donate

দানব *n* monster

দানাশস্য *n* grain, rye

দাবা *n* chess

দাবি *n* claim, demand

দাবি করা *v* claim, demand

দাবিপত্র *n* claim form

দাম বাড়া *v* go up

দামী *adj* expensive

দামী জিনিস *npl* valuables

দায়বদ্ধ *adj* accountable

দায়িত্ব *n* responsibility

দায়িত্বজ্ঞানহীন *adj* irresponsible
দায়িত্বশীল *adj* responsible
দারিদ্র *n* poverty
দারুচিনি *n* cinnamon
দারুণ *adj* fabulous, wonderful
দারুণ সুন্দর *adj* lovely
দালান *n* (বারান্দা) corridor; (ঘরের মাঝে) hallway
দালাল *n* broker
দিক *n* (তরফ) aspect, dimension; (কোন দিকে) direction
দিক পরিবর্তন *n* turn
দিকচিহ্ন *n* landmark
দিগন্ত *n* horizon
দিন *n* day
দিনের বেলা *n* day, daytime
দিবানিদ্রা *n* snooze
দীর্ঘ *adj* long
দীর্ঘ সময় *adv* for a long time
দু-পাল্লার কাঁচের জানালা *n* double glazing
দুই *num* two
দুই বা তার আশেপাশে *det* couple
দুই রঙ এর চৌকো ডিজাইন *adj* checked
দুই শয্যার ঘর *npl* twin beds
দুঃখ *n* misery
দুঃখিত *excl* sorry!
দুগ্ধজাত জিনিস *n* cheese
দুটি *adj* double
দুটি রাস্তার সংযোগস্থল *n* crossroads
দুটির মধ্যে একটি *det* either
দুটির মধ্যে কোনটি নয় *adj* neither
দুতলা বিছানা *npl* bunk beds
দুধ *n* milk
দুধ দোওয়া *vt* milk
দুধের চকোলেট *n* milk chocolate
দুধের দাঁত পড়া *vi* teethe
দুধের সরবত *n* milkshake
দুপায়ে লাফানো *vi* hop
দুবার *adv* twice
দুরারোগ্য *adj* chronic
দুর্গ *n* castle, fort
দুর্গন্ধ *n* stink
দুর্গন্ধ ছড়ানো *vi* stink
দুর্গন্ধনাশক *n* deodorant
দুর্গন্ধযুক্ত *adj* smelly
দুর্গপরিখা *n* moat
দুর্ঘটনা *n* accident
দুর্ঘটনাক্রমে *adv* accidentally
দুর্ঘটনাজনিত অবস্থা *adj* accidental

দুর্ঘটনাজনিত জরুরী বিভাগ *n* accident and emergency
দুর্ঘটনাজনিত বিমা *n* accident insurance
দুর্ঘটনায় আহত/দুর্ঘটনায় নিহত *n* casualty
দুর্নীতি *n* corruption
দুর্নীতিগ্রস্ত *adj* corrupt
দুর্বল *adj* weak
দুর্বলতা *n* weakness
দুর্ভাগ্য *n* misfortune
দুর্ভাগ্যবশতঃ *adv* unfortunately
দুর্ভিক্ষ *n* famine
দুর্মূল্য *adj* dear
দুর্মূল্য বস্তুর দোকান *n* antique shop
দুর্লভ *adj* rare
দুঃশ্চিন্তামুক্ত করা *vt* reassure
দুঃশ্চিন্তামুক্তকর *adj* reassuring
দুষ্ট *adj* evil
দুষ্টু *adj* naughty
দুষ্টুমিভরা কৌতুক *n* prank
দুঃসাহসপূর্ণ *adj* adventurous
দুঃস্বপ্ন *n* nightmare
দূত *n* ambassador
দূতাবাস *n* embassy
দূর *adj* far ▹ *adv* far
দূরত্ব *n* distance
দূরনিয়ন্ত্রণ *n* remote control
দূরবীন *npl* binoculars
দূরে *adj* distant
দূরে থাকা *v* keep out
দূরের জিনিস যে দেখতে পায় না *adj* near-sighted
দূষণ *n* pollution
দূষিত *adj* polluted
দূষিত করা *vt* pollute
দৃঢ় *adj* firm
দৃঢ়চেতা *adj* dynamic
দৃঢ়প্রতিজ্ঞ *adj* determined
দৃশ্য *n* scene
দৃষ্টি *n* sight
দৃষ্টিকোণ *n* viewpoint
দৃষ্টিগোচর *adj* visible
দৃষ্টিগোচরতা *n* visibility
দৃষ্টিপাত *n* look
দৃষ্টিভঙ্গী *n* outlook, standpoint
দেউলিয়া *adj* bankrupt
দেওয়া *vt* give
দেওয়াল *n* wall
দেওর *n* brother-in-law
দেখতে *v* look
দেখতে পাওয়া *vt* notice
দেখভাল করা *vi* care
দেখা *vi* look ▹ *v* see
দেখানো *v* show

দেবদূত *n* angel
দেরাজ *n* cupboard
দেরী *adv* late ▷ *n* delay
দেরী করা *vt* delay
দেরীতে *adj* late
দেশ *n* country; (নিজের গ্রাম) village
দেশভক্তি *n* patriotism
দেশভক্তি *adj* patriotic
দেশলাই কাঠি *n* match
দেশান্তরে পাঠানো *vt* deport
দেশান্তরে যাওয়া *vi* emigrate
দেশি মদ *n* house wine
দেশী *adj* domestic
দেহ *n* body
দেহরক্ষী *n* bodyguard
দেহের উপরিভাগের অন্তর্বাস *n* vest
দেহের ডাক্তারি পরীক্ষা *n* physical
দৈনন্দিন কার্যসূচী *n* routine
দৈনিক *adv* daily
দৈবক্রমে *n* accident
দৈর্ঘ্য *n* length
দৈহিক শাস্তি *n* corporal punishment
দোকান *n* shop, stall
দোকান থেকে চুরি করা *n* shoplifting

দোকান সহায়ক *n* shop assistant
দোকানদার *n* shopkeeper
দোকানের কাউন্টার *n* counter
দোকানের প্রদর্শনী *n* shop window
দোকানের বাইরে নিয়ে যাওয়ার খাবার *n* takeaway
দোভাষী *n* interpreter
দোল খাওয়া *v* rock, swing ▷ *vi* sway
দোলনা *n* cradle
দোলনা বিছানা *n* hammock
দোলা *n* swing
দোষ *n* blame
দোষারোপ *n* allegation
দোষারোপ করা *vt* accuse, blame
দোষী *n* culprit ▷ *adj* guilty
দৌড় *n* run
দৌড় প্রতিযোগিতা *n* race
দৌড় প্রতিযোগিতায় অংশগ্রহণ করা *v* race
দৌড় প্রতিযোগিতার ট্র্যাক *n* racetrack
দৌড় প্রতিযোগী *n* racer
দৌড়বীর *n* runner
দৌড়ানো *vi* run
দ্বন্দ্ব *n* conflict

দ

দ্বন্দ্ব হওয়া *vi* clash
দ্বাদশ *adj* twelfth
দ্বারপাল *n* janitor
দ্বারা *prep* by
দ্বিখন্ড হওয়া *v* split
দ্বিগুণ *v* double
দ্বিতীয় *adj* second
দ্বিতীয় বিজেতা *n* runner-up
দ্বিতীয় শ্রেণী *n* second class
দ্বিধা *n* suspense
দ্বিধাগ্রস্ত *adj* bewildered
দ্বিধান্বিত *adj* indecisive
দ্বিপ্রহর *n* noon
দ্বীপ *n* island
দ্বেষ *n* spite
দ্রবীভুত হওয়া *v* dissolve
দ্রাক্ষালতা *n* vine
দ্রাঘিমাংশ *n* longitude
দ্রুত *adj* fast
দ্রুত গতি *n* speeding
দ্রুত দৌড়ন *vi* sprint
দ্রুত ধাবন *vi* rush
দ্রুত বেগে চলা *vi* trot
দ্রুতগতিতে মারা *vt* swat
দ্রুতগামী গাড়ির জন্য রাস্তা *n* motorway
দ্রুতভাবে *adv* fast
দ্রূত ধাবন *n* rush

ধ

ধাতুরূপ *n* conjugation
ধনসম্পত্তি *n* treasure
ধনী *adj* rich
ধনুক *n* bow
ধনুরাশি *n* Sagittarius
ধনুষ্টঙ্কার *n* tetanus
ধনে *n* coriander
ধন্যবাদ *excl* thanks!
ধন্যবাদ দেওয়া *vt* thank
ধমনী *n* artery
ধরন *n* (রকম) kind, sort
ধরা *vt* (লুফে নেওয়া) catch; (ধরে থাকা) hold
ধরে *adj* included
ধরে নেওয়া যাক *conj* supposing
ধরে রাখা *vi* hold on
ধর্ম *n* religion
ধর্মঘট *n* strike
ধর্মঘট পালন করা *vi* strike
ধর্মঘটী *n* striker
ধর্মতত্ত্ব *n* theology
ধর্ষণ *n* rape
ধর্ষণকারী *n* rapist
ধর্ষিত হওয়া *vt* rape

ধসে পড়া *vi* collapse
ধাক্কা *n* bump
ধাতু *n* metal
ধাতুর আওয়াজ *n* click
ধাতুর কৌটো *n* tin
ধাতুর বাদ্যযন্ত্র *n* triangle
ধাত্রী *n* midwife
ধাঁধা *n* puzzle
ধাঁধা (একশ্রেণীর) *n* jigsaw
ধাপ *n* step
ধাপ কাটা *adj* terraced
ধাপ্পা *n* bluff
ধাপ্পা দেওয়া *vi* bluff
ধাবক *n* sprinter
ধার *n* credit
ধার করা *vt* (কারুর থেকে নেওয়া) borrow; (কারুর কাছে ধার থাকা) owe
ধার দেওয়া *vt* lend, loan
ধারণ করে *vt* contain
ধারণ ক্ষমতা *vt* hold
ধারণা *n* impression
ধারাবাহিক *adj* continuous ▷ *n* (বই বা ছবি) sequel; (টেলিভিসন নাটক, পত্রিকার গল্প ইত্যাদি) serial
ধারাবাহিক, পরপর *adj* successive
ধারাল দাঁত *n* tooth
ধারালো *adj* sharp
ধারালো টুকরো *n* splinter
ধারালো বস্তু *n* dart
ধার্মিক *adj* religious
ধীরগতি *adj* slow
ধীরে ধীরে *adv* slowly
ধুয়ে ফেলা *vt* rinse
ধুলো *n* (নোংরা) dirt; (ধূলি) dust
ধুলো ঝাড়া *v* dust
ধুলোবালি শুষে নেবার বৈদ্যুতিক যন্ত্র *n* Hoover®
ধুলোমাখা *adj* dusty
ধূমকেতু *n* comet
ধূমপান *n* smoking
ধূমপান-বর্জিত *adj* non-smoking
ধূমপায়ী *n* smoker
ধূর্ত *adj* cunning
ধূলিস্মাৎ করে দেওয়া *vt* pull down
ধূসর *adj* grey
ধেড়ে ইঁদুর *n* rat
ধেড়ে ইঁদুরের মত প্রাণী *n* hamster
ধৈর্য *n* patience
ধৈর্যশীল *adj* patient
ধৈর্যহীনতা *n* impatience
ধৈর্য্য ধরা *v* bear up
ধোওয়া *vt* wash
ধোঁয়া *npl* fumes ▷ *n* smoke

ধোঁয়া বার হওয়া *vi* smoke
ধোঁয়াচ্ছন্ন *adj* smoked
ধোঁয়ার কালি *n* soot
ধোঁয়ার সতর্কতা *n* smoke alarm
ধৌতকরণ *n* wash
ধ্বনি *n* note
ধ্বংস *n* (ধ্বংসস্তুপ) wreck
ধ্বংস করা *vt* destroy
ধ্বংসাবশেষ *n* wreckage
ধ্যান *n* meditation

ন

নির্দেশগ্রন্থ/ম্যানুয়াল *n* manual
ন্যায়পরায়ণতা *n* fairness
নকল *n* (আসল নয়) fake; (নকল সৃষ্টি করা) clone; (অনুকরন) imitation ▷ *adj* mock
নকল করা *vt* (টোকা) copy, plagiarise; (অনুকরন) imitate, mimic
নকল সৃষ্টি করা *vt* clone
নক্ষত্র *n* star
নখ *n* nail
নখ কাটার কাঁচি *npl* nail scissors
নখের ব্রাশ *n* nailbrush
নগণ্য *n* trifle
নগদ *n* cash
নগদ নিবন্ধকরণের যন্ত্র *n* cash register
নগদ-পরিবেশক *n* cash dispenser
নগর পরিকল্পনা *n* town planning
নগ্ন *adj* nude
নগ্ন অবস্থা *n* nude
নজর করা *vt* observe
নজরদার *n* invigilator
নঞর্থক *adj* negative
নতুন *adj* new
নতুন জামা পরা *v* dress up
নতুবা *conj* either ... or
নথিপত্র *n* document
নদী *n* river
নদীর পাড় *n* bank
ননদ, শ্যালিকা, বৌদি *n* sister-in-law
ননি *adj* cream
নবজাত *adj* newborn
নববর্ষ *n* New Year
নবম *adj* ninth
নবাগত *n* newcomer
নবীকরণযোগ্য *adj* renewable

নব্বই *num* ninety

নভেম্বর *n* November

নমনীয় *adj* flexible

নমনীয় সময় *n* flexitime

নমুনা *n* sample

নম্র *adj* polite

নম্রতা *n* politeness

নম্রভাবে *adv* politely

নয় *num* nine

নয় ভাগের এক ভাগ *n* ninth

নয়নাভিরাম *adj* spectacular

নরওয়ে দেশীয় *adj* Norwegian

নরওয়ের অধিবাসী *n* Norwegian

নরওয়ের ভাষা *n* Norwegian

নরক *n* hell

নরম *adj* soft, tender

নরম কাপড়ের তৈরি টুপি *n* beret

নরম মাটি *n* bog

নর্তক/ নর্তকী *n* dancer

নল *n* tube

নলখাগড়া *n* reed

নলের মিস্ত্রি *n* plumber

নষ্ট করা *vt* (ঠিক করে কাজে না লাগানো) spoil; (অবচয় করা) squander

নষ্ট করে দেওয়া *vt* spoil

নষ্টামি *n* mischief

না *det* no ▷ *excl* no! ▷ *adv* not

না খেয়ে থাকা *vi* starve

না পর্যন্ত *conj* until

না হলে *conj* otherwise

নাইজেরিয়া দেশীয় *adj* Nigerian

নাইজেরিয়ার অধিবাসী *n* Nigerian

নাক *n* nose

নাক ডাকা *vi* snore

নাক থেকে রক্তক্ষরণ *n* nosebleed

নাকউঁচু লোক *n* snob

নাকচ করা *v* turn down

নাকের হাড় *n* sinus bone

নাগরদোলা *n* merry-go-round

নাগরিক *n* citizen

নাগরিক অধিকার *npl* civil rights

নাগরিকত্ব *n* nationality, citizenship

নাগাল পাওয়া *vi* reach

নাচ করা *vi* dance

নাট *n* nut

নাটক *n* drama, play

নাটকীয় *adj* dramatic

ন

নাটকের চরিত্র *n* cast
নাট্যকার *n* playwright
নাড়ান *vt* stir
নাড়িভুঁড়ি *n* gut
নাতনি *n* granddaughter
নাতি *n* grandson
নাতি অথবা নাতনি *n* grandchild
নাপিত *n* barber
নাবালক *adj* underage
নাবিক *n* sailor, seaman
নাভি *n* belly button, navel
নাম *n* name
নামডাক *n* reputation
নামডাকা *n* roll call
নামমাত্র *adv* hardly
নামা *v* land
নাম্বার দেওয়া *vt* mark
নায়ক *n* hero
নায়িকা *n* heroine
নারকেল *n* coconut
নারী *adj* female
নারী-সংক্রান্ত *adj* feminine
নারীবাদী *n* feminist
নারীর বিবাহপূর্ব নাম *n* maiden name
নালপোষ *n* bib
নালি ঘা *n* ulcer
নালিশ *n* accusation
নালী *n* drain

নাশকতা *adj* devastated ▷ *n* sabotage
নাশকতামূলক *adj* devastating
নাসপাতি *n* pear
নাসারন্ধ্র *n* nostril
নাস্তিক *n* atheist
নিউজিল্যাণ্ডের আদিবাসী *adj* Maori
নিউজিল্যান্ডের অধিবাসী *n* New Zealand
নিকটতম আত্মীয় *n* next of kin
নিকটত্ব *n* proximity
নিকটবর্তী *adv* nearby
নিকটভাবে *adv* closely
নিকটে *adj* close, close by
নিকারাগুয়া দেশীয় *adj* Nicaraguan
নিকারাগুয়ার অধিবাসী *n* Nicaraguan
নিকৃষ্ট *adj* (ভালো নয়) inferior; (ছোটো মনের) mean
নিক্ষেপ করা *vt* toss
নিখুঁত *adj* perfect
নিখুঁতভাবে *adv* perfectly
নিচু করা *vt* lower
নিচুভাবে *adv* low
নিচে *adv* down ▷ *prep* under

নিচের *adj* lower
নিচের অংশ ওপরের দিকে করা *adj* upside down
নিচের তলার *adj* downstairs
নিছক *adj* sheer
নিজে (নারী) *pron* herself
নিজে (পুরুষ) *pron* himself
নিজে থেকে *pron* itself
নিজের *pron* oneself ▷ *adj* own
নিজের জায়গায় ম্যাচ *n* home match
নিতম্ব *n* hip ▷ *npl* buttocks
নিতান্ত ক্ষুদ্র *adj* miniature
নিদ্রাচ্ছন্ন *adj* drowsy
নিদ্রাহীনতা *n* insomnia
নিবন্ধগ্রন্থ *n* register
নিবন্ধিত *adj* registered
নিবন্ধিত করা *vi* register
নিবন্ধীকরণ কার্যালয় *n* registry office
নিবারক *adj* repellent
নিবারণ *n* prevention
নিয়তি *n* destiny
নিয়ন্ত্রণ *n* control, check
নিয়ন্ত্রণ করা *vt* control
নিয়ম *n* rule; (নিয়মকানুন) code
নিয়মানুগত্য *n* formality
নিয়মিত *adj* regular

নিয়মিতভাবে *adv* regularly
নিযুক্ত করা *vt* employ
নিয়ে নেওয়া *vt* collect
নিয়োগ *n* appointment, recruitment
নিয়োগ করা *vt* appoint, hire
নিরক্ষবৃত্ত *n* equator
নিরক্ষীয় গিনি *n* Equatorial Guinea
নিরপেক্ষ *adj* impartial, neutral
নিরবচ্ছিন্ন *adj* continual
নিরবচ্ছিন্নভাবে *adv* continually
নিরস্ত করা *vt* discourage
নিরহঙ্কার *adj* humble
নিরাপত্তা *n* safety, security
নিরাপত্তা পেটি *n* safety belt
নিরাপত্তা রক্ষী *n* security guard
নিরাপদ *adj* safe, secure; (হানিকর না) harmless
নিরামিষাশী *adj* vegetarian ▷ *n* vegetarian
নিরাশ *adj* disappointed
নিরাশ করা *vt* disappoint
নিরাশাজনক *adj* disappointing
নিরুদিত *adj* dehydrated
নিরুদ্বেগজনিত *adj* relaxing

ন

নিরেট *adj* solid
নির্গত গ্যাস *npl* exhaust fumes
নির্গমন পাইপ *n* exhaust
নির্ঘন্ট *n* schedule
নির্ণয় করা *v* pick out
নির্ণায়ক *adj* decisive
নির্দিষ্ট *adj* particular
নির্দিষ্ট সময়সীমা *n* deadline
নির্দিষ্ট স্থান *n* slot
নির্দেশ *npl* directions
নির্দেশ দেওয়া *vt* direct, instruct
নির্দেশক *n* instructor
নির্দেশমত কাজ করা *vt* carry out
নির্দেশাবলী *n* briefing ▷ *npl* instructions
নির্দেশিকা *n* handbook
নির্দোষ *adj* innocent
নির্বাক নাটক *n* pantomime
নির্বাচকমন্ডলী *n* electorate
নির্বাচন *n* (রাজনৈতিক) election ; (সাধারণ) selection; (ভোট) vote
নির্বাচন করা *vt* (রাজনৈতিক) elect; (সাধারণ) select ▷ *v* vote
নির্বাচনকেন্দ্র *n* constituency
নির্বাপকযন্ত্র *n* extinguisher
নির্বাসন *n* exile
নির্বাহ করা *vi* cope
নির্বাহক *n* executive
নির্বোধ *adj* daft
নির্ভর করা *vi* depend
নির্ভরযোগ্য *adj* reliable
নির্মম *adj* ruthless
নির্মাণ *n* construction
নির্মাণ করা *vt* build, put up
নির্মাণকর্তা *n* builder
নির্মাণস্থল *n* building site
নির্মাতা *n* maker, manufacturer
নির্যাতন *n* torture
নির্যাতন করা *vt* (শারীরিক) torture; (সামাজিক) persecute
নিলম্বন *n* suspension
নিলম্বিত করা *vt* suspend
নিঃশব্দে *adv* quietly
নিঃশেষ করে ফেলা *vt* use up
নিঃশেষিত হওয়া *vi* run out
নিশ্চয়তা *n* certainty
নিশ্চল *adj* still
নিশ্চিত *vt* assure ▷ *adj* certain, sure
নিশ্চিতভাবে *adv* certainly, definitely
নিশ্চিন্ত *adj* relaxed
নিঃশ্বাস *n* breath

নিঃশ্বাস গ্রহণ করা *v* breathe in
নিঃশ্বাস নেওয়া *v* breathe
নিঃশ্বাস বার করা *v* breathe out
নিষিদ্ধ *n* (আইন সম্বন্ধীয়) ban; (সামাজিক) taboo ▷ *adj* (আইন) banned; (সামাজিক) forbidden, prohibited; taboo
নিষিদ্ধ করা *vt* ban
নিষেধ করা *vt* forbid, restrict
নিষেধ করে *vt* prohibit
নিষ্কাশন করা *v* drain
নিষ্ঠাবান *adj* sincere
নিষ্ঠার সঙ্গে *adv* sincerely
নিষ্ঠাহীন *adj* insincere
নিষ্ঠুর *adj* cruel
নিষ্ঠুরতা *n* cruelty
নিষ্ঠুরভাবে *adj* brutal
নিষ্পত্তি ঘটানো *vt* conclude
নিষ্পত্তিযোগ্য *adj* disposable
নিষ্ফল *adj* vain
নিঃসন্দেহে *adv* undoubtedly
নিস্ক্রিয় *adj* passive
নিস্তব্ধ *adj* silent
নিস্পত্তি করা *vt* settle
নীচু *adj* low
নীচে *adv* below ▷ *prep* below
নীচে ঝোঁকা *v* bend down
নীচে পড়া *vi* fall down
নীতি *npl* morals ▷ *n* principle
নীতিকৌশল *n* strategy
নীরস *adj* dull
নীল *adj* blue
নীলা *n* sapphire
নীলাম *n* auction
নীলাম করা *v* bid
নুড়ি *n* (বালি সমান) gravel; (একটি) pebble
নুন *n* salt
নুয়ে পড়া *vi* bend
নৃতত্ত্ববিদ্যা *n* anthropology
নৃত্য *n* dance
নৃত্যকলা *n* dancing
নেউল *n* ferret
নেওয়া *vt* take
নেকড়ে *n* wolf
নেড়ামাথা *n* skinhead
নেতা *n* leader
নেতিবাচক *n* negative
নেতৃত্ব দেওয়া *vt* head
নেদারল্যান্ড দেশীয় *adj* Dutch
নেদারল্যান্ডের নারী *n* Dutchwoman
নেদারল্যান্ডের পুরুষ *n* Dutchman
নেলপালিশ *n* nail polish

নেশাগ্রস্ত *adj* drunk
নেশার প্রতি আসক্ত *adj* addicted
নেশাসক্ত *n* addict
নৈতিক *adj* ethical, moral
নৈরাশ্যবাদী *n* pessimist
নৈর্ব্যক্তিক *adj* impersonal
নৈশ জীবন *n* nightlife
নৈশ বিদ্যালয় *n* night school
নৈশভোজ *n* dinner
নোঙর করা ভাসমান বস্তু *n* buoy
নোঙ্গর *n* anchor
নোট করা *vt* jot down
নোটবুক *n* notebook
নোনতা *adj* salty
নোনতা খাবার *adj* savoury, salty
নোনাজল *adj* saltwater
নোংরা *adj* filthy, messy
নোংরা ফেলবার ঝুড়ি *n* bin
নৌ-বাহিনী *n* navy
নৌ-বাহিনী সংক্রান্ত *adj* naval
নৌকা *n* boat
নৌকা উলটে যাওয়া *v* capsize
নৌকা বাওয়া *n* rowing
নৌকা বাঁধার পাটাতন *n* quay
নৌকো করে পাড়ি দেওয়া *v* sail
ন্যাকড়া *n* rag
ন্যাতা *n* mop
ন্যাতা দেওয়া *v* mop up
ন্যাপকিন *n* serviette
ন্যায়সঙ্গত *n* right
ন্যায্য *adj* fair
ন্যূনতম *adj* least

প

পনেরো *num* fifteen
পয়:প্রণালী *n* sewer
পয়সা রাখার ব্যাগ/ওয়ালেট *n* wallet
পরিষেবা *n* service
পরিষেবা শুল্ক *n* service charge
পর্তুগীজ ভাষা *n* Portuguese
পলিনেশিয়া ভাষা *n* Polynesian
পশ্চাৎ দর্শনযোগ্য আয়না / রিয়ার-ভিউ মিরর *n* rear-view mirror
পিস্টন *n* piston
পেঁচা *n* owl
পেঁয়াজকলি *n* spring onion
পেস্ট্রি *n* (কেক) shortcrust pastry
পোলিশ ভাষা *n* Polish
পোশাক *n* outfit

পোশাক খোলা *v* undress

পোশাকের আলমারি *n* wardrobe

পোষাক পরিবর্তন করা *vi* change

প্রকৃত অর্থে *adv* actually

প্রজ্জ্বলন *n* ignition

প্রতিকার *n* remedy

প্রতিযোগিতাবিশেষ *n* pentathlon

প্রথমত *adv* firstly

প্রধানতঃ *adv* mainly

প্রেমিকা *n* girlfriend, lover

পকেট ছুরি *n* penknife

পকেটমার *n* pickpocket

পকেটে রাখবার ক্যালকুলেটর *n* pocket calculator

পক্ষপাতদুষ্ট *adj* biased

পচা *adj* rotten

পচে যাওয়া *v* rot

পছন্দ *n* choice, preference

পছন্দ করা *vt* like; (বেছে নেওয়া) prefer

পঞ্চাশ *num* fifty

পঠন *n* reading

পড়তে অসুবিধা *adj* dyslexic

পড়া *vi* look at ▷ *v* read

পড়ানো *vt* teach

পড়ার অযোগ্য *adj* illegible

পতন *n* fall

পতাকা *n* flag

পত্রবন্ধু *n* penfriend

পত্রলিখন *n* correspondence

পত্রিকা *n* magazine

পথ *n* path

পথ কর *n* toll

পথ দেখানো কুকুর *n* guide dog

পথ দেখিয়ে নিয়ে যাওয়া *vt* lead

পথ নির্দেশ *n* signpost

পথকর *n* road tax

পথচারীদের যাওয়ার স্থান *n* pedestrian crossing

পথনির্দেশমূলক চিহ্ন *n* road sign

পথপ্রদর্শক *n* guide

পথপ্রদর্শিত ভ্রমণ *n* guided tour

পদক *n* medal

পদক্ষেপ ফেলা *n* step

পদচারণা *n* footstep

পদত্যাগ করা *vi* resign

পদবী *n* surname

পদমর্যাদা *n* post, rank

পদযাত্রা *n* (যাত্রা) hiking

পদযাত্রী *n* (ব্যক্তি) 0pedestrian

পদযুগল *npl* feet

পদাতিক সৈন্য *n* infantry

প

পদার্থ *n* substance
পদার্থবিদ্ *n* physicist
পদার্থবিদ্যা *n* physics
পদ্ধতি *n* method
পনির *n* cottage cheese
পনের নম্বর *adj* fifteenth
পন্থা নেওয়া *vt* resort to
পবিত্র *adj* holy, sacred
পবিবহন *n* transport
পয়েন্ট *n* point
পরচর্চা *n* gossip
পরচর্চা করা *vi* gossip
পরচুল *n* toupee
পরচুলা *n* wig
পরপর গোনা *vi* count
পরবর্তী *adj* following, next
পরমাণু *n* atom
পরমাণুসংক্রান্ত *adj* atomic
পরম্পরাগত *adj* classical
পরা *vt* wear
পরাগরেণু *n* pollen
পরাজয় *n* defeat
পরাজিত *n* loser
পরাজিত করা *vt* defeat, overcome
পরামর্শ *n* advice, suggestion ▹ *v* consult
পরামর্শ দেওয়া *vt* suggest
পরামর্শদাতা *n* consultant
পরিকল্পক *n* designer
পরিকল্পনা *n* (প্লান) plan, planning; (কি ভাবে করা) design, layout ▹ *v* plan
পরিকল্পনা করা *vt* design
পরিকাঠামো *n* infrastructure
পরিচয় *n* (চেনা) introduction; (সামাজিক) identity
পরিচয় করানো *vt* introduce
পরিচয়-পত্র *n* ID card
পরিচারিকা *n* maid
পরিচালক *n* (সিনেমা) director; (সঙ্গীত) conductor; (কোম্পানী) manager
পরিচালন অধিকর্তা *n* managing director
পরিচালনা *vt* conduct
পরিচালনা করা *vt* manage
পরিচালনীয় *adj* manageable
পরিচালিকা *n* manager
পরিচিত *adj* familiar
পরিণত *n* grown-up ▹ *adj* mature
পরিণত ছাত্র *n* mature student
পরিণত হওয়া *vt* get ▹ *vi* turn
পরিণতি হওয়া *vi* result
পরিণাম *n* consequence
পরিণামে *adv* accordingly, consequently

পরিত্যক্ত *vt* abandon

পরিদর্শক *n* inspector

পরিধানের স্যুট *n* suit

পরিপার্শ্বস্থ *n* precinct

পরিপূর্ণ *adj* full

পরিপ্রেক্ষিত *n* perspective

পরিবর্ত *n* substitute

পরিবর্তন *n* change; (একটু বদল করা) modification

পরিবর্তন করা *vt* modify, switch

পরিবর্তনযোগ্য *adj* changeable, variable

পরিবর্তিত গতিপথ *n* diversion

পরিবর্তিত হওয়া *adj* varied

পরিবর্তে *adv* alternatively, instead

পরিবর্ধন *n* enlargement

পরিবহন করা *vt* transport

পরিবার *n* family

পরিবাহিত মালপত্র *n* freight

পরিবেশ *n* environment ▷ *npl* surroundings

পরিবেশ অনুকূল *adj* environmentally friendly

পরিবেশ সুরক্ষা সংক্রান্ত *adj* environmental

পরিবেশক *n* dispenser

পরিবেশবান্ধব *adj* ecofriendly

পরিবেশে কার্বন-ডাই-অক্সাইডের পরিমাপক *n* carbon footprint

পরিমাণ *prep* of ▷ *n* quantity, volume

পরিমাণ নির্ণয় করা *vt* quantify

পরিমাণ/ টাকার অঙ্কের পরিমাণ *n* amount

পরিমাপ *npl* measurements

পরিমাপ করা *vt* measure

পরিমার্জনা *n* revision

পরিমার্জনা করা *vt* revise

পরিমিত *adj* modest

পরিমিত ব্যয় করা *vi* economize

পরিযাণ *n* migration

পরিযায়ী *n* migrant

পরিশেষে *adv* ultimately

পরিশোধ *n* repayment

পরিশোধ করা *vt* repay

পরিশোধনীয় *adj* payable

পরিষদ *n* council

পরিষদ-সদস্য *n* councillor

পরিষদীয় ভবন *n* council house

পরিষ্কার *adj* clean

পরিষ্কার করবার লোশন *n* cleansing lotion

পরিষ্কার করা *vt* clean

প

পরিষ্কার পরিচ্ছন্ন *adj* tidy
পরিষ্কার পরিচ্ছন্ন করা *vt* tidy
পরিসংখ্যান *npl* statistics
পরিস্থিতি *npl* circumstances ▷ *n* situation
পরিহাস *n* irony
পরী *n* fairy
পরীক্ষক *n* examiner
পরীক্ষা *n* (শিক্ষা) exam, examination, test; (বৈজ্ঞানিক) experiment
পরীক্ষা করা *v* check ▷ *vt* examine, test
পরীক্ষামূলক সময় *n* trial period
পরীক্ষার নল *n* test tube
পরীক্ষার ফলাফল *n* report
পরে *conj* after ▷ *prep* after, past ▷ *adv* afterwards, later
পরে নয় *adv* no
পরের পৃষ্ঠায় দেখুন *abbr* PTO
পরোক্ষ *adj* indirect
পর্তুগাল দেশীয় *adj* Portuguese
পর্দা *n* (দরজা, জানলা) curtain; (সিনেমা) screen
পর্ব *n* episode, period
পর্বত *n* mountain
পর্বতময় *adj* mountainous
পর্বতমালা *n* range
পর্বতারোহণ *n* mountaineering
পর্বতারোহন *n* climbing
পর্বতারোহী *n* mountaineer
পর্যটক *n* tourist
পর্যটন *n* tourism
পর্যটন দপ্তর *n* tourist office
পর্যন্ত *prep* till, until
পর্যবেক্ষক *n* observer
পর্যবেক্ষণশীল *adj* observant
পর্যবেক্ষণাগার *n* observatory
পর্যায় *n* stage
পর্যায়ক্রমে *adv* gradually
পর্যালোচনা *n* review
পলায়ন *n* escape
পলায়ন করা *vi* run away
পলিথিনের ব্যাগ *n* polythene bag
পলিনেশিয়া দেশীয় *adj* Polynesian
পলিনেশিয়ার অধিবাসী *n* Polynesian
পলেস্তারা *n* plaster
পশম *n* wool
পশমনির্মিত *adj* woollen
পশমের বস্ত্র *adj* tartan
পশু-চিকিৎসক *n* vet
পশ্চাৎ *adj* rear

পশ্চাদ্ধাবন n chase
পশ্চাদ্ধাবন করা vt chase
পশ্চিম n west
পশ্চিম দিকে adv west
পশ্চিমদিকে adj westbound
পশ্চিমাঞ্চল adj western
পশ্চিমাংশ adj west
পা n leg
পা রাখা vi tread
পাই n pie
পাই চার্ট n pie chart
পাইকারি adj wholesale
পাইকারি হারে ক্রয়বিক্রয় n wholesale
পাঁইট n pint
পাইন গাছ n pine
পাইপ n pipe
পাইপলাইন n pipeline
পাইলট লাইট n pilot light
পাউরুটি n bread, loaf
পাউরুটি রাখার জায়গা n bread bin
পাওয়া v come in ▷ vt get, receive
পাকস্থলী n stomach
পাকা adj ripe
পাকা চুলওয়ালা লোক adj grey-haired
পাকানো বস্তু n roll
পাকিস্তান n Pakistan

পাকিস্তান দেশীয় adj Pakistani
পাকিস্তানী n Pakistani
পাখি n bird
পাগল adj mad ▷ n maniac
পাগল লোক n madman
পাগলামি n madness
পাগলের মত adv madly
পাঙ্ক মিউজিক n punk
পাঁচ num five
পাঁচ নম্বর adj fifth
পাচক n cook
পাচার n smuggling
পাচার করা vt smuggle
পাচারকারী n smuggler
পাছা n bum
পাছায় চাটি মারা vt spank
পাঁজর n rib
পাটাতন n (কাঠের) board; (স্টেশন ইত্যাদি) platform
পাঠ n lesson
পাঠক n reader
পাঠক্রম n curriculum
পাঠানো vt send
পাঠিয়ে দেওয়া vt forward ▷ v send off
পাঠ্যক্রম n syllabus
পাঠ্যবই n textbook
পাড়া n neighbourhood
পাণ্ডুলিপি n manuscript

প

পাত *n* sheet
পাতলা *adj* (মানুষ, জিনিষ) thin; (জলীয়) diluted
পাতলা আলুভাজা *npl* crisps
পাতলা করা *vt* dilute
পাতলুন *npl* trousers
পাতা *n* leaf
পাতাঝরা গাছ *n* elm
পাতিলেবু *n* lime
পাতিহাঁস *n* duck
পাত্র *n* (খাবার) bowl; (বিবাহ সম্বন্ধীয়) suitable groom
পাথর *n* (বড়) rock; (ছোট বা দামী) stone, precious stone
পাথর (একশ্রেণীর) *n* sandstone
পান করা *v* drink
পানীয় *n* drink
পানীয় জল *n* drinking water
পান্ডা *n* panda
পাফ পেস্ট্রি *n* puff pastry
পাব্লিক স্কুল *n* public school
পাম্প করা *vt* pump
পায়জামা *npl* pyjamas
পায়রা *n*. pigeon
পায়া *n* leg
পায়ে চলা *n* hike
পায়ে হাঁটা *n* walk
পায়ের আঙুল *n* toe

পায়ের চিকিৎসক *n* chiropodist
পায়ের ছাপ *n* footprint
পায়ের ডিম *n* calf
পার হওয়া *vt* cross
পারকাসন *n* percussion
পারদ *n* mercury
পারদর্শী *adj* good
পারমাণবিক *adj* nuclear
পারমাণবিক চুল্লি *n* reactor
পারমাণবিক বোমা *n* atom bomb
পারস্যের *adj* Persian
পারিশ্রমিক *n* fee
পার্ক *n* park
পার্কিং *n* parking
পার্কিং টিকিট *n* parking ticket
পার্কিং মিটার *n* parking meter
পার্টি *n* party
পার্টিতে মজা করা *vi* party
পার্থক্য *n* difference, distinction
পার্থক্য নির্দেশ করা *v* distinguish
পার্ম *n* perm
পার্শ্ব প্রতিক্রিয়া *n* side effect
পার্শ্ব রাস্তা *n* side street
পার্শ্ব রেখা *n* touchline
পার্সলে *n* parsley

পার্সোনাল অর্গানাইজার *n* personal organizer
পাল *n* (পাখি বা জন্তু) flock; (নৌকা) sail
পাল তোলা নৌকো *n* sailing boat
পালক *n* feather
পালকের তৈরি লেপ *n* duvet
পালন *n* upbringing
পালন করা *vt* foster
পালংশাক *n* spinach
পালাক্রম *adj* alternate
পালাক্রমিক *adj* alternative
পালিত সন্তান *n* foster child
পালিশ *n* polish
পালিশ করা *vt* polish
পাল্লা দেওয়া *v* keep up
পাশ *n* side
পাশ দিয়ে *adv* sideways
পাশে *prep* beside, next to
পাসওয়ার্ড *n* password
পাসপোর্ট *n* passport
পাস্তা *n* pasta
পাস্তা (একশ্রেণীর) *n* spaghetti
পাস্তুরীকরণ *adj* pasteurized
পাহাড় *n* hill
পাহাড়ে চড়া *n* rock climbing ▷ *adv* uphill
পাহাড়ে চড়ার বাইক *n* mountain bike
পাহাড়ে হেটে বেড়ানো *n* hill-walking
পাহাড়ের ঢাল *n* cliff
পাহারা দেওয়া *vt* guard
পি এইচ ডি *n* PhD
পি ডি এফ *n* PDF
পি সি *n* PC
পিকনিক *n* picnic
পিক্সেল *n* pixel
পিঙ্গল *adj* tanned
পিচ্ছিল *adj* slippery
পিছন দিকের দরজা ওপরের দিকে খোলা যায় এমন গাড়ি *n* hatchback
পিছনে *prep* after, behind ▷ *n* back
পিছনে ঘোরানো *v* rewind
পিছনে ঠেলা *v* push
পিছনের *n* rear
পিছনের দিকে *adv* backwards
পিছলে পড়া *vi* slip
পিছলে যাওয়া *vi* skid
পিঠ *n* back
পিঠে নেওয়ার ব্যাগ *n* rucksack
পিঠে ব্যথা *n* backache
পিঠের ব্যথা/কোমরের ব্যথা *n* back pain
পিঠের হাড় সরে যাওয়া অবস্থা *n* slipped disc

প

পিতল *n* brass
পিতলের বাদ্যযন্ত্রের বাদক সম্প্রদায় *n* brass band
পিতা বা মাতা *n* parent
পিতৃত্ব লাভের জন্য প্রাপ্ত ছুটি *n* paternity leave
পিৎজা *n* pizza
পিত্তাশয় *n* gall bladder
পিত্তাশয়ে পাথর *n* gallstone
পিন *n* pin
পিন নম্বর *n* PIN
পিঁপড়ে *n* ant
পিপে *n* barrel
পিঁয়াজ *n* onion
পিয়ানো *n* piano
পিয়ানোবাদক *n* pianist
পিরেনিজ পর্বতাঞ্চলের অধিবাসী *n* Basque
পিসি, মাসি, কাকিমা, জেঠিমা *n* aunt
পিস্তল *n* pistol
পীচ ফল *n* nectarine
পীচফল *n* peach
পুকুর *n* pond
পুঙ্খানুপুঙ্খ *adj* thorough
পুঙ্খানুপুঙ্খরূপে *adv* thoroughly
পুঁজ *n* pus
পুঁজভর্তি ফোড়া *n* abscess
পুঁজিবাদ *n* capitalism
পুডিং *n* pudding
পুড়ে যাওয়া *vt* burn
পুঁতি *n* bead
পুতুল *n* doll
পুতুলনাচ *n* puppet
পুত্র *n* son
পুত্রবধূ *n* daughter-in-law
পুদিনা *n* mint
পুনঃপ্রদর্শন *n* replay
পুনঃপ্রদর্শন করা *vt* replay
পুনরাক্রমণ *n* relapse
পুনরাবৃত্তি *n* repeat
পুনরাবৃত্তি করা *vt* repeat
পুনরাবৃত্তিমূলক *adj* repetitive
পুনরায় গরম করা *v* heat up
পুনরায় তেল নেওয়া *v* refuel
পুনরায় পরীক্ষা দেওয়া *vt* resit
পুনরায় প্রাণসঞ্চার করা *v* revive
পুনরায় ভর্তি করা *vt* refill
পুনরায় লাভ করা *vt* regain
পুনরারম্ভ করা *v* resume
পুনরুদ্ধার করা *vt* restore
পুনর্গঠন *n* remake
পুনর্গঠন করা *vt* reorganize, restructure
পুনর্নবীকরণ করা *vt* renew
পুনর্নির্মাণ *vt* rebuild
পুনর্বার *adv* again
পুনর্বিবাহ *vi* remarry

পুনর্বিবেচনা *v* reconsider
পুনর্ব্যবহার *vt* reuse
পুনর্ব্যবহারযোগ্য *n* recycling
পুনর্ব্যবহারযোগ্য করে তোলা *vt* recycle
পুনর্মিলন উৎসব *n* reunion
পুনর্সজ্জিত করা *v* redecorate
পুনশ্চ *abbr* NB
পুরষ্কার *n* award
পুরস্কার *n* prize, reward
পুরস্কার দেওয়া *vt* present
পুরস্কার প্রদান *n* prize-giving
পুরস্কার প্রাপক *n* prizewinner
পুরাতত্ব *n* archaeology
পুরাতাত্ত্বিক *n* archaeologist
পুরানো *adj* old, out of date
পুরানো আমলের *adj* old-fashioned
পুরানো জিনিসের বাজার *n* flea market
পুরিয়া *n* sachet
পুরু *adj* thick
পুরুত্ব *n* thickness
পুরুষ *n* (লিঙ্গ) male; (মানুষ) man ▷ *adj* male
পুরুষ ভেড়া *n* ram
পুরুষ-পুলিশ *n* policeman
পুরুষদের নৈশ ভোজ *n* stag night
পুরুষদের শৌচালয় *n* gents
পুরুষালী মেয়ে *n* tomboy
পুরুষোচিত *adj* masculine
পুরোন ধাঁচের *adj* stuffy
পুরোনো বড় বাড়ি *n* stately home
পুরোপুরি *adj* gross
পুরোপুরিভাবে *adv* absolutely
পুলিশ *n* police
পুলিশ অফিসার *n* police officer
পুলিশ স্টেশন *n* police station
পুলিশকর্মী *n* cop
পুলিশের গাড়ি *n* patrol car
পুলিশের চর *n* grass
পুশ-আপ *n* push-up
পুষ্টি *n* nutrition
পুষ্টিকর *adj* nutritious
পুষ্টিদায়ক *n* nutrient
পুস্তিকা *n* booklet, leaflet
পূজা করা *v* worship
পূরণ করা *vt* fill in
পূর্ণ করা *v* fill up ▷ *vt* fulfil
পূর্ণিমা *n* full moon
পূর্ব *adj* eastern
পূর্ব এশিয়া *n* East Asia
পূর্ব এশিয়া সম্পর্কিত *adj* East Asian
পূর্ব থেকে *adv* beforehand
পূর্ব-দিক *adj* east

পূর্ব-দিকে *n* east ▷ *adj* eastbound
পূর্বকল্পিত ধারণা *n* prejudice
পূর্বকল্পিত ধারণার বশবর্তী *adj* prejudiced
পূর্বকালে *adv* formerly
পূর্বনির্দিষ্ট তারিখ *n* due date
পূর্বনির্দিষ্ট সাক্ষাত *n* rendezvous
পূর্বপথ অনুসরণ করা *vt* retrace
পূর্বপুরুষ *n* ancestor
পূর্বপ্রদত্ত *adj* prepaid
পূর্ববর্তী *adj* preceding
পূর্বব্যস্ত *adj* preoccupied
পূর্বসূরী *n* predecessor
পূর্বাভাষ *n* forecast
পূর্বাশঙ্কা *n* premonition
পূর্বে *adv* (সময়) earlier, previously; (দিক) east
পৃথক *adj* separate
পৃথিবী *n* earth, world
পৃষ্ঠা *n* page
পেগ *n* peg
পেঙ্গুইন *n* penguin
পেছন ফেরা *v* turn back
পেছনে *adj* back ▷ *adv* behind
পেছনে ঝোলা বয়ে নিয়ে যাওয়া ভ্রমণকারী *n* backpacker
পেছনে ঝোলানোর ব্যাগ *n* backpack
পেছনে থাকা *vi* lag behind
পেছনে সরা *v* move back
পেছনের দিকে *vi* back ▷ *n* behind
পেজ করা *vt* page
পেট *n* abdomen, belly
পেট খারাপ *n* diarrhoea
পেটসংক্রান্ত *adj* coeliac
পেটের ব্যথা *n* stomach ache
পেট্রল *n* petrol
পেট্রল ট্যাঙ্ক *n* petrol tank
পেট্রল স্টেশন *n* petrol station
পেট্রোল পাম্প *n* service station
পেতলের বাদ্য যন্ত্র *n* trombone
পেনডেনট *n* pendant
পেনশন *n* pension
পেনশনভোগী *n* pensioner
পেনসিল *n* pencil
পেনসিল কাটার কল *n* pencil sharpener
পেনসিল কেস *n* pencil case
পেনিসিলিন *n* penicillin
পেপারওয়েট *n* paperweight
পেপারব্যাক *n* paperback
পেফোন *n* payphone

পেমেন্ট *n* payment
পেঁয়াজের মত গন্ধবিশিষ্ট গুল্ম *npl* chives
পেঁয়াজের মত সব্জি *n* leek
পেরিয়ে যাওয়া *v* go by
পেরু *n* Peru
পেরু দেশীয় *adj* Peruvian
পেরুর অধিবাসী *n* Peruvian
পেরেক *n* nail
পেরেকের মাথা *n* stud
পেলিকান ক্রসিং *n* pelican crossing
পেলিকান পাখি *n* pelican
পেশা *n* profession, occupation
পেশাগত *adj* professional
পেশাগতভাবে *adv* professionally
পেশাদার *n* professional
পেশী *n* muscle
পেশীবহুল *adj* muscular
পেষা *vt* grind
পেষাইকল *n* mill
পেস্ট *vt* paste
পোকা *n* insect
পোকা (একশ্রেণীর) *n* ladybird
পোকানাশক ওষুধ *n* pesticide
পোকার ডিম *n* maggot
পোড়ার ক্ষত *n* burn
পোতাশ্রয় *n* dock, harbour
পোল ভল্ট *n* pole vault
পোলিও *n* polio
পোলো নেকড সোয়েটার *n* polo-necked sweater
পোলো শার্ট *n* polo shirt
পোল্যান্ডের *adj* Polish
পোল্যান্ডের নাগরিক *n* Pole
পোশাক পরিবর্তনের ঘর *n* changing room
পোষ্য *n* pet
পোস্ট অফিস *n* post office
পোস্ট কোড *n* postcode
পৌঁছানো *vi* get somewhere ▷ *vt* reach
পৌঁছে যাওয়া *vi* arrive
পৌনঃপুনিক *adj* recurring
প্যাক *n* pack
প্যাক করা খাবার *n* packed lunch
প্যাডেল *n* pedal
প্যাডেলিং পুল *n* paddling pool
প্যারাগুয়ে *n* Paraguay
প্যারাগুয়ে দেশীয় *adj* Paraguayan
প্যারাগুয়ের মানুষ *n* Paraguayan
প্যারাফিন *n* paraffin
প্যারাসুট *n* parachute

প

প্যালেস্টাইন দেশীয় *adj* Palestinian
প্যালেস্টাইনের নাগরিক *n* Palestinian
প্যাশন ফ্রুট *n* passion fruit
প্রকল্প *n* project
প্রকার *n* manner, type
প্রকাশ করা *vt* (গুপ্ত না রাখা) disclose, reveal; (জাহির করা) express; (প্রকাশনা) publish
প্রকাশ পাওয়া *vt* appear
প্রকাশক *n* publisher
প্রকাশনা *n* publication
প্রকাশনা করে *vt* publish
প্রকাশিত করা *vi* develop
প্রকাশিত হওয়া *vi* come out
প্রকৃত *adj* (সত্য অর্থে) actual; (প্রকৃতরূপে) genuine
প্রকৃতপক্ষে *adv* really
প্রকৃতি *n* nature
প্রকৃতিবিদ *n* naturalist
প্রকৃত *adj* real
প্রকোপ *n* outbreak
প্রকোষ্ঠ *n* glove compartment
প্রক্রিয়া *n* process
প্রচন্ড *adj* intense, stifling
প্রচন্ড ক্ষুধার্ত *adj* ravenous
প্রচন্ড জোরে আওয়াজ *n* bang
প্রচন্ড জোরে ধাক্কা মারা *vt* ram
প্রচন্ড ভয় *n* fright
প্রচন্ড ভয় পাওয়া *vt* frighten
প্রচন্ড ভীত *adj* frightened
প্রচন্ড ভীতিজনক *adj* frightening
প্রচন্ড রাগ *n* rage
প্রচন্ডভাবে *adv* awfully
প্রচলিত *adj* usual
প্রচলিত ফ্যাশন বহির্ভূত *adj* unfashionable
প্রচার *vi* canvass ▷ *n* (সামগ্রী ইত্যাদি) promotion, publicity; (রাজনৈতিক) propaganda
প্রচার করা *vt* promote
প্রচারমাধ্যম *npl* media
প্রচুর *n* lot, plenty
প্রচুর পরিমানে মজুত করা *v* stock up
প্রচুরসংখ্যক *adj* numerous
প্রজন্ম *n* generation
প্রজাতন্ত্র *n* republic
প্রজাতি *n* species
প্রজাপতি *n* butterfly
প্রণোদক *n* incentive
প্রতারক *n* cheat
প্রতারণা *n* cheating
প্রতারণা করা *vt* cheat

প্রতি *prep* (প্রতি কিলো ইত্যাদি) per; (কারুর দিকে) to

প্রতি ঘন্টায় *adv* hourly

প্রতিকার করা *vt* solve

প্রতিকূল *adj* hostile

প্রতিকৃতি *n* portrait

প্রতিক্রিয়া *n* reaction

প্রতিক্রিয়া জানানো *vi* react

প্রতিজ্ঞা *n* promise

প্রতিজ্ঞা করা *vt* promise

প্রতিটি *det* either ▷ *adj* every

প্রতিদ্বন্দ্বিতা *n* rivalry

প্রতিদ্বন্দ্বী *n* rival

প্রতিদ্বন্দ্বী দল *adj* rival

প্রতিধ্বনি *n* echo

প্রতিনিধি *n* delegate ▷ *adj* representative

প্রতিনিধি নিয়োগ করা *vt* delegate

প্রতিনিধিত্ব করা *vt* represent

প্রতিপক্ষ *n* adversary

প্রতিফলন *n* reflection

প্রতিফলিত হওয়া *vt* reflect

প্রতিবন্ধক *n* (বাধা) obstruction

প্রতিবর্ত ক্রিয়া *n* reflex

প্রতিবাদ *n* protest

প্রতিবাদ করা *v* protest

প্রতিবাদী *n* defendant

প্রতিবিম্ব *n* image

প্রতিবেদক *n* reporter

প্রতিবেদন *n* report

প্রতিবেদন করা *vt* report

প্রতিবেশী *n* neighbour

প্রতিবেশী অঞ্চল *n* vicinity

প্রতিভা *n* genius, talent

প্রতিভাবান *adj* talented

প্রতিযোগিতা *n* competition, contest

প্রতিযোগিতামূলক *adj* competitive

প্রতিযোগিতায় নামা *vi* compete

প্রতিযোগী *n* competitor, contestant

প্রতিরক্ষা *n* defence

প্রতিরূপ *n* replica

প্রতিরোধ করা *vt* prevent

প্রতিরোধ ক্ষমতা *n* immune system

প্রতিলিপি *n* transcript

প্রতিশোধ *n* revenge

প্রতিষ্ঠান *n* institute

প্রতিস্থাপন *n* transplant

প্রতীক *n* symbol

প্রতীক্ষা করা *vi* wait

প্রতীক্ষা তালিকা *n* waiting list

প্রতীক্ষালয় *n* waiting room

প্রতীয়মান হওয়া *v* turn out

প্রত্যক্ষ *adj* apparent

প

প্রত্যয় n confidence

প্রত্যয় জাগানো vt convince

প্রত্যয় জাগায় এমন adj convincing

প্রত্যয়ী adj confident

প্রত্যাখ্যান n refusal

প্রত্যাখ্যান করা v refuse

প্রত্যাহার n withdrawal

প্রত্যাহার করা vt withdraw

প্রত্যেক pron each

প্রত্যেক স্থানের adv everywhere

প্রত্যেকটি det each

প্রত্যেকে pron everyone

প্রথম adj first

প্রথম নাম n first name

প্রথম শ্রেণী adj first-class

প্রথমে adv first

প্রথাবহির্ভূত adj unconventional

প্রথাসিদ্ধ adj conventional

প্রদর্শন n demonstration

প্রদর্শন করা vt demonstrate, display

প্রদর্শনকারী n demonstrator

প্রদর্শনী n display, showing

প্রদান n delivery

প্রদান করা vt deliver

প্রধান n chief, head

প্রধান গায়ক n lead singer

প্রধান পণ্য n staple

প্রধান মন্ত্রী n prime minister

প্রধান শিক্ষক / শিক্ষিকা n headteacher

প্রধানশিক্ষক n principal

প্রপিতামহ n great-grandfather

প্রপিতামহী n great-grandmother

প্রবঞ্চনা n rip-off

প্রবণতা n tendency

প্রবন্ধ n essay

প্রবল অনুশোচনা n remorse

প্রবল আকর্ষণ n mania

প্রবল ঝড় n gale

প্রবল-বর্ষণ n downpour

প্রবাদ n proverb

প্রবাল n coral

প্রবাহ n current ▷ vi flow

প্রবাহিত হওয়া vi blow

প্রবৃত্তি দমন n inhibition

প্রবেশ n (কোনো ঘর, অফিস) entry; (কোনো পরিষেবা) access

প্রবেশ করতে দেওয়া vt let in

প্রবেশ করা v enter

প্রবেশ করানো vt inject

প্রবেশ-মূল্য n entrance fee

প্রবেশদ্বার n entrance

প্রবেশদ্বারে ফোন *n* entry phone
প্রবেশাধিকার *n* admittance
প্রভাত *n* dawn
প্রভাব *n* effect, influence
প্রভাবিত করা *vt* affect, influence
প্রভু *n* master
প্রভুত্বপরায়ণ *adj* bossy
প্রমত্ত *adj* frantic
প্রমাণ *n* proof
প্রমাণ করা *v* prove
প্রমোদতরণী *n* yacht
প্রযুক্তি *n* technology
প্রযুক্তিগত *adj* technological
প্রযুক্তিবিদ / ইঞ্জিনিয়ার *n* engineer
প্রযুক্তিবিদ্যা / ইঞ্জিনিয়ারিং *n* engineering
প্রযোজক *n* producer
প্রয়োজন *adj* necessary ▷ *vt* need
প্রয়োজনীয় *adj* essential
প্রয়োজনীয়তা *n* necessity
প্রলুব্ধ করা *vt* tempt
প্রলুব্ধকর *adj* tempting
প্রলোভন *n* temptation
প্রশংসা *n* compliment
প্রশংসা করা *vt* praise
প্রশংসায় তুষ্ট *adj* flattered
প্রশান্ত *n* Pacific Ocean
প্রশাসন *n* administration
প্রশাসনিক *adj* administrative
প্রশিক্ষক *n* coach, trainer
প্রশিক্ষণ *n* training
প্রশিক্ষণ দেওয়া *vt* train
প্রশিক্ষণ পাঠ্যসুচী *n* training course
প্রশিক্ষণ প্রাপ্ত *adj* trained
প্রশ্ন *n* query, question
প্রশ্ন করা *vt* query
প্রশ্ন করা/চ্যালেঞ্জ গ্রহণ করা *vt* challenge
প্রসঙ্গ *n* reference; (বিষয়) context; (প্রাসঙ্গিক) topic
প্রসঙ্গ উল্লেখ করা *vi* refer
প্রসাধনী থলে *n* toilet bag
প্রসাধনী সামগ্রী *npl* toiletries
প্রসার *vi* range
প্রসারিত হওয়া *vi* stretch
প্রসূতি ছুটি *n* maternity leave
প্রসূতি হাসপাতাল *n* maternity hospital
প্রস্তাব *n* proposal
প্রস্তাব করা *vt* propose
প্রস্তাব দেওয়া *vt* offer
প্রস্তাব রাখা *v* approach
প্রস্তুত *adj* prepared, ready
প্রস্তুত হওয়া *vt* prepare

প্রস্তুতি *n* preparation
প্রস্থান *n* departure
প্রস্থান করা *vi* depart ▷ *v* leave
প্রস্থানের জায়গা *n* departure lounge
প্রস্রাব *n* urine
প্রস্রাবনালির সংক্রমণ *n* cystitis
প্রাকৃতিক গ্যাস *n* natural gas
প্রাকৃতিক দুর্যোগ *n* disaster
প্রাকৃতিক দৃশ্য *n* scenery
প্রাকৃতিক সম্পদ *npl* natural resources
প্রাক্-বড়দিন *n* Christmas Eve
প্রাক্তন *adj* former, previous
প্রাক্তন স্বামী *n* ex-husband
প্রাক্তন-স্ত্রী *n* ex-wife
প্রাগৈতিহাসিক *adj* prehistoric
প্রাঙ্গণ *npl* premises
প্রাচীনকালের দুর্মূল্য বস্তু *n* antique
প্রাচীনকালের, *adj* ancient
প্রাণঘাতী *adj* malignant
প্রাণবন্ত *adj* lively
প্রাণীকুল *npl* fauna
প্রাণীতত্ত্ব *n* zoology
প্রাণীর শ্রেণী *n* breed
প্রাতঃকালীন বিবমিষা *n* morning sickness
প্রাতঃরাশ *n* breakfast
প্রাথমিক *npl* basics
প্রাথমিক চিকিৎসা *n* first aid
প্রাথমিক চিকিৎসার বাক্স *n* first-aid kit
প্রাথমিক চিত্রাংকন *n* sketch
প্রাথমিক স্কুল *n* primary school
প্রাথমিকভাবে *adv* primarily
প্রাধান্য দেওয়া *vt* highlight
প্রান্ত *n* (ধার) edge; (শেষভাগ) terminal
প্রান্তরেখা *n* outline
প্রাপক *n* receiver
প্রাপ্ত বয়স্ক *n* adult
প্রাপ্তিস্বীকার *n* acknowledgement
প্রামাণ্য তথ্য *n* evidence
প্রায় *adv* almost, nearly ▷ *prep* around
প্রায়ই *adv* often
প্রায়োগিক *adj* technical
প্রারম্ভ *n* outset
প্রারম্ভিক *adj* early, initial
প্রার্থনা *n* prayer
প্রার্থনা করা *vi* pray
প্রার্থনা স্থল *n* shrine
প্রার্থী *n* candidate
প্রাসঙ্গিক *adj* relevant
প্রিন্টার *n* printer

প্রিয় *adj* dear
প্রিয়তম *n* darling
প্রিয়পাত্র *n* favourite
প্রুফ সংশোধন *n* proof
প্রেম *n* romance
প্রেমে পড়া *vi* fall in love
প্রেমের অভিনয় করা *vi* flirt
প্রেমের অভিনয়ে দক্ষ *n* flirt
প্রেরক *n* sender
প্রেরণ করা *vt* issue, post
প্রেরণা *n* motivation
প্রোগ্রাম করা *vt* program
প্লাগ খুলে ফেলা *vt* unplug
প্লাগ ঢোকানো *v* plug in
প্লাগের গর্ত *n* plughole
প্লাজমা টিভি *n* plasma TV
প্লাজমা স্ক্রীণ *n* plasma screen
প্লাবন *n* flooding
প্লায়ারস *npl* pliers
প্লাস্টার *n* plaster
প্লে-স্টেশন *n* PlayStation®
প্লেট *n* plate
প্ল্যাস্টিকের ব্যাগ *n* plastic bag, carrier bag
প্ল্যাটিনাম *n* platinum
প্ল্যাস্টিক *n* plastic
প্ল্যাস্টিক ব্যাগ *n* plastic bag
প্ল্যাস্টিক সার্জারি *n* plastic surgery

ফ

ফড়িং *n* dragonfly
ফারো দ্বীপপুঞ্জ *npl* Faroe Islands
ফিনিশীয় ভাষা *n* Finnish
ফিলে তৈরি করা *vt* fillet
ফটো *n* photo
ফটো অ্যালবাম *n* photo album
ফটোকপি *n* photocopy
ফটোকপি করা *vt* photocopy
ফটোকপির যন্ত্র *n* photocopier
ফরাসী ওয়াইন/শ্যাম্পেন *n* champagne
ফরাসী ভদ্রমহিলা *n* Frenchwoman
ফরাসী ভদ্রলোক *n* Frenchman
ফরাসী ভাষা *n* French
ফর্সা *adj* fair, light-skinned
ফল *n* fruit
ফল ও সব্জিবিক্রেতা *n* greengrocer
ফলত *adv* eventually
ফলাফল *n* outcome

ফলের বাগান *n* orchard

ফলের রস *n* fruit juice

ফলের শাঁস *n* core

ফলোৎপাদক *adj* effective

ফসল *n* crop, harvest

ফসল কাটা *vt* harvest

ফাইল *n* file

ফাইল (একশ্রেণীর) *n* ring binder

ফাইলবদ্ধ করা *vt* file

ফাঁক *n* crack, gap

ফাঁকা *adj* (খালি) clear

ফাঁকা চেক / ব্ল্যাংক চেক *n* blank cheque

ফাটল *n* crack

ফাটল ধরা *v* crack

ফাটলযুক্ত *adj* cracked

ফাঁদ *n* trap

ফানেল *n* funnel

ফাঁপা *adj* hollow

ফায়ার এসকেপ *n* fire escape

ফায়ারওয়াল *n* firewall

ফায়ারপ্লেস *n* fireplace

ফায়ারপ্লেসের ওপরে অবস্থিত তাক *n* mantelpiece

ফার *n* fur

ফার গাছ *n* fir tree

ফারের কোট *n* fur coat

ফারের জ্যাকেট *n* anorak

ফার্ণ *n* fern

ফালা ফালা করে কাটা *vt* hack into slices

ফিউজ *n* fuse

ফিউজ বক্স *n* fuse box

ফিকে লাল *adj* mauve

ফিজিওথেরাপি *n* physiotherapy

ফিজিওথেরাপিস্ট *n* physiotherapist

ফিট হওয়া *n* seizure

ফিতা *n* (দড়ি বা সুতা) strap; (মাপবার) tape

ফিতে *n* (মাপ) gauge; (উপহার) ribbon

ফিতে দিয়ে মাপা *vt* gauge

ফিনফিনে *adj* see-through

ফিনল্যান্ড দেশীয় *adj* Finnish

ফিনল্যান্ডের জনগণ *n* Finn

ফিরিয়ে আনা *vt* bring back

ফিরিয়ে দেওয়া *vt* return

ফিরে আসা *vi* come back

ফিরে পাওয়া *v* get back

ফিরে যাওয়া *vi* return

ফিলিপিন্স দেশীয় *adj* Filipino

ফিলিপিন্সের অধিবাসী *n* Filipino

ফিলে *n* fillet

ফিসফিস করা *v* whisper

ফুঁ দেওয়া *vt* blow

ফুটপাথ *n* pavement

ফুটবল *n* football

ফুটবল খেলোয়াড় *n* football player

ফুটবল ম্যাচ *n* football match

ফুটে ছিটকানো *vi* boil over

ফুটো *n* leak

ফুটো করা *vt* pierce, prick

ফুটো হয়ে যাওয়া *vi* leak

ফুঁপিয়ে কাঁদা *vi* weep

ফুল *n* flower

ফুল দেওয়া *vi* flower

ফুলকপি *n* cauliflower

ফুলদানি *n* vase

ফুলবিক্রেতা *n* florist

ফুলের গাছ (একশ্রেণীর) *n* lily of the valley

ফুলের তোড়া *n* bouquet

ফুসকুড়ি *n* rash

ফুসফুস *n* lung

ফেটানো ক্রিম *n* whipped cream

ফেটানো ময়দা, ডিম ইত্যাদি *n* batter

ফেটানোর মেশিন *n* whisk

ফেট্টি *n* band

ফেনার ঢেউ *n* surf

ফেব্রুয়ারি *n* February

ফেরত *n* return

ফেরত দেওয়া *vt* give back

ফেরত নেওয়া *vt* take back

ফেরত পাঠানো *vt* send back

ফেরত মূল্য *n* refund

ফেরি যান *n* shuttle

ফেলা দেওয়া *vt* throw away, throw out

ফেলে দেওয়া *vt* ditch

ফেল্ট-টিপ পেন *n* felt-tip

ফোটা *vi* boil

ফোঁটা *n* drip

ফোঁটা ফোঁটা করে পড়া *vi* drip

ফোটানো *vt* boil ▷ *adj* boiling

ফোটো *n* snapshot

ফোন *n* phone

ফোন করা *v* phone, ring up ▷ *vt* ring

ফোন নম্বর *n* phone number

ফোন রেখে দেওয়া *v* hang up

ফোনকল *n* phone call

ফোনকার্ড *n* phonecard

ফোনবক্স *n* phonebox

ফোনে নামের তালিকা *n* phonebook

ফোনের জবাবী ফোন *v* phone back

ফোনের জবাবে ফোন করা *v* ring back

ফোনের বিল *n* phone bill

ফোনের রিসিভার *n* receiver

ফ

ফোনের শব্দ সৃষ্টি করার যন্ত্র *n* beeper
ফোলা *adj* swollen
ফ্যাকাশে *adj* fair
ফ্যাকাসে *adj* pale
ফ্যাক্স পাঠানো *vt* fax
ফ্রান্স *n* France
ফ্রান্সদেশীয় *adj* French
ফ্রুট স্যালাড *n* fruit salad
ফ্লেমিংগো পাখি *n* flamingo

ব

বর্তনী/সার্কিট *n* circuit
বাগধারা *n* idiom
বাদামী লাল/মেরুন *adj* maroon
বার্মার বাসিন্দা *n* Burmese
বার্মীজ ভাষা *n* Burmese
বাস্ক ভাষা *n* Basque
বিক্রি প্রতিনিধি *n* sales rep
বিবাহে বরের ঘনিষ্ঠ বন্ধু, মিতবর *n* best man
বিশদীকরণ *n* illustration
বেলারুস *n* Belarus
বেলারুস সম্বন্ধীয় *adj* Belarussian
বেলারুসবাসী *n* Belarussian
বেলারুসীয় *n* Belarussian
বেসরকারী *adj* non-government, private
ব্যথানাশক ওষুধ *n* painkiller, analgesic
ব্রিটেনের মুদ্রা *n* (পাউন্ড) sterling
বই *n* book
বই রাখার তাক *n* bookshelf
বইয়ের তাক *n* bookcase
বইয়ের দোকান *n* bookshop
বকবক করা *vi* waffle
বকবকানি *n* waffle
বকশিশ দেওয়া *vt* tip
বকশিস *n* tip
বকাঝকা করা *vt* scold
বকেয়া *npl* arrears
বক্তা *n* speaker
বক্ষবন্ধনী *n* bra
বক্ষস্থল *n* chest
বক্সার *n* boxer
বখাটে *adj* spoilt
বগল *n* armpit
বজায় রাখা *vt* maintain
বজ্র *n* thunder
বজ্রপাত *n* lightning
বজ্রপাতযুক্ত *adj* thundery
বজ্রবিদ্যুতসহ ঝোড়ো বৃষ্টি *n* thunderstorm

বটসোয়ানা *n* Botswana

বড় *adj* (বয়স) elder; (আকার) large

বড় আধার *n* tank

বড় ইঁদুরের মত ধারালো দাঁতওয়ালা প্রাণী *n* beaver

বড় এরোপ্লেন *n* jumbo jet

বড় করে তোলা *vt* bring up

বড় গির্জা *n* cathedral

বড় পাখি *n* turkey

বড় বাড়ী *n* villa

বড় বাস *n* coach

বড় ব্যাগ *n* holdall

বড় মাথাবিশিষ্ট *adj* bigheaded

বড় মাল গাড়ী *n* HGV

বড় মাংসের টুকরো *n* joint

বড় মোরগ *n* cock

বড়জোর *adv* scarcely

বড়দিন *n* Xmas

বড়দিন *n* Christmas

বড়দিনের শুভেচ্ছা কার্ড *n* Christmas card

বড়দোকান *n* supermarket

বড়হাতের অক্ষর *n* capital

বড়ি *n* pill

বড়ো বিষয় *vi* matter

বৎসর *n* year

বদমেজাজি *adj* grumpy

বদরাগী *adj* bad-tempered

বদল করা *vt* replace

বদলান *vt* substitute

বদলানো *v* change

বদলে *prep* instead of

বদহজম *n* indigestion

বদ্ধ *adj* blocked

বনাম *prep* versus

বনেট *n* bonnet

বন্দর *n* port

বন্দি *n* hostage

বন্দুক *n* gun, shotgun

বন্দোবস্ত করা *vt* mount

বন্ধ করা *vt* close, seal ▷ *adv* off ▷ *v* (বাক্স, দরজা) shut; (বৈদ্যুতিক) switch off

বন্ধ করে দেওয়া, পাট তুলে নেওয়া *v* shut down

বন্ধ হওয়া *vi* stop

বন্ধক *n* mortgage

বন্ধক দেওয়া *vt* mortgage

বন্ধকি মহাজন *n* pawnbroker

বন্ধন *n* bond

বন্ধনী *n* brace ▷ *npl* brackets

বন্ধু *n* friend, pal

বন্ধুত্ব *n* friendship

বন্ধুভাবাপন্ন *adj* friendly

বন্ধের অবস্থা *n* closure

বন্ধের সময় *n* closing time

বন্ধ্যা *adj* infertile

বন্য *adj* wild
বন্য পাখিদের নিরীক্ষণ *n* birdwatching
বন্যজীবন *n* wildlife
বন্যা *n* flood
বমি করা *vt* throw up ▷ *vi* vomit
বমিভাব *n* nausea
বয়লার *n* boiler
বয়স *n* age
বয়ঃসন্ধিকাল *n* adolescence
বয়ঃসন্ধিতে উপনীত *n* adolescent
বয়সের সীমা *n* age limit
বয়স্ক *adj* aged, old
বয়স্ক শিক্ষা *n* adult education
বয়স্কদের হাঁটার সহায়ক *n* Zimmer® frame
বয়োজ্যেষ্ঠ *adj* elderly
বর *n* bridegroom, groom
বরং *adv* rather
বরখাস্ত *n* sack
বরখাস্ত করা *vt* lay off ▷ *vt* sack
বরফ *n* (জমা) ice; (আবহাওয়া) snow
বরফ পড়া *vi* snow
বরফ সরানোর যন্ত্র *n* snowplough
বরফজমা *adj* frozen
বরফে খেলবার উপযুক্ত হকি *n* ice hockey
বরফে চলার গাড়ি *n* sledge
বরফের উপর স্কেটিং *n* ice-skating
বরফের ওপর খেলা *n* tobogganing
বরফের কুঁচি *n* snowflake
বরফের গোলা *n* snowball
বরফের টুকরো *n* ice cube
বরফের ধস *n* avalanche
বরফের মনুষ্যাকৃতি *n* snowman
বরফের ললি *n* ice lolly
বরবটি *n* broad bean
বরাবর *prep* along
বরিষ্ঠ *adj* senior
বরিষ্ঠ নাগরিক *n* senior citizen
বর্গক্ষেত্র *n* square
বর্গাকার *adj* square
বর্জিতাংশ *n* stub
বর্ণ বিভাজন *n* syllable
বর্ণনা করা *vt* describe
বর্ণময় *adj* colourful
বর্ণমালা *n* alphabet
বর্ণান্ধ *adj* colour-blind
বর্তমান *adj* current ▷ *n* present

বর্তমানে *adv* currently, presently

বর্বর আচরণ *adj* barbaric

বর্ম *n* armour

বর্ষণময় *adj* rainy

বর্ষাকাল *n* monsoon

বর্ষাতি *n* raincoat

বর্হিদেশীয় *n* alien

বল *n* ball

বলকান উপদ্বীপ সম্বন্ধীয় *adj* Balkan

বলতে পারা *vt* tell

বলনৃত্য *n* ball

বলরুম নৃত্য *n* ballroom dancing

বলা *vt* say, tell ▷ *vi* speak

বলিদান *n* sacrifice

বলিভিয়া *n* Bolivia

বলিভিয়া সংক্রান্ত *adj* Bolivian

বলিভিয়ার বাসিন্দা *n* Bolivian

বলিরেখা *n* wrinkle

বলিরেখাযুক্ত *adj* wrinkled

বল্গা হরিণ *n* reindeer

বংশগত *adj* hereditary

বংশবৃদ্ধি করা *vt* breed

বসতিহীন *adj* uninhabited

বসনিয়া *n* Bosnia

বসনিয়া এবং হার্জেগোভিনা *n* Bosnia-Herzegovina

বসনিয়া সংক্রান্ত *adj* Bosnian

বসনিয়ার বাসিন্দা *n* Bosnian

বসন্ত কালের সময় *n* springtime

বসন্ত রোগ *n* chickenpox

বসন্তকাল *n* spring

বসন্তকালের ফুল *n* crocus

বসবাসের জন্য নির্দিষ্ট *adj* residential

বসা *vi* sit

বসান *vt* set

বসার ঘর *n* living room

বসার টুল *n* stool

বসার স্থান *n* stand

বসুন *v* sit down

বস্তা *n* sack

বস্তি *n* slum

বস্তু *n* object

বস্ত্র *n* textile

বহন করা *vt* bring, carry

বহনযোগ্য *adj* portable

বহনযোগ্য খাট *n* camp bed

বহর *n* width

বহিরঙ্গনে *adv* outdoors

বহিরাগত *adj* external

বহির্গামী *adj* outgoing

বহিষ্কার করা *vt* relegate

বহিষ্কৃত করা *vt* exclude, expel

বহিঃস্থ *adj* exterior, outdoor

বহু *n* host

ব

বহু গাড়ীর মধ্যে পথ দুর্ঘটনা *n* pile-up

বহুজাতিক *adj* multinational ▷ *n* multinational

বহুতল ভবন *n* high-rise

বহুদূর ব্যাপী *adv* extensively

বহুবচন *n* plural

বহুমুখী দক্ষতার অধিকারী *adj* versatile

বহুমূত্র রোগী *n* diabetic

বহুমূত্র সংক্রান্ত *adj* diabetic

বহুলোকের সমষ্টি *n* pool

বাঁ দিকে *n* left

বাঁ দিকে হেলানো একটি চিহ্ন *n* backslash

বাঁ-দিকে *adv* left

বাঁ-দিকে গাড়ি চালানো *n* left-hand drive

বাঁ-হাত *adj* left-hand

বাঁ-হাতি *adj* left-handed

বাইচের নৌকা *n* rowing boat

বাইপাস *n* bypass

বাইবেল *n* Bible

বাইরে *adv* outside

বাইরে ঝোঁকা *v* lean out

বাইরে বেরিয়ে আসা *prep* out

বাইরে যাওয়া *v* go out

বাইরে যাওয়ার রাস্তা *n* exit

বাইরের *adj* outside

বাইরের দিক *n* outside ▷ *prep* outside

বাক *n* speech

বাঁক *n* bend

বাংক *n* bunk

বাঁকা *adj* sarcastic

বাকি *adj* left ▷ *n* rest

বাক্য *n* sentence

বাক্স *n* box, case

বাগদা চিংড়ি *npl* large shrimp

বাগান *n* garden

বাগান করবার যন্ত্র *n* rake

বাগান-পরিচর্যা *n* gardening

বাগানে বসার স্থান *n* patio

বাঘ *n* tiger

বাঁচাও! *excl* help!

বাঁচানো *vt* save

বাচাল *adj* talkative

বাঁচিয়ে রাখা *vt* save

বাচ্চা *n* toddler

বাচ্চা ঘোড়া *n* foal

বাচ্চার খাট *n* cot

বাছাই *n* shortlist ▷ *vt* sort out

বাছাই করা *v* choose ▷ *vt* pick

বাছাই করা হয়েছে *adj* chosen

বাছুর *n* calf

বাজানো *vt* play

বাজার *n* market

বাজি *n* bet

বাজি রাখা *v* bet

বাজী *n* budgie

বাজে ছোকরা *n* brat

বাজে ব্যবহার করা *vt* ill-treat

বাজে ভাবে *adv* badly

বাজেয়াপ্ত করা *vt* confiscate

বাড়তি *adj* spare

বাড়তি ওজন *adj* overweight

বাড়তি থাকা *vi* spare

বাড়তি সময় *n* overtime

বাড়া *vi* grow ▷ *vi* mount up

বাড়ানো *v* exaggerate ▷ *vt* grow

বাড়ি *n* (নিজ) home; (অন্য) house

বাড়িওয়ালা *n* landlord

বাড়িওয়ালি *n* landlady

বাড়িতে তৈরি *adj* home-made

বাড়িতে থাকা *v* stay in

বাড়িয়ে তোলা *v* multiply

বাড়ির কাজ *n* housework

বাড়ির ঠিকানা *n* home address

বাড়ির মাটির তলার অংশ *n* basement

বাড়ীর ছাদের পাইপ *n* drainpipe

বাণী *n* saying

বাত *n* rheumatism

বাতাপি লেবু *n* grapefruit

বাতাস *n* wind

বাতাস ভরা *adj* inflatable

বাতাসযুক্ত *adj* windy

বাতি *n* light

বাতিকগ্রস্ত *adj* neurotic

বাতিল *n* cancellation ▷ *adj* void

বাতিল করা *vt* reject

বাৎসরিক *adj* yearly

বাদ দেওয়া *vt* leave out

বাদক *n* player

বাঁদর *n* monkey

বাদাম *n* chestnut, nut

বাদামী *adj* brown

বাদামের অ্যালার্জি *n* nut allergy

বাদুড় *n* (সাধারণ) bat; (রক্ত চোষা) vampire

বাঁধ *n* dam

বাঁধন খোলা *vt* untie

বাধা *n* hurdle, obstacle

বাঁধা *vt* tie ▷ *adj* tight

বাধা দেওয়া *v* interrupt ▷ *vt* resist

বাঁধাকপি *n* cabbage

ব

বাঁধাকপির মত দেখতে সবজি
npl Brussels sprouts
বাধার সৃষ্টি করা *vt* obstruct
বাধ্য *adj* obedient
বাধ্য করা *vt* make
বানান *n* spelling
বানান করা *vt* spell
বানান পরীক্ষক *n*
spellchecker
বানানো *vt* develop
বান্ডিল *n* package
বাপি *n* daddy
বাবা *n* dad, father
বামন *n* dwarf
বামপন্থী *adj* left-wing
বাম্পার *n* bumper
বায়ু *n* air
বায়ু-চলাচল *n* ventilation
বায়ুচালিত বাদ্যযন্ত্র *adj*
woodwind
বায়ুনিরোধী *adj* airtight
বায়ুমন্ডল *n* atmosphere
বার করে দেওয়া *vt* throw
out
বারবার *adv* repeatedly
বারংবার *adj* frequent
বারংবারতা *n* frequency
বারান্দা *n* passage
বারো *num* dozen, twelve
বার্গার *n* burger

বার্তা *n* (সাধারণ) message;
(মোবাইল ফোন) text
(message)
বার্তা পাঠানো *vt* text
বার্তাবাহক *n* messenger
বার্নিশ *n* lacquer, varnish
বার্নিশ করা *vt* varnish
বার্বাডোজ দ্বীপ *n* Barbados
Island
বার্লি *n* barley
বার্ষিক *adj* annual ▷ *adv*
yearly
বার্ষিক সাধারণ সভা *n* AGM
বার্ষিকভাবে *adv* annually
বার্ষিকী *n* anniversary
বালক *n* boy
বালতি *n* bucket
বাংলাদেশ *n* Bangladesh
বাংলাদেশি *n* Bangladeshi
বাংলাদেশীয় *adj* Bangladeshi
বালি ভরা গর্ত *n* sandpit
বালির পাহাড় *n* sand dune
বালিশ *n* pillow
বালিশের ঢাকা *n* pillowcase
বালু *n* sand
বাংলো *n* bungalow
বাঁশ *n* bamboo
বাঁশি *n* flute
বাষ্প *n* steam
বাস *n* bus

বাস কন্ডাকটর *n* bus conductor

বাস করা *vi* live ▷ *vt* occupy

বাস টিকিট *n* bus ticket

বাস স্টপ *n* bus stop

বাস স্টেশন *n* bus station

বাসস্থান *n* accommodation

বাসা *n* (বাড়ি) home; (পাখি) nest

বাসি *adj* stale

বাসিন্দা *n* inhabitant

বাস্ক সম্বন্ধীয় *adj* Basque

বাস্কেটবল *n* basketball

বাস্তব *adj* practical

বাস্তবতা *n* reality

বাস্তবধর্মী *adj* realistic

বাস্তব্যবিদ্যা-বিষয়ক *adj* ecological

বাস্তুতন্ত্র *n* ecology

বাস্তুতন্ত্র যোগ্য *adj* ecofriendly

বাহন *n* vehicle

বাহামাস দ্বীপপুঞ্জ *npl* Bahamas

বাহারিন *n* Bahrain

বাহু *n* arm

বিকল হয়ে যাওয়া *v* break down

বিকল্প *n* alternative, option

বিকিনি *n* bikini

বিকিরণ *n* radiation

বিক্রয় মারফত টাকা পাওয়া *npl* takings

বিক্রয় মূল্য *n* selling price

বিক্রি *n* sale

বিক্রি করা *vt* sell

বিক্রি করে দেওয়া *v* sell off

বিক্রি শেষ *adj* sold out

বিক্রি সহায়ক *n* sales assistant

বিক্রি হয়ে যাওয়া *v* sell out

বিক্রিত কোম্পানী *n* buyout

বিক্রেতা *n* salesperson

বিক্রেতা (পুরুষ) *n* salesman

বিক্রেতা (মহিলা) *n* saleswoman

বিখ্যাত *adj* famous, renowned

বিখ্যাত ব্যক্তি *n* celebrity

বিগত *adj* gone, past

বিচক্ষণতা *n* discretion, tact

বিচলিত *adj* upset

বিচলিত করা *vt* upset

বিচার *n* trial

বিচার করা *vt* judge

বিচারক *n* judge

বিচারবুদ্ধি সম্পন্ন *adj* sensible

বিচারের মাপকাঠি *n* criterion

বিচ্ছিন্ন *adj* isolated

ব

বিচ্ছিন্ন করা *vt* disconnect
বিচ্ছেদ *n* separation
বিছানা *n* bed
বিছানা ছেড়ে ওঠার সময় পার হয়ে যাওয়ার পরেও বিছানায় গড়ানো *n* lie-in
বিছানার চাদর *npl* bedclothes ▷ *n* bedspread
বিছিন্ন করা *prep* off
বিছিন্ন বাড়ী *n* detached house
বিছুটি *n* nettle
বিছে *n* scorpion
বিজয় *n* triumph, victory
বিজয়প্রাপ্ত হওয়া *vi* triumph
বিজয়ী *n* winner
বিজোড় *adj* odd
বিজ্ঞান *n* science
বিজ্ঞানসম্মত *adj* scientific
বিজ্ঞানী *n* scientist
বিজ্ঞাপন *n* advertisement
বিজ্ঞাপন দেওয়া *v* advertise ▷ *n* advertising
বিজ্ঞাপন বিরতি *n* commercial break
বিড়বিড় করে কথা বলা *v* mutter
বিড়ম্বনাময় *adj* ironic
বিড়াল *n* cat
বিতরণ করা *vt* give out, send out
বিতরণকারী *n* distributor
বিতর্ক *n* debate
বিতর্কমূলক *adj* controversial
বিতাড়িত করা *vt* expel
বিদায় *excl* bye!
বিদেশ *adv* abroad, overseas ▷ *adj* foreign
বিদেশী *adj* exotic ▷ *n* foreigner
বিদ্বেষ *n* grudge
বিদ্বেষী *adj* spiteful
বিদ্যালয় *n* school
বিদ্যুত সরবরাহে ঘাটতি *n* power cut
বিদ্যুতবাহী তার *n* flex
বিদ্যুতের সুইচ *n* switch
বিদ্যুৎ শক্তি *n* electricity
বিদ্যুৎশক্তি পরিবাহিত হওয়া *vt* charge
বিদ্যুৎশক্তির পরিমাণ বোঝাতে *n* charge
বিধবা *n* widow
বিধান *n* legislation
বিধিনিয়ম *n* regulation
বিনয়ী *adj* cheeky
বিনামূল্যে *adj* free
বিনিময় *v* swap
বিনিময় করা *vt* exchange

বিনিময় হার *n* exchange rate
বিনিময়যোগ্য *adj* convertible
বিনিয়োগ *n* investment
বিনিয়োগ করা *v* invest
বিনিয়োগকারী *n* investor
বিনুনি *n* plait
বিনোদন শিল্প *n* show business
বিন্দু *n* (জ্যামিতি) dot; (জলীয়) drop
বিন্যাস *n* format
বিপক্ষে *prep* against
বিপজ্জনক *adj* dangerous
বিপজ্জনক দৃশ্যের নেপথ্য অভিনেতা *n* stuntman
বিপণন *n* marketing
বিপত্নীক *n* widower
বিপদ *n* danger
বিপদ ডেকে আনা *vt* endanger
বিপরীত *adj* opposite
বিপরীত কথা বলা *vt* contradict
বিপরীত দিকে *adv* back
বিপরীতভাবে *adv* vice versa
বিপরীতে *n* contrary
বিপাক *n* metabolism
বিপাকে পড়া *vi* be in trouble
বিপুল ভোটে জেতা *n* landslide victory

বিপ্লব *n* revolution
বিবরণ *n* account, description
বিবর্ণ হয়ে যাওয়া *v* fade
বিবর্তন *n* evolution
বিবাহ *n* marriage, wedding
বিবাহ করা *v* marry
বিবাহ-বিচ্ছিন্ন *adj* divorced
বিবাহবার্ষিকী *n* wedding anniversary
বিবাহবিচ্ছেদ *n* divorce
বিবাহিত *adj* married
বিবাহের আংটি *n* wedding ring
বিবাহের পোষাক *n* wedding dress
বিবাহের সার্টিফিকেট *n* marriage certificate
বিবিধ *adj* miscellaneous
বিবৃতি *n* statement
বিবেক *n* conscience
বিবেচক *adj* considerate
বিবেচনা *vt* consider
বিবেচনা করা *vt* regard
বিবেচনা করে *prep* considering
বিভাগ *n* (অফিস সংক্রান্ত) department, section; (ভাগে বিভক্ত) division

ব

বিভাজিত বিপণী *n*
department store
বিভিন্ন *adj* various
বিভিন্ন দিশায় ঘোরা *v* turn
around
বিভিন্ন প্রসাধনী দ্রব্য *npl*
cosmetics
বিভিন্ন শব্দের প্রথম অক্ষর
সমন্বয়ে গঠিত শব্দ *n*
acronym
বিভীষিকা *n* horror
বিভ্রান্ত *adj* baffled
বিভ্রান্তি *n* confusion
বিভ্রান্তিকর *adj* misleading
বিমা *n* insurance
বিমা করা *vt* insure
বিমা পলিসি *n* insurance
policy
বিমা সার্টিফিকেট *n*
insurance certificate
বিমাকৃত *adj* insured
বিমান *n* aircraft, plane
বিমান ওড়া *vi* take off
বিমান চলাচল নিয়ন্ত্রক *n* air
traffic controller
বিমান পরিষেবা *n* airline
বিমান বাহিত মেল *n*
airmail
বিমান-কর্মীবৃন্দ/জাহাজ-কর্মীবৃন্দ
n crew

বিমান-সফর জনিত অসুস্থতা
adj airsick
বিমানচালক *n* pilot
বিমানবন্দর *n* airport
বিমানবাহিনী *n* air force
বিমানসেবক *n* cabin crew
বিমানসেবিকা *n* air hostess
বিমানের আকাশ আরোহন *n*
take-off
বিমুখ *adj* allergic
বিয়োগ *prep* minus
বিয়োগ করা *vt* subtract
বিয়োগান্তক *n* tragedy
বিরক্ত *vt* annoy ▷ *adj*
disgusted
বিরক্ত করা *vt* disturb
বিরক্তিকর *adj* annoying,
irritating
বিরক্তিকর! *excl* ugh!
বিরতি *n* half-time, interval
বিরাট *adj* big, grand
বিরামহীন *adv* non-stop
বিরোধিতা *n* opposition
বিরোধিতা করা *vt* oppose
বিরোধিতামূলক *adj*
opposing
বিরোধী *adj* opposed
বিরোধী পক্ষ *n* opponent
বিল *n* bill
বিলপ্রদান *n* check-out

বিলম্বিত *adj* delayed, overdue
বিলাস *n* luxury
বিলাসবহুল *adj* luxurious
বিলি করা *vt* distribute
বিলিয়ার্ড *npl* billiards
বিলুপ্তি *n* abolition
বিলোপ করা *vt* abolish, eliminate
বিংশতি *adj* twentieth
বিশদ *n* detail
বিশাল *adj* huge, massive ▷ *n* giant
বিশালাকার *adj* giant
বিশিষ্ট হওয়া *vi* stand out
বিশুদ্ধ *adj* sterile
বিশৃংখল *npl* shambles
বিশৃঙ্খল *n* mess
বিশৃঙ্খল করা *v* mess up
বিশেষ *adj* special
বিশেষ আদালত *n* tribunal
বিশেষ করে *adv* specially
বিশেষ কোন অঞ্চলের উদ্ভিদ *npl* flora
বিশেষ জ্ঞান লাভ করা *vi* specialize
বিশেষ ধরণের *adj* typical
বিশেষ সুবিধা *n* special offer
বিশেষজ্ঞ *n* specialist
বিশেষণ *n* adjective
বিশেষণের বিশেষণ *n* adverb
বিশেষত *adv* particularly
বিশেষভাবে *adv* especially
বিশেষ্য পদ *n* noun
বিশ্ব উষ্ণায়ন *n* global warming
বিশ্বকাপ *n* World Cup
বিশ্বকোষ *n* encyclopaedia
বিশ্ববিদ্যালয় *n* university
বিশ্ববিদ্যালয় বা কলেজ চত্বর *n* campus
বিশ্বব্যাপী *adj* global
বিশ্বব্রহ্মান্ড *n* universe
বিশ্বস্তভাবে *adv* faithfully
বিশ্বায়ন *n* globalization
বিশ্বাস *n* belief, trust
বিশ্বাস করা *vt* believe, trust
বিশ্বাস রাখা *vi* believe
বিশ্বাস-উৎপাদক *adj* persuasive
বিশ্বাসঘাতকতা করা *vt* betray, deceive
বিশ্বাসযোগ্য *adj* credible, reputable
বিশ্বাসী *adj* faithful, reliable
বিশ্রাম *n* relaxation
বিশ্রাম নেওয়া *v* relax, rest ▷ *vi* unwind
বিশ্রামপূর্ণ *adj* restful
বিশ্রামহীন *adj* restless

বিশ্রী *adj* vile
বিশ্লেষণ *n* analysis
বিশ্লেষণ করা *vt* analyse
বিষ *n* poison
বিষ দেওয়া *vt* poison
বিষনাশক পদার্থ *n* antidote
বিষন্ন *adj* (কাব্যিক, ভাব) sad
▷ *n* (মনোরোগ) depression
বিষয় *n* (বই সংক্রান্ত) contents; (প্রসঙ্গ) issue, subject
বিষয়বস্তু *n* theme
বিষয়ে *prep* concerning
বিষাক্ত *adj* poisonous, toxic
বিষাক্ত ছত্রাক *n* poisonous mushroom
বিষাক্ত সাপ (একশ্রেণীর) *n* rattlesnake
বিস্কুট *n* biscuit
বিস্কুটের বা রুটির গুঁড়ো *n* crumb
বিস্তারিত *adj* detailed
বিস্তীর্ণ পতিত ভূমি *n* moor
বিস্তৃত *adj* comprehensive
বিস্ফোরক *n* explosive
বিস্ফোরণ *n* blast, explosion
বিস্ফোরণ করা *v* blow up
বিস্ফোরণ ঘটা *vi* explode
বিস্ফোরিত হওয়া *v* burst
বিস্ময় *vt* amaze, astonish
▷ *n* surprise
বিস্ময়কর *adj* amazing, astonishing
বিস্ময়করভাবে *adv* surprisingly
বিস্ময়সূচক চিহ্ন *n* exclamation mark
বিস্মিত *adj* amazed, astonished
বিস্মিত করা *vt* startle
বিস্মৃত *adj* forgotten
বীজ *n* seed
বীট *n* beetroot
বীণা *n* harp
বীন/শুঁটিযুক্ত ফলধারী লতা *n* bean
বীয়ার *n* beer
বুকজ্বালা করা *n* heartburn
বুকমার্ক *n* bookmark
বুকে হেঁটে চলা *vi* creep
বুঝতে পারা *vt* understand
বুঝদার *adj* understanding
বুড়ো আঙ্গুল *n* thumb
বুদবুদ *n* bubble
বুদ্ধ *n* Buddha
বুদ্ধি সম্পর্কিত *adj* intellectual
বুদ্ধিমান *adj* intelligent
বুদ্ধ্যঙ্ক *n* IQ

বুদ্বুদ্‌ভরা পানীয় *adj* fizzy
বুধবার *n* Wednesday
বুনো হাঁস *n* grouse
বুফে গাড়ি *n* buffet car
বুলগেরিয়া *n* Bulgaria
বুলগেরিয়া সংক্রান্ত *adj* Bulgarian
বুলগেরিয়ান ভাষা *n* Bulgarian
বুলগেরিয়ার বাসিন্দা *n* Bulgarian
বুলিমিয়া *n* bulimia
বুলেট *n* bullet
বৃটেনের মুদ্রা *n* penny
বৃত্তি *n* scholarship
বৃত্তিমূলক *adj* vocational
বৃদ্ধি *n* (বেশি হওয়া) increase; (বাড়া) growth; (উন্নতি) rise
বৃশ্চিক রাশি *n* Scorpio
বৃষরাশি *n* Taurus
বৃষ্টি *n* rain
বৃষ্টি পড়া *vi* rain
বৃষ্টিনিরোধী *adj* showerproof
বৃহৎ *adj* mega
বৃহস্পতিবার *n* Thursday
বেঁকানো *v* carve
বেকার *adj* unemployed
বেকারত্ব *n* unemployment
বেকারী *n* bakery
বেকিং পাউডার *n* baking powder
বেগুন *n* aubergine
বেগুনি রঙের *adj* lilac
বেগুনী *adj* purple
বেঁচে থাকা *vi* live ▷ *v* survive
বেঁচে যাওয়া *npl* leftovers
বেজিং *n* Beijing
বেঁজি *n* weasel
বেঞ্চ *n* bench
বেঠিক *adj* incorrect
বেড় *n* rim
বেড়া *n* fence
বেড়ানো *n* sightseeing
বেড়ালছানা *n* kitten
বেড়ে ওঠা *vi* grow up
বেঢপ *adj* outsize
বেতন *n* salary
বেতনবিহীন *adj* unpaid
বেতার *n* radio
বেতারকেন্দ্র *n* radio station
বেদনা উপশমকারী *n* painkiller
বেদনাদায়ক *adj* painful
বেদনাবহ *adj* traumatic
বেদানা *n* pomegranate
বেদি *n* altar
বেঁধানো *adj* pierced
বেপরোয়া হত্যাকান্ড *n* massacre
বেরসিক *n* spoilsport

ব

বেরিয়ে থাকা *v* stick out

বেরিয়ে যাওয়া *v* get out

বেরিয়ে যেতে বলা *v* clear off

বেরোবার রাস্তা *n* way out

বেলচা *n* shovel

বেলজিয়াম *n* Belgium

বেলজিয়াম সম্বন্ধীয় *adj* Belgian

বেলজিয়ামবাসী *n* Belgian

বেলুন *n* balloon

বেল্ট *n* belt

বেল্টে লাগানো ছোট ব্যাগ *n* bum bag

বেশ *adv* quite

বেশ কিছু *det* several ▷ *pron* several

বেশ ভাল *adv* pretty

বেশ ভালভাবে *adv* prettily

বেশি *det* more ▷ *adj* surplus

বেশি করে ফেলা *adj* overdone

বেশি পয়সা নেওয়া *vt* overcharge

বেশি সময় ধরে ঘুমানো *vi* oversleep

বেশিক্ষণ জেগে থাকা *vi* stay up

বেশিরভাগ *adj* most ▷ *pron* most

বেসবল টুপি *n* baseball cap

বেসরকারি *adj* private

বেসরকারিকরণ *vt* privatize

বেহালা *n* violin

বেহালাবাদক *n* violinist

বৈঁচিজাতীয় ছোট ফল *n* gooseberry

বৈচিত্র *n* variety

বৈঠক *n* meeting

বৈঠা *n* oar

বৈদ্যুতিক *adj* electric, electrical

বৈদ্যুতিক কম্বল *n* electric blanket

বৈদ্যুতিক ঝটকা *n* electric shock

বৈদ্যুতিক সিঁড়ি *n* escalator

বৈদ্যুতিন *adj* electronic

বৈদ্যুতিন যোগাযোগব্যবস্থা *npl* telecommunications

বৈধ *adj* valid

বৈপরীত্য *n* contradiction

বৈপ্লবিক *adj* revolutionary

বৈবাহিক অবস্থা *n* marital status

বৈশিষ্ট্য *n* (বিশেষত্ব) characteristic, feature; (বিশেষ দক্ষতা) speciality

বৈশিষ্ট্যসূচক *adj* peculiar

বৈষম্য *n* discrimination

বৈসাদৃশ্য *n* contrast
বো-টাই *n* bow tie
বোকা *adj* silly, stupid ▷ *n* fool
বোকা বানানো *vt* make a fool of
বোকাবোকা *n* nonsense
বোঝা *n* burden
বোঝাই করা *vt* load
বোতল *n* bottle
বোতল খোলার জিনিষ *n* bottle-opener
বোতল রাখার স্থান *n* bottle bank
বোতলের ছিপি খোলার সরঞ্জাম *n* corkscrew
বোতাম *n* button, key
বোতামওয়ালা উলের পোশাক *n* cardigan
বোধ *n* sense
বোধ করা *v* feel
বোধগম্য *adj* understandable
বোধশক্তি *n* comprehension
বোন *n* sister
বোনা *v* knit
বোনার কাঁটা *n* knitting needle
বোনাস *n* bonus
বোবা *adj* dumb
বোমা *n* bomb
বোমাবর্ষন *n* bombing
বোমাবাজি করা *vt* bomb
বোর্ড-গেম *n* board game
বোর্ড/পর্যদ *n* board
বোর্ডিং স্কুল *n* boarding school
বোলতা *n* wasp
বোল্ট *n* bolt
বৌদ্ধ *n* Buddhist
বৌদ্ধ ধর্ম *n* Buddhism
বৌদ্ধ ধর্ম সংক্রান্ত *adj* Buddhist
ব্যক্তি *n* person
ব্যক্তিগত *adj* personal
ব্যক্তিগত ড্রাইভার *n* chauffeur
ব্যক্তিগত সম্পত্তি *n* private property
ব্যক্তিগত সহায়ক *n* personal assistant
ব্যক্তিগত স্টিরিও *n* personal stereo
ব্যক্তিগতভাবে *adv* personally
ব্যক্তিত্ব *n* personality
ব্যক্তিবিশেষ *adj* individual
ব্যঙ্গ *n* humour
ব্যঙ্গ করা *vi* scoff
ব্যঞ্জনবর্ণ *n* consonant
ব্যতিক্রম *n* exception

ব

ব্যথা *n* ache, pain ▹ *adj* sore
ব্যথা করা *vi* ache
ব্যথায় ককিয়ে ওঠা *vi* groan
ব্যবধান *n* margin
ব্যবধানে *adv* apart
ব্যবসা *n* trade
ব্যবসা-প্রতিষ্ঠান *n* firm
ব্যবসায় *n* business
ব্যবসায়িক প্রতিষ্ঠান একত্রিত হওয়া *n* merger
ব্যবসায়িক ব্যাঙ্ক *n* merchant bank
ব্যবসায়ী *n* businessman
ব্যবস্থা *n* system
ব্যবস্থাপনা *n* arrangement
ব্যবহার *n* use
ব্যবহার করতে পারা *vt* access
ব্যবহার করা *vt* exploit, use ▹ *adj* secondhand
ব্যবহারকারী *n* user
ব্যবহারকারী-সহায়ক *adj* user-friendly
ব্যবহারিক প্রমাণের পরীক্ষা *vt* try out
ব্যবহৃত *adj* used
ব্যয় *n* expenditure
ব্যয় করা *vt* spend
ব্যর্থ হওয়া *v* miss
ব্যস্ত *adj* busy
ব্যস্ত থাকার টোন *n* engaged tone
ব্যস্ত সিগনাল *n* busy signal
ব্যাকরণ *n* grammar
ব্যাকরণগত *adj* grammatical
ব্যাখ্যা *n* explanation
ব্যাখ্যা করা *vt* explain, interpret
ব্যাগ/থলে *n* bag
ব্যাঙ *n* frog, toad
ব্যাঙ্ক *n* bank
ব্যাঙ্ক অ্যাকাউন্ট *n* bank account
ব্যাঙ্ক ব্যালেন্স *n* bank balance
ব্যাঙ্ক স্টেটমেন্ট *n* bank statement
ব্যাঙ্কের অ্যাকাউন্ট *n* account
ব্যাঙ্কের উচ্চপদস্থ কর্মচারী *n* banker
ব্যাঙ্কের চেক *n* cheque
ব্যাঙ্কের চেকবই *n* chequebook
ব্যাঙ্কের ছুটির দিন *n* bank holiday
ব্যাঙ্কের টাকা *n* note
ব্যাঙ্কের নোট বা মুদ্রা *n* banknote
ব্যাঙ্গাচি *n* tadpole
ব্যাজ *n* badge

ব্যাঞ্জো *n* banjo
ব্যাট *n* bat
ব্যাটারী *n* battery
ব্যাডমিন্টন *n* badminton
ব্যান্ড *n* band
ব্যান্ডেজ *n* bandage
ব্যান্ডেজ করা *vt* bandage
ব্যাপক *adj* intensive, widespread
ব্যাপক পরিস্কার করা *n* spring-cleaning
ব্যাপার *n* matter
ব্যাপারী *n* dealer
ব্যায়াম *n* exercise
ব্যালে নর্তক/নর্তকী *n* ballet dancer
ব্যালে নর্তকী *n* ballerina
ব্যালে নৃত্য *n* ballet
ব্যালে নৃত্যের জুতো *npl* ballet shoes
ব্যালেন্স শিট *n* balance sheet
ব্যাস *n* diameter
ব্যাস ড্রাম বাদ্যযন্ত্র *n* bass drum
ব্যাসুন *n* bassoon
ব্যাহত করা *vt* disrupt
ব্রণ *n* pimple
ব্রাউজার *n* browser
ব্রাজিল *n* Brazil
ব্রাজিল সংক্রান্ত *adj* Brazilian
ব্রাজিলের বাসিন্দা *n* Brazilian
ব্রাশ করা *vt* brush
ব্রিটেন *n* Britain
ব্রিটেন সংক্রান্ত *adj* British
ব্রিটেনের বাসিন্দা *npl* British
ব্রেক *n* brake
ব্রেক কষা *v* brake
ব্র্যান্ড *n* brand
ব্র্যান্ডি *n* brandy
ব্র্যান্ডের নাম *n* brand name
ব্লগ লেখা *vi* blog
ব্লাউজ *n* blouse
ব্লাশার *n* blusher
ব্লেজার *n* blazer
ব্লেড *n* blade

ভ

ভাগ্যবশত *adv* luckily
ভিয়েতনামের নাগরিক *n* Vietnamese
ভিয়েতনামের ভাষা *n* Vietnamese
ভ্যালেন্টাইন দিবস *n* Valentine's Day

ভদ্র *adj* decent
ভদ্রভাবে *adv* gently
ভদ্রমহিলা *n* lady
ভদ্রলোক *n* gentleman
ভবঘুরে *n* tramp
ভবন *n* building
ভবিষ্যত *n* future
ভবিষ্যতে করা হবে *v* shall
ভবিষ্যদ্বাণী করা *vt* foresee, predict
ভয় *n* fear, scare
ভয় দেখানো *vt* intimidate, scare
ভয় দেখিয়ে টাকা আদায় *n* hold-up
ভয় পাওয়া *vt* fear ▷ *vi* shudder
ভয় পাওয়ার মত *adj* scary
ভয়ঙ্কর *adj* dreadful, horrendous
ভয়াতুর *adj* edgy
ভয়ানক *adj* horrible, shocking
ভয়াবহ সিনেমা *n* horror film
ভয়ার্ত চিৎকার *n* scream
ভয়াল *adj* spooky
ভয়ে চিৎকার করা *vi* scream
ভয়ে বা শীতে গায়ে কাঁটা দেওয়া *npl* goose pimples
ভরতুকি *n* subsidy
ভরতুকি দেওয়া *vt* subsidize
ভরসা করা *vt* count on
ভরসায় থাকা *vt* lean on
ভর্তি *n* admission
ভর্তি করা *vt* fill
ভর্তি হওয়া *vt* admit
ভলিবল *n* volleyball
ভাই *n* brother
ভাইঝি/ভাগ্নী *n* niece
ভাইবোন *npl* siblings
ভাইরাস *n* virus
ভাইরাসবাহিত রোগ *n* flu
ভাগ *n* division ▷ *vt* make up
ভাগ করা *vt* divide
ভাগ করে নেওয়া *vt* share
ভাগ্নে/ভাইপো *n* nephew
ভাগ্য *n* fate, luck
ভাগ্যবান *adj* lucky
ভাগ্যহীন *adj* unlucky
ভাঙ্গা *n* break ▷ *adj* broken-down
ভাঁজ *n* crease, fold
ভাঁজ করা *vt* fold
ভাঁজ করার সুবিধা সমন্বিত *adj* folding
ভাঁজ করে বসা *vi* kneel down
ভাঁজযুক্ত *adj* creased
ভাজা *adj* fried ▷ *vt* fry

ভাজার পাত্র *n* frying pan

ভাটিখানা *n* (দেশি মদ) brewery; (সাধারণ মদ) distillery

ভাড়া *n* (যানবাহন টিকিট ইত্যাদি) fare; (ব্যক্তিগত যানবাহন ভাড়া করা) hire; (বাড়ি) rent

ভাড়া গাড়ী *n* car hire

ভাড়া দেওয়া *vt* rent

ভাড়াটে *n* tenant

ভাড়ার অর্থ *n* rental

ভাতা *n* dole

ভাতার জন্য আবেদন *v* sign on

ভান করা *vt* pretend

ভাবময় *adj* sensuous

ভায়োলা *n* viola

ভার *n* load

ভারত *n* India

ভারত মহাসাগর *n* Indian Ocean

ভারতীয় *adj* Indian

ভারতীয় নাগরিক *n* Indian

ভারসাম্য *n* balance

ভারা *n* scaffolding

ভারি *adj* heavy

ভারোত্তোলক *n* weightlifter

ভারোত্তোলন *n* weightlifting

ভার্টিগো *n* vertigo

ভাল *adj* good ▷ *adv* well

ভালবাসা *n* love

ভালমত *adv* fairly

ভালো *adj* fine

ভালো আচরণ করা *vi* behave

ভালোবাসা *vt* love

ভাল্লুক *n* bear

ভাষণ *n* lecture

ভাষণ দেওয়া *vi* lecture

ভাষা *n* language

ভাষা শেখার স্কুল *n* language school

ভাষা সংক্রান্ত *adj* linguistic

ভাষাতত্ত্ববিদ *n* linguist

ভাষ্যকার *n* commentator

ভাষ্যপাঠ *n* commentary

ভাসমান তেলের আস্তরণ *n* oil slick

ভাসা *vi* float

ভাস্কর *n* sculptor

ভাস্কর্য *n* sculpture

ভিক্ষা করা *v* beg

ভিক্ষুক *n* beggar

ভিজা *adj* moist

ভিজিটর কেন্দ্র *n* visitor centre

ভিজিয়ে রাখা *v* soak

ভিজে *adj* wet

ভিজে জবজবে হওয়া *vt* drench

ভিজে ন্যাতানো *adj* soggy

ভ

ভিটামিন *n* vitamin
ভিডিও *n* video
ভিডিও ক্যামেরা *n* video camera
ভিডিও ফোন *n* videophone
ভিড়ে ঠাসা *adj* packed
ভিত *n* base ▷ *npl* foundations
ভিতর *n* inside
ভিত্তি *n* basis ▷ *vt* ground
ভিত্তি করে *adj* based
ভিনিগার *n* vinegar
ভিনিগার মাখানো খাবার *n* vinaigrette
ভিয়েতনাম দেশীয় *adj* Vietnamese
ভিসা *n* visa
ভীত *adj* afraid, scared
ভীতি *n* phobia
ভীতিজনক *adj* threatening
ভীষণ *adv* so ▷ *det* such
ভুজাগাছ *n* birch
ভুট্টা *n* corn, maize; (কচি) sweetcorn
ভুট্টার গুঁড়ো *n* cornflour
ভুতুড়ে *adj* haunted
ভুরু *n* eyebrow
ভুরু কোঁচকানো *vi* frown
ভুল *n* mistake ▷ *adj* mistaken, wrong
ভুল করা *vt* mistake ▷ *vi* slip up
ভুল নম্বর *n* wrong number
ভুল বোঝা *v* misunderstand
ভুল বোঝাবুঝি *n* misunderstanding
ভুল শুধরানো *vt* correct
ভুল স্থানে রাখা *vt* mislay
ভুলভাবে *adv* mistakenly
ভুলে যাওয়া *vt* forget
ভূ-তত্ত্ব *n* geology
ভূগর্ভ *n* underground
ভূগর্ভস্থ *adv* underground
ভূগর্ভস্থ পথ *n* underpass
ভূগর্ভস্থ পায়ে হাটার পথ *n* subway
ভূগর্ভস্থ স্টেশন *n* underground station
ভূগোল *n* geography
ভূত *n* ghost
ভূদৃশ্য *n* landscape
ভূমধ্যসাগর *n* Mediterranean
ভূমধ্যসাগর সম্বন্ধীয় *adj* Mediterranean
ভূমন্ডল *n* globe
ভূমিকম্প *n* earthquake
ভূমিকা *n* role
ভূমিসাৎ করা *vt* demolish
ভেঙ্গে টুকরো টুকরো হওয়া *v* smash

ভেঙ্গে ফেলা *vt* knock down
ভেঙ্গে যাওয়া *v* break
ভেজা *adj* soaked
ভেড়া *n* lamb
ভেড়া-ছাগলের মাংস *n* red meat
ভেড়ার পাল *n* fleet
ভেড়ি *n* ewe
ভেতরে *prep* inside, into
ভেতরে ঢুকে যাওয়া *v* go in
ভেতরের অংশ *n* interior
ভেতরের শক্তি *npl* spirits
ভেনিজুয়েলা দেশীয় *adj* Venezuelan
ভেনিজুয়েলার বসবাসকারী *n* Venezuelan
ভেন্ডিং মেশিন *n* vending machine
ভেরার চামড়া *n* sheepskin
ভেলা *n* raft
ভেষজ চা *n* herbal tea
ভোগদখল *n* possession
ভোগদখল করা *vt* possess
ভোজ্য *adj* edible
ভোঁদড় *n* otter
ভোল্ট *n* volt
ভোল্টেজ *n* voltage
ভ্যাকুয়াম ক্লিনার *n* vacuum cleaner
ভ্যাকুয়াম ক্লিনার দিয়ে পরিষ্কার করা *v* hoover, vacuum
ভ্যান গাড়ি *n* van
ভ্রমণ *n* travel
ভ্রমণ করা *v* tour, travel
ভ্রমণ নির্দেশক *n* tour guide
ভ্রমণ ব্যবস্থার দোকান *n* travel agent
ভ্রমণ সংস্থা *n* travel agency
ভ্রমণকারী *n* traveller
ভ্রমণবীমা *n* travel insurance
ভ্রান্তি *n* illusion
ভ্রাম্যমাণ বিক্রেতা *n* rep
ভ্রূণ *n* foetus

ম

মরিটানিয়া *n* Mauritania
মাধুর্য্য *n* charm
মুখোমুখি ধাক্কা লাগা *vi* collide head-on
মুসুর *npl* lentils
মূলতঃ *adv* basically
মোঙ্গোলিয়ান ভাষা *n* Mongolian
মই *n* ladder

মই বা সিঁড়ি *n* stepladder

মকর রাশি *n* Capricorn

মক্কা *n* Mecca

মখমল *n* velvet

মগ *n* mug

মঙ্গলবার *n* Tuesday

মচকানো *n* sprain

মচকে যাওয়া *vt* sprain

মজবুত *adj* sound

মজবুত করা *vt* strengthen

মজবুতভাবে *adv* strongly

মজা *n* fun

মজা করা *vi* joke

মজার *adj* funny, humorous

মজুত *n* reserve

মজুত রাখা *vt* stock

মজুর *n* workman

মজুরী *n* wage

মজ্জা *n* marrow

মট *n* MOT

মটর *npl* peas

মটরশুঁটি *n* mangetout

মঠ *n* monastery

মডেম *n* modem

মডেল *n* model

মণি *n* jewel

মত *adv* as ... as

মতাদর্শ *n* ideology

মতামত *n* opinion

মৎসকন্যা *n* mermaid

মৎসশিকারী *n* angler

মথ *n* moth

মদ *n* alcohol

মদ দিয়ে বানানো পানীয় *n* punch

মদ্যপান করে গাড়ী চালানো *n* drink-driving

মদ্যপানে অনিচ্ছুক *adj* teetotal

মধু *n* honey

মধুচন্দ্রিমা *n* honeymoon

মধুর *adj* charming

মধুর সুর *n* melody

মধ্য *adj* mid

মধ্য-আমেরিকা *n* Central America

মধ্যপন্থী *adj* moderate

মধ্যপ্রাচ্য *n* Middle East

মধ্যবয়স্ক *adj* middle-aged

মধ্যবর্তী *adj* intermediate

মধ্যবিত্ত *adj* middle-class

মধ্যযুগ *adj* mediaeval ▷ *npl* Middle Ages

মধ্যরাত্রি *n* midnight

মধ্যাহ্ন *n* midday

মধ্যাহ্নভোজ *n* lunch

মধ্যাহ্নভোজ-বিরতি *n* lunch break

মধ্যাহ্নভোজের নির্ধারিত সময় *n* lunchtime

মধ্যিখানে *adv* halfway
মধ্যে *prep* (মাঝে) among,
   between; (ভিতরে) in, into;
   (ভেতর দিয়ে) through ▷ *n*
   (মধ্যিখানে) middle
মন *n* mind
মন ভরিয়ে দেওয়া *v* impress
মনখারাপ *adj* depressed
মনন *n* thought
মননশীল *adj* thoughtful
মননহীন *adj* thoughtless
মনভরানো *adj* impressive
মনশ্চক্ষুতে দেখা *vt* visualize
মনঃসংযোগ *n* concentration
মনঃসংযোগ করা *vi*
   concentrate
মনস্থ করা *v* intend
মনিটর *n* monitor
মনুষ্যজাতি *n* mankind
মনুষ্যনির্মিত *adj* man-made
মনে করা *vt* (খারাপ লাগা) take
   offence; (ভাবা) suppose
   ▷ *v* think
মনে করানো *vt* remind
মনে রাখা *vt* memorize
মনে হওয়া *v* seem
মনোগ্রাহী *adj* interesting
মনোচিকিৎসক *n* psychiatrist
মনোনয়ন *n* nomination
মনোনীত *vt* nominate

মনোবল *n* morale
মনোবাসনা *n* wish
মনোবিজ্ঞান *n* psychology
মনোবিদ *n* psychologist
মনোবৃত্তি *n* mentality
মনোমুগ্ধকর *adj* fascinating
   ▷ *n* concentration
মনোযোগ *n* attention
মনোযোগী *adj* concentrated
মনোরম *adj* fine, pleasant
মনোরোগ সংক্রান্ত *adj*
   psychiatric
মন্তব্য *n* comment, remark
মন্তব্য করা *vi* comment
মন্ত্রক *n* ministry
মন্ত্রী *n* minister
মন্দ *adj* bad, wicked
মন্দার সময় *adv* off-peak,
   off-season ▷ *adj*
   off-season ▷ *n* recession
মন্দির *n* temple
মন্দিরা *npl* cymbals
ময়দা *n* flour
ময়দার তাল *n* dough
ময়দার মিষ্টি *n* doughnut
ময়লা *adj* dirty
ময়লা তোলার পাত্র *n*
   dustpan
ময়শ্চারাইজার *n* moisturizer
ময়ূর *n* peacock

ম

মরক্কো দেশীয় *adj* Moroccan
মরক্কোবাসী *n* Moroccan
মরচে *n* rust
মরচে ধরা *adj* rusty
মরচে পরে না এমন ধাতু *n* stainless steel
মরফিন *n* morphine
মরিয়া *adj* desperate
মরিয়া ভাবে *adv* desperately
মরূদ্যান *n* oasis
মরুভূমি *n* desert
মর্মঘাতী *adj* appalling
মর্মস্পর্শী *adj* tragic
মর্যাদা *n* dignity
মর্যাদাপূর্ণ *adj* prestigious
মলডোভার মানুষ *n* Moldovan
মলম *n* ointment
মল্ট হুইস্কি *n* malt whisky
মশলা *n* spice
মশলাযুক্ত *adj* spicy
মশা *n* mosquito
মসজিদ *n* mosque
মসৃণ *adj* even, smooth
মসৃণ করা *vt* file
মস্তান *n* bully
মস্তানি করা *vt* bully
মস্তিষ্ক *n* brain
মহৎ *adj* great
মহাকাশ *n* space
মহাকাশচারী *n* astronaut
মহাকাশযান *n* spacecraft
মহাদেশ *n* continent
মহামান্য *n* majesty
মহামারী *n* epidemic
মহাশয় *n* sir
মহাসমুদ্র *n* ocean
মহিমা *n* glory
মহিলা *n* (লিঙ্গ) female; (প্রাপ্তবয়স্ক) woman
মহিলা খেলোয়াড় *n* sportswoman
মহিলা পুলিশ *n* policewoman
মহিলা ব্যবসায়ী *n* businesswoman
মহিলা সাফাইকর্মী *n* cleaning lady
মহিলা সৈনিক *n* servicewoman
মহিলাদের *n* ladies
মহোদয়া *n* madam
মা *n* mother, mum
মাউস *n* mouse
মাকড়সা *n* spider
মাকড়সার জাল *n* cobweb, spider's web
মাখন *n* butter
মাখন জাতীয় খাবার *n* spread
মাখন তোলা দুধ *n* skimmed milk

মাছ *n* fish

মাছ ধরার দড়ি *n* fishing tackle

মাছধরা *vi* fish ▷ *n* fishing

মাছবিক্রেতা *n* fishmonger

মাছরাঙা *n* kingfisher

মাছি *n* fly

মাঝারি *adj* medium

মাঝারি-মাপের *adj* medium-sized

মাঝে মধ্যে *adv* occasionally

মাটি *n* clay, soil

মাটিতে পড়ে যাওয়া *vi* fall

মাঠ *n* field

মাঠা তোলা দুধ *n* semi-skimmed milk

মাড় *n* gluten

মাতাল *n* drunk

মাতৃ সম্পর্কীয় *adj* maternal

মাতৃভাষা *n* mother tongue

মাতৃভাষা বক্তা *n* native speaker

মাত্রা *n* (অধিক বা কম) extent, level ▷ (সঙ্গীত) music scale ▷ *n* (বাংলা লেখার মাত্রা) Bengali or Hindi horizontal language bar; (অষুধ সংক্রান্ত) dose

মাথা *n* head

মাথা এবং বুকের মূর্তি *n* bust

মাথা ঘোরা *adj* dizzy

মাথা ঝোঁকানো *vi* bow

মাথা নেড়ে সম্মতি জানানো *vi* nod

মাথা হেলানো *v* tip

মাথাধরা *n* headache

মাথার খুলি *n* skull

মাদি কুকুর *n* bitch

মাদুর *n* mat

মাধুর্যমন্ডিত *adj* graceful

মাধুর্যময় *adj* cute

মাধ্যমিক বিদ্যালয় *n* secondary school

মান *n* grade

মানচিত্র *n* map

মানচিত্রের বই *n* atlas

মানদন্ড *n* scale

মানব *adj* human

মানবতাবাদী *adj* humanitarian

মানবাধিকার *npl* human rights

মানসিক *adj* mental, psychological

মানসিক চিকিৎসালয় *n* mental hospital

মানসিক বিষন্নতা *adj* depressing

মানসিকভাবে ভেঙ্গে পড়া *adj* heartbroken

ম

মানানসই *n* fit
মানিয়ে নেওয়া *vi* adapt
মানুষ *n* human being
মান্য করা *v* obey
মাপে হওয়া *v* fit
মাফলার *n* scarf
মামলা করা *v* sue
মাম্পস *n* mumps
মারা *vt* beat
মারা যাওয়া *vi* die
মারাত্মক *adj* fatal
মার্কসবাদ *n* Marxism
মার্কা *n* trademark
মার্কিন যুক্তরাষ্ট্র *n* United States, USA
মার্চ *n* March
মার্চ করা *v* march
মার্জনা *n* excuse
মার্জনা করা *vt* excuse
মার্জিত *adj* tasteful
মালটা *n* Malta
মালটা দেশীয় *adj* Maltese
মালটার মানুষ *n* Maltese
মালডোভীয় *adj* Moldovan
মালপত্র *n* baggage
মালপত্র বহনের ভ্যান *n* removal van
মালপত্রের তালিকা *n* inventory
মালবাহী নৌকা *n* barge
মালয়েশিয়া দেশীয় *adj* Malaysian
মালয়েশিয়ার অধিবাসী *n* Malaysian
মালিক *n* owner
মালিকানা লাভ করা *vt* own
মালী *n* gardener
মাস *n* month
মাংস *n* meat
মাংস ঝলসানোর উনুন *n* barbecue
মাংস বা সব্জির ফুলুরি *n* dumpling
মাসিক *n* menstruation ▷ *adj* monthly
মাংসের ছোট ছোট বল *n* meatball
মাংসের ছোট টুকরো *n* chop
মাংসের ঝোল *n* broth
মাংসের ফালি *n* steak
মাংসের রসা *n* gravy
মাস্তুল *n* mast
মিছিল *n* procession
মিটার *n* metre
মিতব্যয়িতা *n* austerity
মিথুন রাশি *n* Gemini
মিথ্যা সাক্ষী *n* perjury
মিথ্যাকথা *n* lie
মিথ্যাবাদী *n* liar
মিনা করা *vt* engrave

মিনিট *n* minute
মিনিবাস *n* minibus
মিলনস্থল *n* joint
মিলিত চুক্তি *n* agreement
মিলিত হওয়া *v* merge
মিলিমিটার *n* millimetre
মিশর *n* Egypt
মিশর দেশীয় *adj* Egyptian
মিশরবাসী *n* Egyptian
মিশ্র *adj* mixed
মিশ্র স্যালাড *n* mixed salad
মিশ্রক *n* blender
মিশ্রণ *n* mix, mixture
মিশ্রিত *v* mix
মিশ্রিত দস্তা *n* pewter
মিষ্টদ্রব্য *n* sweet
মিষ্টি *adj* sweet
মিষ্টিজলের মাছ *n* freshwater fish
মিষ্টিদ্রব্য *npl* sweets
মিস্ত্রি *n* mechanic
মিহি *adj* fine
মীনরাশি *n* Pisces
মুকুট *n* crown
মুক্ত *n* pearl
মুক্ত হওয়া *vt* release
মুক্তি *n* release
মুক্তি দেওয়া *vt* free
মুক্তি পাওয়া *v* get off
মুক্তিপণ *n* ransom
মুখ *n* (অবয়ব) face; (ঠোঁট ইত্যাদি) mouth
মুখ খুললে ধরতে পারা *vi* lip-read
মুখ ধোওয়ার বেসিন *n* washbasin
মুখ ধোয়ার তরল প্রতিষেধক *n* mouthwash
মুখপাত্র *n* spokesperson
মুখপাত্র (পুরুষ) *n* spokesman
মুখপাত্র (মহিলা) *n* spokeswoman
মুখমন্ডল-সম্পর্কিত *adj* facial
মুখরোচক খাবারের দোকান *n* delicatessen
মুখী *vt* face
মুখে দাগ আছে যার *adj* spotty
মুখের তোয়ালে *n* face cloth
মুখের ভাব *n* expression
মুখোমুখি *adj* level ▷ *adv* opposite
মুখোমুখি ধাক্কা লাগানো *vt* crash
মুখোমুখি সংঘর্ষ *n* collision
মুখোমুখি সংঘর্ষ হওয়া *vi* collide
মুখোশ *n* mask
মুখোশধারী *adj* masked

মুখ্য *adj* chief, main

মুখ্য কার্যালয় *n* head office ▷ *npl* headquarters

মুখ্যগায়ক/গায়িকা *n* lead singer

মুগ্ধ *adj* impressed

মুচমুচে *adj* crispy

মুচমুচে ভাবযুক্ত *adj* crisp

মুছে ফেলা *vt* (লেখা) erase; (ভিজে) wipe up

মুদি *n* grocer

মুদিখানায় *n* grocer

মুদিখানায় লভ্য সামগ্রী *npl* groceries

মুদ্রণ *n* print

মুদ্রণযন্ত্র *n* printer

মুদ্রা *n* coin, currency

মুদ্রার বিনিময় হার *n* exchange rate

মুনাফা *n* return

মুরগী *n* chicken

মুরগীর বাচ্ছা *n* chick

মুরগীর মাংস *n* chicken

মুলো *n* horseradish

মুষ্টিযুদ্ধ *n* boxing

মুসলমান *n* Muslim

মুসলিম *adj* Muslim

মুহূর্ত *n* moment

মূত্রাশয় *n* bladder

মূদ্রাহ্রাস *n* devaluation

মূর্খ *n* idiot

মূর্খামি *adj* idiotic

মূর্ত *adj* abstract

মূর্তি *n* statue

মূল *n* root

মূল খাবার *n* main course

মূল ভূখন্ড *n* mainland

মূল রাস্তা *n* main road

মূল সঙ্গীতে শব্দযোগ *adj* dubbed

মূলধন *n* capital

মূলো *n* radish

মূল্য *n* (দাম) cost, price; (মূল্যবোধ) value, worth

মূল্য ধার্য করা *v* charge

মূল্য ফেরত দেওয়া *vt* refund

মূল্য সংযোজিত কর *n* VAT

মূল্যফেরত *n* change

মূল্যবান *adj* precious, valuable

মূল্যবৃদ্ধি *n* inflation

মূল্যহীন *adj* worthless

মূল্যায়ন করা *vt* rate

মূল্যে *vt* cost

মূল্যের তালিকা *n* price list

মৃত *adj* dead

মৃত্তিকা *n* earth

মৃত্যু *n* death

মৃত্যুদন্ড *n* capital punishment

মৃদু *adj* mild

মৃদু বাতাস *n* breeze

মৃত্যুদন্ড দেওয়া *vt* execute

মে *n* May

মেক্সিকান *n* Mexican

মেক্সিকো সম্বন্ধীয় *adj* Mexican

মেঘ *n* cloud

মেঘাচ্ছন্ন *adj* cloudy, overcast

মেচেতা *npl* freckles

মেজাজ *n* (আমেজ) mood; (রাগ) temper

মেজাজী *adj* moody

মেঝে *n* floor

মেঝে/ভূতল *n* ground

মেদবহুল *adj* flabby

মেধা *n* intelligence

মেধাবী *adj* brilliant

মেনথল *n* peppermint

মেনিনজাইটিস *n* meningitis

মেনে নেওয়া *vi* yield

মেমারী কার্ড *n* memory card

মেয়র *n* mayor

মেয়ে *n* girl

মেয়েদের অন্তর্বাস *npl* knickers

মেয়েদের সাঁতারের পোশাক *n* swimsuit

মেরামত *n* repair

মেরামত করা *vt* fix, repair

মেরামত করান *vt* service

মেরামতির কিট *n* repair kit

মেরুদন্ড *n* backbone, spinal cord

মেরুদেশীয় *adj* polar

মেরে ফেলা *v* kill

মেলা *n* fair ▷ *v* match

মেলাপ্রাঙ্গন *n* fairground

মেশানো *vt* add

মেশিন *n* machine

মেশিন-গান *n* machine gun

মেশিনে ধোয়া যায় এমন *adj* machine-washable

মেষ *n* sheep

মেষ পালক *n* shepherd

মেষ রাশি *n* Aries

মেহগনি *n* mahogany

মোঙ্গোলীয়বাসী *n* Mongolias

মোঙ্গোলীয় *adj* Mongolian

মোচড়ান *vt* twist

মোচাকৃতি *n* conifer

মোছা *vt* wipe

মোছার কাপড় *n* cloth

মোজা *n* sock

মোজাইক *n* mosaic

মোট *adj* total

মোট লেনদেন *n* turnover

মোটর *n* motor

মোটর দৌড় প্রতিযোগিতা *n* motor racing

ম

মোটর মিস্ত্রী *n* motor mechanic
মোটরগাড়ী *n* car
মোটরগাড়ী রেসের চালক *n* racing driver
মোটরবাইক *n* motorbike
মোটরবোট *n* motorboat
মোটরসাইকেল *n* motorcycle
মোটরসাইকেল চালক *n* motorcyclist
মোটা *adj* (স্থূল) fat; (মোটা চাল বা কাপড়) coarse
মোটা বেতন প্রাপ্ত *adj* well-paid
মোটামুটি *adj* so-so
মোটাসোটা *adj* chubby, plump
মোটেল *n* motel
মোড়ক *n* packaging
মোড়ক খোলা *vt* unwrap
মোড়া *vt* wrap
মোড়ার কাগজ *n* wrapping paper
মোবাইল নাম্বার *n* mobile number
মোবাইল ফোন *n* mobile phone
মোবাইলে ব্যবহৃত কার্ড *n* top-up card
মোম *n* wax
মোম-রং *n* crayon
মোমবাতি *n* candle
মোমবাতিদানি *n* candlestick
মোষ *n* buffalo
মৌখিক *adj* oral ▷ *n* oral
মৌমাছি *n* bee
মৌরী *n* aniseed
মৌলিক *adj* (মূল) basic; (নতুন ধরনের) original
মৌসুমী *adj* seasonal
ম্যাকারনি *npl* macaroni
ম্যাচ *n* match
ম্যাটমেটে *adj* drab
ম্যারাথন *n* marathon
ম্যারিনেড *n* marinade
ম্যারিনেড করা *v* marinade
ম্যালেরিয়া *n* malaria

য

যক্ষ্মা *n* TB
যখন *conj* (সময়) when; (সেই সময়টি যখন) while
যখন থেকে *conj* since
যখনই *conj* as, whenever
যত তাড়াতাড়ি সম্ভব *n* asap

যতক্ষণ পর্যন্ত *conj* till ▷ *prep* till

যতিচিহ্ন *n* colon

যত্ন *n* care

যত্ন নেওয়া *vi* care

যৎসামান্য *adj* minimal

যথাক্রমে *adv* respectively

যথাযতভাবে *adv* exactly

যথাযথ *adj* appropriate ▷ *adv* truly

যথার্থ *adj* accurate ▷ *adv* right

যথার্থতা *n* accuracy

যথার্থভাবে *adv* accurately

যথাস্থানে থাকা *vi* belong

যথেষ্ট *det* enough ▷ *pron* enough

যদি *conj* if

যদি না *conj* unless

যদিও *conj* although, though ▷ *adv* though

যন্ত্র *n* device

যন্ত্র কৌশল *n* mechanism

যন্ত্রকুশলী *n* technician

যন্ত্রগণক *n* calculator

যন্ত্রপাতি *n* apparatus, machinery

যন্ত্রাংশ *n* spare part

যবের পায়েস *n* porridge

যমজ *n* twin

যা অন্য উপাদানকে গলায় *n* solvent

যা কিছু *conj* (যে কোনটি) whichever ▷ *det* (যে কোন পছন্দ) whatever

যা দিয়ে চার্জ করা হয় *n* charger

যা যোগ করা হয় *n* additive

যাইহোক *adv* anyhow, anyway

যাওয়া *vi* go

যাকে *pron* whom

যাচাই করা *vt* try on

যাতায়াত *n* round trip

যাতায়াত করা *vi* commute

যাতায়াতকারী *n* commuter

যাতে *conj* so

যাতে শব্দ হয় না *n* silencer

যাত্রা *n* journey

যাত্রা শুরু করা *v* set out

যাত্রাপথ *n* course

যাত্রার সহযোগী *n* flight attendant

যাত্রী *n* passenger

যাত্রীদের পরিচারক *n* steward

যাত্রীবাহী জাহাজ *n* ocean liner

যান *n* craft

যান নিয়ন্ত্রক *n* traffic warden

যানজট *n* traffic jam

য

যানবাহন *n* traffic
যানবাহনে চড়া *vt* take
যান্ত্রিক *adj* mechanical
যাযাবর সম্প্রদায় *n* nomad
যার *pron* whose
যীশু *n* Jesus
যীশু খ্রীষ্ট *n* Christ
যীশুর অনুগামী *n* Christian
যুক্ত *adj* attached
যুক্ত করা *vt* attach ▷ *v* join
যুক্ত হওয়া *prep* plus
যুক্তরাজ্য *n* United Kingdom
যুক্তি দিয়ে বোঝানো *vt* justify
যুক্তিবুদ্ধিসম্পন্ন *adj* rational
যুক্তিসংগত *adj* logical
যুক্তিসম্পন্ন *adj* reasonable
যুক্তিসম্পন্নভাবে *adv* reasonably
যুদ্ধ *n* (বড়) war; (ছোট) battle
যুদ্ধকালীন নিষ্প্রদীপ অবস্থা *n* blackout
যুদ্ধজাহাজ *n* battleship
যুদ্ধের ট্যাঙ্ক *n* tank
যুব সঙ্ঘ *n* youth club
যে অন্য লিঙ্গের পোশাক পরে *n* transvestite
যে কেউ *pron* anybody ▷ *conj* whoever
যে কোন *det* any
যে কোন জায়গায় *adv* anywhere
যে কোন রকমে *adv* somehow
যে কোন সময় *adv* anytime
যে গাড়ির চার চাকায় শক্তি আসে *n* four-wheel drive
যে ঘরবাড়ি সাজায় *n* decorator
যে সার্ফিং করে *n* surfer
যেটা *conj* that
যেটা হল *n* i.e.
যোগ করা *v* add up, sum up
যোগদান করা *vt* get into
যোগদান দেওয়া *v* join
যোগফল *n* total
যোগব্যায়াম *n* yoga
যোগান *npl* supplies
যোগাযোগ *n* contact
যোগাযোগ করা *vt* contact
যোগাযোগ স্থাপন *n* communication
যোগাযোগ স্থাপন করা *vi* communicate
যোগ্য হওয়া *vt* deserve
যোগ্যতা *n* qualification
যোগ্যতা অর্জন করা *v* qualify
যোগ্যতাসম্পন্ন *adj* competent
যোজনা *n* conjunction
যৌথ *adj* joint

যৌথ খাতা *n* joint account
যৌথ শয়নালয় *n* dormitory
যৌবনে *n* youth

র

রচনাংশ *n* excerpt
রসায়নবিদ্ *n* chemist
রাজকুমার পরিচালিত রাজ্য *n* principality, dukedom
রাষ্ট্রদূত *n* ambassador
রাষ্ট্রদূতের অফিস *n* embassy
রাষ্ট্রপুঞ্জের-এর আদ্যক্ষর *n* UN
রাষ্ট্রীয় পার্ক *n* national park
রুশ ভাষা *n* Russian
রোমানিয়া ভাষা *n* Romanian
রং *n* dye, colour
রং করা *vt* dye
রং ফিকে হওয়া *adj* bleached
রওনা দেওয়া *v* set off
রক্ত *n* blood
রক্ত দূষণ *n* blood poisoning
রক্ত পরীক্ষা *n* blood test
রক্তচাপ *n* blood pressure
রক্তচোষা পতঙ্গ *n* flea
রক্তপাত *vi* bleed
রক্তাল্পতার রোগী *adj* anaemic
রক্তিম *adj* scarlet
রক্তিম আভা *n* flush
রক্তের গ্রুপ *n* blood group
রক্ষক *n* defender
রক্ষণশীল *adj* conservative
রক্ষণাবেক্ষণ *n* maintenance
রক্ষা করা *vt* defend, protect
রক্ষী *n* guard
রঙ *n* paint
রঙ করা *v* paint
রঙ করার তুলি *n* paintbrush
রঙিন কাঁচ *n* stained glass
রঙ্গমঞ্চ *n* theatre
রজঃস্রাবে ব্যবহৃত ন্যাকড়া *n* tampon
রজোনিবৃত্তি *n* menopause
রণনীতি বিষয়ক *adj* strategic
রত্ন *n* gem
রন্ধনকার্য *n* cooking
রন্ধনপ্রণালী *n* recipe
রন্ধনপ্রণালীর বই *n* cookery book
রপ্তানী *n* export
রপ্তানী করা *v* export
রফা *n* deal
রফা করা *v* negotiate
রবার *n* (গাছের কষ) rubber
রবার দস্তানা *npl* (বরাবের তৈরী) rubber gloves

রবিন পাখি *n* robin
রবিবার *n* Sunday
রমজান *n* Ramadan
রয়েছে *v* have
রস *n* juice
রসময় *adj* witty
রসায়ন *n* chemistry
রসিক *adj* humorous ▷ *vi* jest
রসিকতা *n* wit
রসিদ *n* receipt, voucher
রসুন *n* garlic
র‍্যাকেট (টেনিসের ব্যাট) *n* racquet
র‍্যাডার *n* radar
রাখা *v* keep ▷ *vt* put
রাগবি *n* rugby
রাগারাগি *n* tantrum
রাগী *adj* angry
রাজকীয় *adj* royal
রাজকুমার *n* prince, duke
রাজকুমারী *n* princess
রাজতন্ত্র *n* monarchy
রাজত্ব করা *v* rule
রাজধানী *n* capital
রাজনীতি *npl* politics
রাজনীতিক *n* politician
রাজনৈতিক *adj* political
রাজমিস্ত্রী *n* bricklayer
রাজসিক *adj* magnificent
রাজস্ব *n* revenue
রাজহংস *n* swan
রাজা *n* king, monarch
রাজ্য *n* (রাজাশাসিত) kingdom; (সাধারণ) state
রাণী *n* queen
রাত *n* night
রাতপোষাক *n* nightdress
রাতের শিফট *n* night shift
রানওয়ে *n* runway
রান্না করবার পদ্ধতি *n* cookery
রান্না করা *v* cook
রান্না করা গরুর মাংস *n* beefburger
রান্নাঘর *n* kitchen
রান্নার খুন্তি *n* spatula
রান্নার বই *n* cookbook
রামধনু *n* rainbow
রায় *n* sentence, verdict
রাশিচক্র *n* zodiac
রাশিয়া দেশীয় *adj* Russian
রাশিয়ার অধিবাসী *n* Russian
রাষ্ট্রপতি *n* president
রাষ্ট্রসংঘ *n* United Nations
রাসায়নিক উপাদান *n* steroid
রাসায়নিক বস্তু *n* chemical
রাস্তা *n* road, street
রাস্তা অবরোধ করা *vt* block
রাস্তা বন্ধ *n* roadblock
রাস্তা সারাই *npl* roadworks
রাস্তাবদল করা *v* turn off

রাস্তায় *adv* out-of-doors
রাস্তায় গাড়ি খারাপ হলে থামানোর জায়গা *n* hard shoulder
রাস্তায় চালকের ক্রোধ *n* road rage
রাস্তায় পড়ে থাকে বরফের টুকরো *n* black ice
রাস্তার আলো *n* streetlamp
রাস্তার গায়ক *n* busker
রাস্তার ধার *n* kerb
রাস্তার ধারে গলি *n* lay-by
রাস্তার পিচ *n* tarmac
রাস্তার মানচিত্র *n* street map
রাস্তার মোড় *n* roundabout
রাস্তার ম্যাপ *n* road map
রাস্পবেরি ফল *n* raspberry
রিং টোন *n* ringtone
রিং রোড *n* ring road
রিচার্জ করা *vt* recharge
রিটার্ণ টিকিট *n* return
রিলে রেস *n* relay
রিসেপশন *n* reception
রিসেপশনিস্ট *n* receptionist
রীতিনীতি *n* custom
রীল *n* reel
রুক্ষ *adj* rough
রুটি তৈরি করার পদ্ধতি *n* baking
রুটিওয়ালা *n* baker
রূপচর্চার স্থান *n* beauty salon
রূপান্তরিত হওয়া *v* become
রুপো *n* silver
রুমাল *n* (সাধারণ) hanky; (খাবার টেবিলের) napkin
রুলার *n* ruler
রূঢ় *adj* (কথা বা ব্যবহারে) rude
রূপ *n* form
রূপকথা *n* fairytale
রূপপরিবর্তন *n* makeover
রূপান্তর *v* convert ▷ *n* transition
রূপান্তর করা *vt* transform
রেকর্ড *n* record
রেকর্ড করা *vt* record
রেকর্ডকৃত ডেলিভারি *n* recorded delivery
রেকর্ডার *n* recorder
রেকর্ডিং *n* recording
রেখাচিত্র *n* diagram
রেগে যাওয়া *adj* cross
রেজর *n* razor
রেজর ব্লেড *n* razor blade
রেজিমেন্ট *n* regiment
রেড ওয়াইন *n* red wine
রেড ক্রশ *n* Red Cross
রেড সী *n* Red Sea
রেডিয়েটর *n* radiator
রেডিয়ো নিয়ন্ত্রিত *adj* radio-controlled

রেফারি *n* referee
রেফারেন্স নম্বর *n* reference number
রেফ্রিজারেটর *n* refrigerator
রেল স্টেশন *n* station
রেলওয়ে *n* railway
রেলওয়ে স্টেশন *n* railway station
রেলকার্ড *n* railcard
রেলগাড়ির ইঞ্জিন *n* engine
রেলগাড়ী *n* carriage
রেলিং *npl* railings
রেলের কামরা *n* compartment
রেশম *n* silk
রেসিং কার *n* racing car
রেসের ঘোড়া *n* racehorse
রেস্তোঁরা *n* restaurant
রোগ *n* disease
রোগ নির্ণয় *n* diagnosis
রোগা *adj* thin
রোগী *n* patient
রোজ *adj* daily
রোজকার *npl* earnings
রোজকার করা *vt* earn
রোদ চশমা *npl* sunglasses
রোদ থেকে সুরক্ষার তেল *n* suntan oil
রোদ থেকে সুরক্ষার লোশন *n* suntan lotion
রোদচশমা *npl* goggles
রোদে পুড়ে যাওয়া *adj* sunburnt
রোদে পোড়া *n* sunburn
রোদে বিবর্ণ *n* suntan
রোধনিরোধী ক্রিম *n* sunscreen
রোপণ করা *vt* plant
রোম দেশীয় *adj* Roman
রোমাঞ্চ *n* thrill
রোমাঞ্চকর *adj* thrilling
রোমাঞ্চকর কাহিনী *n* thriller
রোমাঞ্চিত *adj* thrilled
রোমানিয়া দেশীয় *adj* Romanian
রোমানিয়ার অধিবাসী *n* Romanian
রৌদ্রস্নান *vi* sunbathe
রৌদ্রোজ্জ্বল *adj* sunny

ল

লাল বেরী জাতীয় ফল *n* redcurrant
লিংগ *n* sex
লিথুয়ানিয়া ভাষা *n* Lithuanian
লং জাম্প *n* long jump

লকার *n* locker
লকেট *n* (অলংকার) locket;
 (সম্মান) medallion
লক্ষণ *n* symptom
লক্ষ্য *n* aim, target
লক্ষ্য করা *v* watch
লক্ষ্য না করা *vt* miss
লক্ষ্য নিবদ্ধ করা *v* focus
লক্ষ্য রাখা *vt* look after
লক্ষ্য স্থির করা *v* aim
লক্ষ্যণীয় *adj* noticeable,
 striking
লগ-আউট করা *vi* log out
লগ-ইন করা *vi* log in
লঙ্কা *n* fresh or dried chilli
লঙ্কাগুঁড়ো *n* paprika
লজ্জা *n* shame
লজ্জা পাওয়া *vi* blush
লজ্জিত *adj* ashamed
লজ্জিত হওয়া *adj*
 embarrassed
লটারি *n* raffle
লড়াই *n* fight
লড়াই করা *v* fight
লন *n* lawn
লন্ডেরেট *n* Launderette®
লন্ড্রি *n* laundry
লবঙ্গ *n* clove
লবণে জারিত শুয়োরের মাংস
 n bacon

লভ্য *adj* available
লভ্যতা *n* availability
লম্বা *adj* (উচ্চতা) tall; (লম্বালম্বি)
 long
লম্বা গলাওয়ালা হাঁস *n* goose
লম্বা লম্বা ফালি *n* strip
লরি *n* lorry
লরিচালক *n* lorry driver
ললিপপ *n* lollipop
লাইটহাউস *n* lighthouse
লাইন *n* line, queue
লাইনে দাঁড়ানো *vi* queue
লাইফ জ্যাকেট *n* life jacket
লাইফগার্ড *n* lifeguard
লাইফবেল্ট *n* lifebelt
লাইফবোট *n* lifeboat
লাইবেরিয়া দেশীয় *adj*
 Liberian
লাইবেরিয়ার মানুষ *n* Liberian
লাইসেন্স *n* licence
লাউঞ্জ *n* lounge
লাউডস্পিকার *n* loudspeaker
লাখ *n* lakh (one hundred
 thousand)
লাগাম *npl* reins
লাঙ্গল *n* plough
লাজুক *adj* shy
লাঠি *n* stick
লাথি *n* kick
লাথি মারা *v* kick

ল

লাফানো v bounce, jump
⊳ vi gallop
লাফিয়ে চলা vi skip
লাভ n gain, profit
লাভ করা vt gain
লাভজনক adj profitable
লাভা n lava
লাল adj red
লাল চাল n brown rice
লাল চুলওয়ালা মহিলা n
redhead
লাল চুলওয়ালা লোক adj
red-haired
লাল পাউরুটি n brown
bread
লাল হয়ে যাওয়া vi flush
লালচে বাদামী adj auburn
লালা n saliva
লাশ n corpse
লিউকেমিয়া n leukaemia
লিখিত বস্তু n text
লিখিত বিবরণ n record
লিখিত বিবরণ রাখা vt record
লিখে রাখা vt write down
লিঙ্গ n gender
লিজ n lease
লিজ দেওয়া vt lease
লিটার n litre
লিথুয়ানিয়া দেশীয় adj
Lithuanian

লিথুয়ানিয়ার মানুষ n
Lithuanian
লিপস্টিক n lipstick
লিবিয়া দেশীয় adj Libyan
লিবিয়াবাসী n Libyan
লিভার n liver
লিমুজিন n limousine
লিলিফুল n lily
লীগ n league
লুকিয়ে থাকা vi hide
লুকিয়ে পড়া vi dodge
লুকিয়ে রাখা vt hide
লুকোচুরি খেলা n
hide-and-seek
লুপ্ত adj extinct
লুফে নেওয়া vt catch
লেই n paste
লেখক n author, writer
লেখা v write ⊳ n writing
লেখাপড়া করা v study
লেখার কাগজ n writing
paper
লেখার কাজ n paperwork
লেগিংগস্ npl leggings
লেজ n tail
লেটারবক্স n letterbox
লেটুস n lettuce
লেনদেন n transaction
লেন্ট পর্ব n Lent
লেন্স n lens

লেপ *n* quilt
লেফটেন্যান্ট *n* lieutenant
লেবানন দেশীয় *adj* Lebanese
লেবাননের মানুষ *n* Lebanese
লেবু *n* lemon
লেবুর সরবত *n* lemonade
লেবেল *n* label
লেভেল ক্রসিং *n* level crossing
লেস *n* lace
লেসার *n* laser
লোক *n* guy
লোক দেখানো *adj* superficial
লোককথা *n* folklore
লোককে দেখানো *n* show
লোকঠকানো *adj* fake
লোকবল *n* manpower
লোকসঙ্গীত *n* folk music
লোকের ভিড় *n* crowd
লোগো *n* logo
লোভনীয় *adj* lucrative
লোভী *adj* greedy
লোমওয়ালা *adj* hairy
লোমশ চামড়া *n* fleece
লোশন *n* lotion
লোহা *n* iron
লোহার জিনিসের ব্যবসায়ী, কালোয়াড় *n* ironmonger
ল্যাকপেকে *adj* lanky
ল্যাজঝোলা পাখি *n* magpie
ল্যাটভিয়া সংক্রান্ত *adj* Latvian
ল্যাটভিয়ান *n* Latvian
ল্যাটিন *n* Latin
ল্যাটিন আমেরিকীয় *adj* Latin American
ল্যাপটপ *n* laptop
ল্যাবরেটরী *n* laboratory
ল্যাভেন্ডার *n* lavender
ল্যাম্প *n* lamp
ল্যাম্প-পোস্ট *n* lamppost
ল্যাম্প-শেড *n* lampshade

শ

শরৎকাল *n* autumn
শিশু-আলয়/নার্সারি *n* nursery
শুকনো কালো আঙুর *n* currant
শুয়োর *n* pig
শুয়োরের লেজ *n* pigtail
শেয়ার ধারক / শেয়ার হোল্ডার *n* shareholder
শ্রমিকশ্রেণী *adj* working-class
শকুনি *n* vulture
শক্ত *adj* (মুস্কিল) difficult; (নরম না) hard, stiff; (যে শক্তি ধরে) strong

শক্ত করে বাঁধা *vt* tie up

শক্ত কাগজের বোর্ড *n* cardboard

শক্তি *n* strength

শক্তিশালী *adj* powerful

শখ *n* hobby

শঙ্কিত *adj* apprehensive

শঙ্কু *n* cone

শণের কাপড় *n* linen

শতকরা *adv* per cent

শতবর্ষ *n* century

শতবার্ষিকী *n* centenary

শতরঞ্জি *n* rug

শতাংশ *n* percentage

শত্রু *n* enemy

শত্রুতা করা *vt* spite

শত্রুভাবাপন্ন করে তোলা *vt* antagonize

শনিবার *n* Saturday

শপথ *n* oath

শবদেহ সৎকারকারী *n* undertaker

শবাগার *n* morgue

শব্দ *n* (আওয়াজ) sound; (কথা) word

শব্দভাণ্ডার *n* vocabulary

শব্দানুবাদ সম্বলিত বই *n* phrasebook

শয়তান *n* Devil

শরীরচর্চা *n* bodybuilding

শরীরে ঢোকান *n* transfusion

শরীরের পেছনের অংশ *n* backside

শর্করা *n* carbohydrate

শর্টহ্যান্ড লেখা *n* shorthand

শর্তহীন *adj* unconditional

শর্তাধীন *adj* conditional, provisional

শর্তাধীনে ছাড়া পাওয়া *n* parole

শল্যচিকিৎসক *n* surgeon

শশা *n* cucumber

শংসাপত্র *n* certificate

শস্যদানা *n* cereal

শস্যদানা থেকে তৈরি খাবার *n* cereal

শহর *n* city, town

শহর থেকে দূরে *n* countryside

শহরতলি *npl* outskirts

শহরতলী *n* suburb

শহরতলী সংক্রান্ত *adj* suburban

শহরের কেন্দ্রস্থল *n* town centre

শহরের ব্যস্ততম স্থান *n* city centre

শহীদ *n* martyr

শাওয়ার *n* shower

শাখা *n* branch

শাগরেদ n accomplice; (কাজ শেখা) apprentice

শাটলকক n shuttlecock

শান্ত adj calm, quiet

শান্ত করা/শান্ত হওয়া v calm down

শান্তকারী n sedative

শান্তি n peace

শান্তিপূর্ণ adj peaceful

শামুক n snail

শামুক (একশ্রেণীর) n scallop

শারীরিক adj physical

শারীরিক কসরতে দক্ষ n acrobat

শারীরিক পরীক্ষা n check-up, medical

শারীরিক শক্তি n stamina

শাল n shawl

শালগম n swede, turnip

শাশুড়ী n mother-in-law

শাসক n ruler

শাসিত অঞ্চল n territory

শাস্তি n punishment

শাস্তি দেওয়া vt punish

শাস্তি প্রদান vt sentence

শিক n skewer

শিকার n (পশু মারা) hunt; (ঘৃণার শিকার ইত্যাদি) victim

শিকার করা v hunt ▷ n hunting

শিকার যাত্রা n safari

শিকারী n hunter

শিক্ষক n teacher

শিক্ষকতা n teaching

শিক্ষা n education

শিক্ষাগত adj academic, educational

শিক্ষানবিশ n beginner, trainee

শিক্ষাপ্রতিষ্ঠান n academy

শিক্ষাবর্ষ n academic year

শিক্ষাবর্ষের ভাগ n term

শিক্ষার বেতন npl tuition fees

শিক্ষার্থী n apprentice, learner

শিক্ষার্থী ড্রাইভার n learner driver

শিক্ষাস্থল n tutorial

শিক্ষিত adj educated

শিখ n Sikh

শিখ সম্প্রদায়ের adj Sikh

শিখর n spire

শিখর সম্মেলন n summit

শিঙ n horn

শিবির/ছাউনি n camp

শিম্পাঞ্জি n chimpanzee

শিয়াল n fox

শিরদাঁড়া n spine

শিরস্ত্রাণ n helmet

শিরা n vein

শা

শিরিশ কাগজ n sandpaper
শিরোনাম n title
শিলা n hail
শিলার টুকরো n rock
শিল্প n industry
শিল্প এলাকা n industrial estate
শিল্প গ্যালারি n art gallery
শিল্প-প্রদর্শনী n exhibition
শিল্প-সংক্রান্ত adj industrial
শিল্পকর্ম n work of art
শিল্পগুণসম্পন্ন adj artistic
শিল্পী n artist
শিশু n child
শিশু ছড়া n nursery rhyme
শিশু পরিচর্যা n babysitting
শিশু পরিচর্যা করা v babysit
শিশু পরিচর্যাকারী n babysitter
শিশু বিদ্যালয় n nursery school, playgroup
শিশু-পরিচর্যাকারী n nanny
শিশু-পালক/ শিশু-পালয়িত্রী n childminder
শিশু-বিদ্যালয় n infant school
শিশুদের দুধ n baby milk
শিশুদের দুধ খাওয়ার বোতল n baby's bottle
শিশুদের পরিস্কার করার তোয়ালে n baby wipe

শিশুদের লেংটি n nappy
শিশুর যত্ন n childcare
শিশুসুলভ adj childish
শিশু n baby
শিস দেওয়া v whistle
শীঘ্র adv soon
শীত বস্ত্র n sweater
শীত লাগা adj cold
শীতকাল n winter
শীতকালের খেলা npl winter sports
শীততাপ নিয়ন্ত্রণ n air conditioning
শীততাপ নিয়ন্ত্রিত adj air-conditioned
শীতল adj cool
শীর্ষ n peak
শীর্ষস্থান n top
শুকনো adj (লঙ্কা ইত্যাদি) dried; (কাপড় ইত্যাদি) dry
শুকনো খাবার n dry fruits
শুকনো খেজুর n prune
শুকনো পাউরুটি npl dry bread
শুকানো v dry
শুকিয়ে যাওয়া vi wilt
শুক্তিবিশেষ n mussel
শুক্রবার n Friday
শুক্রাণু n sperm
শুঁটকি মাছ n kipper

শুঁড় *n* trunk

শুঁড়যুক্ত বড় মৌমাছি *n* bumblebee

শুঁড়িখানা *n* bar

শুধরানো *vt* rectify

শুধু পথচারীদের জন্য করা স্থান *adj* pedestrianized

শুধু পথচারীদের জন্য স্থান *n* pedestrian precinct

শুধুমাত্র সাইকেলের জন্য রাস্তা *n* cycle path

শুনছেন! *excl* hello!

শুভেচ্ছা *n* toast

শুয়ে থাকা *vi* lie

শুঁয়োপোকা *n* caterpillar

শুরু *n* beginning

শুরু করা *vt* begin, start ▷ *v* kick off

শুরু করার সময় *n* kick-off

শুরু হওয়া *v* start

শুরুতে *adv* initially

শুরুর *n* first

শুল্ক *n* tax, duty

শুল্ক আধিকারিক *n* customs officer

শুল্ক বিভাগ *npl* customs

শূন্য *n* nil, zero

শূন্য সংখ্যা *n* nought

শূন্যতা *n* void

শূন্যপদ *n* vacancy

শূন্যস্থান *n* blank

শৃঙ্খল *n* chain

শেখা *v* learn

শেড *n* shed

শেয়ার দালাল *n* stockbroker

শেয়ার বাজার *n* stock market

শেয়ার বিনিময় কেন্দ্র *n* stock exchange

শেরী মদ *n* sherry

শেষ *adv* last ▷ *adj* last

শেষ করা *vt* finish

শেষ প্রস্তাব *n* ultimatum

শেষ প্রান্ত *n* dead end

শেষ হওয়া *v* end

শেষ হয়ে যাওয়া *vi* expire

শেষবেলা *adv* late

শেষের আগেরটা *adj* penultimate

শৈলী *n* style

শৈশব *n* childhood

শো জাম্পিং *n* show jumping

শোক *n* mourning

শোকসংবাদ *n* obituary

শোচনীয় *adj* miserable

শোধ করে দেওয়া *vt* reimburse

শোধনাগার *n* refinery

শোনা *v* hear ▷ *vi* listen

শোয়া এবং জলখাবার *n* bed and breakfast

শা

শোয়ানো *vt* lay
শোয়ার ঘর *n* bedroom
শোষণ *n* exploitation
শৌখীন *adj* fancy
শৌচাগার *n* lavatory, toilet
শৌচাগারে ব্যবহৃত কাগজ *n* toilet paper
শৌচাগারে ব্যবহৃত কাগজের বান্ডিল *n* toilet roll
শৌচালয় *n* loo
শ্বশুর *n* father-in-law
শ্বশুরবাড়ি *npl* in-laws
শ্বাস-প্রশ্বাস *n* breathing
শ্বাসরোধ হওয়া *v* choke
শ্বেতভাল্লুক *n* polar bear
শ্বেতসার *n* starch
শ্মশান *n* crematorium
শ্মশ্রুময় *adj* bearded
শ্যাওলা *n* moss
শ্যাম্পু *n* shampoo
শ্রদ্ধা *n* admiration, respect
শ্রদ্ধা করা *vt* admire, respect
শ্রদ্ধেয় *adj* respectable
শ্রবণশক্তি *n* hearing
শ্রম *n* labour
শ্রমিক *n* labourer
শ্রমিক নেতা *n* trade unionist
শ্রমিক সংঘ *n* trade union
শ্রী *n* Mr
শ্রীমতী *n* Mrs
শ্রীযুক্তা *n* Ms
শ্রীলংকা (দেশ) *n* Sri Lanka
শ্রুতলিপি *n* dictation
শ্রেণী *n* class
শ্রেণীকক্ষ *n* classroom
শ্রেণীকক্ষ-সহায়ক *n* classroom assistant
শ্রেণীবিভাগ *n* category
শ্রেষ্ঠ *adv* best
শ্রেষ্ঠ কৃতি *n* masterpiece
শ্রেষ্ঠ প্রতিযোগি/প্রথমশ্রেণীর বিজয়ী/চ্যাম্পিয়ন *n* champion
শ্রেষ্ঠ ব্যক্তি বা বস্তু *n* pick
শ্রোণী *n* pelvis
শ্রোতা *n* listener

ষ

ষড়যন্ত্র *n* conspiracy
ষড়যন্ত্র করা *n* plot
ষষ্ঠ *adj* sixth
ষাট *num* sixty
ষাঁড় *n* bull
ষান্মাসিক *n* half-term
ষোড়শ *adj* sixteenth
ষোল *num* sixteen

স

সজারু *n* hedgehog
সাইড বোর্ড, আলমারী *n* sideboard
সাইপ্রাসের নাগরিক *n* Cypriot
সাঁতারুর পোষাক *n* wetsuit
সাধারণতঃ *adv* generally, usually
সার্বিয়ার নাগরিক *n* Serbian
সি.ভি./জীবনপঞ্জী *n* curriculum vitae
সুইডেনের ভাষা *n* Swedish
সুইৎজারল্যান্ডের নাগরিক *npl* Swiss
সুদানের নাগরিক *npl* Sudanese
সেনেগালের নাগরিক *n* Senegalese
সেভিং কিট *n* shaving kit
সোফা তথা বিছানা *n* sofa-bed
সোমালিয়ার নাগরিক *n* Somalian
সোমালী ভাষা *n* Somali
সৌদি আরবের মানুষ *n* Saudi, Saudi Arabian
স্টিউ *n* stew
স্পেনের ভাষা *n* Spanish
স্বনির্ভরভাবে / ফ্রিল্যান্স *adv* freelance
স্বপরিবেশন/সেল্ফ সার্ভিস *adj* self-service
স্লোভাক ভাষা *n* Slovakian
স্লোভাকিয়ার নাগরিক *n* Slovak
স্লোভেনিয়ার মানুষ *n* Slovenian
সই *vt* initial
সওনা, এক ধরনের বাষ্প স্নান *n* sauna
সংকট *n* dilemma
সংকটজনক *adj* critical
সংকটমুহূর্ত *n* crisis
সকল *pron* all
সকলেই *pron* everybody
সকাল *n* morning
সংকীর্ণ *adj* narrow
সংকীর্ণ গিরিখাত *n* ravine
সংকীর্ণ রাস্তা *n* alley
সংকীর্ণমনা *adj* narrow-minded
সকেট (সরঞ্জাম) *n* socket
সংকেত *n* sign, signal
সংকেত দেওয়া *vi* hint ▷ *v* signal
সংক্রমণ *n* infection

সংক্রমণরোধী ওষুধ *n*
  antibiotic
সংক্রামক *adj* infectious
সক্রিয় *adj* active
সক্ষম *adj* able
সংক্ষিপ্ত *adj* concise
সংক্ষিপ্তকরণ, *n* abbreviation
সংক্ষিপ্তাকারে *adv* briefly
সংখ্যা *n* number
সংখ্যালঘু *n* minority
সংগত *adj* advisable
সংগতি *npl* means
সংগম *n* junction
সংগীত *n* music
সংগীত-বিষয়ক *adj* musical
সংগীতকার *n* musician
সংগ্রহ *n* assortment,
  collection
সংগ্রহ করা *vt* collect
সংগ্রাম *n* struggle
সংগ্রাম করা *vi* struggle
সংগ্রাহক *n* collector
সংঘবদ্ধ হওয়া *vi* club
  together
সংঘর্ষ বিরতি *n* truce,
  ceasefire
সঙ্গ দেওয়া *vt* accompany
সঙ্গরোধ *n* quarantine
সঙ্গী *n* associate, companion
সঙ্গীত *n* symphony

সঙ্গে *adv* along ▷ *prep* with
সঙ্গে নিয়ে যাওয়া *vt* escort
সচিব *n* secretary
সচেতন *adj* aware,
  conscious
সচেতনতা *n* consciousness
সজোরে ছুঁড়ে দেওয়া *vt* fling
সজোরে ধাক্কা মারা *v* bang
  ▷ *vt* bash
সজোরে বন্ধ করা *v* slam
সংজ্ঞা *n* definition
সঞ্চয় *npl* savings
সঞ্চারণ *n* drift
সঞ্চালন *n* circulation
সঠিক *adj* (ঠিক) correct;
  (পুরোমাত্রায় ঠিক) exact,
  precise
সঠিকভাবে *adv* correctly,
  properly
সততা *n* honesty
সতর্ক *adj* alert, careful
সতর্ক করা *vt* alert
সতর্ক বার্তা *n* SOS
সতর্ক হওয়া *vi* watch out
সতর্কতা *n* caution
সতর্কবার্তা *n* alarm
সতর্কভাবে *adv* carefully
সতেরো *num* seventeen
সৎ *adj* honest
সৎ ছেলে *n* stepson

সৎ বাবা *n* stepfather
সৎ বোন *n* stepsister
সৎ ভাই *n* stepbrother
সৎ মা *n* stepmother
সৎ মেয়ে *n* stepdaughter
সত্তর *num* seventy
সত্ত্বেও *prep* despite
সৎভাবে *adv* honestly
সত্য *adj* true ▷ *n* truth
সত্যবাদী *adj* truthful
সত্যসত্যই *adv* really
সত্যি *adv* indeed
সদন্ত-হাসি *n* grin
সদর দপ্তর *n* HQ
সদস্য *n* member
সদস্যতা *n* membership
সদস্যতা পত্র *n* membership card
সদৃশ *adj* symmetrical
সদৃশ হওয়া *vt* resemble, take after
সনাক্তকরণ *n* identification
সন্ত *n* saint
সন্তান প্রসবে ব্যর্থতা *n* miscarriage
সন্তুষ্ট *adj* satisfied
সন্তুষ্টি *n* satisfaction
সন্তোষজনক *adj* satisfactory
সন্ত্রস্ত *adj* terrified
সন্ত্রস্ত হওয়া *vt* terrify
সন্দেহ *n* doubt, suspicion
সন্দেহ করা *vt* doubt, suspect
সন্দেহ বাতিক *adj* sceptical
সন্দেহজনক *adj* doubtful, dubious
সন্দেহবাতিক *adj* suspicious
সন্দেহভাজন *n* suspect
সন্ধান করা *v* search
সন্ধিস্থাপন *n* ally
সন্ধ্যা *n* dusk
সন্ধ্যাবেলা *n* evening
সন্নাসী *n* monk
সন্ন্যাসিনী *n* nun
সপ্তদশ *adj* seventeenth
সপ্তম *adj* seventh
সপ্তাহ *n* week
সপ্তাহান্ত *n* weekend
সপ্তাহের কাজের দিন *n* weekday
সফরসূচি *n* itinerary
সফল *adj* successful
সফল হওয়া *vi* succeed
সফলভাবে *adv* successfully
সবকিছু *pron* everything
সবজান্তা *n* know-all
সবজি *n* vegetable
সবথেকে খারাপ *adj* worst
সবথেকে ছোট *adj* youngest
সবল *adj* strong

সবশুদ্ধ *adv* altogether
সংবাদ বিবৃতি বোর্ড *n* bulletin board
সংবাদ-সম্মেলন *n* press conference
সংবাদকর্মী *n* newsagent
সংবাদপত্র *n* newspaper
সংবাদপত্র বিলি *n* paper round
সংবাদপাঠক *n* newsreader
সংবিধান *n* constitution
সবুজ *adj* green
সবেতন *adj* paid
সংবেদনশীল *adj* sensitive
সজ্জি *npl* sprouts
সজ্জি (একশ্রেণীর) *n* artichoke
সভাপতি *n* chairman
সভার বিষয়তালিকা *n* agenda
সভ্যতা *n* civilization
সমকক্ষ *n* match
সমকোণ *n* right angle
সমগ্র *adj* entire
সমচতুর্ভুজ *n* diamond
সমতলভূমি *n* plain
সমবেত গায়কবৃন্দ *n* choir
সমমূল্য *n* equivalent
সময় *n* time
সময় দেওয়া *vt* put in
সময় বের করা *v* fit in
সময় সারণী *n* timetable
সময়-পরিমাপক যন্ত্র *n* timer
সময়-মান মন্ডল *n* time zone
সময়সীমা *n* duration
সময়ানুবর্তী *adj* punctual
সময়ে *adj* on time
সমর্থ *adj* capable
সমর্থক *n* supporter
সমর্থন *n* support
সমর্থন করা *v* back up ▷ *vt* support
সমষ্টিগত *adj* collective
সমসাময়িক *adj* contemporary
সমস্ত *det* all
সমস্যা *n* problem, trouble
সমস্যা সৃষ্টিকারী *n* troublemaker
সমাগম *n* advent
সমাজ *n* society
সমাজ বিজ্ঞান *n* sociology
সমাজ সেবা *npl* social services
সমাজবাদ *n* socialism
সমাজবাদী *adj* socialist ▷ *n* socialist
সমাজসেবী *n* social worker
সমাধান *n* solution

সমাধান করা *vt* solve

সমাধান খোঁজা *vt* figure out, work out

সমাধি সৌধ *n* tomb

সমান *adj* equal

সমান করা *vt* equal

সমান্তরাল *adj* parallel

সমাপ্ত *adj* finished

সমাপ্তি *n* end, finish

সমাবেশ *n* assembly, rally

সমালোচক *n* critic

সমালোচনা *n* criticism

সমালোচনা করা *vt* criticize

সমিতি *n* association

সংমিশ্রণ *n* combination

সংমিশ্রিত করা *v* combine

সমীকরণ *n* equation

সমীক্ষক *n* surveyor

সমীক্ষা *n* poll, survey

সমীক্ষার প্রশ্নাবলী *n* questionnaire

সমুদ্র *n* sea

সমুদ্র তীর *n* seashore

সমুদ্র সম্বন্ধীয় *adj* maritime

সমুদ্রতট *n* beach

সমুদ্রতীরে *n* seaside

সমুদ্রপৃষ্ঠ *n* sea level

সমুদ্রে ভ্রমণের ফলে অসুস্থ *adj* seasick

সমুদ্রের জল *n* sea water

সমুদ্রের ঢেউয়ে খেলা *n* surfing

সমুদ্রের ধারে বালিয়াড়ি-ঘেরা লবনাক্ত জলের হ্রদ *n* lagoon

সমেত *adj* inclusive

সম্পত্তি *n* estate

সম্পদ *n* (ধন) wealth; (জমি) property

সম্পদশালী *adj* wealthy

সম্পর্ক *n* (যোগাযোগ) link; (আত্মীয়তা) relationship

সম্পর্ক ছিন্ন করা *v* split up

সম্পর্কিত *adj* related

সম্পর্কিত ভাই-বোন *n* cousin

সম্পর্কে *prep* regarding

সম্পাদক *n* editor

সম্পাদন করা *vt* perform

সম্পাদিত কার্য *n* performance

সম্পূরক *adj* complementary

সম্পূর্ণ *adj* complete ▷ *n* whole

সম্পূর্ণ সময় *adv* full-time

সম্পূর্ণ সময়ের *adj* full-time

সম্পূর্ণভাবে *adv* completely, fully

সম্পূর্ণরূপে *prep* throughout ▷ *adv* totally

সম্প্রচার *n* broadcast

সা

সম্প্রচার করা *v* broadcast

সম্প্রদায় *n* (সামাজিক) community; (ধর্ম ইত্যাদি) sect

সম্প্রসারণ *n* extension

সম্বন্ধে *prep* about, of

সম্ভব *adj* (যুক্তিসংগত) possible; (ঘটনা) probable

সম্ভবত *adv* maybe, possibly

সম্ভবত, সম্ভবতঃ *adv* (ঘটনা) probably

সম্ভবপর *adj* feasible

সম্ভাবনা *n* (ঘটনা) possibility

সম্ভাবনাময় *adj* promising

সম্ভাব্য *v* might ▷ *adj* potential

সম্ভাষণ *n* greeting

সম্ভাষণ করা *vt* greet

সম্ভাষণ জানানো *vt* hail

সম্মতিদান *excl* okay!

সম্মান *n* honour

সম্মানসূচক *adj* complimentary

সম্মুখ *n* front

সম্মেলন *n* conference

সম্রাট *n* emperor

সযত্নে পরীক্ষা করা *vt* scan

সংযম *n* moderation

সয়া সস *n* soy sauce

সয়াবিন *n* soya bean

সংযুক্ত আরব আমিরশাহী *npl* United Arab Emirates

সংযুক্তি *n* attachment

সংযোগ *n* connection

সংযোগ করা *vt* link

সরকার *n* government

সরকারি পথ *n* public road

সরকারী রাজস্ববর্ষ *n* fiscal year

সরকারী রাজস্বসংক্রান্ত *adj* fiscal

সংরক্ষক *n* preservative

সংরক্ষণ *n* booking, reservation

সংরক্ষণ করা *vt* book, reserve

সংরক্ষণাগার *n* archive

সংরক্ষিত *adj* canned

সংরক্ষিত রাখা *vt* reserve

সরঞ্জাম *n* equipment

সরবত *n* sorbet

সরবরাহ *n* supply

সরবরাহ করা *vt* supply

সরবরাহকারী *n* supplier

সরল *adj* simple

সরলভাবে *adv* simply

সরলীকরণ *vt* simplify

সরষে *n* mustard

সরাইখানা *n* inn

সরানো *vt* move ▷ *v* shift

সরাসরি *adj* direct

সরিয়ে রাখা *adv* away ▷ *vt* put aside

সরীসৃপ *n* reptile

সরু গর্ত *n* aperture

সরু গিরিপথ *n* pass

সরু দড়ি *n* string

সরু নল *n* straw

সরু পথ *n* track

সরু সরু রেখা *n* stripe

সরে আসা *v* back out

সর্দি *n* cold

সর্দি, নাসিকা ও গলার প্রদাহ *n* pharyngitis

সর্দিগর্মি *n* sunstroke

সর্বদা *adv* always

সর্বনাম *n* pronoun

সর্বনাশা *adj* disastrous

সর্বশেষে *adv* lastly

সর্বশ্রেষ্ঠ *adj* best

সর্বসম্মত *adj* unanimous

সর্বসম্মতি *n* consensus

সর্বস্বান্ত *adj* broke

সর্বাধিক *adj* maximum ▷ *adv* most

সর্বাধিক বিক্রয় *n* bestseller

সর্বোচ্চ *n* maximum

সর্বোত্তম *adj* classic

সর্ষেজাতীয় গাছ *n* rape

সংলগ্ন *adj* adjacent

সংলাপ *n* dialogue

সশস্ত্র *adj* armed, equipped

সশস্ত্র সেনাবাহিনীর প্রাক্তন কর্মী *n* veteran

সশস্ত্রবাহিনী/পুলিস-প্রশিক্ষণপ্রাপ্ত ছেলে/পুলিস-প্রশিক্ষণপ্রাপ্ত মেয়ে *n* cadet

সংশোধন *n* correction

সস *n* (তেলেভাজা, নোনতা) dip; (ঝোল) sauce, gravy

সংসদ *n* parliament

সসপ্যান *n* saucepan

সংসার-খরচ *n* cost of living

সসেজ *n* sausage

সংস্করণ *n* edition, version

সংস্কৃতি *n* culture

সস্তা *adj* cheap

সস্তার বিপণি *n* cheap store

সংস্থা *n* institution, organization

সংস্থা-গাড়ী *n* estate car

সংস্থার কর্মীবৃন্দ *npl* personnel

সস্নেহ *adj* affectionate

সহ *prep* including, with

সহকর্মী *n* colleague

সহকারী প্রধান *n* deputy head

সহঘটন *n* coincidence

সহঘটিত *vi* coincide

স

সহজ *adj* easy

সহজদাহ্য *adj* flammable

সহজেই *adv* easily

সহপাঠী *n* classmate

সহবাসী *n* roommate

সহমত পোষণ করা *adj* agreed

সহযোগিতা *n* cooperation

সহযোগিতা করা *vi* collaborate ▷ *adj* associate

সহযোগিতা করা *num* thousand

সহস্র বছর *n* millennium

সহস্রতম *adj* thousandth

সহানুভূতি *n* sympathy

সহানুভূতি প্রদর্শন *vi* sympathize

সহানুভূতিশীল *adj* sympathetic

সহায়ক *n* assistant

সহায়ক দন্ড *n* splint

সহায়ক বস্তু *n* accessory

সহায়তা *n* assistance

সহিষ্ণু *adj* tolerant

সাইকেল *n* cycle

সাইকেল গলি *n* cycle lane

সাইকেল চড়া *vi* cycle

সাইকেল চালনা *n* cycling

সাইকেল-চালক *n* cyclist

সাইকোথেরাপি *n* psychotherapy

সাইপ্রাস *n* Cyprus

সাইপ্রাসের সঙ্গে সম্পর্কযুক্ত *adj* Cypriot

সাইবার কাফে *n* cybercafé

সাইবার ক্রাইম *n* cybercrime

সাইবেরিয়া *n* Siberia

সাইরেন *n* siren

সাংকেতিক লিখন পদ্ধতি *n* morse code

সাক্ষাতের সময় *npl* visiting hours

সাক্ষাৎ *n* visit

সাক্ষাৎ করা *v* meet

সাক্ষাৎকার *n* interview

সাক্ষাৎকার গ্রহণকারী *n* interviewer

সাক্ষাৎকার নেওয়া *vt* interview

সাক্ষাৎকার যিনি দিচ্ছেন *n* interviewee

সাক্ষাৎকারী *n* visitor

সাক্ষী *n* witness

সাগরতীরের রাস্তা *n* promenade

সাগ্রহে *adv* readily

সাংঘাতিক *adj* grim, terrible

সাংঘাতিকভাবে *adv* terribly

সাজগোজ করা *vi* dress

সাজসরঞ্জাম *n* kit
সাজা *n* penalty
সাজানো *vt* decorate
সাজার জায়গা *n* dresser
সাজিয়ে রাখা *vt* arrange
সাত *num* seven
সাত ভাগের এক ভাগ *n* seventh
সাঁতার *n* swimming
সাঁতার কাটা *vi* swim
সাঁতার কাটার জলাশয় *n* swimming pool
সাঁতার কাটার পরিধান *n* bathing suit
সাঁতারু *n* swimmer
সাঁতারের পোশাক *n* swimming costume
সাঁতারের প্যান্ট *npl* swimming trunks
সাদা *adj* white
সাদা এবং পরিস্কার করার রাসায়নিক *n* bleach
সাদা ঘুঘু *n* dove
সাদা পাপড়িযুক্ত বুনো ফুল *n* daisy
সাদামাটা *adj* plain
সাদৃশ্য *n* resemblance, similarity
সাধারণ *adj* ordinary, general
সাধারণ অ্যানাস্থেসিয়া *n* general anaesthetic
সাধারণ চকোলেট *n* plain chocolate
সাধারণ চিকিৎসক *n* GP
সাধারণ জ্ঞান *n* general knowledge
সাধারণ নাগরিক যে সশস্ত্র বাহিনীর সদস্য নয় *n* civilian
সাধারণ নির্বাচন *n* general election
সাধারণ বুদ্ধি *n* common sense
সাধারণ রূপ দেওয়া *vi* generalize
সাধারণ শ্রেণী *n* economy class
সাধাসিধে *adj* naive
সান ক্রীম *n* suncream
সান রুফ,গাড়িতে আলো বাতাস আসার স্থান *n* sunroof
সানবেড *n* sunbed
সানব্লক ক্রীম *n* sunblock
সান্ধ্য ক্লাস *n* evening class
সান্ধ্য পোষাক *n* evening dress
সাপ *n* snake
সাফ করা *vt* clear
সাফল্য *n* achievement, success

সাফল্যলাভ করা *v* pass
সাফাই *n* (পরিষ্কার) cleaning; (কৈফিয়ত্) explanation
সাফাই কর্মী *n* cleaner
সাবধান *adj* cautious
সাবধানতা *n* caution
সাবধানভাবে *adv* cautiously
সাংবাদিক *n* journalist
সাংবাদিকতা *n* journalism
সাবান *n* soap
সাবান জলে স্নান *n* bubble bath
সাবানদানি *n* soap dish
সাবানের গুঁড়ো *n* soap powder
সাবাস *excl* well done!
সামগ্রিক *adv* overall
সামঞ্জষ্যপূর্ণ *adj* compatible
সামঞ্জস্যপূর্ণ *adj* balanced, matching
সামনাসামনি *prep* opposite
সামনে *adv* ahead ▷ *conj* before ▷ *adj* front
সামনে ঝোঁকা *vi* lean forward
সামনে যাওয়া *v* move forward
সামনে রাখা *vt* put forward
সামনের দিকে *adv* forward
সাময়িক যুদ্ধবিরতির ব্যবস্থা *n* ceasefire
সাময়িকভাবে ধরে নেওয়া *vt* presume
সামরিক *adj* military
সামর্থ্য *n* ability, capacity
সামলানো *vt* deal with ▷ *n* tackle
সামলে রাখা *vt* tackle
সামাজিক *adj* (সহবত সম্পন্ন) sociable; (সমাজ সম্বন্ধীয়) social
সামাজিক অনুষ্ঠান *n* ceremony
সামাজিক নিরাপত্তা *n* social security
সামান্য *adj* slight
সামুদ্রিক উদ্ভিদ *n* seaweed
সামুদ্রিক ক্রীড়া *vi* surf
সামুদ্রিক খাবার *n* seafood
সামুদ্রিক গলদাচিংড়ি *n* crayfish
সামুদ্রিক মাছ *n* swordfish
সাম্প্রতিক *adj* recent
সাম্প্রতিক বিষয়াবলী *npl* current affairs
সাম্প্রতিককালে *adv* lately, recently
সাম্য *n* equality
সাম্যবাদ *n* communism
সাম্যবাদ-সম্পর্কিত *adj* communist
সাম্যবাদী *n* communist

সাম্রাজ্য *n* empire

সার *n* fertilizer, manure

সারডিন মাছ *n* sardine

সারণী *n* table

সারস *n* crane, heron

সারসংক্ষেপ করা *vt* summarize

সারাংশ *n* summary

সারি *n* rank, row

সার্কাস *n* circus

সার্জেন্ট *n* sergeant

সার্ফবোর্ড *n* surfboard

সার্বিয় *adj* Serbian

সার্বিয়া *n* Serbia

সার্বিয়ার ভাষা *n* Serbian

সার্ভ (খেলার ক্ষেত্রে) *n* serve

সার্ভিস এলাকা *n* service area

সালিশি *n* arbitration

সাশ্রয় *v* save up

সাংস্কৃতিক *adj* cultural

সাহস *n* courage, nerve

সাহস করা *vt* dare

সাহসিকতা *n* bravery

সাহসিকতাপূর্ণ/ ঝুঁকিপূর্ণ *adj* challenging

সাহসী *adj* brave, courageous

সাহায্য *n* backing, help

সাহায্য করা *v* help

সাহারা মরুভূমি *n* Sahara

সাহিত্য *n* literature

সি.ই.ও./"চিফ এক্সিকিউটিভ অফিসার" *n* CEO

সি.ভি./জীবনপঞ্জী *n* CV

সিগারেট *n* cigarette

সিগারেট ধরাবার সরঞ্জাম *n* cigarette lighter

সিগাল *n* seagull

সিজন টিকিট *n* season ticket

সিডার/আপেল থেকে প্রস্তুত সুরা *n* cider

সিডি *n* CD

সিঁড়ি *npl* stairs ▷ *n* staircase

সিডি বাজানোর যন্ত্র *n* CD player

সিঁড়ি বেয়ে নিচে *adv* downstairs

সিডি-কপি করার যন্ত্র *n* CD burner

সিডি-রোম *n* CD-ROM

সিঁড়ির রেলিং *n* banister

সিদ্ধ *adj* boiled

সিদ্ধ ডিম *n* boiled egg

সিদ্ধান্ত *n* (সিদ্ধান্তে পৌছানো) conclusion; (ঠিক করা) decision

সিঁধকেটে চুরি *n* burglary

সিঁধকেটে ঢোকা *vt* burgle

সিঁধেল চোর *n* burglar

সিনেমা *n* cinema

স

সিন্দুক *n* chest, safe
সিন্ধুঘোটক *n* walrus
সিমেন্ট *n* cement
সিরিজ *n* series
সিরিঞ্জ *n* syringe
সিরিয়া (দেশ) *n* Syria
সিরিয়া দেশীয় *adj* Syrian
সিরিয়ার নাগরিক *n* Syrian
সিলিকন চিপ *n* silicon chip
সিলিকনের ছোট টুকরো *n* chip
সিলিন্ডার/চোঙ *n* cylinder
সিসিটিভি/ "ক্লোজড সার্কিট টেলিভিশন" *n* CCTV
সিস্টেম এ্যনালিষ্ট *n* systems analyst
সিংহ *n* lion
সিংহরাশি *n* Leo
সিংহশাবক *n* cub
সিংহাসন *n* throne
সিংহী *n* lioness
সীমা *n* limit, range
সীমানা *n* border
সীমান্ত অঞ্চল *n* frontier
সীমারেখা *n* boundary
সীমিত সমর্থন *adj* qualified
সীল (জলজ প্রাণী) *n* seal
সীলমোহর *n* seal
সীলমোহর লাগান *vt* stamp
সীসা *n* lead
সীসা ছাড়া *adj* lead-free
সুইচ বোর্ড *n* switchboard
সুইডেন *n* Sweden
সুইডেন দেশীয় *adj* Swedish
সুইডেনের লোক *n* Swede
সুইৎজ়ারল্যান্ড, (দেশ) *n* Switzerland
সুইৎজারল্যান্ডের *adj* Swiss
সুখ *n* happiness
সুখী *adj* happy
সুগন্ধ *n* aroma, perfume
সুগন্ধ-চিকিৎসা *n* aromatherapy
সুগন্ধকারী বস্তু *n* flavouring
সুগন্ধি পুস্পলতা *n* honeysuckle
সুগন্ধী *n* perfume, scent
সুটকেস *n* suitcase
সুড়ঙ্গ *n* tunnel
সুতরাং *conj* therefore
সুতির কাপড় *n* cotton cloth
সুতো *n* thread
সুদ *n* interest
সুদর্শন *adj* handsome
সুদান *n* Sudan
সুদান দেশীয় *adj* Sudanese
সুদূর *adj* remote
সুদূর প্রাচ্য *n* Far East
সুদের হার *n* interest rate
সুনিশ্চিত করা *vt* ensure

সুনামি *n* tsunami
সুনির্দিষ্ট *adj* specific
সুনির্দিষ্ট করা *vt* specify
সুনির্দিষ্টভাবে *adv* specifically
সুনিশ্চিত করা *vt* confirm
সুনিশ্চিতকরণ *n* confirmation
সুন্দর *adj* beautiful
সুন্দর আচরণবিশিষ্ট *adj* well-behaved
সুন্দর স্থান *n* beauty spot
সুন্দর স্বভাব-বিশিষ্ট *adj* good-natured
সুন্দরভাবে *adv* beautifully
সুপ, ঝোল *n* soup
সুপরিকল্পিত *adj* systematic
সুপরিচিত *adj* well-known
সুপারিশ *n* recommendation
সুপারিশ করা *vt* recommend
সুফলদায়ক *adj* rewarding
সুবিচার *n* justice
সুবিধা *n* benefit
সুবিধা ভোগ করা *v* benefit
সুবিধাজনক *adj* convenient, handy
সুবিন্যস্ত *adj* neat
সুবিন্যস্তভাবে *adv* neatly
সুমেরু অঞ্চল *n* Arctic
সুমেরু বলয় *n* Arctic Circle
সুমেরু মহাসাগর *n* Arctic Ocean

সুযোগ *n* (সুযোগ-সুবিধা, নেওয়া,) advantage; (পাওয়া) chance, opportunity
সুযোগ-সুবিধা *npl* facilities
সুযোগসুবিধা *npl* amenities
সুর *n* tune
সুরক্ষা *n* protection
সুরক্ষা-বন্ধনী *n* seatbelt
সুরস্রষ্টা *n* composer
সুরা *n* alcohol
সুরা-বর্জিত *adj* alcohol-free
সুরাপানে আসক্ত *n* alcoholic
সুরাসক্ত *adj* alcoholic
সুশ্রী *adj* good-looking
সুসম্পর্ক বজায় রাখা *v* get on
সুস্থ *adj* well
সুস্থ বোধ করা *adj* better
সুস্থ রাখা *n* keep-fit
সুস্থসবল *adj* healthy
সুস্পষ্ট *adj* obvious
সুস্পষ্টই *adv* obviously
সুস্বাদু *adj* delicious, tasty
সুস্বাদু করে তোলা *n* seasoning
সূক্ষ *adj* delicate
সূক্ষ্ম *adj* subtle
সূক্ষ্ম নরম উল *n* cashmere
সূচ *n* needle
সূচ ফুটিয়ে চিকিৎসা *n* acupuncture

স

সূচক *n* indicator

সূচক সংখ্যা *n* index

সূচনা *n* (কাজ সম্বন্ধীয়) notice; (বই) preface; (শুরু) start

সূচিত করা *vt* point out

সূচীপত্র *n* index

সূচীশিল্প *n* embroidery

সূত্র *n* (প্রসঙ্গ) connection; (বিজ্ঞান) formula

সূর্য ওঠা *n* sunrise

সূর্যকিরণ *n* sunshine

সূর্যমুখী *n* sunflower

সূর্যরশ্মি *n* sunlight

সূর্যাস্ত *n* sunset

সূর্যের দিকে মুখ করে তাকালে বাঁদিক *n* north

সূর্য্য *n* sun

সৃষ্টি *n* creation

সৃষ্টি করা *vt* create

সৃষ্টিশীল *adj* creative

সে (মেয়ে) *pron* she

সে গুলির কিছু *pron* some

সেঁকা *vi* bake

সেঁকা আলু *n* baked potato

সেঁকা খাবার *adj* baked

সেকেন্ড *n* second

সেখানে *adv* there

সেটি, বসার আসন *n* settee

সেঁটে দেওয়া *vt* paste

সেতু *n* bridge

সেনাবাহিনী *n* army

সেনেগাল দেশ *n* Senegal

সেনেগালীয় *adj* Senegalese

সেন্ট *n* cent

সেন্টিমিটার *n* centimetre

সেপ্টিক ট্যাংক *n* septic tank

সেপ্টেম্বর *n* September

সেফটি পিন *n* safety pin

সেবা *vt* serve

সেবিকা *n* nurse

সেমি কোলন/অর্দ্ধ বিরাম *n* semi-colon

সেমিফাইনাল *n* semifinal

সেমিস্টার *n* semester

সেরা মরশুম *n* high season

সেরে যাওয়া *vi* heal

সেলাই *n* stitch

সেলাই এর কাজ *n* sewing

সেলাই করা *n* seam ▷ *v* sew ▷ *vt* stitch

সেলাই মেসিন *n* sewing machine

সেলার/মাটির নিচে ঘর *n* cellar

সেলুন গাড়ি *n* saloon car

সেলো/একপ্রকার বাদ্যবিশেষ *n* cello

সেলোটেপ *n* Sellotape®

সৈকতে শিশুদের বানানো বালির ঘর *n* sandcastle

সৈনিক *n* serviceman, soldier

সৈন্য *npl* soldiers

সৈন্যদলের চলন *n* march

সোজা *adj* straight ▷ *adv* upright

সোজাভাবে *adv* straight on

সোডা বাইকার্বোনেট *n* bicarbonate of soda

সোনা *n* gold

সোনার জল দিয়ে নির্মিত *adj* gold-plated

সোনালী *adj* golden

সোফা (আসবাব পত্র) *n* sofa

সোমবার *n* Monday

সোমালিয়া (দেশ) *n* Somalia

সোমালীয় *adj* Somali

সোয়াজিল্যান্ড *n* Swaziland

সৌদি আরব *n* Saudi Arabia

সৌদি আরবীয় *adj* Saudi, Saudi Arabian

সৌন্দর্য *n* beauty

সৌন্দর্যবর্ধক-শল্যচিকিৎসা *n* cosmetic surgery

সৌভাগ্য *n* fortune

সৌভাগ্যবশতঃ *adv* fortunately

সৌভাগ্যবান *adj* fortunate

সৌম্য দর্শন *adj* smart

সৌর *adj* solar

সৌর জগৎ *n* solar system

সৌর শক্তি *n* solar power

স্কটল্যান্ড (দেশ) *n* Scotland

স্কটল্যান্ড দেশীয় *adj* Scots, Scottish

স্কটল্যান্ডের পুরুষ *n* Scotsman

স্কটল্যান্ডের মহিলা *n* Scotswoman

স্কার্ট *n* skirt

স্কার্টের নিচে পরবার পোষাক *n* underskirt

স্কি খেলতে উচু স্থানে নিয়ে যাবার লিফট *n* ski lift

স্কি খেলা *vi* ski ▷ *n* skiing

স্কি খেলে যে ব্যক্তি *n* skier

স্কি, (বরফের খেলার উপকরণ) *n* ski

স্কিজোফ্রেনিয়ার রোগী *adj* schizophrenic

স্কুইড *n* squid

স্কুটার *n* scooter

স্কুল পালানো *vi* play truant

স্কুল শিক্ষক *n* schoolteacher

স্কুল-পরবর্তী শিক্ষা *n* higher secondary education

স্কুলের কাজ *n* homework

স্কুলের ছাত্র *n* schoolboy

স্কুলের পোশাক *n* school uniform

স্কুলের বই *n* schoolbook

স

স্কুলের বাচ্চা *npl* schoolchildren
স্কুলের ব্যাগ *n* schoolbag
স্কুলের মেয়ে *n* schoolgirl
স্কেট করা *vi* skate
স্কেট করার জুতো *npl* skates
স্কেট বোর্ড *n* skateboard
স্কেট বোর্ডে চড়া *n* skateboarding
স্কেটিং এর জুতো *npl* rollerskates
স্কেটিং এর জুতো পরে স্কেটিং করা *n* rollerskating
স্কেটিং এর স্থান *n* rink
স্কেটিং করবার জন্য তৈরি করা *n* ice rink
স্কেটিং করা *n* skating
স্কেটিং করার স্থান *n* skating rink
স্কোয়াশ খেলা *n* squash
স্কোর (খেলার ফলাফল) *n* score
স্কোর করা *v* score
স্ক্যান (ডাক্তারী পরীক্ষা) *n* scan
স্ক্যানডিনেভিয়া (স্থানের নাম) *n* Scandinavia
স্ক্যানার যন্ত্র *n* scanner
স্ক্যান্ডেনেভিয় *adj* Scandinavian
স্ত্রী-পুরুষবাদী *adj* sexist
স্ক্রু *n* screw
স্ক্রুড্রাইভার *n* screwdriver
স্ক্র্যাপ বই *n* scrapbook
স্টপ ওয়াচ *n* stopwatch
স্টিকার *n* sticker
স্টিয়ারিং চাকা *n* steering wheel
স্টিরিও *n* stereo
স্টুডিও *n* studio
স্টেপল *n* staple
স্টেপলার *n* stapler
স্টেশনারী দোকান *n* stationer
স্টোভ *n* stove
স্ট্রবেরি ফল *n* strawberry
স্ট্রেচার *n* stretcher
স্ট্রোক (অসুখ) *n* stroke
স্তন *n* breast
স্তন্য পান করানো *v* breast-feed
স্তন্যপায়ী *n* mammal
স্তম্ভ *n* column, pillar
স্তর *n* layer
স্তুতিমূলক গান *n* anthem
স্তুপ *n* heap
স্তূপ *n* pile
স্ত্রী *n* wife
স্ত্রী-পুরুষবাদ *n* sexism
স্ত্রীরোগ-বিশেষজ্ঞ *n* gynaecologist

স্থগিত রাখা *vt* postpone, put back

স্থপতি *n* architect

স্থল *n* site

স্থান *n* place ▷ *v* rank

স্থানান্তর *n* move

স্থানান্তরণ *n* transit

স্থানান্তরে যাওয়া *vi* move

স্থানীয় *adj* local

স্থাপত্যবিদ্যা *n* architecture

স্থাপন *n* placement

স্থাপন করা *vt* place

স্থায়ী *adj* fixed, permanent

স্থায়ী আদেশ *n* standing order

স্থায়ীভাবে *adv* permanently

স্থিতাবস্থা *n* status quo

স্থিতিশীল *adj* stable

স্থিতিশীলতা *n* stability

স্থিতিস্থাপক *n* elastic

স্থির করা *vt* decide

স্থির জলের পুকুর *n* pool

স্থির ব্যয় *npl* overheads

স্থূল *adj* obese

স্থূল কারুকার্যময় *adj* vulgar

স্থূলভাবে *adv* grossly

স্নাতক *n* graduate

স্নাতক পাঠরত *n* undergraduate

স্নাতকত্ব লাভ *n* graduation

স্নাতকোত্তর ছাত্র *n* postgraduate

স্নান করা *vi* bathe

স্নান করার তোয়ালে *n* bath towel

স্নানঘর *n* bathroom

স্নানাগার *npl* baths

স্নানের তরল সাবান *n* shower gel

স্নানের পরে পরার জন্য পরিধান *n* bathrobe

স্নানের পাত্র *n* bath

স্নানের বড় গামলা *n* bathtub

স্নানের সময় পরবার টুপি *n* shower cap

স্নায়ু *n* nerve

স্নায়ুচাপ/টেনশন *n* tension

স্নায়ুচাপগ্রস্ত *adj* uptight

স্নায়ুচাপে পীড়িত *adj* tense

স্নায়ুর ওপর চাপসৃষ্টিকারী *adj* nerve-racking

স্নুকার খেলা *n* snooker

স্নেহপদার্থ *n* fat

স্পঞ্জ *n* sponge

স্পটলাইট *n* spotlight

স্পন্দিত হওয়া *vi* throb

স্পর্শ করা *vt* touch

স্পর্শ কাতর *adj* touchy

স্পষ্ট *adj* clear, legible

স্পষ্ট করা *vt* clarify

স

স্পষ্টভাষী *adj* outspoken, straightforward
স্পষ্টরূপে *adv* clearly
স্পা *n* spa
স্পার্ক প্লাগ, গাড়ির যন্ত্রাংশ *n* spark plug
স্পীডবোট *n* speedboat
স্পেন *n* Spain
স্পেনীয় বা স্পেনের *adj* Spanish
স্পেনের বংশোদ্ভুত *n* Spaniard
স্প্যানার *n* spanner
স্প্রিং *n* spring
স্প্রিংকলার *n* sprinkler
স্প্রেডশীট কম্পিউটার প্রোগ্রাম *n* spreadsheet
স্ফটিক *n* crystal
স্ফুলিংগ *n* spark
স্ব-আস্থাযুক্ত *adj* self-assured
স্ব-নিযুক্ত *adj* self-employed
স্ব-ব্যবস্থাপনা *n* self-catering
স্বচ্ছ *adj* clear, transparent
স্বচ্ছ কাগজ *n* tracing paper
স্বচ্ছল *adj* well-off
স্বজনহীন *adj* friendless
স্বতঃস্ফুর্ত *adj* spontaneous
স্বনির্ভর *adj* freelance
স্বপ্ন *n* dream
স্বপ্ন দেখা *v* dream
স্বয়ং পরিবেশন ভোজ *n* buffet
স্বয়ংক্রিয় *adj* automatic
স্বয়ংক্রিয়ভাবে *adv* automatically
স্বয়ংপরিবেশন রেস্তোঁরা *n* cafeteria
স্বর-শ্রুতি পরীক্ষা *n* audition
স্বরনালির প্রদাহ *n* laryngitis
স্বরবর্ণ *n* vowel
স্বরলিপি *n* score
স্বর্গ *n* heaven, paradise
স্বর্গীয় *adj* late
স্বল্প *adj* scarce
স্বল্প কালের জন্য থামা *n* stopover
স্বল্পমেয়াদী *adj* short
স্বল্পসময়ের ঘুম *n* nap
স্বল্পস্থায়ী *adj* brief
স্বশাসিত *adj* autonomous
স্বস্তি *n* relief
স্বস্তি পাওয়া *vt* relieve
স্বাক্ষর *n* signature
স্বাক্ষর করা *v* sign
স্বাগত *n* welcome
স্বাগত জানানো *vt* welcome
স্বাগত-সম্ভাষণ *excl* welcome!
স্বাদ *n* taste
স্বাদ নেওয়া *vi* taste
স্বাদহীন *adj* tasteless
স্বাধীন *adj* free

স্বাধীনতা *n* freedom, independence
স্বাধীন *adj* independent
স্বাভাবিক *adj* natural
স্বাভাবিকভাবে *adv* naturally
স্বামী *n* husband
স্বামী বা স্ত্রী *n* spouse
স্বায়ত্তশাসন *n* autonomy
স্বার্থ *n* interest
স্বার্থপর *adj* selfish
স্বাস্থ্য *n* health
স্বাস্থ্যকর *adj* healthy
স্বাস্থ্যবিধি *n* hygiene
স্বীকার করা *v* admit, confess
স্বীকারোক্তি *n* confession
স্বেচ্ছাপ্রণোদিত *adj* voluntary
স্বেচ্ছায় *adj* deliberate ▷ *adv* voluntarily
স্বেচ্ছায় সরে আসা *vi* opt out
স্বেচ্ছাশ্রম করা *v* volunteer
স্বেচ্ছাসেবী *n* volunteer
স্মরণ করা *v* remember
স্মরণচিহ্ন *n* reminder
স্মরণার্থ চিহ্ন *n* memento
স্মরণিকা *n* souvenir
স্মরণীয় *adj* remarkable
স্মরণীয়ভাবে *adv* remarkably
স্মারকলিপি *n* note
স্মারকিলিপি *n* memo
স্মারণিক *n* memorial
স্মার্ট ফোন *n* smart phone
স্মিয়ার পরীক্ষা *n* smear test
স্মৃতি *n* memory
স্মৃতিফলক *n* plaque
স্মৃতিশক্তি *n* memory
স্মৃতিস্তম্ভ *n* monument
স্যাক্সোফোন (বাদ্য যন্ত্র) *n* saxophone
স্যাডল্ থলে *n* saddlebag
স্যাঁতস্যাঁতে *adj* humid
স্যান ম্যারিনো দেশ *n* San Marino
স্যানিটারি টাওয়েল *n* sanitary towel
স্যান্ডুইচ *n* sandwich
স্যামন মাছ *n* salmon
স্যালাড *n* salad
স্যালাডের মশলা *n* salad dressing
স্যালাডের সেলেরি *n* celery
স্যালামী *n* salami
স্রোতের টান *vi* drift
স্লট মেসিন *n* slot machine
স্লাইড (বাচ্চাদের খেলার উপকরন) *n* slide
স্লিপিং ব্যাগ *n* sleeping bag
স্লেজ গাড়িতে চড়া *n* sledging
স্লেট পাথর *n* slate
স্লোভাকিয় *adj* Slovak

স্লোভাকিয়া (দেশ) *n* Slovakia
স্লোভেনিয় ভাষা *n* Slovenian
স্লোভেনিয়া (দেশ) *n* Slovenia
স্লোভেনিয়া দেশীয় *adj* Slovenian

হ

হর্ণ *n* horn
হাঙ্গেরীর মানুষ *n* Hungarian
হৃদস্পন্দন *n* pulse
হওয়া *v* be
হকি *n* hockey
হজম *n* digestion
হজম করা *vt* digest
হট-ডগ *n* hot dog
হট্টগোল *n* din
হঠাৎ *adj* sudden
হঠাৎ দেখা হওয়া *vt* bump into
হঠাৎ বৃদ্ধি পাওয়া *n* surge
হঠাৎকরে *adv* suddenly
হতবাক *n* shock ▷ *adj* speechless
হতবাক হওয়া *vt* shock
হতবুদ্ধি হওয়া *adj* puzzled
হতবুদ্ধিকর *adj* confusing, puzzling
হতভম্ব *adj* confused
হতাশ করা *vt* let down
হতাশা *n* despair
হতাশাগ্রস্ত *adj* frustrated
হতাশাজনক *adj* dismal
হতাশাবাদ সংক্রান্ত *adj* pessimistic
হতে চলেছে *v* go
হতে দেওয়া *vt* let
হতে পারা *v* may
হবু-বউ *n* fiancée
হবু-বর *n* fiancé
হবে *v* will
হবেই *v* have to
হয়ত *adv* perhaps
হয়রান করা *vt* pick on
হয়রানি *n* harassment
হয়ে *prep* via
হরমোন *n* hormone
হরিণ *n* deer
হরিণের মাংস *n* venison
হলকর্ষণ করা *vt* plough
হলঘর *n* hall
হলুদ *adj* yellow
হলুদ রং এর মণি *n* amber
হস্তগত করা *vt* take
হস্তশিল্পী *n* craftsman
হস্তান্তর, বদলী *n* transfer

হস্তান্তরিত করা vt pass
হাই জাম্প n high jump
হাই তোলা vi yawn
হাইওয়ে কোড n Highway Code
হাইড্রোজেন n hydrogen
হাইপারমার্কেট n hypermarket
হাইফাই n hi-fi
হাইফেন n hyphen
হাইলাইটার কলম n highlighter
হাওয়া কল n windmill
হাওয়া ভর্তি করা vt pump up
হাওয়া-মিঠাই n candyfloss
হাওয়াবাদিত বাদ্যযন্ত্র npl bagpipes
হাওয়াভরা ড্রিল n pneumatic drill
হাওয়াভর্তি ব্যাগ n airbag
হাওয়ার দমক n draught
হাংগর মাছ / শার্ক n shark
হাঙ্গেরী দেশীয় adj Hungarian
হাঁচি vi sneeze
হাজির হওয়া v turn up
হাঁটা vi walk ▷ n walking
হাঁটার লাঠি n walking stick
হাঁটু n knee
হাঁটু-গাড়া vi kneel
হাড় n bone

হাত n hand
হাত ও নখের যত্ন n manicure
হাত ও নখের যত্ন নেওয়া vt manicure
হাত নাড়া n wave
হাত নাড়ানো v wave
হাত-ছাড়া করা vt part with
হাতওয়ালা বালতি n pail
হাতকড়া npl handcuffs
হাতখরচ n pocket money
হাতঘড়ি n watch
হাতঘড়ির ব্যান্ড n watch strap
হাতড়ানো vi grope
হাততালি দিয়ে প্রশংসা n applause
হাততালি দেওয়া v clap
হাততালির মাধ্যমে প্রশংসা করা v applaud
হাতব্যাগ n handbag
হাতল n (জিনিষের) handle; (সিঁড়ির) rail ▷ npl handlebars
হাতলওয়ালা শিশুদের খাট n carrycot
হাতা n (জামা) sleeve; (বাসন) ladle
হাতা কাটা adj sleeveless
হাতি n elephant

হ

হাতিয়ার *n* tool
হাতির দাঁত *n* ivory
হাতুড়ি *n* hammer
হাতে বওয়ার তল্পিতল্পা *n* hand luggage
হাতে বানানো *adj* handmade
হাতে লেখা *v* scribble
হাতের মুঠির মধ্যে আসা *vt* grip
হাতের মুঠো *n* fist
হাতের লেখা *n* handwriting
হাঁপানি *n* asthma
হাঁফ ছাড়া *n* sigh
হাঁফ ছেড়ে বাঁচা *vi* sigh
হাফ প্যান্ট *npl* shorts
হাফ হাতা জামা *adj* short-sleeved
হাবভাব *n* attitude
হাম *npl* measles
হামাগুড়ি দেওয়া *vi* crawl, creep
হার মানা *v* give in
হারিয়ে দেওয়া *vt* beat
হারিয়ে যাওয়া *vt* lose ▷ *adj* lost
হারিয়ে যাওয়া গৃহপালিত জন্তু *n* stray
হার্ড-ডিস্ক *n* hard disk
হার্ডওয়ার *n* hardware
হার্ডবোর্ড *n* hardboard

হার্নিয়া *n* hernia
হালকা আঁচে রান্না করা *v* simmer
হালকা ওজনের হাঁটু পর্যন্ত ঢাকা বর্ষাতি *n* cagoule
হালকা বিয়ার *n* lager
হালকা ভাসমান বস্তু *n* float
হালকা হলদে-বাদামী রঙ *adj* beige
হালিম শাক *n* watercress
হাল্কা *adj* light
হাল্কা কাঠের বোর্ড *n* light wooden board
হাল্কা ঘুমোন *vi* snooze
হাল্কা পানীয় *n* soft drink
হাসপাতাল *n* hospital
হাসপাতালের ঘর *n* ward
হাসা *vi* laugh
হাসানো *vt* amuse
হাসি *n* (জোরে) laugh; (আওয়াজ না করে) smile
হাসিখুশি *adj* jolly
হাসির শব্দ *n* laughter
হাস্যকর *adj* ridiculous
হাস্যরস *n* comedy
হাস্যরসশিল্পী *n* comic
হাস্যরসাত্মক নাটক *n* sitcom
হাস্যরসাত্মক বই *n* comic book
হিটার *n* heater

হিটিং *n* heating
হিন্চে শাক *n* cress
হিন্দু *n* Hindu
হিন্দুধর্ম *n* Hinduism
হিন্দুধর্ম সংক্রান্ত *adj* Hindu
হিপ্পি *n* hippy
হিমবাহ *n* glacier
হিমশীতল *adj* freezing, icy
হিমশৈল *n* iceberg
হিমেল *adj* frosty
হিমেল বৃষ্টি *n* sleet
হিমেল বৃষ্টি হওয়া *vi* sleet
হিরে *n* diamond
হিংসা *n* violence
হিংসাত্মক *adj* violent
হিসাব নিরীক্ষক *n* auditor
হিসাব নিরীক্ষণ *n* audit
হিসাব নিরীক্ষণ করা *vt* audit
হিসাবরক্ষক *n* accountant
হিসাবশাস্ত্র *n* accountancy
হিসাবী *adj* thrifty
হিসাবে *prep* as
হিংস্র *adj* fierce
হুইলচেয়ার *n* wheelchair
হুডখোলা গাড়ী *n* convertible
হুমকি *n* threat
হুমকি দেওয়া *vt* threaten
হুল *n* sting
হুল ফোটান *v* sting
হৃৎপিণ্ড *n* heart

হৃদয়স্পর্শী *adj* touching
হৃদরোগে আক্রান্ত হওয়া *n* heart attack
হেঁচকি *npl* hiccups
হেঁটে বেড়াবার স্থান *n* walkway
হেডফোন *npl* headphones
হেডলাইট *n* headlight
হেপাটাইটিস *n* hepatitis
হেমারয়েড *npl* haemorrhoids
হেয়ারড্রায়ার *n* hairdryer
হেয়ারব্যান্ড *n* hairband
হেরিংমাছ *n* herring
হেরে যাওয়া *v* lose
হেলান দেওয়া *prep* against
হেলানো *adj* reclining
হেলাফেলা করা *vt* despise
হেলিকপ্টার *n* helicopter
হেল্পলাইন *n* helpline
হোঁচট খাওয়া *vi* stumble, trip
হোটেল *n* hotel
হোটেল ভাড়া রাতের খাওয়া ছাড়া *n* half board
হোটেলের পরিচারক *n* waiter
হোটেলের পরিচারিকা *n* chambermaid
হোটেলের পাচক *n* chef
হোটেলের বিল মেটানো *v* check out

হ

হোটেলের মহিলা পরিচারক *n* waitress
হোটেলের সুইট *n* suite
হোভারক্র্যাফট্ *n* hovercraft
হোম-পেজ *n* home page
হোমিওপ্যাথি *n* homeopathy
হোমিওপ্যাথি সংক্রান্ত *adj* homeopathic
হোয়াইট বোর্ড *n* whiteboard
হোসপাইপ *n* hosepipe
হোস্টেল *n* hostel
হেজল গাছের বাদাম *n* hazelnut
হ্যাং-গ্লাইডারে ওড়া *n* hang-gliding
হ্যাঁ! *excl* yes!
হ্যাকার *n* hacker
হ্যাঙ্গার *n* hanger
হ্যাঁচকা মারা *vt* wrench
হ্যান্ডবল *n* handball
হ্যান্ডব্রেক *n* handbrake
হ্যান্ডস্-ফ্রী *adj* hands-free
হ্যান্ডস্-ফ্রী কিট *n* hands-free kit
হ্যামবার্গার *n* hamburger
হ্রাস *n* decrease, reduction
হ্রাস করা *vt* reduce
হ্রাস পাওয়া *v* decrease
হ্রাসকরণ *n* cutback

ENGLISH-BANGLA

ইংরেজী-বাংলা

a

a

a [eɪ] *det* একটি
abandon [ə'bændən] *vt* পরিত্যাগ করা
abbreviation [əˌbriːvɪ'eɪʃən] *n* সংক্ষিপ্তকরণ
abdomen ['æbdəmən] *n* *(formal)* পেট
abduct [æb'dʌkt] *vt* অপহরণ করা
ability [ə'bɪlɪtɪ] *n* সামর্থ্য
able ['eɪbl] *adj* সক্ষম
abnormal [æb'nɔːməl] *adj* *(formal)* অস্বাভাবিক
abolish [ə'bɒlɪʃ] *vt* বিলোপ করা
abolition [ˌæbə'lɪʃən] *n* বিলুপ্তি
about [ə'baʊt] *adv* *(near to)* প্রায় ▷ *prep* *(to do with)* সম্বন্ধে
above [ə'bʌv] *prep* ওপরে
abroad [ə'brɔːd] *adv* বিদেশ
abrupt [ə'brʌpt] *adj* আকস্মিক
abruptly [ə'brʌptlɪ] *adv* আকস্মিকভাবে
abscess ['æbsɛs] *n* পুঁজভর্তি ফোড়া
absence ['æbsəns] *n* অনুপস্থিতি
absent ['æbsənt] *adj* অনুপস্থিত
absent-minded [ˌæbsən't'maɪndɪd] *adj* অমনোযোগী
absolutely [ˌæbsə'luːtlɪ] *adv* পুরোপুরিভাবে
abstract ['æbstrækt] *adj* বিমূর্ত
absurd [əb'sɜːd] *adj* উদ্ভট
Abu Dhabi ['æbuː 'dɑːbɪ] *n* আবুধাবি
academic [ˌækə'dɛmɪk] *adj* শিক্ষাগত
academic year [ˌækə'dɛmɪk jɪə] *n* শিক্ষাবর্ষ
academy [ə'kædəmɪ] *n* শিক্ষাপ্রতিষ্ঠান
accelerate [æk'sɛləˌreɪt] *v* গতি বাড়ানো
acceleration [ækˌsɛlə'reɪʃən] *n* গতিবৃদ্ধি
accelerator [æk'sɛləˌreɪtə] *n* গতিবর্ধক
accept [ək'sɛpt] *v* গ্রহণ করা
acceptable [ək'sɛptəbl] *adj* গ্রহণযোগ্য

access ['æksɛs] *n* অধিগম্যতা ▹ *vt* ব্যবহার করতে পারা

accessible [ək'sɛsəbl] *adj* গমনের যোগ্য

accessory [ək'sɛsərɪ] *n* সহায়ক বস্তু

accident ['æksɪdənt] *n* *(mishap)* দুর্ঘটনা; *(something unplanned)* দৈবক্রমে

accidental [ˌæksɪ'dɛntl] *adj* দুর্ঘটনাজনিত অবস্থা

accidentally [ˌæksɪ'dɛntəlɪ] *adv* দুর্ঘটনাক্রমে, আকস্মিকভাবে

accident and emergency ['æksɪdənt ənd ɪ'mɜːdʒnsɪ] *n* দুর্ঘটনাজনিত জরুরী বিভাগ

accident insurance ['æksɪdənt ɪn'ʃʊərəns] *n* দুর্ঘটনাজনিত বিমা

accommodate [ə'kɒməˌdeɪt] *vt* জায়গা দেওয়া

accommodation [əˌkɒmə'deɪʃən] *n* বাসস্থান

accompany [ə'kʌmpənɪ] *vt* *(formal)* সঙ্গ দেওয়া

accomplice [ə'kɒmplɪs] *n* শাগরেদ

accordingly [ə'kɔːdɪŋlɪ] *adv* সেই অনুসারে

according to [ə'kɔːdɪŋ tə] *prep* *(as reported by)* অনুসারে; *(based on)* অনুসারে

accordion [ə'kɔːdɪən] *n* অ্যাকর্ডিয়ান

account [ə'kaʊnt] *n* *(report)* বিবরণ; *(at bank)* ব্যাঙ্কের অ্যাকাউন্ট

accountable [ə'kaʊntəbl] *adj* দায়বদ্ধ

accountancy [ə'kaʊntənsɪ] *n* হিসাবশাস্ত্র

accountant [ə'kaʊntənt] *n* হিসাবরক্ষক

account for [ə'kaʊnt fɔː] *v* উত্তর দেওয়া

account number [ə'kaʊnt 'nʌmbə] *n* অ্যাকাউন্ট নম্বর

accuracy ['ækjʊrəsɪ] *n* যথার্থতা

accurate ['ækjərɪt] *adj* যথার্থ

accurately ['ækjərɪtlɪ] *adv* যথার্থভাবে

accusation [ˌækjʊ'zeɪʃən] *n* নালিশ

accuse [ə'kjuːz] *vt* দোষারোপ করা

accused [ə'kjuːzd] *n* অভিযুক্ত

ace [eɪs] *n* তাসখেলার টেক্কা

ache [eɪk] *n* ব্যথা ▹ *vi* ব্যথা করা

achieve [ə'tʃiːv] *vt* অর্জন করা

achievement [ə'tʃiːvmənt] *n* সাফল্য

acid ['æsɪd] *n* অম্ল

acid rain ['æsɪd reɪn] *n* অম্লবর্ষণ

acknowledgement [ək'nɒlɪdʒmənt] *n* প্রাপ্তিস্বীকার

acne ['æknɪ] *n* ব্রণ

acorn ['eɪkɔːn] *n* ওকগাছের ফল

acoustic [ə'kuːstɪk] *adj* ধ্বনি সম্পর্কিত, অ্যাকুস্টিক

acre ['eɪkə] *n* জমির মাপ

acrobat ['ækrə,bæt] *n* শারীরিক কসরতে দক্ষ

acronym ['ækrənɪm] *n* বিভিন্ন শব্দের প্রথম অক্ষর সমন্বয়ে গঠিত শব্দ

across [ə'krɒs] *prep* ওপারে.

act [ækt] *n* কর্ম ▷ *vi (take action)* কাজ করা; *(play a part)* অভিনয় করা

acting ['æktɪŋ] *adj* কার্যনির্বাহী ▷ *n* অভিনয়

action ['ækʃən] *n* ক্রিয়া

active ['æktɪv] *adj* সক্রিয়

activity [æk'tɪvɪtɪ] *n* ক্রিয়াকলাপ

actor ['æktə] *n* অভিনেতা

actress ['æktrɪs] *n* অভিনেত্রী

actual ['æktʃʊəl] *adj* প্রকৃত

actually ['æktʃʊəlɪ] *adv* প্রকৃতঅর্থে

acupuncture ['ækjʊ,pʌŋktʃə] *n* সূচ ফুটিয়ে চিকিৎসা

AD [eɪ diː] *abbr* খ্রীষ্টাব্দ/যীশু খ্রীষ্টের জন্মের পর থেকে শুরু যে বছর

ad [æd] *abbr (informal)* বিজ্ঞাপন

adapt [ə'dæpt] *vi* মানিয়ে নেওয়া

adaptor [ə'dæptə] *n* অ্যাডাপ্টর

add [æd] *vt (put with)* মেশানো; *(numbers)* যোগ করা

addict ['ædɪkt] *n* নেশাসক্ত

addicted [ə'dɪktɪd] *adj* নেশার প্রতি আসক্ত

additional [ə'dɪʃənl] *adj* অতিরিক্ত

additive ['ædɪtɪv] *n* যা যোগ করা হয়

address [ə'drɛs] *n (speech)* ভাষণ; *(where you live)* ঠিকানা

address book [ə'drɛs bʊk] *n* ঠিকানা লেখবার বই

add up [æd ʌp] *v* যোগ করা

adjacent [ə'dʒeɪsnt] *adj* সংলগ্ন

adjective ['ædʒɪktɪv] *n* বিশেষণ

adjust [ə'dʒʌst] *v* অভিযোজন

adjustable [ə'dʒʌstəbl] *adj* অভিযোজনযোগ্য

adjustment [ə'dʒʌstmənt] *n* অভিযোজন

administration [əd,mɪnɪ'streɪʃən] *n* প্রশাসন

administrative [əd'mɪnɪ,strətɪv] *adj* প্রশাসনিক

admiration [,ædmə'reɪʃən] *n* শ্রদ্ধা

admire [əd'maɪə] *vt* শ্রদ্ধা করা

admission [əd'mɪʃən] *n* ভর্তি

admit [əd'mɪt] *vt (allow in)* ভর্তি হওয়া ▷ *v (confess)* স্বীকার করা

admittance [əd'mɪtns] *n* প্রবেশাধিকার

adolescence [,ædə'lɛsəns] *n* বয়ঃসন্ধিকাল

adolescent [,ædə'lɛsnt] *n* বয়ঃসন্ধিতে উপনীত

adopt [ə'dɒpt] *vt* দত্তক নেওয়া

adopted [ə'dɒptɪd] *adj* দত্তকরূপে গৃহীত

adoption [ə'dɒpʃən] *n* দত্তকগ্রহণ

adore [ə'dɔː] *vt* আরাধনা করা

Adriatic [,eɪdrɪ'ætɪk] *adj* অ্যাড্রিয়াটিক সাগরের সাথে সম্পর্কযুক্ত

Adriatic Sea [,eɪdrɪ'ætɪk siː] *n* অ্যাড্রিয়াটিক সাগর

adult ['ædʌlt] *n* প্রাপ্ত বয়স্ক

adult education ['ædʌlt ,ɛdjʊ'keɪʃən] *n* বয়স্ক শিক্ষা

advance [əd'vɑːns] *n* আগাম ▷ *vi* এগিয়ে যাওয়া

advanced [əd'vɑːnst] *adj* উন্নত

advantage [əd'vɑːntɪdʒ] *n* সুবিধাজনক অবস্থা

advent ['ædvɛnt] *n (formal)* সমাগম

adventure [əd'vɛntʃə] *n* অভিযান

adventurous [əd'vɛntʃərəs] *adj* দুঃসাহসপূর্ণ

adverb ['æd,vɜːb] *n* বিশেষণের বিশেষণ

adversary ['ædvəsərɪ] *n* প্রতিপক্ষ

advert ['ædvɜːt] *n* ঘোষণা বা প্রচার

advertise ['ædvə,taɪz] *v* বিজ্ঞাপন দেওয়া

advertisement [əd'vɜːtɪsmənt] *n (written)* বিজ্ঞাপন

advertising ['ædvəˌtaɪzɪŋ] *n* বিজ্ঞাপন দেওয়া

advice [əd'vaɪs] *n* পরামর্শ

advisable [əd'vaɪzəbl] *adj* *(formal)* সংগত

advise [əd'vaɪz] *vt* উপদেশ দেওয়া

aerial ['ɛərɪəl] *n* এরিয়াল

aerobics [ɛə'rəʊbɪks] *npl* অ্যারোবিক ব্যায়াম

aerosol ['ɛərəˌsɒl] *n* চাপের মধ্যে তরল রাখার পাত্র

affair [ə'fɛə] *n* ঘটনা

affect [ə'fɛkt] *vt* প্রভাবিত করা

affectionate [ə'fɛkʃənɪt] *adj* সস্নেহ

afford [ə'fɔːd] *vt* খরচ করবার সামর্থ্য

affordable [ə'fɔːdəbl] *adj* খরচসাধ্য

Afghan ['æfgæn] *adj* আফগানিস্থান সম্পর্কিত ▷ *n* আফগানিস্থান-বাসী

Afghanistan [æf'gænɪˌstɑːn] *n* আফগানিস্থান

afraid [ə'freɪd] *adj* ভীত

Africa ['æfrɪkə] *n* আফ্রিকা

African ['æfrɪkən] *adj* আফ্রিকা সম্পর্কিত ▷ *n* আফ্রিকার অধিবাসী

Afrikaans [ˌæfrɪ'kɑːns] *n* আফ্রিকান্স

Afrikaner [æfrɪ'kɑːnə] *n* আফ্রিকার শ্বেতাংগ অধিবাসী

after ['ɑːftə] *conj (later than)* পরে ▷ *prep (later than)* পরে; *(in pursuit of)* পিছনে

afternoon [ˌɑːftə'nuːn] *n* অপরাহ্ন

afters ['ɑːftəz] *npl* *(informal)* মিষ্টি

aftershave ['ɑːftəˌʃeɪv] *n* আফটারশেভ

afterwards ['ɑːftəwədz] *adv* পরে

again [ə'gɛn] *adv* পুনর্বার

against [ə'gɛnst] *prep* *(touching)* হেলান দেওয়া; *(in opposition to)* বিপক্ষে

age [eɪdʒ] *n* বয়স

aged [eɪdʒd] *adj* বয়স্ক

age limit [eɪdʒ 'lɪmɪt] *n* বয়সের সীমা

agency ['eɪdʒənsɪ] *n* এজেন্সী

agenda [ə'dʒɛndə] *n* সভার বিষয়তালিকা

agent ['eɪdʒənt] *n* এজেন্ট

aggressive [ə'grɛsɪv] *adj* আক্রমণাত্মক

AGM [eɪ dʒiː ɛm] *abbr* বার্ষিক সাধারণ সভা

ago [ə'gəʊ] *adv* আগে
agree [ə'griː] *v* একমত হওয়া
agreed [ə'griːd] *adj* সহমত পোষণ করা
agreement [ə'griːmənt] *n* মিলিত চুক্তি
agricultural ['ægrɪˌkʌltʃərəl] *adj* কৃষিভিত্তিক
agriculture ['ægrɪˌkʌltʃə] *n* কৃষি
ahead [ə'hɛd] *adv* সামনে
aid [eɪd] *n* অনুদান
AIDS [eɪdz] *n* এডস্ রোগ
aim [eɪm] *n* লক্ষ্য ▷ *v* লক্ষ্য স্থির করা
air [ɛə] *n* বায়ু
airbag ['ɛəbæg] *n* হাওয়াভর্তি ব্যাগ
air-conditioned [ˌɛəkən'dɪʃənd] *adj* শীততাপ নিয়ন্ত্রিত
air conditioning [ɛə kən'dɪʃənɪŋ] *n* শীততাপ নিয়ন্ত্রণ
aircraft ['ɛəˌkrɑːft] *n* বিমান
air force [ɛə fɔːs] *n* বিমানবাহিনী
air hostess [ɛə 'həʊstɪs] *n* *(old-fashioned)* বিমানসেবিকা
airline ['ɛəˌlaɪn] *n* বিমান পরিষেবা
airmail ['ɛəˌmeɪl] *n* বিমান বাহিত মেল
airport ['ɛəˌpɔːt] *n* বিমানবন্দর
airsick ['ɛəˌsɪk] *adj* বিমান-সফর জনিত অসুস্থতা
airspace ['ɛəˌspeɪs] *n* এয়ারস্পেস
airtight ['ɛəˌtaɪt] *adj* বায়ুনিরোধী
air traffic controller [ɛə'træfɪk kən'trəʊlə] *n* বিমান চলাচল নিয়ন্ত্রক
aisle [aɪl] *n* আইল/ দুটি আসনের মধ্যবর্তী রাস্তা
alarm [ə'lɑːm] *n* সতর্কবার্তা
alarm clock [ə'lɑːm klɒk] *n* অ্যালার্ম ঘড়ি
alarming [ə'lɑːmɪŋ] *adj* আশঙ্কাসূচক
Albania [æl'beɪnɪə] *n* আলবেনিয়া
Albanian [æl'beɪnɪən] *adj* আলবেনিয়া সম্পর্কিত ▷ *n (person)* আলবেনীয়; *(language)* আলবেনীয় ভাষা
album ['ælbəm] *n* গানের আলবাম
alcohol ['ælkəˌhɒl] *n* সুরা
alcohol-free ['ælkəˌhɒlfriː] *adj* সুরা-বর্জিত

alcoholic [ˌælkəˈhɒlɪk] *adj* সুরাসক্ত ▷ *n* সুরাপানে আসক্ত
alert [əˈlɜːt] *adj* সতর্ক ▷ *vt* সতর্ক করা
Algeria [ælˈdʒɪərɪə] *n* আলজেরিয়া
Algerian [ælˈdʒɪərɪən] *adj* আলজেরিয়া সম্পর্কিত ▷ *n* আলজেরীয়
alias [ˈeɪlɪəs] *prep* ছদ্মনাম
alibi [ˈælɪˌbaɪ] *n* ওজর
alien [ˈeɪljən] *n (formal)* বর্হিদেশীয়
alive [əˈlaɪv] *adj* জীবিত
all [ɔːl] *det* সমস্ত ▷ *pron* সকল
Allah [ˈælə] *n* আল্লা
allegation [ˌælɪˈgeɪʃən] *n* দোষারোপ
alleged [əˈlɛdʒd] *adj (formal)* কথিত
allergic [əˈlɜːdʒɪk] *adj* বিমুখ
allergy [ˈælədʒɪ] *n* অ্যালার্জি
alley [ˈælɪ] *n* সংকীর্ণ রাস্তা
alliance [əˈlaɪəns] *n* জোট
alligator [ˈælɪˌgeɪtə] *n* কুমির প্রজাতির
allow [əˈlaʊ] *vt* অনুমতি দেওয়া/অনুমতি প্রদান করা
all right [ɔːl raɪt] *adv (informal)* একদম ঠিক ▷ *adj (informal)* ঠিক আছে
ally [ˈælaɪ] *n* সন্ধিস্থাপন
almond [ˈɑːmənd] *n* কাঠবাদাম
almost [ˈɔːlməʊst] *adv* প্রায়
alone [əˈləʊn] *adj* একা
along [əˈlɒŋ] *prep* বরাবর ▷ *adv* সঙ্গে
aloud [əˈlaʊd] *adv* উচ্চস্বরে
alphabet [ˈælfəˌbɛt] *n* বর্ণমালা
Alps [ælps] *npl* আল্পস্ পর্বতমালা
already [ɔːlˈrɛdɪ] *adv* এরই মধ্যে
also [ˈɔːlsəʊ] *adv* এছাড়াও
altar [ˈɔːltə] *n* বেদি
alter [ˈɔːltə] *v* অদলবদল করা
alternate [ɔːlˈtɜːnɪt] *adj* পালাক্রম
alternative [ɔːlˈtɜːnətɪv] *adj* পালাক্রমিক ▷ *n* বিকল্প
alternatively [ɔːlˈtɜːnətɪvlɪ] *adv* পরিবর্তে
although [ɔːlˈðəʊ] *conj (in contrast)* যদিও; *(even though)* যদিও
altitude [ˈæltɪˌtjuːd] *n* উচ্চতা
altogether [ˌɔːltəˈgɛðə] *adv* সবশুদ্ধ
aluminium [ˌæljʊˈmɪnɪəm] *n* অ্যালুমিনিয়াম
always [ˈɔːlweɪz] *adv* সর্বদা

Alzheimer's disease ['ælts'haɪməz dɪ'ziːz] *n* আলজাইমার অসুখ

a.m. [eɪ ɛm] *abbr* এ. এম. / মধ্যরাত্রি এবং মধ্যাহ্নের মধ্যবর্তী সময় এর দ্বারা চিহ্নিত হয়

amateur ['æmətə] *n* অপেশাদার

amaze [ə'meɪz] *vt* বিস্ময়

amazed [ə'meɪzd] *adj* বিস্মিত

amazing [ə'meɪzɪŋ] *adj* বিস্ময়কর

ambassador [æm'bæsədə] *n* দূত

amber ['æmbə] *n* হলুদ রং এর মণি

ambition [æm'bɪʃən] *n* উচ্চাভিলাষ

ambitious [æm'bɪʃəs] *adj* উচ্চাভিলাষী

ambulance ['æmbjʊləns] *n* অ্যামবুলেনস্

amenities [ə'miːnɪtɪz] *npl* সুযোগসুবিধা

America [ə'mɛrɪkə] *n* আমেরিকা মহাদেশ

American [ə'mɛrɪkən] *adj* আমেরিকা সম্পর্কিত ▷ *n* আমেরিকা বাসী

American football [ə'mɛrɪkən 'fʊtˌbɔːl] *n* আমেরিকার ফুটবল খেলা

among [ə'mʌŋ] *prep* *(surrounded by)* মধ্যে; *(between)* মধ্যে

amount [ə'maʊnt] *n* পরিমাণ/ টাকার অঙ্কের পরিমাণ

amp [æmp] *n* অ্যাম্প

amplifier ['æmplɪˌfaɪə] *n* আওয়াজ পরিবর্ধক

amuse [ə'mjuːz] *vt* হাসানো

amusement arcade [ə'mjuːzmənt ɑː'keɪd] *n* চিত্তবিনোদনের জায়গা

an [æn] *det* একটি

anaemic [ə'niːmɪk] *adj* রক্তাল্পতার রোগী

anaesthetic [ˌænɪs'θɛtɪk] *n* অজ্ঞান করবার ওষুধ

analyse ['ænəˌlaɪz] *vt* বিশ্লেষণ করা

analysis [ə'nælɪsɪs] *n* বিশ্লেষণ

ancestor ['ænsɛstə] *n* পূর্বপুরুষ

anchor ['æŋkə] *n* নোঙ্গর

anchovy ['æntʃəvɪ] *n* ছোট সামুদ্রিক মাছ

ancient ['eɪnʃənt] *adj* প্রাচীনকালের,

and [ænd] *conj* এবং

Andes ['ændiːz] *npl* আন্দ্রিজ পর্বতমালা

Andorra [æn'dɔːrə] *n* অ্যান্ডোরা

angel ['eɪndʒəl] *n* দেবদূত

anger ['æŋgə] *n* ক্রোধ

angina [æn'dʒaɪnə] *n* অ্যাঞ্জাইনা

angle ['æŋgl] *n* কোণ

angler ['æŋglə] *n* মৎসশিকারী

angling ['æŋglɪŋ] *n* ছিপের সাহায্যে মাছ ধরা

Angola [æŋ'gəʊlə] *n* অ্যাঙ্গোলা

Angolan [æŋ'gəʊlən] *adj* অ্যাঙ্গোলা সম্পর্কিত ▷ *n* অ্যাঙ্গোলা-বাসী

angry ['æŋgrɪ] *adj* রাগী

animal ['ænɪməl] *n* জন্তু

aniseed ['ænɪˌsiːd] *n* মৌরী

ankle ['æŋkl] *n* গোড়ালি

anniversary [ˌænɪ'vɜːsərɪ] *n* বার্ষিকী

announce [ə'naʊns] *vt* ঘোষণা করা

announcement [ə'naʊnsmənt] *n* ঘোষণা

annoy [ə'nɔɪ] *vt* বিরক্ত করা

annoying [ə'nɔɪɪŋ] *adj* বিরক্তিকর

annual ['ænjʊəl] *adj* বার্ষিক

annually ['ænjʊəlɪ] *adv* বার্ষিকভাবে

anonymous [ə'nɒnɪməs] *adj* অনামী

anorak ['ænəˌræk] *n* ফারের জ্যাকেট

anorexia [ˌænə'rɛksɪə] *n* অ্যানোরেক্সিয়া একটি রোগ

anorexic [ˌænə'rɛksɪk] *adj* অ্যানোরেক্সিয়া রোগী

another [ə'nʌðə] *det* অন্য একটি

answer ['ɑːnsə] *n* উত্তর ▷ *v* উত্তর দেওয়া

answering machine ['ɑːnsərɪŋ mə'ʃiːn] *n* উত্তর দেওয়ার যন্ত্র

answerphone ['ɑːnsəfəʊn] *n* উত্তর দেওয়ার যন্ত্র (ফোনের সাথে সংযুক্ত)

ant [ænt] *n* পিঁপড়ে

antagonize [æn'tægəˌnaɪz] *vt* শত্রুভাবাপন্ন করে তোলা

Antarctic [ænt'ɑːktɪk] *n* অ্যানটার্কটিক

Antarctica [ænt'ɑːktɪkə] *n* অ্যানটার্কটিকা

antelope ['æntɪˌləʊp] *n* কৃষ্ণসার হরিণ

antenatal [ˌæntɪ'neɪtl] *adj* গর্ভবতী নারীর পরিচর্যা

anthem ['ænθəm] *n* স্তুতিমূলক গান

anthropology [ˌænθrə'pɒlədʒɪ] *n* নৃতত্ত্ববিদ্যা

antibiotic [ˌæntɪbaɪ'ɒtɪk] *n* সংক্রমণরোধী ওষুধ

antibody ['æntɪˌbɒdɪ] *n* অ্যান্টিবডি

anticlockwise [ˌæntɪ'klɒkˌwaɪz] *adv* ঘড়ির কাঁটার বিপরীতমুখে

antidepressant [ˌæntɪdɪ'prɛsnt] *n* অবসাদ-প্রতিরোধক

antidote ['æntɪˌdəʊt] *n* বিষনাশক পদার্থ

antifreeze ['æntɪˌfriːz] *n* জমাট-প্রতিরোধক

antihistamine [ˌæntɪ'hɪstəˌmiːn] *n* অ্যালার্জির ওষুধ

antiperspirant [ˌæntɪ'pɜːspərənt] *n* ঘামনাশক পদার্থ

antique [æn'tiːk] *n* প্রাচীনকালের দুর্মূল্য বস্তু

antique shop [æn'tiːk ʃɒp] *n* দুর্মূল্য বস্তুর দোকান

antiseptic [ˌæntɪ'sɛptɪk] *n* অ্যান্টিসেপটিক

anxiety [æŋ'zaɪɪtɪ] *n* উদ্বেগ

any ['ɛnɪ] *det (some)* কোন ▷ *pron* যে কেউ ▷ *det (whichever)* যে কোন

anybody ['ɛnɪˌbɒdɪ] *pron* যে কেউ

anyhow ['ɛnɪˌhaʊ] *adv* যাইহোক

anymore [ˌɛnɪ'mɔː] *adv* আর নয়

anyone ['ɛnɪˌwʌn] *pron* কেউ

anything ['ɛnɪˌθɪŋ] *pron* কোন জিনিস

anytime ['ɛnɪˌtaɪm] *adv* যে কোন সময়

anyway ['ɛnɪˌweɪ] *adv* যাইহোক

anywhere ['ɛnɪˌwɛə] *adv* যে কোন জায়গায়

apart [ə'pɑːt] *adv (distant)* ব্যবধানে; *(to pieces)* খুলে ফেলা

apart from [ə'pɑːt frɒm] *prep* এ ছাড়া

apartment [ə'pɑːtmənt] *n* অ্যাপার্টমেন্ট

aperitif [æˌpɛrɪ'tiːf] *n* মদ্যবিশেষ

aperture ['æpətʃə] *n (formal)* সরু গর্ত

apologize [ə'pɒləˌdʒaɪz] *vi* ক্ষমা চাওয়া

apology [ə'pɒlədʒɪ] *n* ক্ষমা

apostrophe [ə'pɒstrəfɪ] *n* অ্যাপস্ট্রফি, একটি চিহ্ন

appalling [ə'pɔːlɪŋ] *adj* মর্মঘাতী

apparatus [ˌæpə'reɪtəs] *n* যন্ত্রপাতি

apparent [ə'pærənt] *adj* প্রত্যক্ষ

apparently [ə'pærəntlɪ] *adv* আপাতরূপে

appeal [ə'piːl] *n* গুরুত্বপূর্ণ আবেদন ▷ *vi* জরুরী আবেদন করা

appear [ə'pɪə] *vt* প্রকাশ পাওয়া

appearance [ə'pɪərəns] *n* চেহারা

appendicitis [əˌpɛndɪ'saɪtɪs] *n* অ্যাপিন্ডিসাইটিস

appetite ['æpɪˌtaɪt] *n* ক্ষুধার ইচ্ছা

applaud [ə'plɔːd] *v* হাততালির মাধ্যমে প্রশংসা করা

applause [ə'plɔːz] *n* হাততালি দিয়ে প্রশংসা

apple ['æpl] *n* আপেল

apple pie ['æpl paɪ] *n* আপেলের পিঠা

appliance [ə'plaɪəns] *n* *(formal)* সরঞ্জাম

applicant ['æplɪkənt] *n* আবেদনকারী

application [ˌæplɪ'keɪʃən] *n* আবেদন

application form [ˌæplɪ'keɪʃn fɔːm] *n* আবেদনপত্র

apply [ə'plaɪ] *v* আবেদন করা

appoint [ə'pɔɪnt] *vt* নিয়োগ করা

appointment [ə'pɔɪntmənt] *n* নিয়োগ

appreciate [ə'priːʃɪˌeɪt] *vt* প্রশংসা করা

apprehensive [ˌæprɪ'hɛnsɪv] *adj* শঙ্কিত

apprentice [ə'prɛntɪs] *n* শিক্ষার্থী

approach [ə'prəʊtʃ] *v* প্রস্তাব রাখা

appropriate [ə'prəʊprɪɪt] *adj* যথাযথ

approval [ə'pruːvl] *n* অনুমোদন

approve [ə'pruːv] *vi* অনুমোদন করা

approximate [ə'prɒksɪmɪt] *adj* আনুমানিক

approximately [ə'prɒksɪmɪtlɪ] *adv* আনুমানিকভাবে

apricot ['eɪprɪˌkɒt] *n* খোবানি

April ['eɪprəl] *n* এপ্রিল

April Fools' Day ['eɪprəl fuːlz deɪ] *n* "এপ্রিল ফুল" দিবস

apron ['eɪprən] *n* ঢলঢলে বহির্বাস

aquarium [ə'kweərɪəm] *n* অ্যাকোয়ারিয়াম

Aquarius [ə'kweərɪəs] *n* কুম্ভ রাশি

Arab ['ærəb] *adj* আরব দেশের ▷ *n* আরবীয়

Arabic ['ærəbɪk] *n* আরবি ভাষা ▷ *adj* আরবদেশীয়

arbitration [ˌɑːbɪ'treɪʃən] *n* সালিশি

arch [ɑːtʃ] *n* খিলান

archaeologist [ˌɑːkɪ'ɒlədʒɪst] *n* পুরাতাত্বিক

archaeology [ˌɑːkɪ'ɒlədʒɪ] *n* পুরাতত্ব

architect ['ɑːkɪˌtɛkt] *n* স্থপতি

architecture ['ɑːkɪˌtɛktʃə] *n* স্থাপত্যবিদ্যা

archive ['ɑːkaɪv] *n* সংরক্ষণাগার

Arctic ['ɑːktɪk] *n* সুমেরু অঞ্চল

Arctic Circle ['ɑːktɪk 'sɜːkl] *n* সুমেরু বলয়

Arctic Ocean ['ɑːktɪk 'əʊʃən] *n* সুমেরু মহাসাগর

area ['ɛərɪə] *n* অঞ্চল

Argentina [ˌɑːdʒən'tiːnə] *n* আর্জেন্টিনা

Argentinian [ˌɑːdʒən'tɪnɪən] *adj* আর্জেন্টিনা সম্পর্কিত ▷ *n* আর্জেন্টিনা-বাসী

argue ['ɑːgjuː] *vi* তর্কবিতর্ক করা

argument ['ɑːgjʊmənt] *n* তর্কবিতর্ক

Aries ['ɛəriːz] *n* মেষ রাশি

arm [ɑːm] *n* বাহু

armchair ['ɑːmˌtʃɛə] *n* আর্মচেয়ার

armed [ɑːmd] *adj* সশস্ত্র

Armenia [ɑː'miːnɪə] *n* আর্মেনিয়া

Armenian [ɑː'miːnɪən] *adj* আর্মেনিয়া সম্পর্কিত ▷ *n* *(person)* আর্মেনীয়া-বাসী; *(language)* আর্মেনিয়ান ভাষা

armour ['ɑːmə] *n* বর্ম

armpit ['ɑːmˌpɪt] *n* বগল

army ['ɑːmɪ] *n* সেনাবাহিনী

aroma [ə'rəʊmə] *n* সুগন্ধ

aromatherapy [əˌrəʊmə'θɛrəpɪ] *n* সুগন্ধ-চিকিৎসা

around [ə'raʊnd] *adv* আশপাশে ▷ *prep* *(surrounding)* চারিধারে; *(all over)* চারিধারে; *(near to)* প্রায়

arrange [ə'reɪndʒ] *v (plan)* আয়োজন করা ▷ *vt (order)* সাজিয়ে রাখা
arrangement [ə'reɪndʒmənt] *n* ব্যবস্থাপনা
arrears [ə'rɪəz] *npl* বকেয়া
arrest [ə'rɛst] *n* গ্রেপ্তার ▷ *vt* গ্রেপ্তার করা
arrival [ə'raɪvl] *n* আগমন
arrive [ə'raɪv] *vi* পৌঁছে যাওয়া
arrogant ['ærəgənt] *adj* উদ্ধত
arrow ['ærəʊ] *n (weapon)* তীর; *(sign)* তীরচিহ্ন
arson ['ɑːsn] *n* আগুন ধরিয়ে দেওয়ার মত ইচ্ছাকৃত অপরাধ
art [ɑːt] *n* চারুকলা
artery ['ɑːtərɪ] *n* ধমনী
art gallery [ɑːt 'gælərɪ] *n* শিল্প গ্যালারি
arthritis [ɑː'θraɪtɪs] *n* গেঁটেবাত
artichoke ['ɑːtɪˌtʃəʊk] *n* এক ধরনের সব্জি
article ['ɑːtɪkl] *n* প্রবন্ধ
artificial [ˌɑːtɪ'fɪʃəl] *adj* কৃত্রিম
artist ['ɑːtɪst] *n* শিল্পী
artistic [ɑː'tɪstɪk] *adj* শিল্পগুণসম্পন্ন
art school [ɑːt skuːl] *n* চারুকলা বিদ্যালয়
as [æz; əz] *conj* যখন ▷ *prep* হিসাবে
asap ['eɪsæp; eɪ ɜs eɪ piː] *abbr* যত তাড়াতাড়ি সম্ভব
as ... as [æz; əz] *adv* মত
ashamed [ə'ʃeɪmd] *adj* লজ্জিত
ashtray ['æʃˌtreɪ] *n* ছাইদানি
Ash Wednesday [æʃ 'wɛnzdɪ] *n* খ্রীষ্টানদের চল্লিশ দিনব্যাপী উৎসবের প্রথম দিন এটি
Asia ['eɪʃə] *n* এশিয়া
Asian ['eɪʃən] *adj* এশিয়া সম্পর্কিত ▷ *n* এশিয়ার অধিবাসী
aside [ə'saɪd] *adv* একপাশে
ask [ɑːsk] *vt* জিজ্ঞাসা করা
ask for [ɑːsk fɔː] *v (request)* চাওয়া
asleep [ə'sliːp] *adj* ঘুমন্ত
asparagus [ə'spærəgəs] *n* অ্যাসপ্যারাগাস
aspect ['æspɛkt] *n* দিক
aspirin ['æsprɪn] *n* ব্যথানাশক ওষুধ
assembly [ə'sɛmblɪ] *n* সমাবেশ
asset ['æsɛt] *n* সম্পদ
assignment [ə'saɪnmənt] *n* কাজ

assistance [ə'sɪstəns] *n* সহায়তা
assistant [ə'sɪstənt] *n* সহায়ক
associate [ə'səʊʃɪɪt] *adj* সহযোগী ▷ [ə'səʊsɪeɪt] *n* সঙ্গী
association [əˌsəʊsɪ'eɪʃən] *n* সমিতি
assortment [ə'sɔːtmənt] *n* সংগ্রহ
assume [ə'sjuːm] *vt* অনুমান করা
assure [ə'ʃʊə] *vt* নিশ্চিন্ত করা
asthma ['æsmə] *n* হাঁপানি
astonish [ə'stɒnɪʃ] *vt* বিস্ময়
astonished [ə'stɒnɪʃt] *adj* বিস্মিত
astonishing [ə'stɒnɪʃɪŋ] *adj* বিস্ময়কর
astrology [ə'strɒlədʒɪ] *n* জ্যোতিষশাস্ত্র
astronaut ['æstrəˌnɔːt] *n* মহাকাশচারী
astronomy [ə'strɒnəmɪ] *n* জ্যোতির্বিদ্যা
asylum [ə'saɪləm] *n* আশ্রয় দান
asylum seeker [ə'saɪləm 'siːkə] *n* আশ্রয় খোঁজে যারা
at [æt] *prep* কোন স্থানে
atheist ['eɪθɪˌɪst] *n* নাস্তিক
athlete ['æθliːt] *n* ক্রীড়াবিদ
athletic [æθ'lɛtɪk] *adj* ক্রীড়াবিষয়ক
athletics [æθ'lɛtɪks] *npl* ক্রীড়া
Atlantic Ocean [ət'læntɪk 'əʊʃən] *n* আটলান্টিক মহাসমুদ্র
atlas ['ætləs] *n* মানচিত্রের বই
at least [ət liːst] *adv* কমপক্ষে
atmosphere ['ætməsˌfɪə] *n* বায়ুমন্ডল
atom ['ætəm] *n* পরমাণু
atom bomb ['ætəm bɒm] *n* পারমাণবিক বোমা
atomic [ə'tɒmɪk] *adj* পরমাণুসংক্রান্ত
attach [ə'tætʃ] *vt* যুক্ত করা
attached [ə'tætʃt] *adj* যুক্ত
attachment [ə'tætʃmənt] *n* সংযুক্তি
attack [ə'tæk] *n* আক্রমণ ▷ *v* আক্রমণ করা
attempt [ə'tɛmpt] *n* চেষ্টা ▷ *vt* চেষ্টা করা
attend [ə'tɛnd] *v* উপস্থিত হওয়া
attendance [ə'tɛndəns] *n* উপস্থিতি
attention [ə'tɛnʃən] *n* মনোযোগ
attic ['ætɪk] *n* চিলেকোঠার ঘর

attitude ['ætɪˌtjuːd] *n* হাবভাব

attract [ə'trækt] *vt* আকর্ষণ করা

attraction [ə'trækʃən] *n* আকর্ষণ

attractive [ə'træktɪv] *adj* আকর্ষণীয়

aubergine ['əʊbəˌʒiːn] *n* বেগুন

auburn ['ɔːbən] *adj* লালচে বাদামী

auction ['ɔːkʃən] *n* নিলাম

audience ['ɔːdɪəns] *n* দর্শক

audit ['ɔːdɪt] *n* হিসাব নিরীক্ষণ ▷ *vt* হিসাব নিরীক্ষণ করা

audition [ɔː'dɪʃən] *n* স্বর-শ্রুতি পরীক্ষা

auditor ['ɔːdɪtə] *n* হিসাব নিরীক্ষক

August ['ɔːgəst] *n* আগস্ট মাস

aunt [ɑːnt] *n* পিসি, মাসি, কাকিমা, জেঠিমা

auntie ['ɑːntɪ] *n (informal)* পিসি, মাসি, কাকিমা, জেঠিমা

au pair [əʊ 'pɛə] *n* একজন অল্পবয়স্ক ব্যক্তি যে বিদেশে কোন পরিবারে থেকে তাদের ভাষা, ঐতিহ্য শেখে

austerity [ɒ'stɛrɪtɪ] *n* কঠোর নীতিনিষ্ঠা

Australasia [ˌɒstrə'leɪzɪə] *n* অস্ট্রেলিয়া, নিউজিল্যান্ড এবং সন্নিহিত দ্বীপপুঞ্জ

Australia [ɒ'streɪlɪə] *n* অস্ট্রেলিয়া

Australian [ɒ'streɪlɪən] *adj* অস্ট্রেলিয়া সম্পর্কিত ▷ *n* অস্ট্রেলিয়া-বাসী

Austria ['ɒstrɪə] *n* অস্ট্রিয়া

Austrian ['ɒstrɪən] *adj* অস্ট্রিয়া সম্পর্কিত ▷ *n* অস্ট্রিয়া-বাসী

authentic [ɔː'θɛntɪk] *adj* প্রামাণিক

author ['ɔːθə] *n* লেখক

authorize ['ɔːθəˌraɪz] *vt* অনুমোদন

autobiography [ˌɔːtəʊbaɪ'ɒgrəfɪ] *n* আত্মজীবনী

autograph ['ɔːtəˌgrɑːf] *n* অটোগ্রাফ

automatic [ˌɔːtə'mætɪk] *adj* স্বয়ংক্রিয়

automatically [ˌɔːtə'mætɪklɪ] *adv* স্বয়ংক্রিয়ভাবে

autonomous [ɔː'tɒnəməs] *adj* স্বশাসিত

autonomy [ɔːˈtɒnəmɪ] *n* স্বায়ত্তশাসন
autumn [ˈɔːtəm] *n* শরৎকাল
availability [əˈveɪləbɪlɪtɪ] *n* লভ্যতা
available [əˈveɪləbl] *adj* লভ্য
avalanche [ˈævəˌlɑːntʃ] *n* বরফের ধস
avenue [ˈævɪˌnjuː] *n* চওড়া রাস্তা
average [ˈævərɪdʒ] *adj* গড়পড়তা মান ▷ *n* গড়
avocado [ˌævəˈkɑːdəʊ] *n* অ্যাভোকাডো
avoid [əˈvɔɪd] *vt* এড়িয়ে যাওয়া
awake [əˈweɪk] *adj* জাগ্রত ▷ *v (literary)* জেগে থাকা
award [əˈwɔːd] *n* পুরস্কার
aware [əˈwɛə] *adj* সচেতন
away [əˈweɪ] *adv (in distance)* চলে যাওয়া; *(put)* সরিয়ে রাখা
away match [əˈweɪ mætʃ] *n* প্রতিপক্ষের মাঠে যে খেলা হয়
awful [ˈɔːfʊl] *adj* জঘন্য
awfully [ˈɔːfəlɪ] *adv* প্রচন্ডভাবে
awkward [ˈɔːkwəd] *adj* উদ্ভট
axe [æks] *n* কুঠার
axle [ˈæksəl] *n* গাড়ীর চাকার রড
Azerbaijan [ˌæzəbaɪˈdʒɑːn] *n* আজারবাইজান
Azerbaijani [ˌæzəbaɪˈdʒɑːnɪ] *adj* আজারবাইজান সম্পর্কিত ▷ *n* আজারবাইজান-বাসী

b

BA [biː eɪ] *abbr* সাহিত্যে স্নাতক
baby [ˈbeɪbɪ] *n* শিশু
baby milk [ˈbeɪbɪ mɪlk] *n* শিশুদের দুধ
baby's bottle [ˈbeɪbɪz bɒtl] *n* শিশুদের দুধ খাওয়ার বোতল
babysit [ˈbeɪbɪsɪt] *v* শিশু পরিচর্যা করা
babysitter [ˈbeɪbɪsɪtə] *n* শিশু পরিচর্যাকারী
babysitting [ˈbeɪbɪsɪtɪŋ] *n* শিশু পরিচর্যা
baby wipe [ˈbeɪbɪ waɪp] *n* শিশুদের পরিস্কার করার তোয়ালে
bachelor [ˈbætʃələ] *n* অবিবাহিত

back [bæk] *adj* পেছনে ▷ *adv* বিপরীত দিকে ▷ *n (part of body)* পিঠ ▷ *vi* পেছনের দিকে ▷ *n (rear)* পিছনে

backache ['bæk,eɪk] *n* পিঠে ব্যথা

backbone ['bæk,bəʊn] *n* মেরুদন্ড

backfire [,bæk'faɪə] *vi* অসফল হওয়া

background ['bæk,graʊnd] *n* পরিচয়

backing ['bækɪŋ] *n* সাহায্য

back out [bæk aʊt] *v* সরে আসা

backpack ['bæk,pæk] *n* পেছনে ঝোলানোর ব্যাগ

backpacker ['bæk,pækə] *n* পেছনে ঝোলা বয়ে নিয়ে যাওয়া ভ্রমণকারী

backpacking ['bæk,pækɪŋ] *n* ভ্রমণ

back pain [bæk peɪn] *n* পিঠের ব্যথা/কোমরের ব্যথা

backside [,bæk'saɪd] *n (informal)* শরীরের পেছনের অংশ

backslash ['bæk,slæʃ] *n* বাঁ দিকে হেলানো একটি চিহ্ন

backstroke ['bæk,strəʊk] *n* ব্যাকস্ট্রোক(সাঁতারের একটি ভঙ্গী)

back up [bæk ʌp] *v* সমর্থন করা

backup ['bækʌp] *n* সহায়ক

backwards ['bækwədz] *adv (in direction)* পিছনের দিকে; *(back to front)* উল্টোদিকে

bacon ['beɪkən] *n* লবণে জারিত শুয়োরের মাংস

bacteria [bæk'tɪərɪə] *npl* জীবাণু

bad [bæd] *adj (unpleasant)* খারাপ; *(wicked)* মন্দ

badge [bædʒ] *n* ব্যাজ

badger ['bædʒə] *n* একজাতীয় ক্ষুদ্র নিশাচর প্রাণী

badly ['bædlɪ] *adv* বাজে ভাবে

badminton ['bædmɪntən] *n* ব্যাডমিন্টন

bad-tempered [bæd'tɛmpəd] *adj* বদরাগী

baffled ['bæfld] *adj* বিভ্রান্ত

bag [bæg] *n* ব্যাগ/থলে

baggage ['bægɪdʒ] *n* মালপত্র

baggy ['bægɪ] *adj* ঢিলে-ঢালা পোষাক

bagpipes ['bæg,paɪps] *npl* হাওয়াবাদিত বাদ্যযন্ত্র

Bahamas [bə'hɑːməz] *npl* বাহামাস দ্বীপপুঞ্জ

Bahrain [bɑː'reɪn] *n* বাহারিন
bail [beɪl] *n* জামিন
bake [beɪk] *vi* সেঁকা
baked [beɪkt] *adj* সেঁকা খাবার
baked potato [beɪkt pə'teɪtəʊ] *n* সেঁকা আলু
baker ['beɪkə] *n* রুটিওয়ালা
bakery ['beɪkərɪ] *n* বেকারী
baking ['beɪkɪŋ] *n* রুটি তৈরী করার পদ্ধতি
baking powder ['beɪkɪŋ 'paʊdə] *n* বেকিং পাউডার
balance ['bæləns] *n* ভারসাম্য
balanced ['bælənst] *adj* সামঞ্জস্যপূর্ণ
balance sheet ['bæləns ʃiːt] *n* ব্যালেন্স শিট
balcony ['bælkənɪ] *n* ঝুলবারান্দা
bald [bɔːld] *adj* টেকো
Balkan ['bɔːlkən] *adj* বলকান উপদ্বীপ সম্বন্ধীয়
ball [bɔːl] *n* *(for playing with)* বল; *(dance)* বলনৃত্য
ballerina [,bælə'riːnə] *n* ব্যালে নর্তকী
ballet ['bæleɪ] *n* ব্যালে নৃত্য
ballet dancer ['bæleɪ 'dɑːnsə] *n* ব্যালে নর্তক/নর্তকী
ballet shoes ['bæleɪ ʃuːz] *npl* ব্যালে নৃত্যের জুতো
balloon [bə'luːn] *n* বেলুন
ballpoint ['bɔːlpɔɪnt] *n* বল পেন
ballroom dancing ['bɔːlrʊm 'dɑːnsɪŋ] *n* বলরুম নৃত্য
bamboo [bæm'buː] *n* বাঁশ
ban [bæn] *n* নিষিদ্ধ ▷ *vt* নিষিদ্ধ করা
banana [bə'nɑːnə] *n* কলা
band [bænd] *n* *(group of musicians)* ব্যান্ড; *(strip)* ফেট্টি
bandage ['bændɪdʒ] *n* ব্যান্ডেজ ▷ *vt* ব্যান্ডেজ করা
bang [bæŋ] *n* প্রচন্ড জোরে আওয়াজ ▷ *v* সজোরে ধাক্কা মারা
Bangladesh [,bɑːŋglə'dɛʃ] *n* বাংলাদেশ
Bangladeshi [,bɑːŋglə'dɛʃɪ] *adj* বাংলাদেশীয় ▷ *n* বাংলাদেশি
banister ['bænɪstə] *n* সিঁড়ির রেলিং
banjo ['bændʒəʊ] *n* একপ্রকার বাদ্যযন্ত্র
bank [bæŋk] *n* *(beside river)* নদীর পাড়; *(for money)* ব্যাঙ্ক
bank account [bæŋk ə'kaʊnt] *n* ব্যাঙ্ক অ্যাকাউন্ট
bank balance [bæŋk 'bæləns] *n* ব্যাঙ্ক ব্যালেন্স

bank charges [bæŋk 'tʃɑːdʒɪz] *npl* ব্যাঙ্ক চার্জেস

banker ['bæŋkə] *n* ব্যাঙ্কের উচ্চপদস্থ কর্মচারী

bank holiday [bæŋk 'hɒlɪdeɪ] *n* ব্যাঙ্কের ছুটির দিন

banknote ['bæŋk,nəʊt] *n* ব্যাঙ্কের নোট বা মুদ্রা

bankrupt ['bæŋkrʌpt] *adj* দেউলিয়া

bank statement [bæŋk 'steɪtmənt] *n* ব্যাঙ্ক স্টেটমেন্ট

banned [bænd] *adj* নিষিদ্ধ

bar [bɪ: eɪ] *n (metal or wooden)* গরাদ; *(pub)* শুঁড়িখানা

Barbados [bɑː'beɪdəʊs] *n* বার্বাডোজ দ্বীপ

barbaric [bɑː'bærɪk] *adj* বর্বর আচরণ

barbecue ['bɑːbɪ,kjuː] *n* মাংস ঝলসানোর উনুন

barbed wire [bɑːbd 'waɪə] *n* কাঁটা তার

barber ['bɑːbə] *n* নাপিত

bare [bɛə] *adj (naked)* খালি ▷ *vt* উন্মোচন করা ▷ *adj (empty)* ফাঁকা

barefoot ['bɛə,fʊt] *adj* খালি-পা ▷ *adv* খালি পায়ে

barely ['bɛəlɪ] *adv* খুব কম

bargain ['bɑːgɪn] *n* দরাদরি

barge [bɑːdʒ] *n* মালবাহী নৌকা

bark [bɑːk] *vi* চিৎকার করা, কুকুরের ডাক

barley ['bɑːlɪ] *n* বার্লি

barn [bɑːn] *n* গোলাবাড়ি

barrel ['bærəl] *n* পিপে

barrier ['bærɪə] *n* প্রতিবন্ধক

base [beɪs] *n* ভিত

baseball ['beɪs,bɔːl] *n* বেসবল

baseball cap ['beɪs,bɔːl kæp] *n* বেসবল টুপি

based [beɪst] *adj* ভিত্তি করে

basement ['beɪsmənt] *n* বাড়ির মাটির তলার অংশ

bash [bæʃ] *n (informal)* কোলাহলপূর্ণ অনুষ্ঠান ▷ *vt (informal)* সজোরে ধাক্কা মারা

basic ['beɪsɪk] *adj* মৌলিক

basically ['beɪsɪklɪ] *adv* মূলতঃ

basics ['beɪsɪks] *npl* প্রাথমিক

basil ['bæzl] *n* তুলসী

basin ['beɪsn] *n* খাদ্য বা পানীয় রাখার পাত্র

basis ['beɪsɪs] *n* ভিত্তি

basket ['bɑːskɪt] *n* ঝুড়ি

basketball ['bɑːskɪt,bɔːl] *n* বাস্কেটবল

Basque [bæsk] *adj* বাস্ক সম্বন্ধীয় ▷ *n* *(person)* পিরেনিজ পর্বতাঞ্চলের অধিবাসী; *(language)* বাস্ক ভাষা
bass [beɪs] *n* গম্ভীর গলার লোক
bass drum [beɪs drʌm] *n* ব্যাস ড্রাম বাদ্যযন্ত্র
bassoon [bə'suːn] *n* ব্যাসুন
bat [bæt] *n* *(for games)* ব্যাট; *(animal)* বাদুড়
bath [bɑːθ] *n* স্নানের পাত্র
bathe [beɪð] *vi* *(formal)* স্নান করা
bathing suit ['beɪðɪŋ suːt] *n* সাঁতার কাটার পরিধান
bathrobe ['bɑːθˌrəʊb] *n* স্নানের পরে পরার জন্য পরিধান
bathroom ['bɑːθˌruːm] *n* স্নানঘর
baths [bɑːθz] *npl* স্নানাগার
bath towel [bɑːθ 'taʊəl] *n* স্নান করার তোয়ালে
bathtub ['bɑːθˌtʌb] *n* স্নানের বড় গামলা
batter ['bætə] *n* ফেটানো ময়দা, ডিম ইত্যাদি
battery ['bætərɪ] *n* ব্যাটারী
battle ['bætl] *n* যুদ্ধ
battleship ['bætlˌʃɪp] *n* যুদ্ধজাহাজ
bay [beɪ] *n* উপসাগর
bay leaf [beɪ liːf] *n* তেজপাতা
BC [biː siː] *abbr* খ্রীষ্টপূর্ব
be [biː] *v* *(person, thing)* হওয়া; *(there)* থাকা
beach [biːtʃ] *n* সমুদ্রতট
bead [biːd] *n* পুঁতি
beak [biːk] *n* ঠোঁট
beam [biːm] *n* আলোকরশ্মি
bean [biːn] *n* বীন/শুঁটিযুক্ত ফলধারী লতা
beansprouts ['biːnspraʊts] *npl* অঙ্কুর
bear [bɛə] *n* ভাল্লুক ▷ *vt* *(literary)* বহন করা
beard [bɪəd] *n* দাড়ি
bearded ['bɪədɪd] *adj* শ্মশ্রুময়
bear up [bɛə ʌp] *v* ধৈর্য্য ধরা
beat [biːt] *n* তাল ▷ *vt* *(hit)* মারা; *(defeat)* হারিয়ে দেওয়া
beautiful ['bjuːtɪfʊl] *adj* সুন্দর
beautifully ['bjuːtɪflɪ] *adv* সুন্দরভাবে
beauty ['bjuːtɪ] *n* সৌন্দর্য
beauty salon ['bjuːtɪ 'sælɒn] *n* রূপচর্চার স্থান
beauty spot ['bjuːtɪ spɒt] *n* সুন্দর স্থান

beaver ['biːvə] *n* বড় ইঁদুরের মত ধারালো দাঁতওয়ালা প্রাণী
because [bɪ'kɒz] *conj* কারণ
become [bɪ'kʌm] *v* রুপান্তরিত হওয়া
bed [bɛd] *n* বিছানা
bed and breakfast [bɛd ənd 'brɛkfəst] *n* শোয়া এবং জলখাবার
bedclothes ['bɛd,kləʊðz] *npl* বিছানার চাদর
bedding ['bɛdɪŋ] *n* বিছানা
bed linen [bɛd 'lɪnɪn] *n* বিছানার চাদর এবং বালিশ
bedroom ['bɛd,ruːm] *n* শোয়ার ঘর
bedside lamp ['bɛd,saɪd læmp] *n* খাটসংলগ্ন ল্যাম্প
bedside table ['bɛd,saɪd 'teɪbl] *n* খাটসংলগ্ন টেবিল
bedsit ['bɛd,sɪt] *n* ছোট ঘর
bedspread ['bɛd,sprɛd] *n* বিছানার চাদর
bedtime ['bɛd,taɪm] *n* ঘুমানোর সময়
bee [biː] *n* মৌমাছি
beech [biːtʃ] *n* একধরণের গাছ
beef [biːf] *n* গরুর মাংস
beefburger ['biːf,bɜːgə] *n* রান্না করা গরুর মাংস
beeper ['bliːpə] *n (informal)* ফোনের শব্দ সৃষ্টি করার যন্ত্র
beer [bɪə] *n* বীয়ার
beetle ['biːtl] *n* গুবরেপোকা
beetroot ['biːt,ruːt] *n* বীট
before [bɪ'fɔː] *adv* আগে ▷ *conj* সামনে ▷ *prep* আগে
beforehand [bɪ'fɔː,hænd] *adv* পূর্ব থেকে
beg [bɛg] *v* ভিক্ষা করা
beggar ['bɛgə] *n* ভিক্ষুক
begin [bɪ'gɪn] *vt* শুরু করা
beginner [bɪ'gɪnə] *n* শিক্ষানবিশ
beginning [bɪ'gɪnɪŋ] *n* শুরু
behave [bɪ'heɪv] *vi (act)* আচরণ করা ▷ *vt (yourself)* ভালো আচরণ করা
behaviour [bɪ'heɪvjə] *n* আচরণ
behind [bɪ'haɪnd] *adv* পেছনে ▷ *n* পেছনের দিকে ▷ *prep* পিছনে
beige [beɪʒ] *adj* হালকা হলদে-বাদামী রঙ
Beijing ['beɪ'dʒɪŋ] *n* বেজিং
Belarus ['bɛlə,rʌs] *n* বেলারুস
Belarussian [,bɛləʊ'rʌʃən] *adj* বেলারুস সম্বন্ধীয় ▷ *n (person)* বেলারুসবাসী; *(language)* বেলারুসীয়

Belgian ['bɛldʒən] *adj* বেলজিয়াম সম্বন্ধীয় ▷ *n* বেলজিয়ামবাসী

Belgium ['bɛldʒəm] *n* বেলজিয়াম

belief [bɪ'liːf] *n* বিশ্বাস

believe [bɪ'liːv] *vt (formal)* বিশ্বাস করা ▷ *vi* বিশ্বাস রাখা

bell [bɛl] *n* ঘন্টা

belly ['bɛlɪ] *n* পেট

belly button ['bɛlɪ 'bʌtn] *n (informal)* নাভি

belong [bɪ'lɒŋ] *vi (should be)* যথাস্থানে থাকা; *(be a member)* কোন কিছুর অন্তর্ভুক্ত

belongings [bɪ'lɒŋɪŋz] *npl* জিনিষপত্র

belong to *v* কারোর নিজের হওয়া

below [bɪ'ləʊ] *adv* নীচে ▷ *prep* নীচে

belt [bɛlt] *n* বেল্ট

bench [bɛntʃ] *n* বেঞ্চ

bend [bɛnd] *n* বাঁক ▷ *vi* নুয়ে পড়া

bend down [bɛnd daʊn] *v* নীচে ঝোঁকা

bend over [bɛnd 'əʊvə] *v* কোন কিছুর ওপরে ঝোঁকা

beneath [bɪ'niːθ] *prep* তলায়

benefit ['bɛnɪfɪt] *n* সুবিধা ▷ *v* সুবিধা ভোগ করা

bent [bɛnt] *adj (not straight)* ঝোঁকানো; *(dishonest)* অসাধু

beret ['bɛreɪ] *n* নরম কাপড়ের তৈরী টুপি

berry ['bɛrɪ] *n* জাম

berth [bɜːθ] *n* ট্রেনে, জাহাজে ঘুমানোর স্থান

beside [bɪ'saɪd] *prep* পাশে

besides [bɪ'saɪdz] *adv* এছাড়াও ▷ *prep* ছাড়া

best [bɛst] *adj* সর্বশ্রেষ্ঠ ▷ *adv* শ্রেষ্ঠ

best-before date [,bɛstbɪ'fɔː deɪt] *n* তারিখের পূর্বে ব্যবহার সর্বাধিক উত্তম

best man [bɛst mæn] *n* বিবাহে শ্রেষ্ঠ ব্যক্তি

bestseller [,bɛst'sɛlə] *n* সর্বাধিক বিক্রয়

bet [bɛt] *n* বাজি ▷ *v* বাজি রাখা

betray [bɪ'treɪ] *vt* বিশ্বাসঘাতকতা করা

better ['bɛtə] *adj (more good)* উৎকৃষ্টতর ▷ *adv* অধিকতর ভালো ▷ *adj (well again)* সুস্থ বোধ করা

between [bɪ'twiːn] *prep* মধ্যে

bewildered [bɪ'wɪldəd] *adj* দ্বিধাগ্রস্ত

b

beyond [bɪ'jɒnd] *prep* ছাড়িয়ে

biased ['baɪəst] *adj* পক্ষপাতদুষ্ট

bib [bɪb] *n* নালপোষ

Bible ['baɪbl] *n* বাইবেল

bicarbonate of soda [baɪ'kɑːbənət əv 'səʊdə] *n* সোডা বাইকার্বোনেট

bicycle ['baɪsɪkl] *n* বাইসাইকেল

bicycle pump ['baɪsɪkl pʌmp] *n* বাইসাইকেল পাম্প

bid [bɪd] *n* নীলাম ▷ *v* নীলাম করা

bifocals [baɪ'fəʊklz] *npl* দুই ফোকাস যুক্ত চশমা

big [bɪg] *adj* বিরাট

bigheaded ['bɪg,hɛdɪd] *adj* বড় মাথাবিশিষ্ট

bike [baɪk] *n (informal)* বাইক

bikini [bɪ'kiːnɪ] *n* বিকিনি

bilingual [baɪ'lɪŋgwəl] *adj* দ্বৈভাষিক

bill [bɪl] *n (account)* বিল; *(in parliament)* আইনের খসড়া

billiards ['bɪljədz] *npl* বিলিয়ার্ড

billion ['bɪljən] *num* একশো কোটি

bin [bɪn] *n* আবর্জনা ফেলার পাত্র

bingo ['bɪŋgəʊ] *n* তাসের জুয়া

binoculars [bɪ'nɒkjʊləz] *npl* দূরবীন

biochemistry [,baɪəʊ'kɛmɪstrɪ] *n* জৈব রসায়ন

biodegradable [,baɪəʊdɪ'greɪdəbl] *adj* জীবাণুবিয়োজ্য

biography [baɪ'ɒgrəfɪ] *n* জীবনচরিত

biological [,baɪə'lɒdʒɪkl] *adj* জীববিদ্যাসংক্রান্ত

biology [baɪ'ɒlədʒɪ] *n* জীববিদ্যা

biometric [,baɪəʊ'mɛtrɪk] *adj* বায়োমেট্রিক

birch [bɜːtʃ] *n* ভুজাগাছ

bird [bɜːd] *n* পাখি

bird flu [bɜːd fluː] *n* বার্ড ফ্লু

bird of prey [bɜːd əv preɪ] *n* ঈগল জাতীয় পাখি

birdwatching ['bɜːd,wɒtʃɪŋ] *n* বন্য পাখিদের নিরীক্ষণ

Biro® ['baɪrəʊ] *n* বিরো®

birth [bɜːθ] *n* জন্ম

birth certificate [bɜːθ sə'tɪfɪkɪt] *n* জন্ম পরিচয়পত্র

birthday ['bɜːθ,deɪ] *n* জন্মদিন
birthplace ['bɜːθ,pleɪs] *n* *(written)* জন্মস্থান
biscuit ['bɪskɪt] *n* বিস্কুট
bit [bɪt] *n* অল্প
bitch [bɪtʃ] *n* মাদি কুকুর
bite [baɪt] *n* কামড় ▷ *v* কামড়ানো
bitter ['bɪtə] *adj* তিক্ত
black [blæk] *adj* কালো
blackberry ['blækbərɪ] *n* কালোজাম
BlackBerry® ['blækbərɪ] *n* ব্ল্যাকবেরি
blackbird ['blæk,bɜːd] *n* ব্ল্যাকবার্ড
blackboard ['blæk,bɔːd] *n* ব্ল্যাকবোর্ড
black coffee [blæk 'kɒfɪ] *n* কালো কফি
blackcurrant [,blæk'kʌrənt] *n* কালো কিসমিস
black ice [blæk aɪs] *n* রাস্তায় পড়ে থাকে বরফের টুকরো
blackmail ['blæk,meɪl] *n* গোপন তথ্য ফাঁস না করার বদলে টাকা নেওয়া ▷ *vt* গোপন তথ্য ফাঁস না করার বদলে
blackout ['blækaʊt] *n* যুদ্ধকালীন নিষ্প্রদীপ অবস্থা
bladder ['blædə] *n* মূত্রাশয়
blade [bleɪd] *n* ব্লেড
blame [bleɪm] *vt* দোষারোপ করা ▷ *n* দোষ
blank [blæŋk] *adj* খালি ▷ *n* শূন্যস্থান
blank cheque [blæŋk tʃek] *n* ফাঁকা চেক
blanket ['blæŋkɪt] *n* কম্বল
blast [blɑːst] *n* বিস্ফোরণ
blatant ['bleɪtnt] *adj* অশোভন
blaze [bleɪz] *n* অগ্নিকান্ড
blazer ['bleɪzə] *n* ব্লেজার
bleach [bliːtʃ] *n* সাদা এবং পরিস্কার করার রাসায়নিক
bleached [bliːtʃt] *adj* রং ফিকে হওয়া
bleak [bliːk] *adj* আনন্দহীন
bleed [bliːd] *vi* রক্তপাত
blender ['blɛndə] *n* মিশ্রক
bless [blɛs] *vt* আশীর্বাদ করা
blind [blaɪnd] *adj* অন্ধ
blindfold ['blaɪnd,fəʊld] *n* চোখের কালো পটি ▷ *vt* চোখে কালো পটি পরানো
blink [blɪŋk] *v* চোখ পিটপিট করা
bliss [blɪs] *n* আনন্দ
blister ['blɪstə] *n* জলফোস্কা
blizzard ['blɪzəd] *n* তুষারঝড়

block [blɒk] *n (rectangular piece)* কোন বস্তুর আয়তাকার টুকরো; *(buildings)* বিভাগ; *(obstruction)* বাধা ▷ *vt* রাস্তা অবরোধ করা
blockage ['blɒkɪdʒ] *n* আটক
blocked [blɒkt] *adj* বন্ধ
blog [blɒg] *v* ব্লগ লেখা
bloke [bləʊk] *n (informal)* পুরুষ
blonde [blɒnd] *adj* উজ্জ্বল চুল বা গায়ের রং বিশিষ্ট নারী
blood [blʌd] *n* রক্ত
blood group [blʌd gruːp] *n* রক্তের গ্রুপ
blood poisoning [blʌd 'pɔɪzənɪŋ] *n* রক্ত দূষণ
blood pressure [blʌd 'prɛʃə] *n* রক্তচাপ
blood test [blʌd tɛst] *n* রক্ত পরীক্ষা
blossom ['blɒsəm] *n* কুঁড়ি ▷ *vi* সফল হওয়া
blouse [blaʊz] *n* ব্লাউজ
blow [bləʊ] *n* আক্রমণ ▷ *vi (wind)* প্রবাহিত হওয়া ▷ *vt (person)* ফুঁ দেওয়া
blow-dry ['bləʊdraɪ] *n* চুল শোকানোর পদ্ধতি
blow up [bləʊ ʌp] *v* বিস্ফোরণ করা
blue [bluː] *adj* নীল
blueberry ['bluːbərɪ] *n* ব্লু বেরী
blues [bluːz] *npl* ব্লুজ
bluff [blʌf] *n* ধাপ্পা ▷ *v* ধাপ্পা দেওয়া
blunder ['blʌndə] *n* বিরাট বড় ভুল
blunt [blʌnt] *adj* বোকা, ভোঁতা
blush [blʌʃ] *vi* লজ্জা পাওয়া
blusher ['blʌʃə] *n* ব্লাশার
board [bɔːd] *n (directors)* বোর্ড/পর্যদ; *(of wood or plastic)* পাটাতন
boarder ['bɔːdə] *n* আবাসিক
board game [bɔːd geɪm] *n* বোর্ড-গেম
boarding school ['bɔːdɪŋ skuːl] *n* বোর্ডিং স্কুল
boast [bəʊst] *vi* গর্ব করা
boat [bəʊt] *n* নৌকা
body ['bɒdɪ] *n* দেহ
bodybuilding ['bɒdɪˌbɪldɪŋ] *n* শরীরচর্চা
bodyguard ['bɒdɪˌgɑːd] *n* দেহরক্ষী
bog [bɒg] *n* নরম মাটি
boil [bɔɪl] *vt (food)* ফোটানো ▷ *vi (water)* ফোটা
boiled [bɔɪld] *adj* সিদ্ধ

boiled egg [bɔɪld ɛg] *n* সিদ্ধ ডিম
boiler ['bɔɪlə] *n* বয়লার
boiling ['bɔɪlɪŋ] *adj* ফোটানো
boil over [bɔɪl 'əʊvə] *v* ফুটে ছিটকানো
Bolivia [bə'lɪvɪə] *n* বলিভিয়া
Bolivian [bə'lɪvɪən] *adj* বলিভিয়া সংক্রান্ত ▷ *n* বলিভিয়ার বাসিন্দা
bolt [bəʊlt] *n* বোল্ট
bomb [bɒm] *n* বোমা ▷ *vt* বোমাবাজি করা
bombing ['bɒmɪŋ] *n* বোমাবর্ষন
bond [bɒnd] *n* বন্ধন
bone [bəʊn] *n* হাড়
bone dry [bəʊn draɪ] *adj* খুব শুকনো
bonfire ['bɒn,faɪə] *n* কুটোর আগুন
bonnet ['bɒnɪt] *n (car)* বনেট
bonus ['bəʊnəs] *n* বোনাস
book [bʊk] *n* বই ▷ *vt* সংরক্ষণ করা
bookcase ['bʊk,keɪs] *n* বইয়ের তাক
booking ['bʊkɪŋ] *n* সংরক্ষণ
booklet ['bʊklɪt] *n* পুস্তিকা
bookmark ['bʊk,mɑːk] *n* বুকমার্ক
bookshelf ['bʊk,ʃɛlf] *n* বই রাখার তাক
bookshop ['bʊk,ʃɒp] *n* বইয়ের দোকান
boost [buːst] *vt* তুলে ধরা
boot [buːt] *n* জুতো
booze [buːz] *n (informal)* মদ
border ['bɔːdə] *n* সীমানা
bore [bɔː] *vt* একঘেঁয়েমি করে তোলা
bored [bɔːd] *adj* একঘেঁয়েমি
boredom ['bɔːdəm] *n* ক্লান্তিময় অবস্থা
boring ['bɔːrɪŋ] *adj* বিরক্তিকর
born [bɔːn] *adj* জন্মগত যোগ্যতা
borrow ['bɒrəʊ] *vt* ধার করা
Bosnia ['bɒznɪə] *n* বসনিয়া
Bosnia-Herzegovina [,bɒznɪəhɜːtsəgəʊ'viːnə] *n* বসনিয়া এবং হার্জেগোভিনা
Bosnian ['bɒznɪən] *adj* বসনিয়া সংক্রান্ত ▷ *n (person)* বসনিয়ার বাসিন্দা
boss [bɒs] *n* কর্মকর্তা
boss around [bɒs ə'raʊnd] *v* আদেশ দেওয়া
bossy ['bɒsɪ] *adj* প্রভুত্বপরায়ণ
both [bəʊθ] *det* উভয় ▷ *pron* উভয়

b

bother ['bɒðə] *v* বিরক্ত করা
Botswana [bʊ'tʃwɑːnə] *n* বটসোয়ানা
bottle ['bɒtl] *n* বোতল
bottle bank ['bɒtl bæŋk] *n* বোতল রাখার স্থান
bottle-opener ['bɒtl'əʊpənə] *n* বোতল খোলার জিনিষ
bottom ['bɒtəm] *adj* তলার দিকে ▷ *n (lowest part)* তলদেশ; *(part of body)* নিতম্ব
bounce [baʊns] *v* লাফানো
boundary ['baʊndərɪ] *n* সীমারেখা
bouquet ['buːkeɪ] *n* ফুলের তোড়া
bow [bəʊ] *n (weapon)* ধনুক; *(knot)* গিট ▷ [baʊ] *vi* মাথা ঝোঁকানো
bowels ['baʊəlz] *npl* অন্ত্র
bowl [bəʊl] *n* পাত্র
bowling ['bəʊlɪŋ] *n* বোলিং
bowling alley ['bəʊlɪŋ 'ælɪ] *n* বোলিং অ্যালি
bow tie [bəʊ taɪ] *n* বো-টাই
box [bɒks] *n* বাক্স
boxer ['bɒksə] *n* বক্সার
boxer shorts ['bɒksə ʃɔːts] *npl* ঢিলে হাফ প্যান্ট
boxing ['bɒksɪŋ] *n* মুষ্টিযুদ্ধ
box office [bɒks 'ɒfɪs] *n* টিকিট অফিস
boy [bɔɪ] *n* বালক
boyfriend ['bɔɪˌfrɛnd] *n* ছেলে বন্ধু
bra [brɑː] *n* বক্ষবন্ধনী
brace [breɪs] *n* বন্ধনী
bracelet ['breɪslɪt] *n* কবজি-বন্ধনী
braces ['breɪsɪz] *npl* জোড়া ফিতে
brackets ['brækɪts] *npl* বন্ধনী
brain [breɪn] *n* মস্তিষ্ক
brainy ['breɪnɪ] *adj (informal)* বুদ্ধিমান
brake [breɪk] *n* ব্রেক ▷ *v* ব্রেক কষা
brake light [breɪk laɪt] *n* ব্রেক লাইট
bran [bræn] *n* তুষ
branch [brɑːntʃ] *n* শাখা
brand [brænd] *n* ব্র্যান্ড
brand name [brænd neɪm] *n* ব্র্যান্ডের নাম
brand-new [brænd'njuː] *adj* আনকোরা নতুন
brandy ['brændɪ] *n* ব্র্যান্ডি
brass [brɑːs] *n* পিতল
brass band [brɑːs bænd] *n* পিতলের বাদ্যযন্ত্রের বাদক সম্প্রদায়

brat [bræt] *n (informal)* বাজে ছোকরা
brave [breɪv] *adj* সাহসী
bravery ['breɪvərɪ] *n* সাহসিকতা
Brazil [brə'zɪl] *n* ব্রাজিল
Brazilian [brə'zɪljən] *adj* ব্রাজিল সংক্রান্ত ▷ *n* ব্রাজিলের বাসিন্দা
bread [brɛd] *n* পাউরুটি
bread bin [brɛd bɪn] *n* পাউরুটি রাখার জায়গা
breadcrumbs ['brɛd,krʌmz] *npl* শুকনো পাউরুটি
bread roll [brɛd rəʊl] *n* ব্রেডরোল
break [breɪk] *n* ভাঙ্গা ▷ *v (smash)* ভেঙ্গে যাওয়া; *(stop working)* অকেজো হয়ে যাওয়া
break down [breɪk daʊn] *v* বিকল হয়ে যাওয়া
breakdown ['breɪkdaʊn] *n* অচল হয়ে যাওয়া
breakdown truck ['breɪk,daʊn trʌk] *n* অচল গাড়ী বয়ে নিয়ে যাওয়ার ট্রাক
breakdown van ['breɪk,daʊn væn] *n* অচল গাড়ী বয়ে নিয়ে যাওয়ার ভ্যান
breakfast ['brɛkfəst] *n* প্রাতঃরাশ
break in [breɪk ɪn] *v* তালা ভেঙে ঘরে ঢোকা
break-in ['breɪkɪn] *n* তালা ভেঙে ঘরে ঢুকেছে
break up [breɪk ʌp] *v* টুকরো হয়ে যাওয়া
breast [brɛst] *n* স্তন
breast-feed ['brɛst,fiːd] *v* স্তন্য পান করানো
breaststroke ['brɛst,strəʊk] *n* ব্রেস্ট স্ট্রোক
breath [brɛθ] *n* নিঃশ্বাস
Breathalyser® ['brɛθə,laɪzə] *n* ব্রেথালাইসার
breathe [briːð] *v* নিঃশ্বাস নেওয়া
breathe in [briːð ɪn] *v* নিঃশ্বাস গ্রহণ করা
breathe out [briːð aʊt] *v* নিঃশ্বাস বার করা
breathing ['briːðɪŋ] *n* শ্বাস-প্রশ্বাস
breed [briːd] *n* এক প্রজাতির প্রাণী ▷ *vt* বংশবৃদ্ধি করা
breeze [briːz] *n* মৃদু বাতাস
brewery ['brʊərɪ] *n* ভাটিখানা
bribe [braɪb] *vt* ঘুষ দেওয়া
bribery ['braɪbərɪ] *n* ঘুষ
brick [brɪk] *n* ইঁট
bricklayer ['brɪk,leɪə] *n* রাজমিস্ত্রী

bride [braɪd] *n* কনে

bridegroom ['braɪd,gruːm] *n* বর

bridesmaid ['braɪdz,meɪd] *n* কনের সহচরী

bridge [brɪdʒ] *n* সেতু

brief [briːf] *adj* স্বল্পস্থায়ী

briefcase ['briːf,keɪs] *n* ব্রিফকেস

briefing ['briːfɪŋ] *n* নির্দেশাবলী

briefly ['briːflɪ] *adv* সংক্ষিপ্তাকারে

briefs [briːfs] *npl* ছেলে বা মেয়েদের জাঙ্গিয়া

bright [braɪt] *adj (colour)* উজ্জ্বল; *(shining)* ঝলমলে

brilliant ['brɪljənt] *adj* মেধাবী

bring [brɪŋ] *vt* বহন করা

bring back [brɪŋ bæk] *v* ফিরিয়ে আনা

bring forward [brɪŋ 'fɔːwəd] *v* আগে নিয়ে যাওয়া

bring up [brɪŋ ʌp] *v* বড় করে তোলা

Britain ['brɪtn] *n* ব্রিটেন

British ['brɪtɪʃ] *adj* ব্রিটেন সংক্রান্ত ▷ *npl* ব্রিটেনের বাসিন্দা

broad [brɔːd] *adj* চওড়া

broadband ['brɔːd,bænd] *n* ব্রডব্যান্ড

broad bean [brɔːd biːn] *n* বরবটি

broadcast ['brɔːd,kɑːst] *n* সম্প্রচার ▷ *v* সম্প্রচার করা

broad-minded [brɔːd'maɪndɪd] *adj* খোলা মনের

broccoli ['brɒkəlɪ] *n* ব্রকোলি

brochure ['brəʊʃjʊə] *n* ইস্তাহার

broke [brəʊk] *adj (informal)* সর্বস্বান্ত

broken ['brəʊkən] *adj* খন্ডিত

broken down ['brəʊkən daʊn] *adj* ভাঙ্গা

broker ['brəʊkə] *n* দালাল

bronchitis [brɒŋ'kaɪtɪs] *n* ব্রঙ্কাইটিস

bronze [brɒnz] *n* কাঁসা

brooch [brəʊtʃ] *n* ব্রোচ

broom [bruːm] *n* ঝাড়ু

broth [brɒθ] *n* মাংসের ঝোল

brother ['brʌðə] *n* ভাই

brother-in-law ['brʌðə ɪn lɔː] *n* দেওর

brown [braʊn] *adj* বাদামী

brown bread [braʊn brɛd] *n* লাল পাউরুটি

brown rice [braʊn raɪs] *n* লাল চাল

browse [braʊz] *vi* ঘেঁটে দেখা

browser ['braʊzə] *n* ব্রাউজার
bruise [bruːz] *n* কালসিটে
brush [brʌʃ] *n* ব্রাশ ▷ *vt* ব্রাশ করা
Brussels sprouts ['brʌslz'spraʊts] *npl* বাঁধাকপির মত দেখতে সবজি
brutal ['bruːtl] *adj* নিষ্ঠুরভাবে
bubble ['bʌbl] *n* বুদবুদ
bubble bath ['bʌbl bɑːθ] *n* সাবান জলে স্নান
bubble gum ['bʌbl gʌm] *n* বাবল গাম
bucket ['bʌkɪt] *n* বালতি
buckle ['bʌkl] *n* আংটা
Buddha ['bʊdə] *n* বুদ্ধ
Buddhism ['bʊdɪzəm] *n* বৌদ্ধ ধর্ম
Buddhist ['bʊdɪst] *adj* বৌদ্ধ ধর্ম সংক্রান্ত ▷ *n* বৌদ্ধ
budgerigar ['bʌdʒərɪˌgɑː] *n* বাজরিগার
budget ['bʌdʒɪt] *n* বাজেট
budgie ['bʌdʒɪ] *n* *(informal)* বাজী
buffalo ['bʌfəˌləʊ] *n* মোষ
buffet ['bʊfeɪ] *n* স্বয়ং পরিবেশন ভোজ
buffet car ['bʊfeɪ kɑː] *n* বুফে গাড়ি
bug [bʌg] *n* *(informal)* ছারপোকা
bugged ['bʌgd] *adj* আড়ি পেতে শোনা পেতে শোনা
buggy ['bʌgɪ] *n* চাকা লাগানো মোড়া চেয়ার
build [bɪld] *vt* নির্মাণ করা
builder ['bɪldə] *n* নির্মাণকর্তা
building ['bɪldɪŋ] *n* ভবন
building site ['bɪldɪŋ saɪt] *n* নির্মাণস্থল
bulb [bʌlb] *n* *(plant)* কন্দ; *(electric)* বাল্ব
Bulgaria [bʌl'gɛərɪə] *n* বুলগেরিয়া
Bulgarian [bʌl'gɛərɪən] *adj* বুলগেরিয়া সংক্রান্ত ▷ *n* *(person)* বুলগেরিয়ার বাসিন্দা; *(language)* বুলগেরিয়ান ভাষা
bulimia [bjuː'lɪmɪə] *n* বুলিমিয়া
bull [bʊl] *n* ষাঁড়
bulldozer ['bʊlˌdəʊzə] *n* বুলডোজার
bullet ['bʊlɪt] *n* বুলেট
bulletin board ['bʊlɪtɪn bɔːd] *n* সংবাদ বিবৃতি বোর্ড
bully ['bʊlɪ] *n* মস্তান ▷ *vt* মস্তানি করা
bum [bʌm] *n* *(informal)* পাছা

b

bum bag [bʌm bæg] *n* বেল্টে লাগানো ছোট ব্যাগ
bumblebee ['bʌmbl,biː] *n* শুঁড়যুক্ত বড় মৌমাছি
bump [bʌmp] *n* ধাক্কা
bumper ['bʌmpə] *n* বাম্পার
bump into [bʌmp 'ɪntuː; 'ɪntə; 'ɪntʊ] *v (informal)* হঠাৎ দেখা হওয়া
bumpy ['bʌmpɪ] *adj* উঁচুনীচু
bun [bʌn] *n* ছোট গোলাকৃতি কেক
bunch [bʌntʃ] *n (informal)* দল
bungalow ['bʌŋgə,ləʊ] *n* বাংলো
bungee jumping ['bʌndʒɪ 'dʒʌmpɪŋ] *n* উঁচু স্থান থেকে লাফানো
bunion ['bʌnjən] *n* কুল আঁটি
bunk [bʌŋk] *n* বাংক
bunk beds [bʌŋk bɛdz] *npl* দুতলা বিছানা
buoy [bɔɪ] *n* নোঙর করা ভাসমান বস্তু
burden ['bɜːdn] *n* বোঝা
bureaucracy [bjʊə'rɒkrəsɪ] *n* আমলাতন্ত্র
bureau de change ['bjʊərəʊ də 'ʃɒnʒ] *n* বুরো ডে চেঞ্জ
burger ['bɜːgə] *n* বার্গার
burglar ['bɜːglə] *n* সিঁধকাটা চোর
burglar alarm ['bɜːglə ə'lɑːm] *n* চোরঘন্টি
burglary ['bɜːglərɪ] *n* সিঁধকেটে চুরি
burgle ['bɜːgl] *vt* সিঁধকেটে ঢোকা
Burmese [bɜː'miːz] *n (person)* বার্মার বাসিন্দা; *(language)* বার্মীজ ভাষা
burn [bɜːn] *n* পোড়ার ক্ষত ▷ *vi (be on fire)* জ্বলা ▷ *vt (damage with fire)* জ্বালিয়ে দেওয়া; *(yourself)* পুড়ে যাওয়া
burn down [bɜːn daʊn] *v* জ্বলে যাওয়া
burp [bɜːp] *n* ঢেঁকুর ▷ *vi* ঢেঁকুর তোলা
burst [bɜːst] *v* বিস্ফোরিত হওয়া
bury ['bɛrɪ] *vt* কবর দেওয়া
bus [bʌs] *n* বাস
bus conductor [bʌs kən'dʌktə] *n* বাস কন্ডাকটর
bush [bʊʃ] *n (cluster of shrubs)* ঝোপ-ঝাড়; *(shrub)* গুল্ম
business ['bɪznɪs] *n* ব্যবসায়
businessman ['bɪznɪs,mæn] *n* ব্যবসায়ী

businesswoman ['bɪznɪsˌwʊmən] *n* মহিলা ব্যবসায়ী
busker ['bʌskə] *n* রাস্তার গায়ক
bus station [bʌs 'steɪʃn] *n* বাস স্টেশন
bus stop [bʌs stɒp] *n* বাস স্টপ
bust [bʌst] *n* মাথা এবং বুকের মূর্তি
bus ticket [bʌs 'tɪkɪt] *n* বাস টিকিট
busy ['bɪzɪ] *adj (person)* ব্যস্ত; *(place)* জনবহুল
busy signal ['bɪzɪ 'sɪgnəl] *n* ব্যস্ত সিগনাল
but [bʌt] *conj* কিন্তু
butcher ['bʊtʃə] *n (person)* কসাই; ['bʊtʃəz] *n (shop)* কসাইয়ের দোকান
butter ['bʌtə] *n* মাখন
buttercup ['bʌtəˌkʌp] *n* ঝুমকো লতা
butterfly ['bʌtəˌflaɪ] *n* প্রজাপতি
buttocks ['bʌtəkz] *npl* নিতম্ব
button ['bʌtn] *n* বোতাম
buy [baɪ] *vt* কেনা
buyer ['baɪə] *n* ক্রেতা
buyout ['baɪˌaʊt] *n* বিক্রিত কোম্পানী
by [baɪ] *prep* দ্বারা
bye! [baɪ] *excl (informal)* বিদায়
bye-bye! [ˌbaɪ'baɪ] *excl (informal)* বিদায় সম্ভাষণ
bypass ['baɪˌpɑːs] *n* বাইপাস

C

cab [kæb] *n* ট্যাক্সি
cabbage ['kæbɪdʒ] *n* বাঁধাকপি
cabin ['kæbɪn] *n* কেবিন
cabin crew ['kæbɪn kruː] *n* বিমানসেবক
cabinet ['kæbɪnɪt] *n* আলমারি
cable ['keɪbl] *n* কেবল/প্ল্যাস্টিক মোড়া ইলেকট্রিকের তার
cable car ['keɪbl kɑː] *n* কেবলচালিত গাড়ী
cable television ['keɪbl 'tɛlɪˌvɪʒn] *n* কেবল টিভি
cactus ['kæktəs] *n* ক্যাকটাস/কাঁটাওয়ালা গাছ
cadet [kə'dɛt] *n* সশস্ত্রবাহিনী/পুলিস-প্রশিক্ষণপ্রাপ্ত ছেলে/পুলিস-প্রশিক্ষণপ্রাপ্ত মেয়ে
café ['kæfeɪ] *n* রেস্তোঁরা

C

cafeteria [ˌkæfɪˈtɪərɪə] *n* স্বয়ংপরিবেশন রেস্তোঁরা
caffeine [ˈkæfiːn] *n* ক্যাফিন
cage [keɪdʒ] *n* খাঁচা
cagoule [kəˈguːl] *n* হালকা ওজনের হাঁটু পর্যন্ত ঢাকা বর্ষাতি
cake [keɪk] *n* কেক
calcium [ˈkælsɪəm] *n* ক্যালসিয়াম
calculate [ˈkælkjʊˌleɪt] *vt* গণনা করা
calculation [ˌkælkjʊˈleɪʃən] *n* গণনা
calculator [ˈkælkjʊˌleɪtə] *n* যন্ত্রগণক
calendar [ˈkælɪndə] *n* ক্যালেন্ডর/ তারিখ, দিন সম্বলিত তালিকা
calf [kɑːf] *n* *(young cow)* বাছুর; *(leg)* পায়ের ডিম
call [kɔːl] *n* টেলিফোন করা ▷ *vt* *(name)* ডাকা ▷ *v* *(shout)* চিৎকার করে ডাকা; *(telephone)* টেলিফোন করা
call back [kɔːl bæk] *v* টেলিফোনের প্রত্যুত্তর
call box [kɔːl bɒks] *n* জনগণের জন্য টেলিফোন
call centre [kɔːl ˈsɛntə] *n* কলসেন্টার
call for [kɔːl fɔː] *v* দাবি করা
call off [kɔːl ɒf] *v* বাতিল করা
calm [kɑːm] *adj* শান্ত
calm down [kɑːm daʊn] *v* শান্ত করা/শান্ত হওয়া
calorie [ˈkælərɪ] *n* ক্যালোরি
Cambodia [kæmˈbəʊdɪə] *n* কাম্বোডিয়া
Cambodian [kæmˈbəʊdɪən] *adj* কাম্বোডিয়ার সাথে সম্পর্কযুক্ত ▷ *n (person)* কাম্বোডিয়া-বাসী
camcorder [ˈkæmˌkɔːdə] *n* ক্যাম-কর্ডার/বহনযোগ্য ভিডিও ক্যামেরা
camel [ˈkæməl] *n* উট
camera [ˈkæmərə] *n* ক্যামেরা
cameraman [ˈkæmərəˌmæn] *n* চিত্রগ্রাহক/ক্যামেরা-ম্যান
camera phone [ˈkæmərəfəun] *n* মোবাইল ক্যামেরা-ফোন
Cameroon [ˌkæməˈruːn] *n* ক্যামেরুন
camp [kæmp] *n* শিবির/ ছাউনি ▷ *vi* ছাউনি ফেলা
campaign [kæmˈpeɪn] *n* অভিযান
camp bed [kæmp bɛd] *n* বহনযোগ্য খাট
camper [ˈkæmpə] *n* ক্যাম্পার
camping [ˈkæmpɪŋ] *n* ছাউনিতে থাকা

campsite ['kæmp,saɪt] *n* ছাউনিস্থল
campus ['kæmpəs] *n* বিশ্ববিদ্যালয় বা কলেজ চত্বর
can [kæn] *v* করতে পারা ▷ *n* কৌটো
Canada ['kænədə] *n* কানাডা
Canadian [kə'neɪdɪən] *adj* কানাডার সঙ্গে সম্পর্কিত ▷ *n* কানাডা-বাসী
canal [kə'næl] *n* খাল
Canaries [kə'nɛəriːz] *npl* ক্যানারিস দ্বীপপুঞ্জ
canary [kə'nɛərɪ] *n* ক্যানারি
cancel ['kænsl] *v* বাতিল করা
cancellation [,kænsɪ'leɪʃən] *n* বাতিল
Cancer ['kænsə] *n (sign of zodiac)* বৃশ্চিক রাশি
cancer ['kænsə] *n (illness)* ক্যান্সার
candidate ['kændɪ,deɪt] *n* প্রার্থী
candle ['kændl] *n* মোমবাতি
candlestick ['kændl,stɪk] *n* মোমবাতিদানি
candyfloss ['kændɪ,flɒs] *n* হাওয়া-মিঠাই
canister ['kænɪstə] *n* ক্যানেস্তারা
canned [kænd] *adj* সংরক্ষিত
canoe [kə'nuː] *n* ডিঙ্গি নৌকা
canoeing [kə'nuːɪŋ] *n* ডিঙ্গি নৌকার প্রতিযোগিতা
can opener [kæn 'əʊpənə] *n* বোতল খোলার যন্ত্র
canteen [kæn'tiːn] *n* ক্যানটিন/ভোজনালয়
canter ['kæntə] *vi* ঘোড়ার স্বচ্ছন্দ দৌড়
canvas ['kænvəs] *n* একধরণের মোটা কাপড়
canvass ['kænvəs] *vi* প্রচার
cap [kæp] *n* টুপি
capable ['keɪpəbl] *adj* সমর্থ
capacity [kə'pæsɪtɪ] *n* সামর্থ্য
capital ['kæpɪtl] *n (money)* মূলধন; *(city)* রাজধানী; *(letter)* বড়হাতের অক্ষর
capitalism ['kæpɪtə,lɪzəm] *n* পুঁজিবাদ
capital punishment ['kæpɪtl 'pʌnɪʃmənt] *n* মৃত্যুদন্ড
Capricorn ['kæprɪ,kɔːn] *n* মকর রাশি
capsize [kæp'saɪz] *v* নৌকা উলটে যাওয়া
capsule ['kæpsjuːl] *n* ক্যাপসুল
captain ['kæptɪn] *n* ক্যাপটেন
caption ['kæpʃən] *n* শিরোনাম

capture ['kæptʃə] *vt* আটক
car [kɑː] *n* মোটরগাড়ী
carafe [kə'ræf] *n* জল দেওয়ার পাত্র/ মদ দেওয়ার পাত্র
caramel ['kærəməl] *n* ক্যারামেল
carat ['kærət] *n* সোনা/হীরার বিশুদ্ধতার পরিমাপ
caravan ['kærə,væn] *n* ক্যারাভ্যান
carbohydrate [,kɑːbəʊ'haɪdreɪt] *n* শর্করা
carbon ['kɑːbn] *n* অঙ্গার
carbon footprint ['kɑːbən 'fʊt,prɪnt] *n* পরিবেশে কার্বন-ডাই-অক্সাইডের পরিমাপক
carburettor [,kɑːbjʊ'rɛtə] *n* কার্বরেটর
card [kɑːd] *n (greetings card)* কার্ড; *(stiff paper)* কার্ড; *(playing card)* তাস
cardboard ['kɑːd,bɔːd] *n* শক্ত কাগজের বোর্ড
cardigan ['kɑːdɪgən] *n* বোতামওয়ালা উলের পোশাক
cardphone ['kɑːdfəʊn] *n* কার্ড-ফোন
care [kɛə] *n* যত্ন ▷ *vi (be concerned)* যত্ন নেওয়া; *(look after)* দেখভাল করা
career [kə'rɪə] *n* পেশা
careful ['kɛəfʊl] *adj* সতর্ক
carefully ['kɛəfʊlɪ] *adv* সতর্কভাবে
careless ['kɛəlɪs] *adj* অসতর্ক
caretaker ['kɛə,teɪkə] *n* দেখভাল করেন যিনি
car ferry [kɑː 'fɛrɪ] *n* গাড়ী পারাপারের নৌকা
cargo ['kɑːgəʊ] *n* মালপত্র
car hire [kɑː haɪə] *n* ভাড়া গাড়ী
Caribbean [,kærɪ'biːən] *adj* ক্যারিবিয়ান দ্বীপপুঞ্জের সঙ্গে সম্পর্কিত ▷ *n* ক্যারিবিয়ান সাগর
caring ['kɛərɪŋ] *adj* দরদী
car insurance [kɑː ɪn'ʃʊərəns] *n* গাড়ির বিমা
car keys [kɑː kiːz] *npl* গাড়ির চাবি
carnation [kɑː'neɪʃən] *n* একপ্রকারের গাছ
carnival ['kɑːnɪvl] *n* খ্রীষ্টানদের উৎসব
carol ['kærəl] *n* খ্রীষ্টধর্মের গান
car park [kɑː pɑːk] *n* গাড়ী রাখবার জায়গা
carpenter ['kɑːpɪntə] *n* ছুতোর
carpentry ['kɑːpɪntrɪ] *n* কাঠের কাজ
carpet ['kɑːpɪt] *n* কার্পেট

car rental [kɑː 'rɛntl] *n* গাড়ী-ভাড়া
carriage ['kærɪdʒ] *n* রেলগাড়ী
carrier bag ['kærɪə bæg] *n* প্ল্যাস্টিকের ব্যাগ
carrot ['kærət] *n* গাজর
carry ['kærɪ] *vt* বহন করা
carrycot ['kærɪˌkɒt] *n* হাতলওয়ালা শিশুদের খাট
carry on ['kærɪ ɒn] *v* চালিয়ে যাওয়া
carry out ['kærɪ aʊt] *v* নির্দেশমত কাজ করা
cart [kɑːt] *n* গরুর গাড়ী
carton ['kɑːtn] *n* কার্ডবোর্ড/কাগজের বক্স
cartoon [kɑː'tuːn] *n* *(drawing)* কার্টুন; *(film)* কার্টুন ফিল্ম
cartridge ['kɑːtrɪdʒ] *n* কার্তুজ
carve [kɑːv] *v* বেঁকানো
car wash [kɑː wɒʃ] *n* গাড়ী ধোওয়ার জায়গা
case [keɪs] *n* *(situation)* ক্ষেত্র; *(container)* বাক্স
cash [kæʃ] *n* নগদ
cash dispenser [kæʃ dɪ'spɛnsə] *n* নগদ-পরিবেশক
cashew ['kæʃuː] *n* কাজু
cashier [kæ'ʃɪə] *n* কোষাধ্যক্ষ
cashmere ['kæʃmɪə] *n* সূক্ষ্ম নরম উল
cash register [kæʃ 'rɛdʒɪstə] *n* নগদ নিবন্ধকরণের যন্ত্র
casino [kə'siːnəʊ] *n* ক্যাসিনো
casserole ['kæsəˌrəʊl] *n* তরল রাখবার পাত্র
cassette [kæ'sɛt] *n* ক্যাসেট
cast [kɑːst] *n* নাটকের চরিত্র
castle ['kɑːsl] *n* দুর্গ
casual ['kæʒjʊəl] *adj* ঘরোয়া
casually ['kæʒjʊəlɪ] *adv* ঘরোয়াভাবে
casualty ['kæʒjʊəltɪ] *n* দুর্ঘটনায় আহত/দুর্ঘটনায় নিহত
cat [kæt] *n* বিড়াল
catalogue ['kætəˌlɒg] *n* ক্যাটালগ/জিনিসের তালিকা
catalytic converter [ˌkætə'lɪtɪk kən'vɜːtə] *n* গাড়ীর থেকে নির্গত দূষণ কম করবার সরঞ্জামবিশেষ
cataract ['kætəˌrækt] *n* *(waterfall)* জলপ্রপাত; *(in eye)* চোখের ছানি
catarrh [kə'tɑː] *n* সর্দি, নাসিকা ও গলার প্রদাহ
catastrophe [kə'tæstrəfɪ] *n* আচমকা বিপর্যয়

catch [kætʃ] vt (capture) ধরা; (ball) লুফে নেওয়া; (bus, train) ধরা; (illness) অসুখে পড়া

catching ['kætʃɪŋ] adj ছোঁয়াচে

catch up [kætʃ ʌp] v ছুঁয়ে ফেলা

category ['kætɪgərɪ] n শ্রেণীবিভাগ

catering ['keɪtərɪŋ] n খাদ্য সরবরাহের ব্যবসা

caterpillar ['kætə‚pɪlə] n শুঁয়োপোকা

cathedral [kə'θiːdrəl] n বড় গির্জা

cattle ['kætl] npl গবাদি পশু

Caucasus ['kɔːkəsəs] n ককেশাস পর্বতমালা

cauliflower ['kɒlɪ‚flaʊə] n ফুলকপি

cause [kɔːz] n (event) কারণ; (aim) উদ্দেশ্য ▷ vt খারাপ কিছু ঘটা

caution ['kɔːʃən] n সাবধানতা

cautious ['kɔːʃəs] adj সাবধান

cautiously ['kɔːʃəslɪ] adv সাবধানভাবে

cave [keɪv] n গুহা

CCTV [siː siː tiː viː] abbr সিসিটিভি/ "ক্লোজড সার্কিট টেলিভিশন"

CD [siː diː] n সিডি

CD burner [siː diː 'bɜːnə] n সিডি-কপি করার যন্ত্র

CD player [siː diː 'pleɪə] n সিডি বাজানোর যন্ত্র

CD-ROM [siː diː 'rɒm] n সিডি-রোম

ceasefire ['siːs‚faɪə] n সাময়িক যুদ্ধবিরতির ব্যবস্থা

ceiling ['siːlɪŋ] n ছাদ

celebrate ['sɛlɪ‚breɪt] v উৎসব পালন করা

celebration ['sɛlɪ‚breɪʃən] n উৎসব পালন

celebrity [sɪ'lɛbrɪtɪ] n বিখ্যাত ব্যক্তি

celery ['sɛlərɪ] n স্যালাডের সেলেরি

cell [sɛl] n কোষ

cellar ['sɛlə] n সেলার/মাটির নিচে ঘর

cello ['tʃɛləʊ] n সেলো/ একপ্রকার বাদ্যবিশেষ

cement [sɪ'mɛnt] n সিমেন্ট

cemetery ['sɛmɪtrɪ] n কবরখানা

census ['sɛnsəs] n জনগণনা

cent [sɛnt] n সেন্ট

centenary [sɛn'tiːnərɪ] n শতবার্ষিকী

centimetre ['sɛntɪˌmiːtə] *n* সেন্টিমিটার
central ['sɛntrəl] *adj* কেন্দ্রীয়
Central African Republic ['sɛntrəl 'æfrɪkən rɪ'pʌblɪk] *n* মধ্য-আফ্রিকান প্রজাতন্ত্র
Central America ['sɛntrəl ə'mɛrɪkə] *n* মধ্য-আমেরিকা
central heating ['sɛntrəl 'hiːtɪŋ] *n* কেন্দ্রীয় তাপ পরিবহন ব্যবস্থা
centre ['sɛntə] *n* কেন্দ্র
century ['sɛntʃərɪ] *n* শতবর্ষ
CEO [siː iː əʊ] *abbr* সি.ই.ও./"চিফ এক্সিকিউটিভ অফিসার"
ceramic [sɪ'ræmɪk] *adj* চিনামাটির তৈরী
cereal ['sɪərɪəl] *n (breakfast food)* শস্যদানা থেকে তৈরি খাবার; *(plants)* শস্যদানা
ceremony ['sɛrɪmənɪ] *n* সামাজিক অনুষ্ঠান
certain ['sɜːtn] *adj* নিশ্চিত
certainly ['sɜːtnlɪ] *adv* নিশ্চিতভাবে
certainty ['sɜːtntɪ] *n* নিশ্চয়তা
certificate [sə'tɪfɪkɪt] *n* শংসাপত্র
Chad [tʃæd] *n* চ্যাড/ উত্তর-মধ্য আফ্রিকার একটি প্রজাতন্ত্র
chain [tʃeɪn] *n* শৃঙ্খল
chair [tʃɛə] *n (seat)* চেয়ার
chairlift ['tʃɛəˌlɪft] *n* চেয়ার-লিফট/ পাহাড়ী জায়গায় এর সাহায্যে মানুষ ওঠানামা করে
chairman ['tʃɛəmən] *n* সভাপতি
chalk [tʃɔːk] *n* খড়ি
challenge ['tʃælɪndʒ] *n* চ্যালেঞ্জ/সাহস ও ঝুঁকি ▹ *vt* প্রশ্ন করা/চ্যালেঞ্জ গ্রহণ করা
challenging ['tʃælɪndʒɪŋ] *adj* সাহসিকতাপূর্ণ/ ঝুঁকিপূর্ণ
chambermaid ['tʃeɪmbəˌmeɪd] *n* হোটেলের পরিচারিকা
champagne [ʃæm'peɪn] *n* ফরাসী ওয়াইন
champion ['tʃæmpɪən] *n* শ্রেষ্ঠ প্রতিযোগি/প্রথমশ্রেণীর বিজয়ী
championship ['tʃæmpɪənˌʃɪp] *n* প্রতিযোগিতা
chance [tʃɑːns] *n* সুযোগ
change [tʃeɪndʒ] *n (alteration)* পরিবর্তন ▹ *vi (put on different clothes)* পোষাক পরিবর্তন করা ▹ *v (become different)* বদলানো ▹ *n (money)* মূল্যফেরত

changeable ['tʃeɪndʒəbl] *adj* পরিবর্তনযোগ্য
changing room ['tʃeɪndʒɪŋ rʊm] *n* পোশাক পরিবর্তনের ঘর
channel ['tʃænl] *n* চ্যানেল/ টিভির চ্যানেল
chaos ['keɪɒs] *n* চূড়ান্ত বিশৃঙ্খলা
chaotic ['keɪ'ɒtɪk] *adj* চূড়ান্ত বিশৃঙ্খলাযুক্ত
chap [tʃæp] *n (informal)* ছোট ছেলে বা লোক
chapel ['tʃæpl] *n* চ্যাপেল/ খ্রীষ্টানদের ব্যক্তিগত প্রার্থনাঘর
chapter ['tʃæptə] *n* অধ্যায়
character ['kærɪktə] *n (personality)* চরিত্র; *(in story or film)* গল্পের অথবা ফিল্মের চরিত্র
characteristic [ˌkærɪktə'rɪstɪk] *n* বৈশিষ্ট্য
charcoal ['tʃɑːˌkəʊl] *n* কাঠকয়লা
charge [tʃɑːdʒ] *n (price)* মূল্য; *(crime)* অভিযোগে; *(electrical)* বিদ্যুৎশক্তির পরিমাণ বোঝাতে ▷ *v (ask to pay)* মূল্য ধার্য করা ▷ *vt (police)* অভিযোগে দায়ী করা; *(battery)* বিদ্যুৎশক্তি পরিবাহিত হওয়া
charger ['tʃɑːdʒə] *n* যা দিয়ে চার্জ করা হয়
charity ['tʃærɪtɪ] *n* দাতব্য প্রতিষ্ঠান
charity shop ['tʃærɪtɪ ʃɒp] *n* সস্তার বিপণি
charm [tʃɑːm] *n* মাধুর্য্য
charming ['tʃɑːmɪŋ] *adj* মধুর
chart [tʃɑːt] *n* তথ্যতালিকা
chase [tʃeɪs] *n* পশ্চাদ্ধাবন ▷ *vt* পশ্চাদ্ধাবন করা
chat [tʃæt] *n* চ্যাট/ হালকা কথাবার্তা ▷ *vi* চ্যাট/ হালকা কথাবার্তা বলা
chatroom ['tʃætˌruːm] *n* ইন্টারনেটের চ্যাটরুম
chat show [tʃæt ʃəʊ] *n* চ্যাট শো/ হালকা কথাবার্তা বলার শো
chauffeur ['ʃəʊfə] *n* ব্যক্তিগত ড্রাইভার
chauvinist ['ʃəʊvɪˌnɪst] *n* পুরুষদের শ্রেষ্ঠতায় বিশ্বাসী
cheap [tʃiːp] *adj* সস্তা
cheat [tʃiːt] *n* ঠগ ▷ *vi* ঠকানো
Chechnya ['tʃɛtʃnjə] *n* চেচনিয়া
check [tʃɛk] *n* নিয়ন্ত্রণ ▷ *v* পরীক্ষা করা
checked [tʃɛkt] *adj* দুই রঙ এর চৌকো ডিজাইন
check in [tʃɛk ɪn] *v* চেক-ইন/ নাম-ঠিকানা নিবন্ধকরণ

check out [tʃɛk aʊt] *v* হোটেলের বিল মেটানো
checkout ['tʃɛkaʊt] *n* বিলপ্রদান
check-up ['tʃɛkʌp] *n* শারীরিক পরীক্ষা
cheek [tʃiːk] *n* গাল
cheekbone ['tʃiːkˌbəʊn] *n* গালের হাড়
cheeky ['tʃiːkɪ] *adj* বিনয়ী
cheer [tʃɪə] *n* আনন্দের চিৎকার ▷ *v* আনন্দে চিৎকার করা
cheerful ['tʃɪəfʊl] *adj* উৎফুল্ল
cheerio! ['tʃɪərɪ'əʊ] *excl* *(informal)* বিদায়ধ্বনি
cheers! [tʃɪəz] *excl* চিয়ার্স/ মদ্যপায়ীরা এই শব্দটি বলে মদ্যপান শুরু করে।
cheese [tʃiːz] *n* দুগ্ধজাত জিনিস
chef [ʃɛf] *n* হোটেলের পাচক
chemical ['kɛmɪkl] *n* রাসায়নিক বস্তু
chemist ['kɛmɪst] *n* *(person)* রসায়নবিদ্; *(shop)* ওষুধের দোকান
chemistry ['kɛmɪstrɪ] *n* রসায়ন
cheque [tʃɛk] *n* ব্যাঙ্কের চেক
chequebook ['tʃɛkˌbʊk] *n* ব্যাঙ্কের চেকবই
cherry ['tʃɛrɪ] *n* চেরীফল
chess [tʃɛs] *n* দাবা
chest [tʃɛst] *n* *(part of body)* বক্ষস্থল; *(box)* সিন্দুক
chestnut ['tʃɛsˌnʌt] *n* বাদাম
chest of drawers [tʃɛst əv drɔːz] *n* ড্রয়ারওয়ালা আলমারি
chew [tʃuː] *v* চিবানো
chewing gum ['tʃuːɪŋ gʌm] *n* চিউইং গাম/ চিবানোর মিষ্টি গাম
chick [tʃɪk] *n* মুরগীর বাচ্ছা
chicken ['tʃɪkɪn] *n* *(bird)* মুরগী; *(meat)* মুরগীর মাংস
chickenpox ['tʃɪkɪnˌpɒks] *n* বসন্ত রোগ
chickpea ['tʃɪkˌpiː] *n* ছোলার ডাল
chief [tʃiːf] *adj* মুখ্য ▷ *n* প্রধান
child [tʃaɪld] *n* শিশু
childcare ['tʃaɪldˌkɛə] *n* শিশুর যত্ন
childhood ['tʃaɪldhʊd] *n* শৈশব
childish ['tʃaɪldɪʃ] *adj* শিশুসুলভ
childminder ['tʃaɪldˌmaɪndə] *n* শিশু-পালক/ শিশু-পালয়িত্রী
Chile ['tʃɪlɪ] *n* চিলি

Chilean ['tʃɪlɪən] *adj* চিলির সাথে সম্পর্কিত ▷ *n* চিলির অধিবাসী
chill [tʃɪl] *v* ঠান্ডা করা
chilli ['tʃɪlɪ] *n* লঙ্কা
chilly ['tʃɪlɪ] *adj* অসহ্য ঠান্ডা
chimney ['tʃɪmnɪ] *n* চিমনি
chimpanzee [ˌtʃɪmpæn'ziː] *n* শিম্পাঞ্জি
chin [tʃɪn] *n* থুতনি
China ['tʃaɪnə] *n* চীন প্রজাতন্ত্র
china ['tʃaɪnə] *n* চীনামাটি
Chinese [tʃaɪ'niːz] *adj* চীনের সাথে সম্পর্কিত ▷ *n (person)* চীন-বাসী; *(language)* চীনা ভাষা
chip [tʃɪp] *n (small piece)* ছোট টুকরো; *(electronic)* সিলিকনের ছোট টুকরো ▷ *vt* টুকরো করা
chips [tʃɪps] *npl (potatoes)* আলুভাজা
chiropodist [kɪ'rɒpədɪst] *n* পায়ের চিকিৎসক
chisel ['tʃɪzl] *n* ছেনি
chives *npl* পেঁয়াজের মত গন্ধবিশিষ্ট গুল্ম
chlorine ['klɔːriːn] *n* একপ্রকার গ্যাস
chocolate ['tʃɒkəlɪt] *n* কোকো বীজের তৈরী মিষ্টান্ন
choice [tʃɔɪs] *n* পছন্দ
choir [kwaɪə] *n* সমবেত গায়কবৃন্দ
choke [tʃəʊk] *v* শ্বাসরোধ হওয়া
cholesterol [kə'lɛstəˌrɒl] *n* কোলেস্টেরল
choose [tʃuːz] *v* বাছাই করা
chop [tʃɒp] *n* মাংসের ছোট টুকরো ▷ *vt* ছোট টুকরো করা
chopsticks ['tʃɒpstɪks] *npl* চীনার খাবার কাঠি
chosen ['tʃəʊzn] *adj* বাছাই করা হয়েছে
Christ [kraɪst] *n* যীশু খ্রীষ্ট
Christian ['krɪstʃən] *adj* খ্রীষ্টধর্মের সাথে সম্পর্কিত ▷ *n* যীশুর অনুগামী
Christianity [ˌkrɪstɪ'ænɪtɪ] *n* খ্রীষ্টধর্ম
Christmas ['krɪsməs] *n* বড়দিন
Christmas card ['krɪsməs kɑːd] *n* বড়দিনের শুভেচ্ছা কার্ড
Christmas Eve ['krɪsməs iːv] *n* প্রাক্-বড়দিন
Christmas tree ['krɪsməs triː] *n* খ্রীষ্টমাসে সাজানোর গাছ
chrome [krəʊm] *n* ক্রোমিয়াম
chronic ['krɒnɪk] *adj* দুরারোগ্য

chrysanthemum [krɪˈsænθəməm] *n* চন্দ্রমল্লিকা ফুল
chubby [ˈtʃʌbɪ] *adj* মোটাসোটা
chunk [tʃʌŋk] *n* খন্ড
church [tʃɜːtʃ] *n* গীর্জা
cider [ˈsaɪdə] *n* সিডার/আপেল থেকে প্রস্তুত সুরা
cigar [sɪˈɡɑː] *n* চুরুট
cigarette [ˌsɪɡəˈrɛt] *n* সিগারেট
cigarette lighter [ˌsɪɡəˈrɛt ˈlaɪtə] *n* সিগারেট ধরাবার সরঞ্জাম
cinema [ˈsɪnɪmə] *n* সিনেমা
cinnamon [ˈsɪnəmən] *n* দারুচিনি
circle [ˈsɜːkl] *n* চক্র
circuit [ˈsɜːkɪt] *n* বর্তনী
circular [ˈsɜːkjʊlə] *adj* চক্রাকার
circulation [ˌsɜːkjʊˈleɪʃən] *n* সঞ্চালন
circumstances [ˈsɜːkəmstənsɪz] *npl* পরিস্থিতি
circus [ˈsɜːkəs] *n* সার্কাস
citizen [ˈsɪtɪzn] *n* নাগরিক
citizenship [ˈsɪtɪzənˌʃɪp] *n* নাগরিকত্ব
city [ˈsɪtɪ] *n* শহর
city centre [ˈsɪtɪ ˈsɛntə] *n* শহরের ব্যস্ততম স্থান
civilian [sɪˈvɪljən] *adj* অসামরিক ব্যক্তি ▷ *n* সাধারণ নাগরিক যে সশস্ত্র বাহিনীর সদস্য নয়
civilization [ˌsɪvɪlaɪˈzeɪʃən] *n* সভ্যতা
civil rights [ˈsɪvl raɪts] *npl* নাগরিক অধিকার
civil servant [ˈsɪvl ˈsɜːvnt] *n* অসামরিক চাকুরে
civil war [ˈsɪvl wɔː] *n* গৃহযুদ্ধ
claim [kleɪm] *n* দাবি ▷ *vt* দাবি করা
claim form [kleɪm fɔːm] *n* দাবিপত্র
clap [klæp] *v* হাততালি দেওয়া
clarify [ˈklærɪˌfaɪ] *vt* *(formal)* স্পষ্ট করা
clarinet [ˌklærɪˈnɛt] *n* ক্ল্যারিওনেট বাদ্যযন্ত্র
clash [klæʃ] *vi* দ্বন্দ্ব হওয়া
clasp [klɑːsp] *n* আংটা
class [klɑːs] *n* শ্রেণী
classic [ˈklæsɪk] *adj* সর্বোত্তম ▷ *n* উচ্চমার্গের
classical [ˈklæsɪkl] *adj* পরম্পরাগত
classmate [ˈklɑːsˌmeɪt] *n* সহপাঠী

classroom ['klɑːs,ruːm] *n* শ্রেণীকক্ষ

classroom assistant ['klɑːsrʊm ə'sɪstənt] *n* শ্রেণীকক্ষ-সহায়ক

clause [klɔːz] *n* দফা

claustrophobic [,klɔːstrə'fəʊbɪk] *adj* আটকে থাকার অনুভূতি হয় যার

claw [klɔː] *n* থাবা

clay [kleɪ] *n* মাটি

clean [kliːn] *adj* পরিষ্কার ▷ *vt* পরিষ্কার করা

cleaner ['kliːnə] *n* সাফাই কর্মী

cleaning ['kliːnɪŋ] *n* সাফাই

cleaning lady ['kliːnɪŋ 'leɪdɪ] *n* মহিলা সাফাইকর্মী

cleanser ['klɛnzə] *n* ত্বক-পরিষ্কারক

cleansing lotion ['klɛnzɪŋ 'ləʊʃən] *n* পরিষ্কার করবার লোশন

clear [klɪə] *adj* *(easily seen or understood)* স্পষ্ট; *(see-through)* স্বচ্ছ; *(unobstructed)* ফাঁকা ▷ *vt* সাফ করা

clearly ['klɪəlɪ] *adv* স্পষ্টরূপে

clear off [klɪə ɒf] *v* *(informal)* বেরিয়ে যেতে বলা

clear up [klɪə ʌp] *v* পরিষ্কার করা

clementine ['klɛmən,tiːn] *n* একধরণের কমলালেবু

clever ['klɛvə] *adj* চালাক

click [klɪk] *n* ধাতুর আওয়াজ ▷ *v* আওয়াজ করা

client ['klaɪənt] *n* গ্রাহক

cliff [klɪf] *n* পাহাড়ের ঢাল

climate ['klaɪmɪt] *n* জলবায়ু

climate change ['klaɪmɪt tʃeɪndʒ] *n* জলবায়ুর পরিবর্তন

climb [klaɪm] *v* আরোহণ

climber ['klaɪmə] *n* আরোহী

climbing ['klaɪmɪŋ] *n* পর্বতারোহন

clinic ['klɪnɪk] *n* চিকিৎসালয়

clip [klɪp] *n* ক্লিপ

clippers ['klɪpəz] *npl* কাটার যন্ত্র

cloakroom ['kləʊk,ruːm] *n* ক্লোকরুম

clock [klɒk] *n* ঘড়ি

clockwise ['klɒk,waɪz] *adv* ঘড়ির কাঁটার অভিমুখে

clog [klɒg] *n* কাঠের জুতো

clone [kləʊn] *n* নকল ▷ *vt* নকল সৃষ্টি করা

close [kləʊs] *adj* নিকটে ▷ *adv* কাছাকাছি ▷ [kləʊz] *vt* বন্ধ করা

close by [kləʊs baɪ] *adj* নিকটে

closed [kləʊzd] *adj* অনুদার

closely [kləʊslɪ] *adv* নিকটভাবে

closing time ['kləʊzɪŋ taɪm] *n* বন্ধের সময়

closure ['kləʊʒə] *n* বন্ধের অবস্থা

cloth [klɒθ] *n (material)* কাপড়; *(for cleaning)* মোছার কাপড়

clothes [kləʊðz] *npl* জামাকাপড়

clothes line [kləʊðz laɪn] *n* জামাকাপড় শুকাবার দড়ি

clothes peg [kləʊðz pɛg] *n* দড়িতে জামাকাপড় আটকাবার ক্লিপ

clothing ['kləʊðɪŋ] *n* জামাকাপড়

cloud [klaʊd] *n* মেঘ

cloudy ['klaʊdɪ] *adj* মেঘাচ্ছন্ন

clove [kləʊv] *n* লবঙ্গ

clown [klaʊn] *n* জোকার

club [klʌb] *n (organization)* ক্লাব; *(stick)* গদা

club together [klʌb tə'gɛðə] *v* সংঘবদ্ধ হওয়া

clue [kluː] *n* সূত্র

clumsy ['klʌmzɪ] *adj* উদ্ভট

clutch [klʌtʃ] *n* কবলে

clutter ['klʌtə] *n* অগোছাল অবস্থা

coach [kəʊtʃ] *n (trainer)* প্রশিক্ষক; *(bus)* বড় বাস

coal [kəʊl] *n* কয়লা

coarse [kɔːs] *adj* মোটা

coast [kəʊst] *n* উপকূল

coastguard ['kəʊst,gɑːd] *n* উপকূলরক্ষী

coat [kəʊt] *n* কোট

coathanger ['kəʊt,hæŋə] *n* কোট ঝোলাবার হ্যাঙ্গার

cobweb ['kɒb,wɛb] *n* মাকড়সার জাল

cock [kɒk] *n* বড় মোরগ

cockerel ['kɒkərəl] *n* ছোট মোরগ

cockpit ['kɒk,pɪt] *n* ককপিট / বিমানচালনা স্থান

cockroach ['kɒk,rəʊtʃ] *n* আরশোলা

cocktail ['kɒk,teɪl] *n* ককটেল / মদের সংমিশ্রণ

cocoa ['kəʊkəʊ] *n* কোকো

coconut ['kəʊkə,nʌt] *n* নারকেল

cod [kɒd] *n* একপ্রকার সামুদ্রিক মাছ

code [kəʊd] *n* নিয়ম

coeliac ['siːlɪ,æk] *adj* পেটসংক্রান্ত

coffee ['kɒfɪ] *n* কফি
coffee bean ['kɒfɪ biːn] *n* কফির বীজ
coffeepot ['kɒfɪ,pɒt] *n* কফির পাত্র
coffee table ['kɒfɪ 'teɪbl] *n* কফির টেবিল
coffin ['kɒfɪn] *n* কফিন/শবাধার
coin [kɔɪn] *n* মুদ্রা
coincide [,kəʊɪn'saɪd] *vi* সহঘটিত
coincidence [kəʊ'ɪnsɪdəns] *n* সহঘটন
Coke® [kəʊk] *n* কোক
colander ['kɒləndə] *n* ছিদ্রযুক্ত পাত্র
cold [kəʊld] *adj (weather)* ঠান্ডা ▷ *n* সর্দি ▷ *adj (person)* শীত লাগা
cold sore [kəʊld sɔː] *n* জ্বর ফোস্কা
coleslaw ['kəʊl,slɔː] *n* একপ্রকার স্যালাড
collaborate [kə'læbə,reɪt] *vi* সহযোগিতা করা
collapse [kə'læps] *vi* ধসে পড়া
collar ['kɒlə] *n (garment)* কলার; *(pet)* গলাবন্ধনী
collarbone ['kɒlə,bəʊn] *n* গলার হাড়
colleague ['kɒliːg] *n* সহকর্মী
collect [kə'lɛkt] *vt (gather)* সংগ্রহ করা; *(person)* নিয়ে নেওয়া
collection [kə'lɛkʃən] *n* সংগ্রহ
collective [kə'lɛktɪv] *adj* সমষ্টিগত ▷ *n* সমিতি
collector [kə'lɛktə] *n* সংগ্রাহক
college ['kɒlɪdʒ] *n* কলেজ
collide [kə'laɪd] *vi* মুখোমুখি সংঘর্ষ হওয়া
collie ['kɒlɪ] *n* একধরণের কুকুর
colliery ['kɒljərɪ] *n* কয়লাখনি
collision [kə'lɪʒən] *n* মুখোমুখি সংঘর্ষ
Colombia [kə'lɒmbɪə] *n* কলম্বিয়া
Colombian [kə'lɒmbɪən] *adj* কলম্বিয়ার সাথে সম্পর্কিত ▷ *n* কলম্বিয়া-বাসী
colon ['kəʊlən] *n* যতিচিহ্ন
colonel ['kɜːnl] *n* কর্নেল
colour ['kʌlə] *n* রং
colour-blind ['kʌlə'blaɪnd] *adj* বর্ণান্ধ
colourful ['kʌləfʊl] *adj* বর্ণময়
colouring ['kʌlərɪŋ] *n* কিছুর রং

column ['kɒləm] *n* স্তম্ভ
coma ['kəʊmə] *n* কোমা
comb [kəʊm] *n* চিরুনি ▷ *vt* চুল আঁচড়ানো
combination [ˌkɒmbɪ'neɪʃən] *n* সংমিশ্রণ
combine [kəm'baɪn] *v* সংমিশ্রিত করা
come [kʌm] *vi* আসা
come back [kʌm bæk] *v* ফিরে আসা
comedian [kə'miːdɪən] *n* কৌতুকশিল্পী
come down [kʌm daʊn] *v* কমে যাওয়া
comedy ['kɒmɪdɪ] *n* হাস্যরস
come from [kʌm frəm] *v* উৎস থেকে আসা
come in [kʌm ɪn] *v* পাওয়া
come out [kʌm aʊt] *v* প্রকাশিত হওয়া
come round [kʌm raʊnd] *v* চেতনা ফিরে পাওয়া
comet ['kɒmɪt] *n* ধূমকেতু
come up [kʌm ʌp] *v* কাছে আসা
comfortable ['kʌmftəbl] *adj* আরামদায়ক
comic ['kɒmɪk] *n* হাস্যরসশিল্পী
comic book ['kɒmɪk bʊk] *n* হাস্যরসাত্মক বই
comic strip ['kɒmɪk strɪp] *n* ছবিসম্বলিত গল্প
coming ['kʌmɪŋ] *adj* আসন্ন
comma ['kɒmə] *n* ছেদচিহ্ন
command [kə'mɑːnd] *n* *(written)* আদেশ
comment ['kɒmɛnt] *n* মন্তব্য ▷ *v* মন্তব্য করা
commentary ['kɒməntərɪ] *n* ভাষ্যপাঠ
commentator ['kɒmənˌteɪtə] *n* ভাষ্যকার
commercial [kə'mɜːʃəl] *n* বিজ্ঞাপন
commercial break [kə'mɜːʃəl breɪk] *n* বিজ্ঞাপন বিরতি
commission [kə'mɪʃən] *n* করণীয় কাজ
commit [kə'mɪt] *vt* করা
committee [kə'mɪtɪ] *n* কমিটি
common ['kɒmən] *adj* সাধারণ
common sense ['kɒmən sɛns] *n* সাধারণ বুদ্ধি
communicate [kə'mjuːnɪˌkeɪt] *vi* যোগাযোগ স্থাপন করা
communication [kəˌmjuːnɪ'keɪʃən] *n* যোগাযোগ স্থাপন

communion [kə'mjuːnjən] *n* চিন্তাভাবনা ভাগ করে নেওয়ার অনুভূতি

communism ['kɒmjʊˌnɪzəm] *n* সাম্যবাদ

communist ['kɒmjʊnɪst] *adj* সাম্যবাদ-সম্পর্কিত ▷ *n* সাম্যবাদী

community [kə'mjuːnɪtɪ] *n* সম্প্রদায়

commute [kə'mjuːt] *vi* যাতায়াত করা

commuter [kə'mjuːtə] *n* যাতায়াতকারী

compact [ˌkəm'pækt] *adj* ঘন সন্নিবদ্ধ

compact disc ['kɒmpækt dɪsk] *n* কমপ্যাক্ট ডিস্ক/ সিডি

companion [kəm'pænjən] *n* সঙ্গী

company ['kʌmpənɪ] *n* কোম্পানী

company car ['kʌmpənɪ kɑː] *n* কোম্পানীর গাড়ী

comparable ['kɒmpərəbl] *adj* তুলনীয়

comparatively [kəm'pærətɪvlɪ] *adv* তুলনামূলকভাবে

compare [kəm'pɛə] *vt* তুলনা করা

comparison [kəm'pærɪsn] *n* তুলনা

compartment [kəm'pɑːtmənt] *n* রেলের কামরা

compass ['kʌmpəs] *n* কম্পাস

compatible [kəm'pætəbl] *adj* সামঞ্জস্যপূর্ণ

compensate ['kɒmpɛnˌseɪt] *vt* ক্ষতিপূরণ দেওয়া

compensation [ˌkɒmpɛn'seɪʃən] *n* ক্ষতিপূরণ

compere ['kɒmpɛə] *n* অনুষ্ঠান-পরিচালক

compete [kəm'piːt] *vi* প্রতিযোগিতায় নামা

competent ['kɒmpɪtənt] *adj* যোগ্যতাসম্পন্ন

competition [ˌkɒmpɪ'tɪʃən] *n* প্রতিযোগিতা

competitive [kəm'pɛtɪtɪv] *adj* প্রতিযোগিতামূলক

competitor [kəm'pɛtɪtə] *n* প্রতিযোগী

complain [kəm'pleɪn] *v* অভিযোগ করা

complaint [kəm'pleɪnt] *n* অভিযোগ

complementary [ˌkɒmplɪ'mɛntərɪ] *adj* *(formal)* সম্পূরক

complete [kəm'pliːt] *adj*
সম্পূর্ণ

completely [kəm'pliːtlɪ]
adv সম্পূর্ণভাবে

complex ['kɒmplɛks] *adj*
জটিল ▷ *n* চত্বর

complexion [kəm'plɛkʃən]
n গায়ের রং

complicated
['kɒmplɪˌkeɪtɪd] *adj* জটিল

complication
[ˌkɒmplɪ'keɪʃən] *n*
জটিলতা

compliment
['kɒmplɪˌmɛnt] *n* প্রশংসা
▷ ['kɒmplɪmənt] *vt* প্রশংসা
করা

complimentary
[ˌkɒmplɪ'mɛntərɪ] *adj*
সম্মানসূচক

component [kəm'pəʊnənt]
n উপাদান

composer [kəm'pəʊzə] *n*
সুরস্রষ্টা

composition
[ˌkɒmpə'zɪʃən] *n* গঠন

comprehension
[ˌkɒmprɪ'hɛnʃən] *n*
(formal) বোধশক্তি

comprehensive
[ˌkɒmprɪ'hɛnsɪv] *adj* বিস্তৃত

compromise
['kɒmprəˌmaɪz] *n* আপোস
▷ *vi* আপোস করা

compulsory [kəm'pʌlsərɪ]
adj আবশ্যক

computer [kəm'pjuːtə] *n*
কম্পিউটার

computer game [kəm'pjuːtə
geɪm] *n* কম্পিউটার গেম

computer science
[kəm'pjuːtə 'saɪəns] *n*
কম্পিউটার বিজ্ঞান

computing [kəm'pjuːtɪŋ] *n*
কম্পিউটার ব্যবহার

concentrate ['kɒnsənˌtreɪt]
vi মনঃসংযোগ করা

concentration
[ˌkɒnsən'treɪʃən] *n*
মনঃসংযোগ

concern [kən'sɜːn] *n* চিন্তা

concerned [kən'sɜːnd] *adj*
চিন্তিত

concerning [kən'sɜːnɪŋ]
prep (formal) বিষয়ে

concert ['kɒnsət] *n* ঐকতান

concerto [kən'tʃɛətəʊ] *n*
একক বাজনা

concession [kən'sɛʃən]
n ছাড়

concise [kən'saɪs] *adj*
সংক্ষিপ্ত

C

conclude [kən'kluːd] *vt* নিষ্পত্তি ঘটানো
conclusion [kən'kluːʒən] *n* সিদ্ধান্ত
concrete ['kɒnkriːt] *n* কংক্রিট
concussion [kən'kʌʃən] *n* ঝাঁকুনি
condemn [kən'dɛm] *vt* দোষারোপ করা
condensation [,kɒndɛn'seɪʃən] *n* ঘনীভবন
condition [kən'dɪʃən] *n* অবস্থা
conditional [kən'dɪʃənl] *adj* শর্তাধীন
conditioner [kən'dɪʃənə] *n* কন্ডিশনার
condom ['kɒndɒm] *n* কন্ডোম
conduct [kən'dʌkt] *vt* পরিচালনা
conductor [kən'dʌktə] *n* পরিচালক
cone [kəʊn] *n* শঙ্কু
conference ['kɒnfərəns] *n* সম্মেলন
confess [kən'fɛs] *v* স্বীকার করা
confession [kən'fɛʃən] *n* স্বীকারোক্তি
confetti [kən'fɛtɪ] *npl* একধরণের কাগজের টুকরো যা বরবধূর মাথায় ফেলা হয়
confidence ['kɒnfɪdəns] *n* *(mainly trust)* আস্থা; *(self-assurance)* প্রত্যয়; *(secret)* গোপনে
confident ['kɒnfɪdənt] *adj* প্রত্যয়ী
confidential [,kɒnfɪ'dɛnʃəl] *adj* গোপনীয়
confirm [kən'fɜːm] *vt* সুনিশ্চিত করা
confirmation [,kɒnfə'meɪʃən] *n* সুনিশ্চিতকরণ
confiscate ['kɒnfɪ,skeɪt] *vt* বাজেয়াপ্ত করা
conflict ['kɒnflɪkt] *n* দ্বন্দ্ব
confuse [kən'fjuːz] *vt* গুলিয়ে ফেলা
confused [kən'fjuːzd] *adj* হতভম্ব
confusing [kən'fjuːzɪŋ] *adj* হতবুদ্ধিকর
confusion [kən'fjuːʒən] *n* বিভ্রান্তি
congestion [kən'dʒɛstʃən] *n* জনবাহুল্য
Congo ['kɒŋgəʊ] *n* কংগো

congratulate [kən'grætjʊˌleɪt] *vt* অভিনন্দিত করা

congratulations [kənˌgrætjʊ'leɪʃənz] *npl* অজস্র অভিনন্দন

conifer ['kəʊnɪfə] *n* মোচাকৃতি

conjugation [ˌkɒndʒʊ'geɪʃən] *n* ধাতুরুপ

conjunction [kən'dʒʌŋkʃən] *n* *(formal)* যোজনা

conjurer ['kʌndʒərə] *n* জাদুকর

connection [kə'nɛkʃən] *n* সংযোগ

conquer ['kɒŋkə] *vt* দখল করা

conscience ['kɒnʃəns] *n* বিবেক

conscientious [ˌkɒnʃɪ'ɛnʃəs] *adj* কর্তব্যনিষ্ঠ

conscious ['kɒnʃəs] *adj* সচেতন

consciousness ['kɒnʃəsnɪs] *n* সচেতনতা

consecutive [kən'sɛkjʊtɪv] *adj* ক্রমিক

consensus [kən'sɛnsəs] *n* সর্বসম্মতি

consequence ['kɒnsɪkwəns] *n* পরিণাম

consequently ['kɒnsɪkwəntlɪ] *adv* *(formal)* পরিণামে

conservation [ˌkɒnsə'veɪʃən] *n* সংরক্ষণ

conservative [kən'sɜːvətɪv] *adj* রক্ষণশীল

conservatory [kən'sɜːvətrɪ] *n* কাঁচঘর

consider [kən'sɪdə] *vt* বিবেচনা

considerate [kən'sɪdərɪt] *adj* বিবেচক

considering [kən'sɪdərɪŋ] *prep* বিবেচনা করে

consistent [kən'sɪstənt] *adj* অবিচলিত

consist of [kən'sɪst ɒv; əv] *v* তৈরী হয়

consonant ['kɒnsənənt] *n* ব্যঞ্জনবর্ণ

conspiracy [kən'spɪrəsɪ] *n* ষড়যন্ত্র

constant ['kɒnstənt] *adj* একটানা

constantly ['kɒnstəntlɪ] *adv* অবিরতভাবে

constipated ['kɒnstɪˌpeɪtɪd] *adj* কোষ্ঠকাঠিন্যযুক্ত

constituency [kən'stɪtjʊənsɪ] *n* নির্বাচনকেন্দ্র

constitution [ˌkɒnstɪ'tjuːʃən] *n* সংবিধান
construct [kən'strʌkt] *vt* গঠন করা
construction [kən'strʌkʃən] *n* নির্মাণ
constructive [kən'strʌktɪv] *adj* গঠনমূলক
consul ['kɒnsl] *n* রাষ্ট্রদূত
consulate ['kɒnsjʊlɪt] *n* রাষ্ট্রদূতের অফিস
consult [kən'sʌlt] *v* পরামর্শ
consultant [kən'sʌltnt] *n* পরামর্শদাতা
consumer [kən'sjuːmə] *n* গ্রাহক
contact ['kɒntækt] *n* যোগাযোগ ▷ *vt* যোগাযোগ করা
contact lenses ['kɒntækt 'lɛnzɪz] *npl* কনট্যাক্ট লেন্স
contagious [kən'teɪdʒəs] *adj* ছোঁয়াচে
contain [kən'teɪn] *vt* ধারণ করে
container [kən'teɪnə] *n* পাত্র
contemporary [kən'tɛmprərɪ] *adj* সমসাময়িক
contempt [kən'tɛmpt] *n* অবমাননা
content ['kɒntɛnt] *n* বিষয় ▷ [kən'tent] *adj* খুশী
contents ['kɒntɛnts] *npl* জিনিষপত্র
contest ['kɒntɛst] *n* প্রতিযোগিতা
contestant [kən'tɛstənt] *n* প্রতিযোগী
context ['kɒntɛkst] *n* প্রসঙ্গ
continent ['kɒntɪnənt] *n* মহাদেশ
continual [kən'tɪnjʊəl] *adj* নিরবচ্ছিন্ন
continually [kən'tɪnjʊəlɪ] *adv* নিরবচ্ছিন্নভাবে
continue [kən'tɪnjuː] *vt* চালিয়ে যাওয়া ▷ *vi* চলতে থাকা
continuous [kən'tɪnjʊəs] *adj* ধারাবাহিক
contraception [ˌkɒntrə'sɛpʃən] *n* জন্মনিয়ন্ত্রণ
contraceptive [ˌkɒntrə'sɛptɪv] *n* জন্মনিয়ন্ত্রক
contract ['kɒntrækt] *n* ঠিকা
contractor ['kɒntræktə] *n* ঠিকাদার
contradict [ˌkɒntrə'dɪkt] *vt* বিপরীত কথা বলা
contradiction [ˌkɒntrə'dɪkʃən] *n* বৈপরীত্য
contrary ['kɒntrərɪ] *n* বিপরীতে

contrast ['kɒntrɑːst] *n* বৈসাদৃশ্য
contribute [kən'trɪbjuːt] *vi* অবদান রাখা
contribution [ˌkɒntrɪ'bjuːʃən] *n* অবদান
control [kən'trəʊl] *n* নিয়ন্ত্রণ ▷ *vt* নিয়ন্ত্রণ করা
controversial [ˌkɒntrə'vɜːʃəl] *adj* বিতর্কমূলক
convenient [kən'viːnɪənt] *adj* সুবিধাজনক
conventional [kən'vɛnʃənl] *adj* প্রথাসিদ্ধ
conversation [ˌkɒnvə'seɪʃən] *n* কথোপকথন
convert [kən'vɜːt] *v* রূপান্তর
convertible [kən'vɜːtəbl] *adj* বিনিময়যোগ্য ▷ *n* হুডখোলা গাড়ী
conveyor belt [kən'veɪə bɛlt] *n* কনভেয়ার বেল্ট
convict [kən'vɪkt] *vt* অপরাধী
convince [kən'vɪns] *vt* প্রত্যয় জাগানো
convincing [kən'vɪnsɪŋ] *adj* প্রত্যয় জাগায় এমন
convoy ['kɒnvɔɪ] *n* কনভয়/ সাঁজোয়া গাড়ি
cook [kʊk] *n* পাচক ▷ *v* রান্না করা
cookbook ['kʊkˌbʊk] *n* রান্নার বই
cooker ['kʊkə] *n* কুকার
cookery ['kʊkərɪ] *n* রান্না করবার পদ্ধতি
cookery book ['kʊkərɪ bʊk] *n* রন্ধনপ্রণালীর বই
cooking ['kʊkɪŋ] *n* রন্ধনকার্য
cool [kuːl] *adj (slightly cold)* শীতল; *(informal) (stylish)* দারুণ
cooperation [kəʊˌɒpə'reɪʃən] *n* সহযোগিতা
cop [kɒp] *n (informal)* পুলিশকর্মী
cope [kəʊp] *vi* নির্বাহ করা
copper ['kɒpə] *n* তামা
copy ['kɒpɪ] *n (duplicate)* অনুলিপি; *(publication)* প্রতিলিপি ▷ *vt* নকল করা
copyright ['kɒpɪˌraɪt] *n* কপিরাইট
coral ['kɒrəl] *n* প্রবাল
cordless ['kɔːdlɪs] *adj* তারবিহীন
corduroy ['kɔːdəˌrɔɪ] *n* কর্ডুরয়
core [kɔː] *n* ফলের শাঁস
coriander [ˌkɒrɪ'ændə] *n* ধনে
cork [kɔːk] *n* কর্কগাছ
corkscrew ['kɔːkˌskruː] *n* বোতলের ছিপি খোলার সরঞ্জাম

corn [kɔːn] *n* ভুট্টা
corner ['kɔːnə] *n* কোণ
cornet ['kɔːnɪt] *n* বাদ্যযন্ত্র
cornflakes ['kɔːnˌfleɪks] *npl* কর্ণফ্লেক্স
cornflour ['kɔːnˌflaʊə] *n* ভুট্টার গুঁড়ো
corporal ['kɔːpərəl] *n* কর্পোরাল
corporal punishment ['kɔːprəl 'pʌnɪʃmənt] *n* দৈহিক শাস্তি
corpse [kɔːps] *n* লাশ
correct [kə'rɛkt] *adj* *(formal)* সঠিক ▷ *vt* ভুল শুধরানো
correction [kə'rɛkʃən] *n* সংশোধন
correctly [kə'rɛktlɪ] *adv* সঠিকভাবে
correspondence [ˌkɒrɪ'spɒndəns] *n* পত্রলিখন
correspondent [ˌkɒrɪ'spɒndənt] *n* সাংবাদিক
corridor ['kɒrɪˌdɔː] *n* দালান
corrupt [kə'rʌpt] *adj* দুর্নীতিগ্রস্ত
corruption [kə'rʌpʃən] *n* দুর্নীতি
cosmetics [kɒz'mɛtɪks] *npl* বিভিন্ন প্রসাধনী দ্রব্য
cosmetic surgery [kɒz'mɛtɪk 'sɜːdʒərɪ] *n* সৌন্দর্যবর্ধক-শল্যচিকিৎসা
cost [kɒst] *n* মূল্য ▷ *vt* মূল্যে
Costa Rica ['kɒstə 'riːkə] *n* কোস্টা রিকা
cost of living [kɒst əv 'lɪvɪŋ] *n* সংসার-খরচ
costume ['kɒstjuːm] *n* পোশাক
cosy ['kəʊzɪ] *adj* আরামদায়ক
cot [kɒt] *n* বাচ্চার খাট
cottage ['kɒtɪdʒ] *n* ছোট বাড়ী
cottage cheese ['kɒtɪdʒ tʃiːz] *n* পনির
cotton ['kɒtn] *n* *(cloth)* সুতির কাপড়; *(thread)* সুতো
cotton bud ['kɒtən bʌd] *n* তুলোয় জড়ানো কাঠি
cotton wool ['kɒtən wʊl] *n* তুলোর বল
couch [kaʊtʃ] *n* কোচ
couchette [kuː'ʃɛt] *n* ট্রেনে শোওয়ার বিছানা
cough [kɒf] *n* কাশি ▷ *vi* কাশি হওয়া
cough mixture [kɒf 'mɪkstʃə] *n* কাশির ওষুধ
could [kʊd] *v* পারা
council ['kaʊnsəl] *n* পরিষদ

council house ['kaʊnsəl haʊs] *n* পরিষদীয় ভবন
councillor ['kaʊnsələ] *n* পরিষদ-সদস্য
count [kaʊnt] *vi (say numbers in order)* পরপর গোনা ▷ *vt (add up)* গুনে নেওয়া
counter ['kaʊntə] *n* দোকানের কাউন্টার
count on [kaʊnt ɒn] *v* ভরসা করা
country ['kʌntrɪ] *n (nation)* দেশ; *(countryside)* গ্রামাঞ্চল
countryside ['kʌntrɪˌsaɪd] *n* শহর থেকে দূরে
couple ['kʌpl] *n* দম্পতি ▷ *det* দুই বা তার আশেপাশে
courage ['kʌrɪdʒ] *n* সাহস
courageous [kə'reɪdʒəs] *adj* সাহসী
courgette [kʊə'ʒɛt] *n* ঝিঙ্গে
courier ['kʊərɪə] *n* ক্যুরিয়ার
course [kɔːs] *n* যাত্রাপথ
court [kɔːt] *n (law)* আদালত; *(tennis)* খেলার জায়গা
courtyard ['kɔːtˌjɑːd] *n* অঙ্গন
cousin ['kʌzn] *n* সম্পর্কিত ভাই-বোন
cover ['kʌvə] *n* ঢাকা ▷ *vt* ঢাকা দেওয়া
cover charge ['kʌvə tʃɑːdʒ] *n* অতিরিক্ত চার্জ
cow [kaʊ] *n* গরু
coward ['kaʊəd] *n* কাপুরুষ
cowardly ['kaʊədlɪ] *adj* কাপুরুষোচিত
cowboy ['kaʊˌbɔɪ] *n* কাউবয়
crab [kræb] *n* কাঁকড়া
crack [kræk] *n (gap)* ফাঁক; *(line)* ফাটল ▷ *v* ফাটল ধরা
crack down on [kræk daʊn ɒn] *v* দমনাত্মক হওয়া
cracked [krækt] *adj* ফাটলযুক্ত
cracker ['krækə] *n* কুড়মুড়ে বিস্কুট
cradle ['kreɪdl] *n* দোলনা
craft [krɑːft] *n* যান
craftsman ['krɑːftsmən] *n* হস্তশিল্পী
cram [kræm] *v* ঠেসে ভর্তি করা
crammed [kræmd] *adj* ঠাসা
cranberry ['krænbərɪ] *n* ক্রেনবেরি
crane [kreɪn] *n (bird)* সারস; *(machine)* ক্রেন (যন্ত্র)
crash [kræʃ] *n (accident)* গাড়ী দুর্ঘটনা ▷ *vt* মুখোমুখি ধাক্কা লাগানো ▷ *vi* মুখোমুখি ধাক্কা লাগা ▷ *n (noise)* আচমকা তীব্র আওয়াজ
crawl [krɔːl] *vi* হামাগুড়ি দেওয়া

crayfish ['kreɪ,fɪʃ] *n* সামুদ্রিক গলদাচিংড়ি
crayon ['kreɪən] *n* মোম-রং
crazy ['kreɪzɪ] *adj* *(informal)* উন্মত্ত
cream [kriːm] *adj* ননি ▷ *n* ক্রিম
crease [kriːs] *n* ভাঁজ
creased [kriːst] *adj* ভাঁজযুক্ত
create [kriː'eɪt] *vt* সৃষ্টি করা
creation [kriː'eɪʃən] *n* সৃষ্টি
creative [kriː'eɪtɪv] *adj* সৃষ্টিশীল
creature ['kriːtʃə] *n* জীব
crèche [krɛʃ] *n* ক্রেশ
credentials [krɪ'dɛnʃəlz] *npl* আস্থাপত্র
credible ['krɛdɪbl] *adj* বিশ্বাসযোগ্য
credit ['krɛdɪt] *n* ধার
credit card ['krɛdɪt kɑːd] *n* ক্রেডিট কার্ড
creep [kriːp] *vi* *(person)* হামাগুড়ি দেওয়া; *(animal)* বুকে হেঁটে চলা
crematorium [,krɛmə'tɔːrɪəm] *n* শ্মশান
cress [krɛs] *n* হিন্চে শাক
crew [kruː] *n* বিমান-কর্মীবৃন্দ/জাহাজ-কর্মীবৃন্দ
crew cut [kruː kʌt] *n* ক্রু-কাট চুল
cricket ['krɪkɪt] *n* *(game)* ক্রিকেট খেলা; *(insect)* ঝিঁঝিঁ পোকা
crime [kraɪm] *n* অপরাধ
criminal ['krɪmɪnl] *adj* অপরাধী ▷ *n* অপরাধ-সম্পর্কিত
crisis ['kraɪsɪs] *n* সংকটমুহূর্ত
crisp [krɪsp] *adj* মুচমুচে ভাবযুক্ত
crisps [krɪsps] *npl* পাতলা আলুভাজা
crispy ['krɪspɪ] *adj* মুচমুচে
criterion [kraɪ'tɪərɪən] *n* বিচারের মাপকাঠি
critic ['krɪtɪk] *n* সমালোচক
critical ['krɪtɪkl] *adj* সংকটজনক
criticism ['krɪtɪ,sɪzəm] *n* সমালোচনা
criticize ['krɪtɪ,saɪz] *vt* সমালোচনা করা
Croatia [krəʊ'eɪʃə] *n* ক্রোয়েশিয়া
Croatian [krəʊ'eɪʃən] *adj* ক্রোয়েশিয়ার সাথে সম্পর্কিত ▷ *n* *(person)* ক্রোয়েশিয়া-বাসী; *(language)* ক্রোয়েশিয়ান
crochet ['krəʊʃeɪ] *v* কুরুশে বোনা

crocodile ['krɒkə,daɪl] *n*
কুমির

crocus ['krəʊkəs] *n*
বসন্তকালের ফুল

crook [krʊk] *n* (informal)
অপরাধপ্রবণ ব্যক্তি

crop [krɒp] *n* ফসল

crore [krɔː] *n* (ten million)
কোটি

cross [krɒs] *adj* রেগে যাওয়া
▷ *n* পার হওয়া ▷ *vt* ক্রুশ

cross-country ['krɒs'kʌntrɪ]
n ক্রস-কান্ট্রি ক্রীড়া

crossing ['krɒsɪŋ] *n* জাহাজে
সাগর পার হওয়া

cross out [krɒs aʊt] *v* কেটে
দেওয়া

crossroads ['krɒs,rəʊdz] *n*
দুটি রাস্তার সংযোগস্থল

crossword ['krɒs,wɜːd] *n*
ক্রস-ওয়ার্ড

crouch down [kraʊtʃ daʊn]
v উপুড় হয়ে বসা

crow [krəʊ] *n* কাক

crowd [kraʊd] *n* লোকের ভিড়

crowded [kraʊdɪd] *adj*
জনবহুল

crown [kraʊn] *n* মুকুট

crucial ['kruːʃəl] *adj* গুরুত্বপূর্ণ

crucifix ['kruːsɪfɪks] *n* ক্রুশে
ঝোলানো যীশুর মূর্তি

crude [kruːd] *adj* অশোধিত

cruel ['kruːəl] *adj* নিষ্ঠুর

cruelty ['kruːəltɪ] *n* নিষ্ঠুরতা

cruise [kruːz] *n* জাহাজে
প্রমোদভ্রমণ

crumb [krʌm] *n* বিস্কুটের গুঁড়ো

crush [krʌʃ] *vt* চূর্ণ করা

crutch [krʌtʃ] *n* ক্রাচ

cry [kraɪ] *n* চেঁচানো ▷ *vi* চেঁচানো

crystal ['krɪstl] *n* স্ফটিক

cub [kʌb] *n* সিংহশাবক

Cuba ['kjuːbə] *n* কিউবা
প্রজাতন্ত্র

Cuban ['kjuːbən] *adj*
কিউবার সঙ্গে সম্পর্কিত ▷ *n*
কিউবা-বাসী

cube [kjuːb] *n* ঘনক

cubic ['kjuːbɪk] *adj*
আয়তনের একক

cuckoo ['kʊkuː] *n* কোকিল

cucumber ['kjuː,kʌmbə]
n শশা

cuddle ['kʌdl] *n* আলিঙ্গন
▷ *vt* জড়িয়ে ধরা

cue [kjuː] *n* খেই ধরানোর ইঙ্গিত

cufflinks ['kʌflɪŋks] *npl*
কারুকার্যময় হাতের বোতাম

culprit ['kʌlprɪt] *n* দোষী

cultural ['kʌltʃərəl] *adj*
সাংস্কৃতিক

culture ['kʌltʃə] *n* সংস্কৃতি

cumin ['kʌmɪn] *n* জিরে
cunning ['kʌnɪŋ] *adj* ধূর্ত
cup [kʌp] *n* কাপ
cupboard ['kʌbəd] *n* দেরাজ
curb [kɜːb] *n* প্রতিবন্ধক
cure [kjʊə] *n* আরোগ্যলাভ ▷ *vt* আরোগ্যলাভ করানো
curfew ['kɜːfjuː] *n* কার্ফু
curious ['kjʊərɪəs] *adj* কৌতূহলী
curl [kɜːl] *n* কুঞ্চন
curler ['kɜːlə] *n* চুল কোঁচকানোর সরঞ্জাম
curly ['kɜːlɪ] *adj* কোঁচকানো
currant ['kʌrənt] *n* শুকনো কালো আঙুর
currency ['kʌrənsɪ] *n* মুদ্রা
current ['kʌrənt] *adj* বর্তমান ▷ *n (flow)* প্রবাহ; *(electric)* তড়িৎশক্তি
current account ['kʌrənt ə'kaʊnt] *n* চালু খাতা
current affairs ['kʌrənt ə'fɛəz] *npl* সাম্প্রতিক বিষয়াবলী
currently ['kʌrəntlɪ] *adv* বর্তমানে
curriculum [kə'rɪkjʊləm] *n* পাঠক্রম
curriculum vitae [kə'rɪkjʊləm 'viːtaɪ] *n* সি.ভি./ব্যক্তিগত বিবরণ
curry ['kʌrɪ] *n* কারি
curry powder ['kʌrɪ 'paʊdə] *n* কারি পাউডার
curse [kɜːs] *n (written)* অভিশাপ
cursor ['kɜːsə] *n* কম্পিউটারের কারসর
curtain ['kɜːtn] *n* পর্দা
cushion ['kʊʃən] *n* গদিআঁটা
custard ['kʌstəd] *n* কাস্টার্ড
custody ['kʌstədɪ] *n* অভিভাবকত্ব
custom ['kʌstəm] *n* রীতিনীতি
customer ['kʌstəmə] *n* ক্রেতা
customized ['kʌstə,maɪzd] *adj* চাহিদামাফিক
customs ['kʌstəmz] *npl* শুল্ক বিভাগ
customs officer ['kʌstəmz 'ɒfɪsə] *n* শুল্ক আধিকারিক
cut [kʌt] *n* কাটা চিহ্ন ▷ *v (chop or slice)* কাটা ▷ *vt (yourself)* কেটে ফেলা
cutback ['kʌt,bæk] *n* হ্রাসকরণ
cut down [kʌt daʊn] *v* কমানো
cute [kjuːt] *adj (informal)* মাধুর্যময়

C

cutlery ['kʌtlərɪ] *n* কাঁটা-চামচ
cutlet ['kʌtlɪt] *n* কাটলেট
cut off [kʌt ɒf] *v* ছাড়ানো
cutting ['kʌtɪŋ] *n* কাগজের কাটা অংশ
cut up [kʌt ʌp] *v* টুকরো করে কাটা
CV [siː viː] *abbr* সি.ভি./ ব্যক্তিগত বিবরণ
cybercafé ['saɪbəˌkæfeɪ] *n* সাইবার কাফে
cybercrime ['saɪbəˌkraɪm] *n* সাইবার ক্রাইম
cycle ['saɪkl] *n (bicycle)* সাইকেল; *(series of events)* চক্র ▷ *vi* সাইকেল চড়া
cycle lane ['saɪkl leɪn] *n* সাইকেল গলি
cycle path ['saɪkl pɑːθ] *n* শুধুমাত্র সাইকেলের জন্য রাস্তা
cycling ['saɪklɪŋ] *n* সাইকেল চালনা
cyclist ['saɪklɪst] *n* সাইকেল-চালক
cyclone ['saɪkləʊn] *n* ঝড়বিশেষ
cylinder ['sɪlɪndə] *n* সিলিন্ডার/চোঙ
cymbals ['sɪmblz] *npl* মন্দিরা
Cypriot ['sɪprɪət] *adj* সাইপ্রাসের সঙ্গে সম্পর্কযুক্ত ▷ *n* সাইপ্রাসের নাগরিক
Cyprus ['saɪprəs] *n* সাইপ্রাস একটি দ্বীপ
cyst [sɪst] *n* জলভরা কোষ
cystitis [sɪ'staɪtɪs] *n* প্রস্রাবনালির সংক্রমণ
Czech [tʃɛk] *adj* চেক প্রজাতন্ত্রের সঙ্গে সম্পর্কিত ▷ *n (person)* চেক এর অধিবাসী; *(language)* চেক ভাষা
Czech Republic [tʃɛk rɪ'pʌblɪk] *n* চেক প্রজাতন্ত্র

d

dad [dæd] *n (informal)* বাবা
daddy ['dædɪ] *n (informal)* বাপি
daffodil ['dæfədɪl] *n* ড্যাফোডিল ফুল/ হলুদ রঙের ফুল
daft [dɑːft] *adj* নির্বোধ
daily ['deɪlɪ] *adj* রোজ ▷ *adv* দৈনিক
dairy ['dɛərɪ] *n* ডেয়ারী
dairy produce ['dɛərɪ 'prɒdjuːs] *n* ডেয়ারী প্রস্তুত খাদ্য

dairy products ['dɛərɪ 'prɒdʌkts] *npl* ডেয়ারী প্রস্তুত খাদ্যদ্রব্য
daisy ['deɪzɪ] *n* সাদা পাপড়িযুক্ত বুনো ফুল
dam [dæm] *n* বাঁধ
damage ['dæmɪdʒ] *n* ক্ষয়ক্ষতি ▷ *vt* ক্ষতি করা
damp [dæmp] *adj* আর্দ্র
dance [dɑːns] *n* নৃত্য ▷ *vi* নাচ করা
dancer ['dɑːnsə] *n* নর্তক/ নর্তকী
dancing ['dɑːnsɪŋ] *n* নৃত্যকলা
dandelion ['dændɪˌlaɪən] *n* হলুদ ফুলযুক্ত গাছ
dandruff ['dændrəf] *n* খুসকি
Dane [deɪn] *n* ডেনমার্ক-বাসী
danger ['deɪndʒə] *n* বিপদ
dangerous ['deɪndʒərəs] *adj* বিপজ্জনক
Danish ['deɪnɪʃ] *adj* ডেনমার্ক সম্বন্ধীয় ▷ *n* *(language)* ড্যানিশ
dare [dɛə] *vt* সাহস করা
daring ['dɛərɪŋ] *adj* সাহসী
dark [dɑːk] *adj* *(not light)* অন্ধকার ▷ *n* অন্ধকার ▷ *adj* *(not pale)* গাঢ়
darkness ['dɑːknɪs] *n* আঁধার
darling ['dɑːlɪŋ] *n* প্রিয়তম
dart [dɑːt] *n* ধারালো বস্তু
darts [dɑːts] *npl* ডার্টস
dash [dæʃ] *vi* ছুটে যাওয়া
dashboard ['dæʃˌbɔːd] *n* ড্যাসবোর্ড
data ['deɪtə] *npl* ডেটা
database ['deɪtəˌbeɪs] *n* ডেটাবেস
date [deɪt] *n* তারিখ
daughter ['dɔːtə] *n* কন্যা
daughter-in-law ['dɔːtə ɪn lɔː] *n* পুত্রবধূ
dawn [dɔːn] *n* প্রভাত
day [deɪ] *n* *(period of 24 hours)* দিন; *(daytime)* দিনের বেলা
day return [deɪ rɪ'tɜːn] *n* একই দিনে ফেরার টিকিট
daytime ['deɪˌtaɪm] *n* দিনের বেলা
dead [dɛd] *adj* মৃত ▷ *adv* সম্পূর্ণভাবে
dead end [dɛd ɛnd] *n* শেষ প্রান্ত
deadline ['dɛdˌlaɪn] *n* নির্দিষ্ট সময়সীমা
deaf [dɛf] *adj* কালা
deafening ['dɛfnɪŋ] *adj* কানে তালা লাগার মত আওয়াজ

d

deal [diːl] *n* রফা ▷ *v* তাস দেওয়া
dealer ['diːlə] *n* ব্যাপারী
deal with [diːl wɪð] *v* সামলানো
dear [dɪə] *adj* *(friend)* প্রিয়; *(informal)* *(expensive)* দুর্মূল্য
death [dɛθ] *n* মৃত্যু
debate [dɪ'beɪt] *n* বিতর্ক ▷ *vt* তর্ক করা
debit ['dɛbɪt] *n* ডেবিট ▷ *vt* টাকা কেটে নেওয়া
debit card ['dɛbɪt kaːd] *n* ডেবিট কার্ড
debt [dɛt] *n* ঋণ
decade ['dɛkeɪd] *n* দশক
decaffeinated coffee [diː'kæfɪneɪtɪd 'kɒfɪ] *n* ডেকাফিনের কফি
decay [dɪ'keɪ] *vi* ক্ষয়
deceive [dɪ'siːv] *vt* বিশ্বাসঘাতকতা করা
December [dɪ'sɛmbə] *n* ডিসেম্বর
decent ['diːsnt] *adj* উপযুক্ত
decide [dɪ'saɪd] *vt* স্থির করা
decimal ['dɛsɪməl] *adj* দশমিক
decision [dɪ'sɪʒən] *n* সিদ্ধান্ত
decisive [dɪ'saɪsɪv] *adj* নির্ণায়ক
deck [dɛk] *n* ডেক
deckchair ['dɛk,tʃɛə] *n* ডেক চেয়ার
declare [dɪ'klɛə] *vt* *(written)* ঘোষনা করা
decorate ['dɛkə,reɪt] *vt* সাজানো
decorator ['dɛkə,reɪtə] *n* যে ঘরবাড়ি সাজায়
decrease ['diːkriːs] *n* হ্রাস ▷ [dɪ'kriːs] *v* হ্রাস পাওয়া
dedicated ['dɛdɪ,keɪtɪd] *adj* উৎসর্গিত
dedication [,dɛdɪ'keɪʃən] *n* উৎসর্গ
deduct [dɪ'dʌkt] *vt* কেটে নেওয়া
deep [diːp] *adj* গভীর
deep-fry ['diːpfraɪ] *vt* ছাঁকা তেলে ভাজা
deeply ['diːplɪ] *adv* গভীরভাবে
deer [dɪə] *n* হরিণ
defeat [dɪ'fiːt] *n* পরাজয় ▷ *vt* পরাজিত করা
defect ['diːfɛkt] *n* ত্রুটি
defence [dɪ'fɛns] *n* প্রতিরক্ষা
defend [dɪ'fɛnd] *vt* রক্ষা করা
defendant [dɪ'fɛndənt] *n* প্রতিবাদী
defender [dɪ'fɛndə] *n* রক্ষক

deficit ['dɛfɪsɪt] *n* ঘাটতি
define [dɪ'faɪn] *vt* অর্থ নির্ধারণ করা
definite ['dɛfɪnɪt] *adj* যথার্থ
definitely ['dɛfɪnɪtlɪ] *adv* নিশ্চিতভাবে
definition [ˌdɛfɪ'nɪʃən] *n* সংজ্ঞা
degree [dɪ'griː] *n* মাত্রা
degree Celsius [dɪ'griː 'sɛlsɪəs] *n* ডিগ্রী সেলসিয়াস
degree centigrade [dɪ'griː 'sɛntɪˌgreɪd] *n* ডিগ্রী সেন্টিগ্রেড
degree Fahrenheit [dɪ'griː 'færənˌhaɪt] *n* ডিগ্রী ফারেনহিট
dehydrated [diːhaɪ'dreɪtɪd] *adj* নিরুদিত
delay [dɪ'leɪ] *n* দেরী ▹ *vt* দেরী করা
delayed [dɪ'leɪd] *adj* বিলম্বিত
delegate ['dɛlɪgət] *n* প্রতিনিধি ▹ ['dɛlɪˌgeɪt] *vt* প্রতিনিধি নিয়োগ করা
delete [dɪ'liːt] *vt* বাতিল করা
deliberate [dɪ'lɪbərɪt] *adj* স্বেচ্ছায়
deliberately [dɪ'lɪbərətlɪ] *adv* জেনেশুনে
delicate ['dɛlɪkɪt] *adj* সূক্ষ
delicatessen [ˌdɛlɪkə'tɛsn] *n* মুখরোচক খাবারের দোকান
delicious [dɪ'lɪʃəs] *adj* সুস্বাদু
delight [dɪ'laɪt] *n* আনন্দ
delighted [dɪ'laɪtɪd] *adj* আনন্দিত
delightful [dɪ'laɪtfʊl] *adj* তৃপ্তিকর
deliver [dɪ'lɪvə] *vt* প্রদান করা
delivery [dɪ'lɪvərɪ] *n* প্রদান
demand [dɪ'mɑːnd] *n* দাবি ▹ *vt* দাবি করা
demanding [dɪ'mɑːndɪŋ] *adj* চাহিদাপূর্ণ
demo ['dɛməʊ] *n (informal)* প্রদর্শন
democracy [dɪ'mɒkrəsɪ] *n* গণতন্ত্র
democratic [ˌdɛmə'krætɪk] *adj* গণতান্ত্রিক
demolish [dɪ'mɒlɪʃ] *vt* ভূমিসাৎ করা
demonstrate ['dɛmənˌstreɪt] *vt* প্রদর্শন করা
demonstration [ˌdɛmən'streɪʃən] *n* প্রদর্শন
demonstrator ['dɛmənˌstreɪtə] *n* প্রদর্শনকারী

denim ['dɛnɪm] *n* সুতির কাপড়

denims ['dɛnɪmz] *npl* সুতির কাপড়ের প্যান্ট

Denmark ['dɛnmɑːk] *n* ডেনমার্ক

dense [dɛns] *adj* ঘন

density ['dɛnsɪtɪ] *n* ঘনত্ব

dent [dɛnt] *n* টোল খাওয়ানো ▹ *vt* টোল খাওয়া

dental ['dɛntl] *adj* দন্ত্ বিষয়ক

dental floss ['dɛntl flɒs] *n* দাঁতের সুতো

dentist ['dɛntɪst] *n* দন্ত-চিকিৎসক

dentures ['dɛntʃəz] *npl* কৃত্রিম দাঁত

deny [dɪ'naɪ] *vt* অস্বীকার করা

deodorant [diː'əʊdərənt] *n* দুর্গন্ধনাশক

depart [dɪ'pɑːt] *vi* প্রস্থান করা

department [dɪ'pɑːtmənt] *n* বিভাগ

department store [dɪ'pɑːtmənt stɔː] *n* বিভাজিত বিপণী

departure [dɪ'pɑːtʃə] *n* প্রস্থান

departure lounge [dɪ'pɑːtʃə laʊndʒ] *n* প্রস্থানের জায়গা

depend [dɪ'pɛnd] *vi* নির্ভর করা

deport [dɪ'pɔːt] *vt* দেশান্তরে পাঠানো

deposit [dɪ'pɒzɪt] *n* জমা

depressed [dɪ'prɛst] *adj* মনখারাপ

depressing [dɪ'prɛsɪŋ] *adj* মানসিক বিষন্নতা

depression [dɪ'prɛʃən] *n* মানসিক বিষন্ন

depth [dɛpθ] *n* গভীরতা

deputy head ['dɛpjʊtɪ hɛd] *n* সহকারী প্রধান

descend [dɪ'sɛnd] *v* *(formal)* অবরোহণ করা

describe [dɪ'skraɪb] *vt* বর্ণনা করা

description [dɪ'skrɪpʃən] *n* বিবরণ

desert ['dɛzət] *n* মরুভূমি

desert island ['dɛzət 'aɪlənd] *n* জনমানবহীন দ্বীপ

deserve [dɪ'zɜːv] *vt* যোগ্য হওয়া

design [dɪ'zaɪn] *n* পরিকল্পনা ▹ *vt* পরিকল্পনা করা

designer [dɪ'zaɪnə] *n* পরিকল্পক

desire [dɪ'zaɪə] *n* আকাঙ্খা ▹ *vt* আকাঙ্খিত হওয়া

desk [dɛsk] *n* ডেস্ক
despair [dɪˈspɛə] *n* হতাশা
desperate [ˈdɛspərɪt] *adj* মরিয়া
desperately [ˈdɛspərɪtlɪ] *adv* মরিয়া ভাবে
despise [dɪˈspaɪz] *vt* হেলাফেলা করা
despite [dɪˈspaɪt] *prep* সত্বেও
dessert [dɪˈzɜːt] *n* আইসক্রিম
dessert spoon [dɪˈzɜːt spuːn] *n* আইসক্রিম খাওয়ার চামচ
destination [ˌdɛstɪˈneɪʃən] *n* গন্তব্যস্থান
destiny [ˈdɛstɪnɪ] *n* নিয়তি
destroy [dɪˈstrɔɪ] *vt* ধ্বংস করে দেওয়া
destruction [dɪˈstrʌkʃən] *n* ধ্বংস
detached house [dɪˈtætʃt haʊs] *n* বিছিন্ন বাড়ী
detail [ˈdiːteɪl] *n* বিশদ
detailed [ˈdiːteɪld] *adj* বিস্তারিত
detective [dɪˈtɛktɪv] *n* গোয়েন্দা
detention [dɪˈtɛnʃən] *n* আটক
detergent [dɪˈtɜːdʒənt] *n* কাপড় কাচার পাউডার
deteriorate [dɪˈtɪərɪəˌreɪt] *vi* ক্রমশ অবনতি হওয়া
determined [dɪˈtɜːmɪnd] *adj* দৃঢ়প্রতিজ্ঞ
detour [ˈdiːtʊə] *n* আঁকাবাঁকা পথ
devaluation [diːˌvæljuːˈeɪʃən] *n* মূদ্রাহ্রাস
devastated [ˈdɛvəˌsteɪtɪd] *adj* নাশকতা
devastating [ˈdɛvəˌsteɪtɪŋ] *adj* নাশকতামূলক
develop [dɪˈvɛləp] *vt* বানানো ▷ *vi* প্রকাশিত করা
developing country [dɪˈvɛləpɪŋ ˈkʌntrɪ] *n* উন্নয়নশীল দেশ
development [dɪˈvɛləpmənt] *n* উন্নতি
device [dɪˈvaɪs] *n* যন্ত্র
Devil [ˈdɛvl] *n* শয়তান
devise [dɪˈvaɪz] *vt* উদ্ভাবন করা
devoted [dɪˈvəʊtɪd] *adj* উৎসর্গীকৃত
diabetes [ˌdaɪəˈbiːtɪs] *n* ডায়াবেটিস
diabetic [ˌdaɪəˈbɛtɪk] *adj* বহুমূত্র সংক্রান্ত ▷ *n* বহুমূত্র রোগী

diagnosis [ˌdaɪəɡ'nəʊsɪs] *n* রোগ নির্ণয়

diagonal [daɪ'æɡənl] *adj* কোনাকুনি

diagram ['daɪəˌɡræm] *n* রেখাচিত্র

dial ['daɪəl] *v* ডায়াল করা

dialect ['daɪəˌlɛkt] *n* উপভাষা

dialling code ['daɪəlɪŋ kəʊd] *n* ডায়াল করার কোড

dialling tone ['daɪəlɪŋ təʊn] *n* ডায়ালিং টোন

dialogue ['daɪəˌlɒɡ] *n* সংলাপ

diameter [daɪ'æmɪtə] *n* ব্যাস

diamond ['daɪəmənd] *n (jewel)* হিরে; *(shape)* সমচতুর্ভুজ

diarrhoea [ˌdaɪə'rɪə] *n* পেট খারাপ

diary ['daɪərɪ] *n* ডায়েরী

dice [daɪs] *npl* ছক্কা

dictation [dɪk'teɪʃən] *n* শ্রুতলিপি

dictator [dɪk'teɪtə] *n* একনায়ক

dictionary ['dɪkʃənərɪ] *n* অভিধান

die [daɪ] *vi* মারা যাওয়া

diet ['daɪət] *n* খাবার ▹ *vi* খাদ্যসংযম করা

difference ['dɪfərəns] *n* পার্থক্য

different ['dɪfərənt] *adj* আলাদা

difficult ['dɪfɪklt] *adj* কঠিন

difficulty ['dɪfɪkltɪ] *n* অসুবিধা

dig [dɪɡ] *v* খোঁড়া

digest [dɪ'dʒɛst] *v* হজম করা

digestion [dɪ'dʒɛstʃən] *n* হজম

digger ['dɪɡə] *n* খনক যন্ত্র

digital ['dɪdʒɪtl] *adj* ডিজিটাল

digital camera ['dɪdʒɪtl 'kæmərə] *n* ডিজিটাল ক্যামেরা

digital radio ['dɪdʒɪtl 'reɪdɪəʊ] *n* ডিজিটাল রেডিও

digital television ['dɪdʒɪtl ˌtɛlɪ'vɪʒn] *n* ডিজিটাল টেলিভিশন

digital watch ['dɪdʒɪtl wɒtʃ] *n* ডিজিটাল ঘড়ি

dignity ['dɪɡnɪtɪ] *n* মর্যাদা

dilemma [dɪ'lɛmə] *n* সংকট

dilute [daɪ'luːt] *v* পাতলা করা ▹ [daɪ'luːtɪd] *adj* পাতলা

dim [dɪm] *adj* অস্পষ্ট

dimension [dɪ'mɛnʃən] *n* দিক

diminish [dɪ'mɪnɪʃ] *v* কমে যাওয়া
din [dɪn] *n* হট্টগোল
diner ['daɪnə] *n (US)* ডাইনার
dinghy ['dɪŋɪ] *n* ডিঙিনৌকো
dining car ['daɪnɪŋ kɑː] *n* খাবার বওয়ার গাড়ী
dining room ['daɪnɪŋ rʊm] *n* খাবার ঘর
dinner ['dɪnə] *n* নৈশভোজ
dinner jacket ['dɪnə 'dʒækɪt] *n* ডিনার জ্যাকেট
dinner party ['dɪnə 'pɑːtɪ] *n* ডিনার পার্টি
dinner time ['dɪnə taɪm] *n* ডিনারের সময়
dinosaur ['daɪnəˌsɔː] *n* ডায়নোসর
dip [dɪp] *n* সস ▷ *vt* ডোবানো
diploma [dɪ'pləʊmə] *n* ডিপ্লোমা
diplomat ['dɪpləˌmæt] *n* কূটনীতিক
diplomatic [ˌdɪplə'mætɪk] *adj* কূটনৈতিক
dipstick ['dɪpˌstɪk] *n* ডিপস্টিক
direct [dɪ'rɛkt] *adj* সরাসরি ▷ *vt* নির্দেশ দেওয়া
direct debit [dɪ'rɛkt 'dɛbɪt] *n* ডাইরেক্ট ডেবিট
direction [dɪ'rɛkʃən] *n (way)* দিক
directions [dɪ'rɛkʃənz] *npl (instructions)* নির্দেশ
directly [dɪ'rɛktlɪ] *adv* সরাসরিভাবে
director [dɪ'rɛktə] *n* পরিচালক
directory [dɪ'rɛktərɪ] *n* তথ্যপঞ্জিকা
directory enquiries [dɪ'rɛktərɪ ɪn'kwaɪərɪz] *npl* তথ্য অনুসন্ধান
dirt [dɜːt] *n* ধুলো
dirty ['dɜːtɪ] *adj* ময়লা
disability [ˌdɪsə'bɪlɪtɪ] *n* অক্ষমতা
disabled [dɪ'seɪbld] *adj* অক্ষম
disadvantage [ˌdɪsəd'vɑːntɪdʒ] *n* অসুবিধা
disagree [ˌdɪsə'griː] *vi* অসম্মত হওয়া
disagreement [ˌdɪsə'griːmənt] *n* অসম্মতি
disappear [ˌdɪsə'pɪə] *vi* অন্তর্হিত হওয়া
disappearance [ˌdɪsə'pɪərəns] *n* অন্তর্ধান
disappoint [ˌdɪsə'pɔɪnt] *vt* নিরাশ করা

disappointed [ˌdɪsəˈpɔɪntɪd] *adj* নিরাশ
disappointing [ˌdɪsəˈpɔɪntɪŋ] *adj* নিরাশাজনক
disappointment [ˌdɪsəˈpɔɪntmənt] *n* অসফল
disaster [dɪˈzɑːstə] *n* প্রাকৃতিক দুর্যোগ
disastrous [dɪˈzɑːstrəs] *adj* সর্বনাশা
disc [dɪsk] *n* ডিস্ক
discipline [ˈdɪsɪplɪn] *n* অনুশাসন
disc jockey [dɪsk ˈdʒɒkɪ] *n* ডিস্ক জকি
disclose [dɪsˈkləʊz] *vt* প্রকাশ করা
disco [ˈdɪskəʊ] *n* ডিস্কো
disconnect [ˌdɪskəˈnɛkt] *vt* বিচ্ছিন্ন করা
discount [ˈdɪskaʊnt] *n* ছাড়
discourage [dɪsˈkʌrɪdʒ] *vt* নিরস্ত করা
discover [dɪˈskʌvə] *vt* আবিস্কার করা
discretion [dɪˈskrɛʃən] *n* *(formal)* বিচক্ষণতা
discrimination [dɪˌskrɪmɪˈneɪʃən] *n* বৈষম্য
discuss [dɪˈskʌs] *vt* আলোচনা করা
discussion [dɪˈskʌʃən] *n* আলোচনা
disease [dɪˈziːz] *n* রোগ
disgraceful [dɪsˈgreɪsfʊl] *adj* জঘন্য
disguise *vt* ছদ্মবেশ ধারণ করা
disgusted [dɪsˈgʌstɪd] *adj* বিরক্ত
disgusting [dɪsˈgʌstɪŋ] *adj* বিরক্তিকর
dish [dɪʃ] *n* ডিশ
dishcloth [ˈdɪʃˌklɒθ] *n* ডিশ মোছার কাপড়
dishonest [dɪsˈɒnɪst] *adj* অসৎ
dish towel [dɪʃ ˈtaʊəl] *n* ডিশ তোয়ালে
dishwasher [ˈdɪʃˌwɒʃə] *n* ডিসওয়াশার
disinfectant [ˌdɪsɪnˈfɛktənt] *n* জীবাণুনাশক
disk [dɪsk] *n* ডিস্ক
disk drive [dɪsk draɪv] *n* ডিস্ক ড্রাইভ
diskette [dɪsˈkɛt] *n* ডিস্কেট
dislike [dɪsˈlaɪk] *vt* অপছন্দ করা
dismal [ˈdɪzməl] *adj* হতাশাজনক
dismiss [dɪsˈmɪs] *vt* খারিজ করা

disobedient [ˌdɪsəˈbiːdɪənt] *adj* অবাধ্য
disobey [ˌdɪsəˈbeɪ] *v* অমান্য করা
dispenser [dɪˈspɛnsə] *n* পরিবেশক
display [dɪˈspleɪ] *n* প্রদর্শনী ▷ *vt* প্রদর্শন করা
disposable [dɪˈspəʊzəbl] *adj* নিষ্পত্তিযোগ্য
disqualify [dɪsˈkwɒlɪˌfaɪ] *vt* অনুপযুক্ত ঘোষণা করা
disrupt [dɪsˈrʌpt] *vt* ব্যাহত করা
dissatisfied [dɪsˈsætɪsˌfaɪd] *adj* অসন্তুষ্ট
dissolve [dɪˈzɒlv] *v* দ্রবীভুত হওয়া
distance [ˈdɪstəns] *n* দূরত্ব
distant [ˈdɪstənt] *adj* দূরে
distillery [dɪˈstɪlərɪ] *n* ভাটিখানা
distinction [dɪˈstɪŋkʃən] *n* পার্থক্য
distinctive [dɪˈstɪŋktɪv] *adj* আলাদা
distinguish [dɪˈstɪŋgwɪʃ] *v* পার্থক্য নির্দেশ করা
distract *vt* অমনোযোগী করা
distribute [dɪˈstrɪbjuːt] *vt* বিলি করা
distributor [dɪˈstrɪbjʊtə] *n* বিতরণকারী
district [ˈdɪstrɪkt] *n* জেলা
disturb [dɪˈstɜːb] *vt* বিরক্ত করা
ditch [dɪtʃ] *n* খাদ ▷ *vt* ফেলে দেওয়া
dive [daɪv] *n* ডুব ▷ *vi* ঝাঁপ দেওয়া
diver [ˈdaɪvə] *n* ডুবুরি
diversion [daɪˈvɜːʃən] *n* পরিবর্তিত গতিপথ
divide [dɪˈvaɪd] *vt* *(object)* টুকরো করা; *(number)* ভাগ করা
diving [ˈdaɪvɪŋ] *n* ডুব
diving board [ˈdaɪvɪŋ bɔːd] *n* ডাইভিং বোর্ড
division [dɪˈvɪʒən] *n* ভাগ
divorce [dɪˈvɔːs] *n* বিবাহবিচ্ছেদ
divorced [dɪˈvɔːst] *adj* বিবাহ-বিচ্ছিন্ন
DIY [diː aɪ waɪ] *abbr* বাড়িতে করা
dizzy [ˈdɪzɪ] *adj* মাথা ঘোরা
DJ [diː dʒeɪ] *abbr* ডিজে
DNA [diː ɛn eɪ] *n* ডি এন এ
do [dʊ] *vt* করা
dock [dɒk] *n* পোতাশ্রয়
doctor [ˈdɒktə] *n* ডাক্তার

document ['dɒkjʊmənt] *n* নথিপত্র
documentary [ˌdɒkjʊ'mɛntərɪ] *n* তথ্যচিত্র
documentation [ˌdɒkjʊmɛn'teɪʃən] *n* তথ্যাবলী
documents ['dɒkjʊmənts] *npl* তথ্য
dodge [dɒdʒ] *vi* লুকিয়ে পড়া
dog [dɒg] *n* কুকুর
dole [dəʊl] *n* ভাতা
doll [dɒl] *n* পুতুল
dollar ['dɒlə] *n* ডলার
dolphin ['dɒlfɪn] *n* ডলফিন
domestic [də'mɛstɪk] *adj* দেশী
Dominican Republic [də'mɪnɪkən rɪ'pʌblɪk] *n* ডমিনিক প্রজাতন্ত্র
domino ['dɒmɪˌnəʊ] *n* ডমিনো
dominoes ['dɒmɪˌnəʊz] *npl* ডমিনোজ
donate [dəʊ'neɪt] *vt* দান করা
done [dʌn] *adj* কৃত
donkey ['dɒŋkɪ] *n* গাধা
donor ['dəʊnə] *n* দাতা
door [dɔː] *n* দরজা
doorbell ['dɔːˌbɛl] *n* দরজার বেল
door handle [dɔː 'hændl] *n* দরজার হাতল
doorman ['dɔːˌmæn] *n* দরজারক্ষী
doorstep ['dɔːˌstɛp] *n* চৌকাঠ
dormitory ['dɔːmɪtərɪ] *n* যৌথ শয়নালয়
dose [dəʊs] *n* মাত্রা
dot [dɒt] *n* বিন্দু
double ['dʌbl] *adj* দুটি ▷ *v* দ্বিগুণ
double bass ['dʌbl beɪs] *n* ডবল বাস
double glazing ['dʌbl 'gleɪzɪŋ] *n* দু-পাল্লার কাঁচের জানালা
doubt [daʊt] *n* সন্দেহ ▷ *vt* সন্দেহ করা
doubtful ['daʊtfʊl] *adj* সন্দেহজনক
dough [dəʊ] *n* ময়দার তাল
doughnut ['dəʊnʌt] *n* ময়দার মিষ্টি
do up [dʊ ʌp] *v* গিঁট দেওয়া
dove [dʌv] *n* সাদা ঘুঘু
do without [dʊ wɪ'ðaʊt] *v* ছাড়া
down [daʊn] *adv* নিচে
download ['daʊnˌləʊd] *vt* ডাউনলোড করা

downpour ['daʊn,pɔː] *n* প্রবল-বর্ষণ
Down's syndrome [daʊnz 'sɪndrəʊm] *n* ডাউনস্ সিন্ড্রোম
downstairs ['daʊn'stɛəz] *adj* নিচের তলার ▷ *adv* সিঁড়ি বেয়ে নিচে
doze [dəʊz] *vi* ঝিমানো
dozen ['dʌzn] *num* বারো
doze off [dəʊz ɒf] *v* ঘুমিয়ে পড়া
drab [dræb] *adj* ম্যাটমেটে
draft [drɑːft] *n* খসড়া
drag [dræg] *vt* টেনে আনা
dragon ['drægən] *n* ড্রাগন
dragonfly ['drægən,flaɪ] *n* জলফড়িং
drain [dreɪn] *n* নালী ▷ *v* নিষ্কাশন করা
draining board ['dreɪnɪŋ bɔːd] *n* জল শোকানোর স্থান
drainpipe ['dreɪn,paɪp] *n* বাড়ীর ছাদের পাইপ
drama ['drɑːmə] *n* নাটক
dramatic [drə'mætɪk] *adj* নাটকীয়
drastic ['dræstɪk] *adj* চূড়ান্ত
draught [drɑːft] *n* হাওয়ার দমক
draughts [drɑːfts] *npl* ড্রটস খেলা
draw [drɔː] *v (picture)* আঁকা ▷ *vi (in game)* অমীমাংসিত থাকা ▷ *v (move)* টেনে আনা
drawback ['drɔː,bæk] *n* অসুবিধা
drawer ['drɔːə] *n* ড্রয়ার
drawing ['drɔːɪŋ] *n* চিত্র
drawing pin ['drɔːɪŋ pɪn] *n* ড্রয়িং পিন
dreadful ['drɛdfʊl] *adj* ভয়ঙ্কর
dream [driːm] *n* স্বপ্ন ▷ *v* স্বপ্ন দেখা
drench [drɛntʃ] *vt* ভিজে জবজবে হওয়া
dress [drɛs] *n* পোষাক ▷ *vi* সাজগোজ করা
dressed [drɛst] *adj* তৈরী
dresser ['drɛsə] *n* সাজার জায়গা
dressing gown ['drɛsɪŋ gaʊn] *n* ড্রেসিং গাউন
dressing table ['drɛsɪŋ 'teɪbl] *n* ড্রেসিং টেবিল
dress up [drɛs ʌp] *v* নতুন জামা পরা
dried [draɪd] *adj* শুকনো
drift [drɪft] *n* সঞ্চারণ ▷ *vi* স্রোতের টান
drill [drɪl] *n* ড্রিল ▷ *v* গর্ত করা

drink [drɪŋk] *n* পানীয় ▷ *v* পান করা

drink-driving ['drɪŋk'draɪvɪŋ] *n* মদ্যপান করে গাড়ী চালানো

drinking water ['drɪŋkɪŋ 'wɔːtə] *n* পানীয় জল

drip [drɪp] *n* ফোঁটা ▷ *vi* ফোঁটা ফোঁটা করে পড়া

drive [draɪv] *n* গাড়িতে ভ্রমণ ▷ *v* চালানো

driver ['draɪvə] *n* গাড়িচালক

driveway ['draɪv,weɪ] *n* গাড়ি বারান্দা

driving instructor ['draɪvɪŋ ɪn'strʌktə] *n* গাড়িচালনার শিক্ষক

driving lesson ['draɪvɪŋ 'lɛsn] *n* গাড়িচালনার পাঠক্রম

driving licence ['draɪvɪŋ 'laɪsəns] *n* গাড়িচালনার লাইসেন্স

driving test ['draɪvɪŋ tɛst] *n* ড্রাইভিং টেস্ট

drizzle ['drɪzl] *n* ঝিরঝিরে হালকা বৃষ্টি

drop [drɒp] *n* বিন্দু ▷ *v* কমে যাওয়া

drought [draʊt] *n* খরা

drown [draʊn] *v* তলিয়ে যাওয়া

drowsy ['draʊzɪ] *adj* নিদ্রাচ্ছন্ন

drug [drʌg] *n* ওষুধ

drum [drʌm] *n* ড্রাম

drummer ['drʌmə] *n* ড্রামবাদক

drunk [drʌŋk] *adj* নেশাগ্রস্ত ▷ *n* মাতাল

dry [draɪ] *adj* শুকনো ▷ *v* শুকানো

dry cleaner [draɪ 'kliːnə] *n* ড্রাই ক্লিনার

dry-cleaning ['draɪ'kliːnɪŋ] *n* ড্রাই-ক্লিন করা

dryer ['draɪə] *n* ড্রায়ার

dual carriageway ['djuːəl 'kærɪdʒ,weɪ] *n* উভগামী রাস্তা

dubbed [dʌbt] *adj* মূল সঙ্গীতে শব্দযোগ

dubious ['djuːbɪəs] *adj* সন্দেহজনক

duck [dʌk] *n* পাতিহাঁস

due [djuː] *adj* পূর্বনির্দিষ্ট তারিখ

due to [djuː tʊ] *prep* কারণে

dull [dʌl] *adj* (boring) নীরস; (colour) অনুজ্জ্বল

dumb [dʌm] *adj* বোবা

dummy ['dʌmɪ] *n* নকল

dump [dʌmp] *n* আস্তাকুঁড় ▷ *vt* (informal) আস্তাকুঁড়ে ফেলে দেওয়া

dumpling ['dʌmplɪŋ] *n* মাংস বা সজ্জির ফুলুরি
dungarees [ˌdʌŋgə'riːz] *npl* সুতির কাপড়
dungeon ['dʌndʒən] *n* অন্ধকূপ
duration [djʊ'reɪʃən] *n* সময়সীমা
during ['djʊərɪŋ] *prep* চলাকালীন
dusk [dʌsk] *n* সন্ধ্যা
dust [dʌst] *n* ধুলো ▷ *v* ধুলো ঝাড়া
dustbin ['dʌstˌbɪn] *n* আবর্জনা ফেলার পাত্র
dustman ['dʌstmən] *n* ঝাড়ুদার
dustpan ['dʌstˌpæn] *n* ময়লা তোলার পাত্র
dusty ['dʌstɪ] *adj* ধুলোমাখা
Dutch [dʌtʃ] *adj* নেদারল্যান্ড দেশীয় ▷ *n* ডাচ ভাষা
Dutchman ['dʌtʃmən] *n* নেদারল্যান্ডের পুরুষ
Dutchwoman ['dʌtʃwʊmən] *n* নেদারল্যান্ডের নারী
duty ['djuːtɪ] *n* কাজ
duty-free ['djuːtɪˌfriː] *adj* করমুক্ত ▷ *n* করমুক্ত জিনিষ
duvet ['duːveɪ] *n* পালকের তৈরী লেপ
DVD [diː viː diː] *n* ডিভিডি
DVD burner [diːviːdiː 'bɜːnə] *n* ডিভিডি বার্ণার
DVD player [diːviːdiː 'pleɪə] *n* ডিভিডি প্লেয়ার
dwarf [dwɔːf] *n* বামন
dye [daɪ] *n* রং ▷ *vt* রং করা
dynamic [daɪ'næmɪk] *adj* দৃঢ়চেতা
dyslexia [dɪs'lɛksɪə] *n* ডিসলেক্সিয়া
dyslexic [dɪs'lɛksɪk] *adj* পড়তে অসুবিধা

e

each [iːtʃ] *det* প্রত্যেকটি ▷ *pron* প্রত্যেক
eagle ['iːgl] *n* ঈগল পাখি
ear [ɪə] *n* কান
earache ['ɪərˌeɪk] *n* কানে ব্যথা
eardrum ['ɪəˌdrʌm] *n* কানের পর্দা
earlier ['ɜːlɪə] *adv* পূর্বে
early ['ɜːlɪ] *adj (ahead of time)* তাড়াতাড়ি ▷ *adv* আগে ▷ *adj (near the beginning)* প্রারম্ভিক
earn [ɜːn] *vt* রোজকার করা

earnings ['ɜːnɪŋz] *npl* রোজকার
earphones ['ɪəˌfəʊnz] *npl* কানের গ্রাহকযন্ত্র
earplugs ['ɪəˌplʌgz] *npl* কানের প্লাগ
earring ['ɪəˌrɪŋ] *n* কানের দুল
earth [ɜːθ] *n (planet)* পৃথিবী; *(soil)* মৃত্তিকা
earthquake ['ɜːθˌkweɪk] *n* ভূমিকম্প
easily ['iːzɪlɪ] *adv* সহজেই
east [iːst] *adj* পূর্ব-দিক ▹ *adv* পূর্বে ▹ *n* পূর্ব-দিকে
eastbound ['iːstˌbaʊnd] *adj (formal)* পূর্ব-দিকে
Easter ['iːstə] *n* ইস্টার
Easter egg ['iːstə ɛg] *n* ইস্টার উৎসবের জন্য ডিম
eastern ['iːstən] *adj* পূর্ব
easy ['iːzɪ] *adj* সহজ
easy chair ['iːzɪ tʃɛə] *n* আরাম কেদারা
easy-going ['iːzɪ'gəʊɪŋ] *adj* অলস
eat [iːt] *v* খাওয়া
e-book ['iːˌbʊk] *n* ইলেকট্রনিক-বই
eccentric [ɪk'sɛntrɪk] *adj* অদ্ভুত
echo ['ɛkəʊ] *n* প্রতিধ্বনি
ecofriendly ['iːkəʊˌfrɛndlɪ] *adj* বাস্তুতন্ত্র যোগ্য
ecological [ˌiːkə'lɒdʒɪkl] *adj* বাস্তব্যবিদ্যা-বিষয়ক
ecology [ɪ'kɒlədʒɪ] *n* বাস্তুতন্ত্র
e-commerce [ˌiː'kɒmɜːs] *n* ই-কমার্স
economic [ˌiːkə'nɒmɪk] *adj* অর্থনৈতিক
economical [ˌiːkə'nɒmɪkl] *adj* কমদামী
economics [ˌiːkə'nɒmɪks] *npl* অর্থশাস্ত্র
economist [ɪ'kɒnəmɪst] *n* অর্থনীতিবিদ
economize [ɪ'kɒnəˌmaɪz] *vi* পরিমিত ব্যয় করা
economy [ɪ'kɒnəmɪ] *n* অর্থব্যবস্থা
economy class [ɪ'kɒnəmɪ klɑːs] *n* সাধারণ শ্রেণী
ecstasy ['ɛkstəsɪ] *n* উচ্ছ্বাস
Ecuador ['ɛkwəˌdɔː] *n* ইকুয়েডর
eczema ['ɛksɪmə] *n* চর্মরোগ
edge [ɛdʒ] *n* প্রান্ত
edgy ['ɛdʒɪ] *adj (informal)* ভয়াতুর
edible ['ɛdɪbl] *adj* ভোজ্য
edition [ɪ'dɪʃən] *n* সংস্করণ
editor ['ɛdɪtə] *n* সম্পাদক

educated ['ɛdjʊˌkeɪtɪd] *adj* শিক্ষিত
education [ˌɛdjʊ'keɪʃən] *n* শিক্ষা
educational [ˌɛdjʊ'keɪʃənl] *adj* শিক্ষাগত
eel [iːl] *n* ইল
effect [ɪ'fɛkt] *n* প্রভাব
effective [ɪ'fɛktɪv] *adj* ফলোৎপাদক
effectively [ɪ'fɛktɪvlɪ] *adv* দক্ষতার সাথে
efficient [ɪ'fɪʃənt] *adj* কার্যকরী
efficiently [ɪ'fɪʃəntlɪ] *adv* দক্ষতার সাথে
effort ['ɛfət] *n* চেষ্টা
e.g. [iː dʒiː] *abbr* অর্থাৎ
egg [ɛg] *n* ডিম
eggcup ['ɛgˌkʌp] *n* ডিম রাখার বাটি
egg white [ɛg waɪt] *n* ডিমের সাদা অংশ
egg yolk [ɛg jəʊk] *n* ডিমের কুসুম
Egypt ['iːdʒɪpt] *n* মিশর
Egyptian [ɪ'dʒɪpʃən] *adj* মিশর দেশীয় ▷ *n* মিশরবাসী
eight [eɪt] *num* আট
eighteen ['eɪ'tiːn] *num* আঠারো
eighteenth ['eɪ'tiːnθ] *adj* অষ্টাদশীয়
eighth [eɪtθ] *adj* অষ্টম ▷ *n* এক-অষ্টমাংশ
eighty ['eɪtɪ] *num* আশি
Eire ['ɛərə] *n* আয়ার
either ['aɪðə; 'iːðə] *adv* এমনকি ▷ *det (each)* প্রতিটি ▷ *pron* অনেকগুলি ▷ *det (one of two things)* দুটির মধ্যে একটি
either ... or ['aɪðə; 'iːðə ɔː] *conj* নতুবা
elastic [ɪ'læstɪk] *n* স্থিতিস্থাপক
elastic band [ɪ'læstɪk bænd] *n* স্থিতিস্থাপক
Elastoplast® [ɪ'læstəˌplɑːst] *n* ইলাস্টোপ্লাস
elbow ['ɛlbəʊ] *n* কনুই
elder ['ɛldə] *adj* বড়
elderly ['ɛldəlɪ] *adj* বয়োজ্যেষ্ঠ
eldest ['ɛldɪst] *adj* জ্যেষ্ঠ
elect [ɪ'lɛkt] *vt* নির্বাচন করা
election [ɪ'lɛkʃən] *n* নির্বাচন
electorate [ɪ'lɛktərɪt] *n* নির্বাচকমন্ডলী
electric [ɪ'lɛktrɪk] *adj* বৈদ্যুতিক
electrical [ɪ'lɛktrɪkl] *adj* বৈদ্যুতিক

e

electric blanket [ɪ'lɛktrɪk 'blæŋkɪt] *n* বৈদ্যুতিক কম্বল
electrician [ɪlɛk'trɪʃən] *n* তড়িত-বিজ্ঞানবিদ
electricity [ɪlɛk'trɪsɪtɪ] *n* বিদ্যুৎ শক্তি
electric shock [ɪ'lɛktrɪk ʃɒk] *n* বৈদ্যুতিক ঝটকা
electronic [ɪlɛk'trɒnɪk] *adj* বৈদ্যুতিন
electronics [ɪlɛk'trɒnɪks] *npl* ইলেকট্রনিক্স
elegant ['ɛlɪgənt] *adj* জাঁকজমকপূর্ণ
element ['ɛlɪmənt] *n* উপাদান
elephant ['ɛlɪfənt] *n* হাতি
eleven [ɪ'lɛvn] *num* এগারো
eleventh [ɪ'lɛvnθ] *adj* একাদশ
eliminate [ɪ'lɪmɪˌneɪt] *vt* *(formal)* বিলোপ করা
elm [ɛlm] *n* পাতাঝরা গাছ
else [ɛls] *adv* আর কি
elsewhere [ˌɛls'wɛə] *adv* অন্যত্র
email ['iːmeɪl] *n* ই-মেল ▷ *v* ই-মেল করা
email address ['iːmeɪl ə'drɛs] *n* ই-মেল ঠিকানা
embankment [ɪm'bæŋkmənt] *n* ঢিবি
embarrassed [ˌɪm'bærəst] *adj* লজ্জিত হওয়া
embarrassing [ɪm'bærəsɪŋ] *adj* অস্বস্তিকর
embassy ['ɛmbəsɪ] *n* দূতাবাস
embroider [ɪm'brɔɪdə] *vt* সূচীশিল্পের দ্বারা সাজানো
embroidery [ɪm'brɔɪdərɪ] *n* সূচীশিল্প
emergency [ɪ'mɜːdʒənsɪ] *n* জরুরী অবস্থা
emergency exit [ɪ'mɜːdʒensɪ 'ɛksɪt] *n* আপৎকালীন বহিরাগমন
emergency landing [ɪ'mɜːdʒensɪ 'lændɪŋ] *n* আপৎকালীন অবতরণ
emigrate ['ɛmɪˌgreɪt] *vi* দেশান্তরে যাওয়া
emotion [ɪ'məʊʃən] *n* আবেগ
emotional [ɪ'məʊʃənl] *adj* আবেগময়
emperor ['ɛmpərə] *n* সম্রাট
emphasize ['ɛmfəˌsaɪz] *vt* জোর দিয়ে উল্লেখ করা
empire ['ɛmpaɪə] *n* সাম্রাজ্য
employ [ɪm'plɔɪ] *vt* নিযুক্ত করা
employee [ɛm'plɔiiː] *n* কর্মচারী

employer [ɪm'plɔɪə] *n* কর্তৃপক্ষ

employment [ɪm'plɔɪmənt] *n* চাকুরী

empty ['ɛmptɪ] *adj* খালি ▷ *vt* খালি করা

enamel [ɪ'næməl] *n* এনামেল

encourage [ɪn'kʌrɪdʒ] *vt* উৎসাহ প্রদান করা

encouragement [ɪn'kʌrɪdʒmənt] *n* উৎসাহ

encouraging [ɪn'kʌrɪdʒɪŋ] *adj* উৎসাহজনক

encyclopaedia [ɛnˌsaɪkləʊ'piːdɪə] *n* বিশ্বকোষ

end [ɛnd] *n* সমাপ্তি ▷ *v* শেষ হওয়া

endanger [ɪn'deɪndʒə] *vt* বিপদ ডেকে আনা

ending ['ɛndɪŋ] *n* সমাপ্তি

endless ['ɛndlɪs] *adj* অবিরাম

enemy ['ɛnəmɪ] *n* শত্রু

energetic [ˌɛnə'dʒɛtɪk] *adj* চঞ্চল

energy ['ɛnədʒɪ] *n (strength)* কর্মশক্তি; *(power)* শক্তি

engaged [ɪn'geɪdʒd] *adj (formal)* কর্মরত

engaged tone [ɪn'geɪdʒd təʊn] *n* ব্যস্ত থাকার টোন

engagement [ɪn'geɪdʒmənt] *n* অঙ্গীকার

engagement ring [ɪn'geɪdʒmənt rɪŋ] *n* আশীর্বাদের আংটি

engine ['ɛndʒɪn] *n (machine)* ইঞ্জিন; *(train)* রেলগাড়ির ইঞ্জিন

engineer [ˌɛndʒɪ'nɪə] *n* প্রযুক্তিবিদ / ইঞ্জিনিয়ার

engineering [ˌɛndʒɪ'nɪərɪŋ] *n* প্রযুক্তিবিদ্যা / ইঞ্জিনিয়ারিং

England ['ɪŋglənd] *n* ইংলন্ড

English ['ɪŋglɪʃ] *adj* ইংলন্ড দেশীয় ▷ *n* ইংরাজী

Englishman ['ɪŋglɪʃmən] *n* ইংরেজ

Englishwoman ['ɪŋglɪʃˌwʊmən] *n* ইংরেজ নারী

engrave [ɪn'greɪv] *vt* মিনা করা

enjoy [ɪn'dʒɔɪ] *vt* আনন্দ উপভোগ করা

enjoyable [ɪn'dʒɔɪəbl] *adj* উপভোগ্য

enlargement [ɪn'lɑːdʒmənt] *n* পরিবর্ধন

e

enormous [ɪ'nɔːməs] *adj* বিশাল

enough [ɪ'nʌf] *det* যথেষ্ট ▷ *pron* যথেষ্ট

enquire [ɪn'kwaɪə] *v* *(formal)* জিজ্ঞাসা করা

enquiry [ɪn'kwaɪərɪ] *n* অনুসন্ধান

ensure [ɛn'ʃʊə] *vt* *(formal)* সুনিশ্চিত করা

enter ['ɛntə] *v* *(formal)* প্রবেশ করা

entertain [ˌɛntə'teɪn] *v* আনন্দ প্রদান করা

entertainer [ˌɛntə'teɪnə] *n* আনন্দ প্রদানকারী

entertaining [ˌɛntə'teɪnɪŋ] *adj* আমোদজনক

enthusiasm [ɪn'θjuːzɪˌæzəm] *n* আগ্রহ

enthusiastic [ɪnˌθjuːzɪ'æstɪk] *adj* অত্যন্ত আগ্রহান্বিত

entire [ɪn'taɪə] *adj* সমগ্র

entirely [ɪn'taɪəlɪ] *adv* সম্পূর্ণভাবে

entrance ['ɛntrəns] *n* প্রবেশদ্বার

entrance fee ['ɛntrəns fiː] *n* প্রবেশ-মূল্য

entry ['ɛntrɪ] *n* প্রবেশ

entry phone ['ɛntrɪ fəʊn] *n* প্রবেশদ্বারে ফোন

envelope ['ɛnvəˌləʊp] *n* খাম

envious ['ɛnvɪəs] *adj* ঈর্ষান্বিত

environment [ɪn'vaɪrənmənt] *n* পরিবেশ

environmental [ɪnˌvaɪrən'mɛntəl] *adj* পরিবেশ সুরক্ষা সংক্রান্ত

environmentally friendly [ɪnˌvaɪərən'mɛntəlɪ 'frɛndlɪ] *adj* পরিবেশ অনুকূল

envy ['ɛnvɪ] *n* ঈর্ষা ▷ *vt* ঈর্ষা করা

epidemic [ˌɛpɪ'dɛmɪk] *n* মহামারী

episode ['ɛpɪˌsəʊd] *n* পর্ব

equal ['iːkwəl] *adj* সমান ▷ *vt* সমান করা

equality [ɪ'kwɒlɪtɪ] *n* সাম্য

equalize ['iːkwəˌlaɪz] *vt* সমান করা

equation [ɪ'kweɪʒən] *n* সমীকরণ

equator [ɪ'kweɪtə] *n* নিরক্ষবৃত্ত

Equatorial Guinea [ˌɛkwə'tɔːrɪəl 'gɪnɪ] *n* নিরক্ষীয় গিনি

equipment [ɪ'kwɪpmənt] *n* সরঞ্জাম
equipped [ɪ'kwɪpt] *adj* সশস্ত্র
equivalent [ɪ'kwɪvələnt] *n* সমমূল্য
erase [ɪ'reɪz] *vt* মুছে ফেলা
Eritrea [ˌɛrɪ'treɪə] *n* এরিট্রিয়া
error ['ɛrə] *n* ত্রুটি
escalator ['ɛskəˌleɪtə] *n* বৈদ্যুতিক সিঁড়ি
escape [ɪ'skeɪp] *n* পলায়ন ▷ *vi* পলায়ন করা
escort [ɪs'kɔːt] *vt* সঙ্গে নিয়ে যাওয়া
especially [ɪ'spɛʃəlɪ] *adv* বিশেষভাবে
espionage ['ɛspɪəˌnɑːʒ; ˌɛspɪə'nɑːʒ] *n (formal)* গোয়েন্দাগিরি
essay ['ɛseɪ] *n* প্রবন্ধ
essential [ɪ'sɛnʃəl] *adj* প্রয়োজনীয়
estate [ɪ'steɪt] *n* সম্পত্তি
estate agent [ɪ'steɪt 'eɪdʒənt] *n* জমি বাড়ির দালাল
estate car [ɪ'steɪt kɑː] *n* সংস্থা-গাড়ী
estimate ['ɛstɪˌmeɪt] *n* গণনা ▷ ['ɛstɪmət] *vt* গণনা করা
Estonia [ɛ'stəʊnɪə] *n* এস্টোনিয়া
Estonian [ɛ'stəʊnɪən] *adj* এস্টোনিয়া দেশীয় ▷ *n (person)* এস্টোনিয়ার জনগণ; *(language)* এস্টোনিয়ান
etc [ɪt'sɛtrə] *abbr* ইত্যাদি
eternal [ɪ'tɜːnl] *adj* চিরন্তন
eternity [ɪ'tɜːnɪtɪ] *n* অনন্তকাল
ethical ['ɛθɪkl] *adj* নৈতিক
Ethiopia [ˌiːθɪ'əʊpɪə] *n* ইথিওপিয়া
Ethiopian [ˌiːθɪ'əʊpɪən] *adj* ইথিওপিয়া দেশীয় ▷ *n* ইথিওপিয়ার জনগণ
ethnic ['ɛθnɪk] *adj* জনগোষ্ঠীগত
EU [iː juː] *abbr* ই ইউ
euro ['jʊərəʊ] *n* ইউরো
Europe ['jʊərəp] *n* ইউরোপ
European [ˌjʊərə'pɪən] *adj* ইউরোপীয় ▷ *n* ইউরোপের জনগণ
European Union [ˌjʊərə'piːən 'juːnjən] *n* ইউরোপীয়ান ইউনিয়ন
evacuate [ɪ'vækjʊˌeɪt] *v* খালি করা
eve [iːv] *n* আগের দিন
even ['iːvn] *adj (flat and smooth)* মসৃণ ▷ *adv* এমনকি ▷ *adj (number)* জোড়

e

evening ['iːvnɪŋ] *n* সন্ধ্যাবেলা

evening class ['iːvnɪŋ klɑːs] *n* সান্ধ্য ক্লাস

evening dress ['iːvnɪŋ drɛs] *n* সান্ধ্য পোষাক

event [ɪ'vɛnt] *n* ঘটনা

eventful [ɪ'vɛntfʊl] *adj* ঘটনাবহুল

eventually [ɪ'vɛntʃʊəlɪ] *adv* ফলত

ever ['ɛvə] *adv* কোনদিনও

every ['ɛvrɪ] *adj* প্রতিটি

everybody ['ɛvrɪˌbɒdɪ] *pron* সকলেই

everyone ['ɛvrɪˌwʌn] *pron* প্রত্যেকে

everything ['ɛvrɪθɪŋ] *pron* সবকিছু

everywhere ['ɛvrɪˌwɛə] *adv* প্রত্যেক স্থানের

evidence ['ɛvɪdəns] *n* প্রামাণ্য তথ্য

evil ['iːvl] *adj* দুষ্ট

evolution [ˌiːvə'luːʃən] *n* বিবর্তন

ewe [juː] *n* ভেড়ি

exact [ɪg'zækt] *adj* সঠিক

exactly [ɪg'zæktlɪ] *adv* যথাযতভাবে

exaggerate [ɪg'zædʒəˌreɪt] *v* বাড়ানো

exaggeration [ɪg'zædʒəˌreɪʃən] *n* অতিরঞ্জন

exam [ɪg'zæm] *n* পরীক্ষা

examination [ɪgˌzæmɪ'neɪʃən] *n* *(formal)* পরীক্ষা

examine [ɪg'zæmɪn] *vt* পরীক্ষা করা

examiner [ɪg'zæmɪnə] *n* পরীক্ষক

example [ɪg'zɑːmpl] *n* উদাহরণ

excellent ['ɛksələnt] *adj* অসাধারণ

except [ɪk'sɛpt] *prep* ছাড়া

exception [ɪk'sɛpʃən] *n* ব্যতিক্রম

exceptional [ɪk'sɛpʃənl] *adj* অসাধারণ

excess baggage ['ɛksɛs 'bægɪdʒ] *n* অতিরিক্ত মালপত্র

excessive [ɪk'sɛsɪv] *adj* অত্যধিক

exchange [ɪks'tʃeɪndʒ] *vt* বিনিময় করা

exchange rate [ɪks'tʃeɪndʒ reɪt] *n* বিনিময় হার

excited [ɪk'saɪtɪd] *adj* উত্তেজিত

exciting [ɪk'saɪtɪŋ] *adj* উত্তেজনাপ্রবণ

exclamation mark [ˌɛkskləˈmeɪʃən mɑːk] *n* বিস্ময়সূচক চিহ্ন
exclude [ɪkˈskluːd] *vt* বহিষ্কৃত করা
excluding [ɪkˈskluːdɪŋ] *prep* ছাড়া
exclusively [ɪkˈskluːsɪvlɪ] *adv* একান্তভাবে
excuse [ɪkˈskjuːs] *n* মার্জনা ▷ [ɪkˈskjuːz] *vt* মার্জনা করা
execute [ˈɛksɪˌkjuːt] *vt* মৃত্যুদন্ড দেওয়া
execution [ˌɛksɪˈkjuːʃən] *n* মৃত্যুদন্ড
executive [ɪɡˈzɛkjʊtɪv] *n* নির্বাহক
exercise [ˈɛksəˌsaɪz] *n* *(formal, physical)* ব্যায়াম; *(school work)* অনুশীলন
exhaust [ɪɡˈzɔːst] *n* নির্গমন পাইপ
exhausted [ɪɡˈzɔːstɪd] *adj* ক্লান্ত
exhaust fumes [ɪɡˈzɔːst fjuːmz] *npl* নির্গত গ্যাস
exhibition [ˌɛksɪˈbɪʃən] *n* শিল্প-প্রদর্শনী
ex-husband [ɛksˈhʌzbənd] *n* প্রাক্তন স্বামী
exile [ˈɛɡzaɪl] *n* নির্বাসন
exist [ɪɡˈzɪst] *vi* অস্তিত্ব
exit [ˈɛɡzɪt] *n* বাইরে যাওয়ার রাস্তা
exotic [ɪɡˈzɒtɪk] *adj* বিদেশী
expect [ɪkˈspɛkt] *vt* অনুমান করা
expedition [ˌɛkspɪˈdɪʃən] *n* অভিযান
expel [ɪkˈspɛl] *vt* বিতাড়িত করা
expenditure [ɪkˈspɛndɪtʃə] *n (formal)* ব্যয়
expenses [ɪkˈspɛnsɪz] *npl* খরচ
expensive [ɪkˈspɛnsɪv] *adj* দামী
experience [ɪkˈspɪərɪəns] *n* অভিজ্ঞতা
experienced [ɪkˈspɪərɪənst] *adj* অভিজ্ঞ
experiment [ɪkˈspɛrɪmənt] *n* পরীক্ষা
expert [ˈɛkspɜːt] *n* দক্ষ
expire [ɪkˈspaɪə] *vi* শেষ হয়ে যাওয়া
expiry date [ɪkˈspaɪərɪ deɪt] *n* অন্তিম তারিখ
explain [ɪkˈspleɪn] *vt* ব্যাখ্যা করা
explanation [ˌɛkspləˈneɪʃən] *n* ব্যাখ্যা

explode [ɪk'spləʊd] *vi* বিস্ফোরণ ঘটা
exploit [ɪk'splɔɪt] *vt* ব্যবহার করা
exploitation [ˌɛksplɔɪ'teɪʃən] *n* শোষণ
explore [ɪk'splɔː] *v* আবিষ্কার করা
explorer [ɪk'splɔːrə] *n* অনুসন্ধানকারী
explosion [ɪk'spləʊʒən] *n* বিস্ফোরণ
explosive [ɪk'spləʊsɪv] *n* বিস্ফোরক
export ['ɛkspɔːt] *n* রপ্তানী ▹ [ɪk'spɔːt] *v* রপ্তানী করা
express [ɪk'sprɛs] *vt* প্রকাশ করা
expression [ɪk'sprɛʃən] *n* মুখের ভাব
extension [ɪk'stɛnʃən] *n* সম্প্রসারণ
extension cable [ɪk'stɛnʃən 'keɪbl] *n* এক্সটেনশন কেবল
extensive [ɪk'stɛnsɪv] *adj* বিশাল
extensively [ɪk'stɛnsɪvlɪ] *adv* বহুদূর ব্যাপী
extent [ɪk'stɛnt] *n* মাত্রা
exterior [ɪk'stɪərɪə] *adj* বহিঃস্থ
external [ɪk'stɜːnl] *adj* বহিরাগত
extinct [ɪk'stɪŋkt] *adj* লুপ্ত
extinguisher [ɪk'stɪŋgwɪʃə] *n* নির্বাপকযন্ত্র
extortionate [ɪk'stɔːʃənɪt] *adj* অতিরিক্ত
extra ['ɛkstrə] *adj* অতিরিক্ত ▹ *adv* আরো বেশি
extraordinary [ɪk'strɔːdnrɪ] *adj* অসাধারণ
extravagant [ɪk'strævɪgənt] *adj* অসংযত
extreme [ɪk'striːm] *adj* চরম
extremely [ɪk'striːmlɪ] *adv* খুব
extremism [ɪk'striːmɪzəm] *n* চরমপন্থা
extremist [ɪk'striːmɪst] *n* চরমপন্থী
ex-wife [ɛks'waɪf] *n* প্রাক্তন-স্ত্রী
eye [aɪ] *n* চোখ
eyebrow ['aɪˌbraʊ] *n* ভুরু
eye drops [aɪ drɒps] *npl* চোখের ড্রপ
eyelash ['aɪˌlæʃ] *n* চোখের লোম
eyelid ['aɪˌlɪd] *n* চোখের পাতা

eyeliner ['aɪˌlaɪnə] *n* আইলাইনার
eye shadow [aɪ 'ʃædəʊ] *n* আইশ্যাডো
eyesight ['aɪˌsaɪt] *n* চোখের দৃষ্টি

f

fabric ['fæbrɪk] *n* কাপড়
fabulous ['fæbjʊləs] *adj (informal)* দারুণ
face [feɪs] *n* মুখ ▷ *vt* মুখী
face cloth [feɪs klɒθ] *n* মুখের তোয়ালে
facial ['feɪʃəl] *adj* মুখমন্ডল-সম্পর্কিত ▷ *n* ফেসিয়াল
facilities [fə'sɪlɪtɪz] *npl* সুযোগ-সুবিধা
fact [fækt] *n* আসল কথা
factory ['fæktərɪ] *n* কারখানা
fade [feɪd] *v* বিবর্ণ হয়ে যাওয়া
fail [feɪl] *v* অকৃতকার্য হওয়া
failure ['feɪljə] *n* অকৃতকার্য
faint [feɪnt] *adj* আবছা ▷ *vi* অজ্ঞান হওয়া
fair [fɛə] *adj (just)* ন্যায্য; *(blond)* ফ্যাকাশে ▷ *n* মেলা
fairground ['fɛəˌgraʊnd] *n* মেলাপ্রাঙ্গন
fairly ['fɛəlɪ] *adv* ভালমত
fairness ['fɛənɪs] *n* ন্যায়পরতা
fairy ['fɛərɪ] *n* পরী
fairy tale ['fɛərɪ teɪl] *n* রূপকথা
faith [feɪθ] *n* বিশ্বাস
faithful ['feɪθfʊl] *adj* বিশ্বাসী
faithfully ['feɪθfʊlɪ] *adv* বিশ্বস্তভাবে
fake [feɪk] *adj* লোকঠকানো ▷ *n* নকল
fall [fɔːl] *n* পতন ▷ *vi* মাটিতে পড়ে যাওয়া
fall down [fɔːl daʊn] *v* নীচে পড়া
fall for [fɔːl fɔː] *v* প্রেমে পড়া
fall out [fɔːl aʊt] *v* ঝরে পড়া
false [fɔːls] *adj* অসত্য
false alarm [fɔːls ə'lɑːm] *n* ফলস্ অ্যালার্ম
fame [feɪm] *n* খ্যাতি
familiar [fə'mɪlɪə] *adj* পরিচিত
family ['fæmɪlɪ] *n* পরিবার
famine ['fæmɪn] *n* দুর্ভিক্ষ
famous ['feɪməs] *adj* বিখ্যাত
fan [fæn] *n* অনুরাগী
fanatic [fə'nætɪk] *n* অন্ধ ভক্ত
fan belt [fæn bɛlt] *n* ফ্যান বেল্ট

fancy ['fænsɪ] *vt (informal)*
কল্পনা করা ▷ *adj* শৌখীন

fancy dress ['fænsɪ drɛs] *n*
ফ্যান্সি ড্রেস

fantastic [fæn'tæstɪk] *adj*
(informal) খুব সুন্দর

FAQ [ɛf eɪ kjuː] *abbr* প্রায়শই
জিজ্ঞাসিত প্রশ্ন

far [fɑː] *adj* দূর ▷ *adv* দূর

fare [fɛə] *n* ভাড়া

Far East [fɑː iːst] *n* সুদূর
প্রাচ্য

farewell! [fɛə'wel] *excl*
বিদায়

farm [fɑːm] *n* খামার

farmer ['fɑːmə] *n* কৃষক

farmhouse ['fɑːm,haʊs] *n*
খামার-বাড়ী

farming ['fɑːmɪŋ] *n* চাষ

Faroe Islands ['fɛərəʊ
'aɪləndz] *npl* ফারো দ্বীপপুঞ্জ

fascinating ['fæsɪ,neɪtɪŋ]
adj মনোমুগ্ধকর

fashion ['fæʃən] *n* কেতা

fashionable ['fæʃənəbl]
adj কেতাদুরস্ত

fast [fɑːst] *adj* দ্রুত ▷ *adv*
দ্রুতভাবে

fat [fæt] *adj* মোটা ▷ *n*
স্নেহপদার্থ

fatal ['feɪtl] *adj* মারাত্মক

fate [feɪt] *n* ভাগ্য

father ['fɑːðə] *n* বাবা

father-in-law ['fɑːðə ɪn lɔː]
n শ্বশুর

fault [fɔːlt] *n* ত্রুটি

faulty ['fɔːltɪ] *adj* ত্রুটিযুক্ত

fauna ['fɔːnə] *npl* প্রাণীকুল

favour ['feɪvə] *n* আনুকূল্য

favourite ['feɪvərɪt] *adj*
অত্যন্ত প্রিয় ▷ *n* প্রিয়পাত্র

fax [fæks] *n* ফ্যাক্স ▷ *vt*
ফ্যাক্স পাঠানো

fear [fɪə] *n* ভয় ▷ *vt* ভয়
পাওয়া

feasible ['fiːzəbl] *adj* সম্ভবপর

feather ['fɛðə] *n* পালক

feature ['fiːtʃə] *n* বৈশিষ্ট্য

February ['fɛbrʊərɪ] *n*
ফেব্রুয়ারী

fed up [fɛd ʌp] *adj*
(informal) তিতিবিরক্ত হওয়া

fee [fiː] *n* পারিশ্রমিক

feed [fiːd] *vt* খাওয়ানো

feedback ['fiːd,bæk] *n*
প্রতিক্রিয়া

feel [fiːl] *v (have a particular
feeling)* বোধ করা ▷ *vt
(touch)* অনুভব করা

feeling ['fiːlɪŋ] *n* অনুভূতি

feet [fiːt] *npl* পদযুগল

felt [fɛlt] *n* একধরণের কাপড়

felt-tip ['fɛltˌtɪp] *n* ফেল্ট-টিপ পেন
female ['fiːmeɪl] *adj* নারী ▷ *n* মহিলা
feminine ['fɛmɪnɪn] *adj* নারী-সংক্রান্ত
feminist ['fɛmɪnɪst] *n* নারীবাদী
fence [fɛns] *n* বেড়া
fennel ['fɛnl] *n* মৌরীজাতীয় শাক
fern [fɜːn] *n* ফার্ণ
ferret ['fɛrɪt] *n* নেউল
ferry ['fɛrɪ] *n* খেয়াতরী
fertile ['fɜːtaɪl] *adj* উর্বর
fertilizer ['fɜːtɪˌlaɪzə] *n* সার
festival ['fɛstɪvl] *n* উৎসব
fetch [fɛtʃ] *vt* তুলে আনা
fever ['fiːvə] *n* জ্বর
few [fjuː] *det* অল্প কয়েকটি ▷ *pron* কয়েকটি
fewer [fjuːə] *adj* অপেক্ষাকৃত কম
fiancé [fɪ'ɒnseɪ] *n* হবু-বর
fiancée [fɪ'ɒnseɪ] *n* হবু-বউ
fibre ['faɪbə] *n* তন্তু
fibreglass ['faɪbəˌglɑːs] *n* ফাইবার গ্লাস
fiction ['fɪkʃən] *n* কাল্পনিক কাহিনী
field [fiːld] *n* মাঠ
fierce [fɪəs] *adj* হিংস্র
fifteen ['fɪf'tiːn] *num* পনের
fifteenth ['fɪf'tiːnθ] *adj* পনের নম্বর
fifth [fɪfθ] *adj* পাঁচ নম্বর
fifty ['fɪftɪ] *num* পঞ্চাশ
fifty-fifty ['fɪftɪˌfɪftɪ] *adj* *(informal)* আধা-আধা ▷ *adv* *(informal)* অর্ধেকভাবে
fig [fɪg] *n* ডুমুর
fight [faɪt] *n* লড়াই ▷ *v* লড়াই করা
fighting [faɪtɪŋ] *n* সংগ্রাম
figure ['fɪgə] *n* আকৃতি
figure out ['fɪgə aʊt] *v* *(informal)* সমাধান খোঁজা
Fiji ['fiːdʒiː] *n* ফিজি
file [faɪl] *n* *(for documents)* ফাইল; *(tool)* উকো ▷ *vt* *(document)* ফাইলবদ্ধ করা; *(object)* মসৃণ করা
Filipino [ˌfɪlɪ'piːnəʊ] *adj* ফিলিপিন্স দেশীয় ▷ *n* ফিলিপিন্সের অধিবাসী
fill [fɪl] *v* ভর্তি করা
fillet ['fɪlɪt] *n* ফিলে ▷ *vt* ফিলে তৈরী করা
fill in [fɪl ɪn] *v* পূরণ করা
fill up [fɪl ʌp] *v* পূর্ণ করা
film [fɪlm] *n* চলচ্চিত্র

f

film star [fɪlm stɑː] *n* চলচ্চিত্র-তারকা
filter ['fɪltə] *n* ছাঁকনি ▷ *vt* ছাঁকা
filthy ['fɪlθɪ] *adj* নোংরা
final ['faɪnl] *adj* অন্তিম ▷ *n* চূড়ান্ত
finalize ['faɪnə,laɪz] *vt* আয়োজন সম্পূর্ণ করা
finally ['faɪnəlɪ] *adv* অবশেষে
finance [fɪ'næns] *n* অর্থসংস্থান ▷ *vt* অর্থবিনিয়োগ
financial [fɪ'nænʃəl] *adj* আর্থিক
financial year [fɪ'nænʃəl jɪə] *n* আর্থিক বছর
find [faɪnd] *vt* খোঁজা
find out [faɪnd aʊt] *v* খুঁজে বার করা
fine [faɪn] *adj (sunny)* মনোরম; *(well or happy)* ভালো ▷ *n* জরিমানা ▷ *adj (thin)* মিহি
finger ['fɪŋgə] *n* আঙ্গুল
fingernail ['fɪŋgə,neɪl] *n* আঙ্গুলের নখ
fingerprint ['fɪŋgə,prɪnt] *n* আঙ্গুলের ছাপ
finish ['fɪnɪʃ] *n* সমাপ্তি ▷ *vt* শেষ করা
finished ['fɪnɪʃt] *adj* সমাপ্ত
Finland ['fɪnlənd] *n* ফিনল্যান্ড
Finn [fɪn] *n* ফিনল্যান্ডের জনগণ
Finnish ['fɪnɪʃ] *adj* ফিনল্যান্ড দেশীয় ▷ *n* ফিনিশীয় ভাষা
fire [faɪə] *n* আগুন
fire alarm [faɪə ə'lɑːm] *n* অগ্নিসংকেত
fire brigade ['faɪə brɪ'geɪd] *n* দমকলবাহিনী
fire escape ['faɪə ɪ'skeɪp] *n* ফায়ার এসকেপ
fire extinguisher ['faɪə ɪk'stɪŋgwɪʃə] *n* অগ্নি-নির্বাপক যন্ত্র
fireman ['faɪəmən] *n* দমকলকর্মী
fireplace ['faɪə,pleɪs] *n* ফায়ারপ্লেস
firewall ['faɪə,wɔːl] *n* ফায়ারওয়াল
fireworks ['faɪə,wɜːks] *npl* আতসবাজি
firm [fɜːm] *adj* দৃঢ় ▷ *n* ব্যবসা-প্রতিষ্ঠান
first [fɜːst] *adj* প্রথম ▷ *adv* প্রথমে ▷ *n* শুরুর
first aid [fɜːst eɪd] *n* প্রাথমিক চিকিৎসা
first-aid kit [,fɜːst'eɪd kɪt] *n* প্রাথমিক চিকিৎসার বাক্স

first-class ['fɜːst'klɑːs] *adj* প্রথম শ্রেণী
firstly ['fɜːstlɪ] *adv* প্রথমতঃ
first name [fɜːst neɪm] *n* প্রথম নাম
fir tree [fɜː triː] *n* ফার গাছ
fiscal ['fɪskl] *adj* সরকারী রাজস্বসংক্রান্ত
fiscal year ['fɪskl jɪə] *n* সরকারী রাজস্ববর্ষ
fish [fɪʃ] *n* মাছ ▷ *vi* মাছধরা
fisherman ['fɪʃəmən] *n* জেলে
fishing ['fɪʃɪŋ] *n* মাছধরা
fishing boat ['fɪʃɪŋ bəʊt] *n* জেলে-নৌকা
fishing rod ['fɪʃɪŋ rɒd] *n* ছিপ
fishing tackle ['fɪʃɪŋ 'tækl] *n* মাছ ধরার দড়ি
fishmonger ['fɪʃˌmʌŋgə] *n* মাছবিক্রেতা
fist [fɪst] *n* হাতের মুঠো
fit [fɪt] *adj* উপযুক্ত ▷ *n* মানানসই ▷ *v* মাপে হওয়া
fit in [fɪt ɪn] *v* সময় বের করা
fitted carpet ['fɪtɪd 'kɑːpɪt] *n* কাটছাঁট করা কার্পেট
fitted kitchen ['fɪtɪd 'kɪtʃɪn] *n* দেওয়াল আলমারিসহ রান্নাঘর
fitted sheet ['fɪtɪd ʃiːt] *n* কোনামোড়া মাদুর
fitting room ['fɪtɪŋ rʊm] *n* ফিটিং রুম
five [faɪv] *num* পাঁচ
fix [fɪks] *vt (attach)* জোড়া লাগানো; *(mend)* মেরামত করা
fixed [fɪkst] *adj* স্থায়ী
fizzy ['fɪzɪ] *adj* বুদ্বুদ্‌ভরা পানীয়
flabby ['flæbɪ] *adj* মেদবহুল
flag [flæg] *n* পতাকা
flame [fleɪm] *n* অগ্নিশিখা
flamingo [flə'mɪŋgəʊ] *n* ফ্লেমিংগো পাখি
flammable ['flæməbl] *adj* সহজদাহ্য
flan [flæn] *n* জ্যামভরা কেক
flannel ['flænl] *n* ফ্লানেল
flap [flæp] *v* ঝটকানো
flash [flæʃ] *n* ঝলকানি ▷ *v* ঝলক দেওয়া
flask [flɑːsk] *n* ফ্লাস্ক
flat [flæt] *adj* চ্যাটালো ▷ *n* ফ্ল্যাট
flat-screen ['flætˌskriːn] *adj* ফ্ল্যাট-স্ক্রীণ
flatter ['flætə] *vt* তোষামোদ
flattered ['flætəd] *adj* প্রশংসায় তুষ্ট
flavour ['fleɪvə] *n* সুগন্ধ

f

flavouring ['fleɪvərɪŋ] *n* সুগন্ধকারী বস্তু
flaw [flɔː] *n* খুঁত
flea [fliː] *n* রক্তচোষা পতঙ্গ
flea market [fliː 'mɑːkɪt] *n* পুরানো জিনিসের বাজার
flee [fliː] *v* *(written)* পলায়ন করা
fleece [fliːs] *n* লোমশ চামড়া
fleet [fliːt] *n* ভেড়ার পাল
flex [flɛks] *n* বিদ্যুতবাহী তার
flexible ['flɛksɪbl] *adj* নমনীয়
flexitime ['flɛksɪˌtaɪm] *n* নমনীয় সময়
flight [flaɪt] *n* এরোপ্লেন যাত্রা
flight attendant [flaɪt ə'tɛndənt] *n* যাত্রার সহযোগী
fling [flɪŋ] *vt* সজোরে ছুঁড়ে দেওয়া
flip-flops ['flɪpˌflɒpz] *npl* ফ্লিপ-ফ্লপ
flippers ['flɪpəz] *npl* ফ্লিপার
flirt [flɜːt] *n* প্রেমের অভিনয়ে দক্ষ ▷ *vi* প্রেমের অভিনয় করা
float [fləʊt] *n* হালকা ভাসমান বস্তু ▷ *vi* *(on water)* ভাসা; *(in the air)* ওড়া
flock [flɒk] *n* পাল
flood [flʌd] *n* বন্যা ▷ *vt* জলময় হওয়া ▷ *vi* জলে পরিপূর্ণ হওয়া
flooding ['flʌdɪŋ] *n* প্লাবন
floodlight ['flʌdˌlaɪt] *n* ফ্লাডলাইট
floor [flɔː] *n* *(room)* মেঝে; *(storey)* তলা
flop [flɒp] *n* অসফল
floppy disk ['flɒpɪ dɪsk] *n* ফ্লপি ডিস্ক
flora ['flɔːrə] *npl* *(formal)* বিশেষ কোন অঞ্চলের উদ্ভিদ
florist ['flɒrɪst] *n* ফুলবিক্রেতা
flour ['flaʊə] *n* ময়দা
flow [fləʊ] *vi* প্রবাহ
flower ['flaʊə] *n* ফুল ▷ *vi* ফুল দেওয়া
flu [fluː] *n* ভাইরাসবাহিত রোগ
fluent ['fluːənt] *adj* ঝরঝরে
fluorescent [ˌflʊə'rɛsnt] *adj* ফ্লুরোসেন্ট
flush [flʌʃ] *n* রক্তিম আভা ▷ *vi* লাল হয়ে যাওয়া
flute [fluːt] *n* বাঁশি
fly [flaɪ] *n* মাছি ▷ *vi* ওড়া
fly away [flaɪ ə'weɪ] *v* উড়ে চলে যাওয়া
foal [fəʊl] *n* বাচ্চা ঘোড়া
focus ['fəʊkəs] *n* লক্ষ্য ▷ *v* লক্ষ্য নিবদ্ধ করা
foetus ['fiːtəs] *n* ভ্রূণ
fog [fɒg] *n* কুয়াশা
foggy ['fɒgɪ] *adj* কুয়াশাপূর্ণ

fog light [fɒg laɪt] n ফগলাইট

foil [fɔɪl] n মোড়ক

fold [fəʊld] n ভাঁজ ▷ vt
ভাঁজ করা

folder ['fəʊldə] n ফোল্ডার

folding ['fəʊldɪŋ] adj ভাঁজ
করার সুবিধা সমন্বিত

folklore ['fəʊk,lɔ:] n
লোককথা

folk music [fəʊk 'mju:zɪk]
n লোকসঙ্গীত

follow ['fɒləʊ] v অনুসরণ
করা

following ['fɒləʊɪŋ] adj
পরবর্তী

food [fu:d] n খাদ্য

food poisoning [fu:d
'pɔɪzənɪŋ] n খাদ্যে বিষক্রিয়া

food processor [fu:d
'prəʊsɛsə] n ফুড প্রসেসর

fool [fu:l] n বোকা ▷ vt
বোকা বানানো

foot [fʊt] n পা

football ['fʊt,bɔ:l] n (game)
ফুটবল খেলা; (ball) ফুটবল

footballer ['fʊt,bɔ:lə] n
ফুটবলার

football match ['fʊt,bɔ:l
mætʃ] n ফুটবল ম্যাচ

football player ['fʊt,bɔ:l
'pleɪə] n ফুটবল খেলোয়াড়

footpath ['fʊt,pɑ:θ] n ফুটপাথ

footprint ['fʊt,prɪnt] n
পায়ের ছাপ

footstep ['fʊt,stɛp] n
পদচারণা

for [fɔ:] prep (intended for)
জন্য; (denoting purpose)
জন্য; (to help someone) জন্য

forbid [fə'bɪd] vt নিষেধ করা

forbidden [fə'bɪdn] adj
নিষিদ্ধ

force [fɔ:s] n শক্তি ▷ vt
জোর করা

forecast ['fɔ:,kɑ:st] n পূর্বাভাষ

foreground ['fɔ:,graʊnd] n
ছবির নিকটবর্তী স্থান

forehead ['fɒrɪd] n কপাল

foreign ['fɒrɪn] adj বিদেশ

foreigner ['fɒrɪnə] n বিদেশী

foresee [fɔ:'si:] vt ভবিষ্যদ্বাণী
করা

forest ['fɒrɪst] n অরণ্য

forever [fɔ:'rɛvə] adv চিরদিন

forge [fɔ:dʒ] vt জাল করা

forgery ['fɔ:dʒərɪ] n
জালিয়াতি

forget [fə'gɛt] vt ভুলে যাওয়া

forgive [fə'gɪv] vt ক্ষমা করা

forgotten [fə'gɒtn] adj বিস্মৃত

fork [fɔ:k] n কাঁটাচামচ

form [fɔ:m] n রূপ

formal ['fɔːməl] *adj* নিয়মানুগ
formality [fɔː'mælɪtɪ] *n* নিয়মানুগত্য
format ['fɔːmæt] *n* বিন্যাস ▷ *vt* তথ্য বিন্যাস করা
former ['fɔːmə] *adj* প্রাক্তন
formerly ['fɔːməlɪ] *adv* পূর্বকালে
formula ['fɔːmjʊlə] *n* সূত্র
fort [fɔːt] *n* দুর্গ
fortnight ['fɔːtˌnaɪt] *n* একপক্ষকাল
fortunate ['fɔːtʃənɪt] *adj* সৌভাগ্যবান
fortunately ['fɔːtʃənɪtlɪ] *adv* সৌভাগ্যবশতঃ
fortune ['fɔːtʃən] *n* সৌভাগ্য
forty ['fɔːtɪ] *num* চল্লিশ
forward ['fɔːwəd] *adv* সামনের দিকে ▷ *vt* পাঠিয়ে দেওয়া
forward slash ['fɔːwəd slæʃ] *n* তির্যক চিহ্ন
foster ['fɒstə] *vt* পালন করা
foster child ['fɒstə tʃaɪld] *n* পালিত সন্তান
foul [faʊl] *adj* দুর্গন্ধযুক্ত ▷ *n* ফাউল
foundations [faʊn'deɪʃənz] *npl* ভিত
fountain ['faʊntɪn] *n* ঝরণা
fountain pen ['faʊntɪn pɛn] *n* কলম
four [fɔː] *num* চার
fourteen ['fɔː'tiːn] *num* চতুর্দশ
fourteenth ['fɔː'tiːnθ] *adj* চতুর্দশতম
fourth [fɔːθ] *adj* চতুর্থ
four-wheel drive ['fɔːˌwiːl draɪv] *n* যে গাড়ির চার চাকায় শক্তি আসে
fox [fɒks] *n* শিয়াল
fracture ['fræktʃə] *n* অস্থিভঙ্গ
fragile ['frædʒaɪl] *adj* ক্ষণভঙ্গুর
frail [freɪl] *adj* দুর্বল
frame [freɪm] *n* কাঠামো
France [frɑːns] *n* ফ্রান্স
frankly ['fræŋklɪ] *adv* খোলাখুলিভাবে
frantic ['fræntɪk] *adj* প্রমত্ত
fraud [frɔːd] *n* জালিয়াতি
freckles ['frɛklz] *npl* মেচেতা
free [friː] *adj (at liberty)* স্বাধীন; *(at no cost)* বিনামূল্যে ▷ *vt* মুক্তি দেওয়া
freedom ['friːdəm] *n* স্বাধীনতা
free kick [friː kɪk] *n* ফ্রী কিক্
freelance ['friːˌlɑːns] *adj* স্বনির্ভর ▷ *adv* স্বনির্ভরভাবে

freeze [friːz] *vi (water)* জমে যাওয়া ▷ *vt (food)* ঠান্ডা করা
freezer ['friːzə] *n* ফ্রিজার
freezing ['friːzɪŋ] *adj* হিমশীতল
freight [freɪt] *n* পরিবাহিত মালপত্র
French [frɛntʃ] *adj* ফ্রান্সদেশীয় ▷ *n* ফরাসী ভাষা
French beans [frɛntʃ biːnz] *npl* ফ্রেঞ্চবীন
French horn [frɛntʃ hɔːn] *n* একপ্রকার বাদ্যযন্ত্র
Frenchman ['frɛntʃmən] *n* ফরাসী ভদ্রলোক
Frenchwoman ['frɛntʃwʊmən] *n* ফরাসী ভদ্রমহিলা
frequency ['friːkwənsɪ] *n* বারংবারতা
frequent ['friːkwənt] *adj* বারংবার
fresh [frɛʃ] *adj (replacing something)* তাজা; *(food)* টাটকা; *(water)* তাজা; *(air)* তাজা
freshen up ['frɛʃən ʌp] *v* তরতাজা করে তোলা
freshwater fish ['frɛʃˌwɔːtə fɪʃ] *n* মিষ্টিজলের মাছ
fret [frɛt] *vi* উদ্বিগ্ন হওয়া
Friday ['fraɪdɪ] *n* শুক্রবার
fridge [frɪdʒ] *n* ফ্রিজ
fried [fraɪd] *adj* ভাজা
friend [frɛnd] *n* বন্ধু
friendly ['frɛndlɪ] *adj* বন্ধুভাবাপন্ন
friendship ['frɛndʃɪp] *n* বন্ধুত্ব
fright [fraɪt] *n* প্রচন্ড ভয়
frighten ['fraɪtn] *vt* প্রচন্ড ভয় পাওয়া
frightened ['fraɪtənd] *adj* প্রচন্ড ভীত
frightening ['fraɪtnɪŋ] *adj* প্রচন্ড ভীতিজনক
fringe [frɪndʒ] *n* ঝুলে থাকা চুলের গোছা
frog [frɒg] *n* ব্যাঙ
from [frɒm] *prep (given or sent by)* কাছ থেকে; *(out of)* থেকে; *(denoting ingredients)* থেকে
front [frʌnt] *adj* সামনে ▷ *n* সম্মুখ
frontier ['frʌntɪə] *n* সীমান্ত অঞ্চল
frost [frɒst] *n* তুষারপাত
frosty ['frɒstɪ] *adj* হিমেল
frown [fraʊn] *vi* ভুরু কোঁচকানো
frozen ['frəʊzn] *adj* বরফজমা
fruit [fruːt] *n* ফল
fruit juice [fruːt dʒuːs] *n* ফলের রস

fruit salad [fruːt 'sæləd] *n* ফ্রুট স্যালাড
frustrated [frʌ'streɪtɪd] *adj* হতাশাগ্রস্ত
fry [fraɪ] *vt* ভাজা
frying pan ['fraɪɪŋ pæn] *n* ভাজার পাত্র
fuel [fjʊəl] *n* জ্বালানী
fulfil [fʊl'fɪl] *vt* পূর্ণ করা
full [fʊl] *adj* পরিপূর্ণ
full moon [fʊl muːn] *n* পূর্ণিমা
full stop [fʊl stɒp] *n* দাঁড়ি
full-time ['fʊlˌtaɪm] *adj* সম্পূর্ণ সময়ের ▷ *adv* সম্পূর্ণ সময়
fully ['fʊlɪ] *adv* সম্পূর্ণভাবে
fumes [fjuːmz] *npl* ধোঁয়া
fun [fʌn] *adj* মজার ▷ *n* মজা
funds [fʌndz] *npl* তহবিল
funeral ['fjuːnərəl] *n* অন্ত্যেষ্টি
funeral parlour ['fjuːnərəl 'pɑːlə] *n* অন্ত্যেষ্টিক্রিয়া সম্পূর্ণ করবার স্থান
funfair ['fʌnˌfɛə] *n* আনন্দমেলা
funnel ['fʌnl] *n* ফানেল
funny ['fʌnɪ] *adj (amusing)* মজার; *(strange)* আশ্চর্যজনক
fur [fɜː] *n* ফার
fur coat [fɜː kəʊt] *n* ফারের কোট
furious ['fjʊərɪəs] *adj* ক্রোধোন্মত্ত
furnished ['fɜːnɪʃt] *adj* আসবাবপত্র-সজ্জিত
furniture ['fɜːnɪtʃə] *n* আসবাবপত্র
further ['fɜːðə] *adj* অতিরিক্ত ▷ *adv* আরো দূরে
further education ['fɜːðə ˌɛdʒʊ'keɪʃən] *n* স্কুল-পরবর্তী শিক্ষা
fuse [fjuːz] *n* ফিউজ
fuse box [fjuːz bɒks] *n* ফিউজ বক্স
fuss [fʌs] *n* অকারণে উত্তেজনা
fussy ['fʌsɪ] *adj* অকারণ উত্তেজিত
future ['fjuːtʃə] *adj* আগামী ▷ *n* ভবিষ্যত

g

Gabon [gə'bɒn] *n* গ্যাবন
gain [geɪn] *n* লাভ ▷ *vt* লাভ করা
gale [geɪl] *n* প্রবল ঝড়
gall bladder [gɔːl 'blædə] *n* পিত্তাশয়
gallery ['gælərɪ] *n* গ্যালারি

gallop ['gæləp] *n* ঘোড়ার পিঠে লাফিয়ে চলা ▷ *vi* লাফানো
gallstone ['gɔːlˌstəʊn] *n* পিত্তাশয়ে পাথর
Gambia ['gæmbɪə] *n* গাম্বিয়া
gamble ['gæmbl] *v* জুয়াখেলা
gambler ['gæmblə] *n* জুয়াড়ি
gambling ['gæmblɪŋ] *n* জুয়া
game [geɪm] *n (with rules)* খেলা; *(imaginative)* খেলা
games console [geɪmz 'kɒnsəʊl] *n* গেমস্ কনসোল
gang [gæŋ] *n* অপরাধীদের দল
gangster ['gæŋstə] *n* অপরাধীদের সদস্য
gap [gæp] *n* ফাঁক
garage ['gærɑːʒ] *n (shelter for car)* গ্যারেজ; *(for repairs)* গাড়ি সারাবার জায়গা
garden ['gɑːdn] *n* বাগান
garden centre ['gɑːdn 'sɛntə] *n* গাছের দোকান
gardener ['gɑːdnə] *n* মালী
gardening ['gɑːdnɪŋ] *n* বাগান-পরিচর্যা
garlic ['gɑːlɪk] *n* রসুন
garment ['gɑːmənt] *n* পোষাক
gas [gæs] *n* গ্যাস
gas cooker [gæs 'kʊkə] *n* গ্যাসকুকার
gasket ['gæskɪt] *n* গাস্কেট
gate [geɪt] *n* দরজা
gateau ['gætəʊ] *n* ক্রীম-কেক
gather ['gæðə] *v* জড়ো হওয়া
gauge [geɪdʒ] *n* ফিতে ▷ *vt* ফিতে দিয়ে মাপা
gaze [geɪz] *vi* একদৃষ্টে তাকানো
gear [gɪə] *n (in car or on bicycle)* গাড়ির গিয়ার; *(clothes and equipment)* সরঞ্জাম
gearbox ['gɪəbɒks] *n* গিয়ার-বক্স
gear lever [gɪə 'liːvə] *n* গিয়ার-লিভার
gel [dʒɛl] *n* জেল ক্রীম
gem [dʒɛm] *n* রত্ন
Gemini ['dʒɛmɪˌnaɪ] *n* মিথুন রাশি
gender ['dʒɛndə] *n* লিঙ্গ
gene [dʒiːn] *n* জিন
general ['dʒɛnərəl] *adj* সাধারণ ▷ *n* জেনারেল
general anaesthetic ['dʒɛnərəl ˌænɪs'θɛtɪk] *n* সাধারণ অ্যানাস্থেসিয়া
general election ['dʒɛnərəl ɪ'lɛkʃən] *n* সাধারণ নির্বাচন
generalize ['dʒɛnrəˌlaɪz] *v* সাধারণ রূপ দেওয়া

g

general knowledge ['dʒɛnərəl 'nɒlɪdʒ] *n* সাধারণ জ্ঞান

generally ['dʒɛnrəlɪ] *adv* সাধারণতঃ

generation [ˌdʒɛnə'reɪʃən] *n* প্রজন্ম

generator ['dʒɛnəˌreɪtə] *n* জেনারেটর

generosity [ˌdʒɛnə'rɒsɪtɪ] *n* উদারতা

generous ['dʒɛnərəs] *adj* উদার

genetic [dʒɪ'nɛtɪk] *adj* জিনগত

genetically-modified [dʒɪ'nɛtɪklɪ'mɒdɪˌfaɪd] *adj* জিনগতভাবে পরিবর্তিত

genetics [dʒɪ'nɛtɪks] *n* জিনতত্ত্ব

genius ['dʒiːnɪəs] *n* প্রতিভা

gentle ['dʒɛntl] *adj* ভদ্র

gentleman ['dʒɛntlmən] *n* ভদ্রলোক

gently ['dʒɛntlɪ] *adv* ভদ্রভাবে

gents [dʒɛnts] *n* পুরুষদের শৌচালয়

genuine ['dʒɛnjʊɪn] *adj* প্রকৃত

geography [dʒɪ'ɒgrəfɪ] *n* ভূগোল

geology [dʒɪ'ɒlədʒɪ] *n* ভূ-তত্ত্ব

Georgia ['dʒɔːdʒjə] *n (US state)* জর্জিয়া; *(country)* জর্জিয়া রাষ্ট্র

Georgian ['dʒɔːdʒjən] *adj (from Georgia)* জর্জিয়া দেশীয় ▷ *n (person)* জর্জিয়ার জনগণ

geranium [dʒɪ'reɪnɪəm] *n* একজাতীয় গাছ

gerbil ['dʒɜːbɪl] *n* ছোট তীক্ষ্ণদন্তী প্রাণী

geriatric [ˌdʒɛrɪ'ætrɪk] *adj* বয়স্কদের স্বাস্থ্য ও পরিচর্যা সংক্রান্ত বিভাগ

germ [dʒɜːm] *n* জীবাণু

German ['dʒɜːmən] *adj* জার্মানি দেশীয় ▷ *n (person)* জার্মানির অধিবাসী; *(language)* জার্মান ভাষা

German measles ['dʒɜːmən 'miːzəlz] *n* জার্মান মিজলস্ (হাম)

Germany ['dʒɜːmənɪ] *n* জার্মানি

gesture ['dʒɛstʃə] *n* অঙ্গভঙ্গি

get [gɛt] *v (become)* পরিণত হওয়া ▷ *vi (arrive)* পৌঁছানো ▷ *vt (be given)* পাওয়া; *(fetch)* পাওয়া

get away [gɛt ə'weɪ] *v* অব্যাহতি পাওয়া

get back [gɛt bæk] *v* ফিরে পাওয়া
get in [gɛt ɪn] *v* পৌঁছানো
get into [gɛt 'ɪntə] *v* যোগদান করা
get off [gɛt ɒf] *v* মুক্তি পাওয়া
get on [gɛt ɒn] *v* সুসম্পর্ক বজায় রাখা
get out [gɛt aʊt] *v* বেরিয়ে যাওয়া
get over [gɛt 'əʊvə] *v* অতিক্রম করা
get together [gɛt tə'gɛðə] *v* একত্রিত হওয়া
get up [gɛt ʌp] *v* উঠে পড়া
Ghana ['gɑːnə] *n* ঘানা
Ghanaian [gɑː'neɪən] *adj* ঘানা দেশীয় ▷ *n* ঘানার জনগণ
ghost [gəʊst] *n* ভূত
giant ['dʒaɪənt] *adj* বিশালাকার ▷ *n* বিশাল
gift [gɪft] *n* উপহার
gifted ['gɪftɪd] *adj* ঈশ্বর-প্রদত্ত
gift voucher [gɪft 'vaʊtʃə] *n* গিফট্‌ ভাউচার
gigantic [dʒaɪ'gæntɪk] *adj* খুব বড় আকারের
giggle ['gɪgl] *vi* খিলখিলিয়ে হাসা
gin [dʒɪn] *n* জিন
ginger ['dʒɪndʒə] *adj* কমলা খয়েরি রংবিশিষ্ট ▷ *n* আদা
giraffe [dʒɪ'rɑːf] *n* জিরাফ
girl [gɜːl] *n* মেয়ে
girlfriend ['gɜːl,frɛnd] *n* প্রেমিকা
give [gɪv] *vt* দেওয়া
give back [gɪv bæk] *v* ফেরত দেওয়া
give in [gɪv ɪn] *v* হার মানা
give out [gɪv aʊt] *v* বিতরণ করা
give up [gɪv ʌp] *v* ছেড়ে দেওয়া
glacier ['glæsɪə] *n* হিমবাহ
glad [glæd] *adj* আনন্দিত
glamorous ['glæmərəs] *adj* জৌলুসময়
glance [glɑːns] *n* চকিতের দেখা ▷ *vi* একনজরে দেখা
gland [glænd] *n* গ্রন্থি
glare [glɛə] *vi* ঝলসানো চাহনি
glaring ['glɛərɪŋ] *adj* ক্রোধান্বিত
glass [glɑːs] *n* *(material)* কাঁচ; *(tumbler)* গ্লাস
glasses ['glɑːsɪz] *npl* চশমা
glider ['glaɪdə] *n* গ্লাইডার
gliding ['glaɪdɪŋ] *n* গ্লাইডারে ওড়া
global ['gləʊbl] *adj* বিশ্বব্যাপী

globalization [ˌgləʊblaɪˈzeɪʃən] *n* বিশ্বায়ন
global warming [ˈgləʊbl ˈwɔːmɪŋ] *n* বিশ্ব উষ্ণায়ন
globe [gləʊb] *n* ভূমন্ডল
gloomy [ˈgluːmɪ] *adj* অন্ধকারাচ্ছন্ন
glorious [ˈglɔːrɪəs] *adj* গৌরবপূর্ণ
glory [ˈglɔːrɪ] *n* মহিমা
glove [glʌv] *n* দস্তানা
glove compartment [glʌv kəmˈpɑːtmənt] *n* প্রকোষ্ঠ
glucose [ˈgluːkəʊz] *n* গ্লুকোজ
glue [gluː] *n* আঠা ▷ *vt* আটকানো
gluten [ˈgluːtn] *n* মাড়
GM [dʒiː ɛm] *abbr* জিনগতভাবে পরিবর্তিত
go [gəʊ] *vi* *(move)* যাওয়া ▷ *v* *(denoting future action)* হতে চলেছে
go after [gəʊ ˈɑːftə] *v* তাড়া করা
go ahead [gəʊ əˈhɛd] *v* এগিয়ে যাওয়া
goal [gəʊl] *n* লক্ষ্য
goalkeeper [ˈgəʊlˌkiːpə] *n* গোলরক্ষক
goat [gəʊt] *n* ছাগল
go away [gəʊ əˈweɪ] *v* চলে যাওয়া
go back [gəʊ bæk] *v* অতীতে ফেরা
go by [gəʊ baɪ] *v* পেরিয়ে যাওয়া
God [gɒd] *n* ঈশ্বর
godfather [ˈgɒdˌfɑːðə] *n* গডফাদার
go down [gəʊ daʊn] *v* কমে যাওয়া
goggles [ˈgɒglz] *npl* রোদচশমা
go in [gəʊ ɪn] *v* ভেতরে ঢুকে যাওয়া
gold [gəʊld] *n* সোনা
golden [ˈgəʊldən] *adj* সোনালী
goldfish [ˈgəʊldˌfɪʃ] *n* গোল্ডফিশ
gold-plated [ˈgəʊldˌpleɪtɪd] *adj* সোনার জল দিয়ে নির্মিত
golf [gɒlf] *n* গলফ খেলা
golf club [gɒlf klʌb] *n* *(stick)* গলফ খেলার ক্লাব; *(organization)* গলফ শেখার ক্লাব
golf course [gɒlf kɔːs] *n* গলফ খেলার মাঠ
gone [gɒn] *adj* বিগত

good [gʊd] *adj (enjoyable)* ভাল; *(well-behaved)* ভাল; *(talented)* পারদর্শী
goodbye! ['gʊd'baɪ] *excl* বিদায়-সম্ভাষণ
good-looking ['gʊd'lʊkɪŋ] *adj* সুশ্রী
good-natured ['gʊd'neɪtʃəd] *adj* সুন্দর স্বভাব-বিশিষ্ট
goods [gʊdz] *npl* জিনিসপত্র
go off [gəʊ ɒf] *v* বিস্ফোরণ ঘটা
google ['guːgl] *v* গুগল্ করা
go on [gəʊ ɒn] *v* চালিয়ে যাওয়া
goose [guːs] *n* লম্বা গলাওয়ালা হাঁস
gooseberry ['gʊzbərɪ] *n* বৈঁচিজাতীয় ছোট ফল
goose pimples [guːs 'pɪmplz] *npl* ভয়ে বা শীতে গায়ে কাঁটা দেওয়া
go out [gəʊ aʊt] *v* বাইরে যাওয়া
go past [gəʊ pɑːst] *v* অতিক্রম করা
gorgeous ['gɔːdʒəs] *adj (informal)* জমকালো
gorilla [gə'rɪlə] *n* গরিলা
go round [gəʊ raʊnd] *v* পৌঁছানো
gossip ['gɒsɪp] *n* পরচর্চা ▷ *vi* পরচর্চা করা
go through [gəʊ θruː] *v* কাটানো
go up [gəʊ ʌp] *v* দাম বাড়া
government ['gʌvənmənt] *n* সরকার
GP [dʒiː piː] *abbr* সাধারণ চিকিৎসক
GPS [dʒiː piː ɛs] *abbr* জিপিএস
grab [græb] *vt* ছোঁ মেরে নেওয়া
graceful ['greɪsfʊl] *adj* মাধুর্যমন্ডিত
grade [greɪd] *n* মান
gradual ['grædjʊəl] *adj* ক্রমিক
gradually ['grædjʊəlɪ] *adv* পর্যায়ক্রমে
graduate ['grædjʊɪt] *n* স্নাতক
graduation [ˌgrædjʊ'eɪʃən] *n* স্নাতকত্ব লাভ
graffiti [græ'fiːtiː] *npl* অশিষ্ট দেওয়াললিখন
grain [greɪn] *n (seed of cereal plant)* দানাশস্য; *(tiny piece)* কণা
gram [græm] *n* গ্রাম (ওজনের একক)
grammar ['græmə] *n* ব্যাকরণ
grammatical [grə'mætɪkl] *adj* ব্যাকরণগত

g

grand [grænd] *adj* বিরাট
grandchild ['græn,tʃaɪld] *n* নাতি অথবা নাতনি
granddad ['græn,dæd] *n* *(informal)* ঠাকুর্দা
granddaughter ['græn,dɔːtə] *n* নাতনি
grandfather ['græn,fɑːðə] *n* ঠাকুর্দা
grandma ['græn,mɑː] *n* *(informal)* ঠাকুমা
grandmother ['græn,mʌðə] *n* ঠাকুমা
grandpa ['græn,pɑː] *n* *(informal)* ঠাকুর্দা
grandparents ['græn,pɛərəntz] *npl* ঠাকুমা-ঠাকুর্দা
grandson ['grænsʌn] *n* নাতি
granite ['grænɪt] *n* গ্রানাইট
granny ['grænɪ] *n* *(informal)* ঠাকুমা
grant [grɑːnt] *n* অনুদান
grape [greɪp] *n* আঙ্গুর
grapefruit ['greɪp,fruːt] *n* বাতাপি লেবু
graph [grɑːf] *n* গ্রাফ
graphics ['græfɪks] *npl* গ্রাফিক্স
grasp [grɑːsp] *vt* আঁকড়ে ধরা
grass [grɑːs] *n* *(plant)* ঘাস; *(informal, informer)* পুলিশের চর
grasshopper ['grɑːs,hɒpə] *n* ফড়িং
grate [greɪt] *vt* কোরানো
grateful ['greɪtfʊl] *adj* কৃতজ্ঞ
grave [greɪv] *n* কবর
gravel ['grævl] *n* নুড়ি
gravestone ['greɪv,stəʊn] *n* কবরের পাথর
graveyard ['greɪv,jɑːd] *n* কবরখানা
gravy ['greɪvɪ] *n* মাংসের রসা
grease [griːs] *n* গ্রীজ
greasy ['griːzɪ] *adj* গ্রীজযুক্ত
great [greɪt] *adj* *(very large)* বিশাল; *(very important)* মহৎ; *(excellent)* সুন্দর
Great Britain ['greɪt 'brɪtn] *n* গ্রেট ব্রিটেন
great-grandfather ['greɪt'græn,fɑːðə] *n* প্রপিতামহ
great-grandmother ['greɪt'græn,mʌðə] *n* প্রপিতামহী
Greece [griːs] *n* গ্রীস
greedy ['griːdɪ] *adj* লোভী
Greek [griːk] *adj* গ্রীসদেশীয় ▷ *n* *(person)* গ্রীসের অধিবাসী; *(language)* গ্রীক ভাষা

green [griːn] *adj (in colour)* সবুজ; *(inexperienced)* অনভিজ্ঞ
Green [griːn] *n* গ্রীনপার্টি
greengrocer ['griːnˌgrəʊsə] *n* ফল ও সব্জিবিক্রেতা
greenhouse ['griːnˌhaʊs] *n* গ্রীণহাউজ
Greenland ['griːnlənd] *n* গ্রীণল্যান্ড
green salad [griːn 'sæləd] *n* গ্রীণ স্যালাড
greet [griːt] *vt* সম্ভাষণ করা
greeting ['griːtɪŋ] *n* সম্ভাষণ
greetings card ['griːtɪŋz kɑːd] *n* গ্রীটিংস কার্ড
grey [greɪ] *adj* ধূসর
grey-haired [ˌgreɪ'hɛəd] *adj* পাকা চুলওয়ালা লোক
grid [grɪd] *n* গ্রিড
grief [griːf] *n* তীব্র মনোবেদনা
grill [grɪl] *n* উনুনের শিক ▷ *vt* ঝলসে যাওয়া
grilled [grɪld] *adj.* ঝলসানো
grim [grɪm] *adj* সাংঘাতিক
grin [grɪn] *n* সদন্ত-হাসি ▷ *vi* দাঁত বার করে হাসা
grind [graɪnd] *vt* পেষা
grip [grɪp] *vt* হাতের মুঠির মধ্যে আসা
gripping ['grɪpɪŋ] *adj* উত্তেজক
grit [grɪt] *n* কাঁকর
groan [grəʊn] *vi* ব্যথায় ককিয়ে ওঠা
grocer ['grəʊsə] *n (person)* মুদি; ['grəʊsəz] *n (shop)* মুদিখানায়
groceries ['grəʊsərɪz] *npl* মুদিখানায় লভ্য সামগ্রী
groom [gruːm] *n* বর
grope [grəʊp] *vi* হাতড়ানো
gross [grəʊs] *adj* পুরোপুরি
grossly ['grəʊslɪ] *adv* স্থূলভাবে
ground [graʊnd] *n* মেঝে/ভূতল ▷ *vt* ভিত্তি
ground floor [graʊnd flɔː] *n* একতলা
group [gruːp] *n* দল
grouse [graʊs] *n (complaint)* অভিযোগ; *(bird)* বুনো হাঁস
grow [grəʊ] *vt* বাড়ানো ▷ *vi* বাড়া
growl [graʊl] *vi* গরগর করা
grown-up ['grəʊnʌp] *n* পরিণত
growth [grəʊθ] *n* বৃদ্ধি
grow up [grəʊ ʌp] *v* বেড়ে ওঠা
grub [grʌb] *n* শুঁয়োপোকা
grudge [grʌdʒ] *n* বিদ্বেষ

g

gruesome ['gruːsəm] *adj* ভয়ানক

grumpy ['grʌmpɪ] *adj* বদমেজাজি

guarantee [ˌgærən'tiː] *n* গ্যারান্টি ▷ *vt* গ্যারান্টি দেওয়া

guard [gɑːd] *n* রক্ষী ▷ *vt* পাহারা দেওয়া

Guatemala [ˌgwɑːtə'mɑːlə] *n* গুয়াতেমালা

guess [gɛs] *n* আন্দাজ ▷ *v* আন্দাজ করা

guest [gɛst] *n* অতিথি

guesthouse ['gɛstˌhaʊs] *n* অতিথিশালা

guide [gaɪd] *n* পথপ্রদর্শক

guidebook ['gaɪdˌbʊk] *n* গাইডবুক

guide dog [gaɪd dɒg] *n* পথ দেখানো কুকুর

guided tour ['gaɪdɪd tʊə] *n* পথপ্রদর্শিত ভ্রমণ

guilt [gɪlt] *n* অপরাধবোধ

guilty ['gɪltɪ] *adj* দোষী

Guinea ['gɪnɪ] *n* গিনি

guinea pig ['gɪnɪ pɪg] *n* *(person)* গিনিপিগ হিসাবে ব্যবহৃত; *(animal)* গিনিপিগ

guitar [gɪ'tɑː] *n* গিটার

Gulf States [gʌlf steɪts] *npl* উপসাগরীয় রাজ্য

gum [gʌm] *n* গাম

gun [gʌn] *n* বন্দুক

gust [gʌst] *n* আচমকা ঝড়

gut [gʌt] *n* নাড়িভুঁড়ি

guy [gaɪ] *n* *(informal)* লোক

Guyana [gaɪ'ænə] *n* গায়ানা

gym [dʒɪm] *n* জিম

gymnast ['dʒɪmnæst] *n* জিমন্যাস্টিকে পারদর্শী

gymnastics [dʒɪm'næstɪks] *npl* জিমন্যাস্টিকস্

gynaecologist [ˌgaɪnɪ'kɒlədʒɪst] *n* স্ত্রীরোগ-বিশেষজ্ঞ

gypsy ['dʒɪpsɪ] *n* যাযাবর সম্প্রদায়

h

habit ['hæbɪt] *n* অভ্যাস

hack [hæk] *v* ফালা ফালা করে কাটা

hacker ['hækə] *n* হ্যাকার

haddock ['hædək] *n* কড জাতীয় মাছ

haemorrhoids ['hɛməˌrɔɪdz] *npl* হেমারয়েড

haggle ['hægl] *vi*
দর-কষাকষি করা

hail [heɪl] *n* শিলা ▷ *vt*
সম্ভাষণ জানানো

hair [hɛə] *n* চুল

hairband ['hɛə,bænd] *n*
হেয়ারব্যান্ড

hairbrush ['hɛə,brʌʃ] *n*
চুলের ব্রাশ

haircut ['hɛə,kʌt] *n* চুলকাটা

hairdo ['hɛə,duː] *n*
(informal) কেশবিন্যাস

hairdresser ['hɛə,drɛsə]
n (person) কেশবিন্যাসকারী;
(salon) কেশবিন্যাসকারীর দোকান

hairdryer ['hɛə,draɪə] *n*
হেয়ারড্রায়ার

hair gel [hɛə dʒɛl] *n* চুলে
লাগানোর জেলি

hairgrip ['hɛəgrɪp] *n* চুল
আটকানোর ক্লিপ

hair spray ['hɛəspreɪ] *n*
চুলে লাগানোর স্প্রে

hairstyle ['hɛəstaɪl] *n*
কেশবিন্যাস

hairy ['hɛərɪ] *adj* লোমওয়ালা

Haiti ['heɪtɪ] *n* হাইতি

half [hɑːf] *adj* আধা ▷ *adv*
অর্ধেক ▷ *n* অর্ধেক

half board [hɑːf bɔːd] *n*
হোটেল ভাড়া রাতের খাওয়া ছাড়া

half-hour ['hɑːf,aʊə] *n*
আধ-ঘন্টা

half-price ['hɑːf,praɪs]
adj অর্ধেক দাম ▷ *adv* অর্ধেক
দামে

half-term ['hɑːf,tɜːm] *n*
ষান্মাসিক

half-time ['hɑːf,taɪm] *n*
বিরতি

halfway [,hɑːf'weɪ] *adv*
মধ্যিখানে

hall [hɔːl] *n* হলঘর

hallway ['hɔːl,weɪ] *n* দালান

halt [hɔːlt] *n* থেমে যাওয়া

hamburger ['hæm,bɜːgə] *n*
হ্যামবার্গার

hammer ['hæmə] *n* হাতুড়ি

hammock ['hæmək] *n*
দোলনা বিছানা

hamster ['hæmstə] *n* ধেড়ে
ইঁদুরের মত প্রাণী

hand [hænd] *n* হাত ▷ *vt*
দেওয়া

handbag ['hænd,bæg] *n*
হাতব্যাগ

handball ['hænd,bɔːl] *n*
হ্যান্ডবল

handbook ['hænd,bʊk] *n*
নির্দেশিকা

handbrake ['hænd,breɪk]
n হ্যান্ডব্রেক

h

handcuffs ['hænd,kʌfs] *npl* হাতকড়া
handkerchief ['hæŋkətʃɪf] *n* রুমাল
handle ['hændl] *n (tool, bag)* হাতল ▷ *vt* পরিচালনা করা ▷ *n (knob)* হাতল
handlebars ['hændl,bɑːz] *npl* হাতল
hand luggage [hænd 'lʌgɪdʒ] *n* হাতে বওয়ার তল্পিতল্পা
handmade [,hænd'meɪd] *adj* হাতে বানানো
hands-free ['hændz,friː] *adj* হ্যান্ডস্-ফ্রী
hands-free kit [,hændz'friː kɪt] *n* হ্যান্ডস্-ফ্রী কিট
handsome ['hændsəm] *adj* সুদর্শন
handwriting ['hænd,raɪtɪŋ] *n* হাতের লেখা
handy ['hændɪ] *adj* সুবিধাজনক
hang [hæŋ] *vt (attach)* ঝোলানো ▷ *vi (be attached)* টাঙ্গানো
hanger ['hæŋə] *n* হ্যাঙ্গার
hang-gliding ['hæŋ'glaɪdɪŋ] *n* হ্যাং-গ্লাইডারে ওড়া
hang on [hæŋ ɒn] *v (informal)* অপেক্ষা করা
hangover ['hæŋ,əʊvə] *n* খোয়ারি
hang up [hæŋ ʌp] *v* ফোন রেখে দেওয়া
hankie ['hæŋkɪ] *n (informal)* রুমাল
happen ['hæpn] *vi* ঘটা
happily ['hæpɪlɪ] *adv* আনন্দের ব্যাপার
happiness ['hæpɪnɪs] *n* সুখ
happy ['hæpɪ] *adj* সুখী
harassment ['hærəsmənt] *n* হয়রানি
harbour ['hɑːbə] *n* পোতাশ্রয়
hard [hɑːd] *adj (difficult)* কঠিন; *(solid)* শক্ত ▷ *adv* কঠোর
hardboard ['hɑːd,bɔːd] *n* হার্ডবোর্ড
hard disk [hɑːd dɪsk] *n* হার্ড-ডিস্ক
hardly ['hɑːdlɪ] *adv (only just)* নামমাত্র; *(almost never)* খুবই কম বা না
hard shoulder [hɑːd 'ʃəʊldə] *n* রাস্তায় গাড়ি খারাপ হলে থামানোর জায়গা
hard up [hɑːd ʌp] *adj (informal)* অসচ্ছল

hardware ['hɑːd,wɛə] *n* হার্ডওয়্যার
hare [hɛə] *n* খরগোশ
harm [hɑːm] *vt* ক্ষতি করা
harmful ['hɑːmfʊl] *adj* ক্ষতিকর
harmless ['hɑːmlɪs] *adj* নিরাপদ
harp [hɑːp] *n* বীণা
harsh [hɑːʃ] *adj* রূঢ়
harvest ['hɑːvɪst] *n* ফসল ▷ *vt* ফসল কাটা
hastily ['heɪstɪlɪ] *adv* তাড়াতাড়ি
hat [hæt] *n* টুপি
hatchback ['hætʃ,bæk] *n* পিছন দিকের দরজা ওপরের দিকে খোলা যায় এমন গাড়ি
hate [heɪt] *vt* ঘৃণা করা
hatred ['heɪtrɪd] *n* ঘৃণা
haunted ['hɔːntɪd] *adj* ভুতুড়ে
have [hæv] *v (denoting present perfect tense)* আছে; *(experience)* রয়েছে
have to [hæv tʊ] *v* হবেই
hawthorn ['hɔː,θɔːn] *n* কাঁটাগাছ
hay [heɪ] *n* খড়
hay fever [heɪ 'fiːvə] *n* একধরণের জ্বর
haystack ['heɪ,stæk] *n* খড়ের গাদা
hazard warning lights ['hæzəd 'wɔːnɪŋ laɪts] *npl* হ্যাজার্ড লাইট
hazelnut ['heɪzl,nʌt] *n* হেজেল গাছের বাদাম
he [hiː] *pron* তিনি (পুরুষ)
head [hɛd] *n (leader)* প্রধান; *(part of the body)* মাথা ▷ *vt* নেতৃত্ব দেওয়া
headache ['hɛd,eɪk] *n* মাথাধরা
headlight ['hɛd,laɪt] *n* হেডলাইট
headline ['hɛd,laɪn] *n* শিরোনাম
head office [hɛd 'ɒfɪs] *n* মুখ্য কার্যালয়
headphones ['hɛd,fəʊnz] *npl* হেডফোন
headquarters [,hɛd'kwɔːtəz] *npl* মুখ্য কার্যালয়
headroom ['hɛd,rʊm] *n* ছাদের নিচে জায়গা
headscarf ['hɛd,skɑːf] *n* চুল ঢাকার স্কার্ফ
headteacher ['hɛd,tiːtʃə] *n* প্রধান শিক্ষক / শিক্ষিকা
heal [hiːl] *vi* সেরে যাওয়া

health [hɛlθ] *n* স্বাস্থ্য
healthy ['hɛlθɪ] *adj (in good health)* সুস্থসবল; *(health-giving)* স্বাস্থ্যকর
heap [hiːp] *n* স্তূপ
hear [hɪə] *v* শোনা
hearing ['hɪərɪŋ] *n* শ্রবণশক্তি
hearing aid ['hɪərɪŋ eɪd] *n* কানে শোনার যন্ত্র
heart [hɑːt] *n* হৃৎপিণ্ড
heart attack [hɑːt ə'tæk] *n* হৃদরোগে আক্রান্ত হওয়া
heartbroken ['hɑːt,brəʊkən] *adj* মানসিকভাবে ভেঙ্গে পড়া
heartburn ['hɑːt,bɜːn] *n* বুকজ্বালা করা
heat [hiːt] *n* তাপ ▷ *vt* গরম করা
heater ['hiːtə] *n* হিটার
heather ['hɛðə] *n* জংলি ফুলের গাছ
heating ['hiːtɪŋ] *n* হিটিং
heat up [hiːt ʌp] *v* পুনরায় গরম করা
heaven ['hɛvn] *n* স্বর্গ
heavily ['hɛvɪlɪ] *adv* গুরুতরভাবে
heavy ['hɛvɪ] *adj* ভারি
hedge [hɛdʒ] *n* ঝোপঝাড়ের সারি
hedgehog ['hɛdʒ,hɒg] *n* সজারুজাতীয় ছোট প্রাণী
heel [hiːl] *n* গোড়ালি
height [haɪt] *n* উচ্চতা
heir [ɛə] *n* উত্তরাধিকারী
heiress ['ɛərɪs] *n* উত্তরাধিকারিণী
helicopter ['hɛlɪ,kɒptə] *n* হেলিকপ্টার
hell [hɛl] *n* নরক
hello! [hʌ'ləʊ] *excl* শুনছেন!
helmet ['hɛlmɪt] *n* শিরস্ত্রাণ
help! [help] *excl* বাঁচাও!
help [help] *n* সাহায্য ▷ *v* সাহায্য করা
helpful ['hɛlpfʊl] *adj* উপকারী
helpline ['hɛlp,laɪn] *n* হেল্পলাইন
hen [hɛn] *n* মুরগী
hen night [hɛn naɪt] *n* আইবুড়োভাত
hepatitis [,hɛpə'taɪtɪs] *n* হেপাটাইটিস
her [hɜː] *det* তার (নারী) ▷ *pron* তাকে (নারী)
herbal tea ['hɜːbl tiː] *n* ভেষজ চা
herbs [hɜːbz] *npl* ঔষধি
here [hɪə] *adv* এখানে
hereditary [hɪ'rɛdɪtərɪ] *adj* বংশগত

heritage ['hɛrɪtɪdʒ] *n* ঐতিহ্য
hernia ['hɜːnɪə] *n* হার্নিয়া
hero ['hɪərəʊ] *n* নায়ক
heroine ['hɛrəʊɪn] *n* নায়িকা
heron ['hɛrən] *n* সারস
herring ['hɛrɪŋ] *n* হেরিংমাছ
hers [hɜːz] *pron* তার (নারী)
herself [hə'sɛlf] *pron* নিজে (নারী)
hesitate ['hɛzɪˌteɪt] *vi* ইতস্ততঃ করা
HGV [eɪtʃ dʒiː viː] *abbr* বড় মাল গাড়ী
hi! [haɪ] *excl* একটি সম্ভাষণ
hiccups ['hɪkʌps] *npl* হেঁচকি
hidden ['hɪdn] *adj* গোপন
hide [haɪd] *vt (object)* লুকিয়ে রাখা ▷ *vi (conceal yourself)* লুকিয়ে থাকা ▷ *vt (feelings)* গোপন করা
hide-and-seek [ˌhaɪdænd'siːk] *n* লুকোচুরি খেলা
hideous ['hɪdɪəs] *adj* জঘন্য
hifi ['haɪ'faɪ] *n* হাইফাই
high [haɪ] *adj (tall)* উঁচু ▷ *adv* উঁচু ▷ *adj (price)* উঁচু; *(sound)* উঁচু
highchair ['haɪˌtʃɛə] *n* উঁচু চেয়ার
higher education ['haɪə ˌɛdʒʊ'keɪʃən] *n* উচ্চ-শিক্ষা
high-heeled ['haɪˌhiːld] *adj* উঁচু হিলের জুতো
high heels [haɪ hiːlz] *npl* উঁচু-হিল জুতো
high jump [haɪ dʒʌmp] *n* হাই জাম্প
highlight ['haɪˌlaɪt] *n* উল্লেখযোগ্য ▷ *vt* প্রাধান্য দেওয়া
highlighter ['haɪˌlaɪtə] *n* হাইলাইটার কলম
high-rise ['haɪˌraɪz] *n* বহুতল ভবন
high season [haɪ 'siːzn] *n* সেরা মরশুম
Highway Code ['haɪˌweɪ kəʊd] *n* হাইওয়ে কোড
hijack ['haɪˌdʒæk] *vt* অপহরণ করা
hijacker ['haɪˌdʒækə] *n* অপহরণকারী
hike [haɪk] *n* পায়ে চলা
hiking ['haɪkɪŋ] *n* পদযাত্রা
hilarious [hɪ'lɛərɪəs] *adj* অত্যন্ত মজার
hill [hɪl] *n* পাহাড়
hill-walking ['hɪlˌwɔːkɪŋ] *n* পাহাড়ে হেটে বেড়ানো
him [hɪm] *pron* তাকে (পুরুষ)

h

himself [hɪm'sɛlf] *pron* নিজে (পুরুষ)
Hindu ['hɪnduː] *adj* হিন্দুধর্ম সংক্রান্ত ▷ *n* হিন্দু
Hinduism ['hɪndʊˌɪzəm] *n* হিন্দুধর্ম
hinge [hɪndʒ] *n* কবজা
hint [hɪnt] *n* আভাস ▷ *vi* সংকেত দেওয়া
hip [hɪp] *n* নিতম্ব
hippie ['hɪpɪ] *n* হিপ্পি
hippo ['hɪpəʊ] *n* *(informal)* জলহস্তী
hippopotamus [ˌhɪpə'pɒtəməs] *n* জলহস্তী
hire ['haɪə] *n* ভাড়া ▷ *vt* নিয়োগ করা
his [hɪz] *det* তার(পুরুষ) ▷ *pron* তার (পুরুষ)
historian [hɪ'stɔːrɪən] *n* ইতিহাসকার
historical [hɪ'stɒrɪkl] *adj* ঐতিহাসিক
history ['hɪstərɪ] *n* ইতিহাস
hit [hɪt] *n* আঘাত ▷ *vt* আঘাত করা
hitch [hɪtʃ] *n* অল্পবিস্তর বাধা
hitchhike ['hɪtʃˌhaɪk] *vi* গাড়িতে লিফট নেওয়া
hitchhiker ['hɪtʃˌhaɪkə] *n* গাড়িতে লিফট নেওয়া ব্যক্তি
hitchhiking ['hɪtʃˌhaɪkɪŋ] *n* গাড়িতে লিফট নেওয়া
HIV-negative [eɪtʃ aɪ viː 'nɛgətɪv] *adj* এইচ আই ভি নেগিটিভ
HIV-positive [eɪtʃ aɪ viː 'pɒzɪtɪv] *adj* এইচ আই ভি পজিটিভ
hobby ['hɒbɪ] *n* শখ
hockey ['hɒkɪ] *n* হকি
hold [həʊld] *vt* *(in hands or arms)* ধরা; *(accommodate)* ধারণ ক্ষমতা
holdall ['həʊldˌɔːl] *n* বড় ব্যাগ
hold on [həʊld ɒn] *v* ধরে রাখা
hold up [həʊld ʌp] *v* অপেক্ষা করিয়ে রাখা
hold-up [həʊldʌp] *n* ভয় দেখিয়ে টাকা আদায়
hole [həʊl] *n* গর্ত
holiday ['hɒlɪˌdeɪ] *n* ছুটি
Holland ['hɒlənd] *n* হল্যান্ড
hollow ['hɒləʊ] *adj* ফাঁপা
holly ['hɒlɪ] *n* একজাতীয় চিরহরিৎ গুল্ম
holy ['həʊlɪ] *adj* পবিত্র
home [həʊm] *adv* বাড়ি ▷ *n* বাসা
home address [həʊm ə'drɛs] *n* বাড়ির ঠিকানা

homeland ['həʊm,lænd] *n (written)* জন্মভূমি

homeless ['həʊmlɪs] *adj* গৃহহীন

home-made ['həʊm'meɪd] *adj* বাড়িতে তৈরী

home match [həʊm mætʃ] *n* নিজের জায়গায় ম্যাচ

homeopathic [,həʊmɪəʊ'pæθɪk] *adj* হোমিওপ্যাথি সংক্রান্ত

homeopathy [,həʊmɪ'ɒpəθɪ] *n* হোমিওপ্যাথি

home page [həʊm peɪdʒ] *n* হোম-পেজ

homesick ['həʊm,sɪk] *adj* গৃহাকুল

homework ['həʊm,wɜːk] *n* স্কুলের কাজ

Honduras [hɒn'djʊərəs] *n* হনডুরাস

honest ['ɒnɪst] *adj* সৎ

honestly ['ɒnɪstlɪ] *adv* সৎভাবে

honesty ['ɒnɪstɪ] *n* সততা

honey ['hʌnɪ] *n* মধু

honeymoon ['hʌnɪ,muːn] *n* মধুচন্দ্রিমা

honeysuckle ['hʌnɪ,sʌkl] *n* সুগন্ধি পুস্পলতা

honour ['ɒnə] *n* সম্মান

hood [hʊd] *n* গুণ্ঠন

hook [hʊk] *n* আঁকড়া

hooray! [hʊ'reɪ] *excl* আনন্দধ্বনি!

Hoover® ['huːvə] *n* ধুলোবালি শুষে নেবার বৈদ্যুতিক যন্ত্র

hoover ['huːvə] *v* ভ্যাকুয়াম ক্লিনার দিয়ে পরিষ্কার করা

hop [hɒp] *vi (person)* একপায়ে লাফানো; *(mainly bird, animal)* দুপায়ে লাফানো

hope [həʊp] *n* আশা ▷ *v* আশা করা

hopeful ['həʊpfʊl] *adj* আশাপ্রদ

hopefully ['həʊpfʊlɪ] *adv* আশাপ্রদভাবে

hopeless ['həʊplɪs] *adj* আশাহীন

horizon [hə'raɪzn] *n* দিগন্ত

horizontal [,hɒrɪ'zɒntl] *adj* অনুভূমিক

hormone ['hɔːməʊn] *n* হরমোন

horn [hɔːn] *n (car)* হর্ণ; *(animal)* শিঙ; *(musical instrument)* হর্ণ

horoscope ['hɒrə,skəʊp] *n* কোষ্ঠী

horrendous [hɒ'rɛndəs] *adj* ভয়ঙ্কর

horrible ['hɒrəbl] *adj* *(informal)* ভয়ানক
horrifying ['hɒrɪˌfaɪɪŋ] *adj* ভয়ঙ্কর
horror ['hɒrə] *n* বিভীষিকা
horror film ['hɒrə fɪlm] *n* ভয়াবহ সিনেমা
horse [hɔːs] *n* ঘোড়া
horse racing [hɔːs 'reɪsɪŋ] *n* ঘোড়দৌড়
horseradish ['hɔːsˌrædɪʃ] *n* মুলো
horse riding [hɔːs 'raɪdɪŋ] *n* ঘোড়ায় চড়া
horseshoe ['hɔːsˌʃuː] *n* ঘোড়ার নাল
hose [həʊz] *n* এক ধরণের জলের পাইপ
hosepipe ['həʊzˌpaɪp] *n* হোসপাইপ
hospital ['hɒspɪtl] *n* হাসপাতাল
hospitality [ˌhɒspɪ'tælɪtɪ] *n* আতিথেয়তা
host [həʊst] *n* *(party)* গৃহকর্তা; *(large number)* বহু
hostage ['hɒstɪdʒ] *n* বন্দি
hostel ['hɒstl] *n* হোস্টেল
hostile ['hɒstaɪl] *adj* প্রতিকূল
hot [hɒt] *adj* গরম
hot dog [hɒt dɒg] *n* হট-ডগ
hotel [həʊ'tɛl] *n* হোটেল
hot-water bottle [ˌhɒt'wɔːtə 'bɒtl] *n* গরম জলের বোতল
hour [aʊə] *n* ঘন্টা
hourly ['aʊəlɪ] *adj* ঘন্টায় ▷ *adv* প্রতি ঘন্টায়
house [haʊs] *n* বাড়ি
household ['haʊsˌhəʊld] *n* পরিবার
housewife ['haʊsˌwaɪf] *n* গৃহবধূ
house wine [haʊs waɪn] *n* দেশি মদ
housework ['haʊsˌwɜːk] *n* বাড়ির কাজ
hovercraft ['hɒvəˌkrɑːft] *n* হোভারক্র্যাফট্
how [haʊ] *adv* *(in what way)* কেমন করে; *(asking about number or amount)* কত
however [haʊ'ɛvə] *adv* তথাপি
howl [haʊl] *vi* গর্জন করা
HQ [eɪtʃ kjuː] *abbr* সদর দপ্তর
hubcap ['hʌbˌkæp] *n* চাকার মাঝখানের ঢাকনা
hug [hʌg] *n* আলিঙ্গন ▷ *vt* আলিঙ্গন করা
huge [hjuːdʒ] *adj* বিশাল
hull [hʌl] *n* জাহাজের খোল
hum [hʌm] *vi* গুণগুণ করা

human ['hjuːmən] *adj* মানব

human being ['hjuːmən 'biːɪŋ] *n* মানুষ

humanitarian [hjuːˌmænɪ'tɛərɪən] *adj* মানবতাবাদী

human rights ['hjuːmən raɪts] *npl* মানবাধিকার

humble ['hʌmbl] *adj* নিরহঙ্কার

humid ['hjuːmɪd] *adj* স্যাঁতস্যাঁতে

humidity [hjuː'mɪdɪtɪ] *n* আর্দ্রতা

humorous ['hjuːmərəs] *adj* রসিক

humour ['hjuːmə] *n* ব্যঙ্গ

hundred ['hʌndrəd] *num* একশো

Hungarian [hʌŋ'gɛərɪən] *adj* হাঙ্গেরী দেশীয় ▷ *n* হাঙ্গেরীর মানুষ

Hungary ['hʌŋgərɪ] *n* হাঙ্গেরী

hunger ['hʌŋgə] *n* ক্ষুধা

hungry ['hʌŋgrɪ] *adj* ক্ষুধার্ত

hunt [hʌnt] *vi (search)* তন্নতন্ন করে খোঁজা ▷ *v (animal)* শিকার করা

hunter ['hʌntə] *n* শিকারী

hunting ['hʌntɪŋ] *n* শিকার করা

hurdle ['hɜːdl] *n* বাধা

hurricane ['hʌrɪkn] *n* ঘূর্ণিঝড়

hurry ['hʌrɪ] *n* তাড়াহুড়ো ▷ *vi* তাড়াহুড়ো করা

hurry up ['hʌrɪ ʌp] *v* তাড়াতাড়ি করা

hurt [hɜːt] *adj* আঘাত ▷ *vt* আঘাত করা

husband ['hʌzbənd] *n* স্বামী

hut [hʌt] *n* কুঁড়েঘর

hyacinth ['haɪəsɪnθ] *n* কচুরিপানা

hydrogen ['haɪdrɪdʒən] *n* হাইড্রোজেন

hygiene ['haɪdʒiːn] *n* স্বাস্থ্যবিধি

hypermarket ['haɪpəˌmɑːkɪt] *n* হাইপারমার্কেট

hyphen ['haɪfn] *n* হাইফেন

i

I [aɪ] *pron* আমি

ice [aɪs] *n* বরফ

iceberg ['aɪsbɜːg] *n* হিমশৈল

icebox ['aɪsˌbɒks] *n (old-fashioned)* ঠাণ্ডা রাখার বাক্স

ice cream ['aɪs 'kriːm] *n*
আইসক্রিম

ice cube [aɪs kjuːb] *n*
বরফের টুকরো

ice hockey [aɪs 'hɒkɪ] *n*
বরফে খেলবার উপযুক্ত হকি

Iceland ['aɪslənd] *n*
আইসল্যান্ড

Icelandic [aɪs'lændɪk]
adj আইসল্যান্ড দেশীয় ▷ *n*
আইসল্যান্ডের ভাষা

ice lolly [aɪs 'lɒlɪ] *n* বরফের
ললি

ice rink [aɪs rɪŋk] *n* স্কেটিং
করবার জন্য তৈরি করা

ice-skating ['aɪs,skeɪtɪŋ] *n*
বরফের উপর স্কেটিং

icing ['aɪsɪŋ] *n* কেকের
ওপরে মিষ্টি দেওয়া

icing sugar ['aɪsɪŋ 'ʃʊgə] *n*
আইসিং সুগার

icon ['aɪkɒn] *n* আদর্শ স্থানীয়

icy ['aɪsɪ] *adj* হিমশীতল

ID card [,aɪ'diː kɑːd] *abbr*
পরিচয়-পত্র

idea [aɪ'dɪə] *n* ধারণা

ideal [aɪ'dɪəl] *adj* আদর্শ

ideally [aɪ'dɪəlɪ] *adv*
আদর্শগতভাবে

identical [aɪ'dɛntɪkl] *adj*
একরূপ

identification
[aɪ,dɛntɪfɪ'keɪʃən] *n*
সনাক্তকরণ

identify [aɪ'dɛntɪ,faɪ] *vt*
চিহ্নিত করা

identity [aɪ'dɛntɪtɪ] *n* পরিচয়

identity card [aɪ'dɛntɪtɪ
kɑːd] *n* পরিচয়-পত্র

identity theft [aɪ'dɛntɪtɪ
θɛft] *n* অন্যের পরিচয়-তথ্য
চুরি করা

ideology [,aɪdɪ'ɒlədʒɪ] *n*
মতাদর্শ

idiot ['ɪdɪət] *n* মূর্খ

idiotic [,ɪdɪ'ɒtɪk] *adj* মূর্খামি

idle ['aɪdl] *adj* অকেজো

i.e. [aɪ iː] *abbr* যেটা হল

if [ɪf] *conj* যদি

ignition [ɪg'nɪʃən] *n* প্রজ্বলন

ignorance ['ɪgnərəns] *n*
অজ্ঞতা

ignorant ['ɪgnərənt] *adj* অজ্ঞ

ignore [ɪg'nɔː] *vt* অবহেলা
করা

ill [ɪl] *adj* অসুস্থ

illegal [ɪ'liːgl] *adj* অবৈধ

illegible [ɪ'lɛdʒɪbl] *adj*
পড়ার অযোগ্য

illiterate [ɪ'lɪtərɪt] *adj*
অশিক্ষিত

illness ['ɪlnɪs] *n* অসুস্থতা

ill-treat [ɪl'triːt] *vt* বাজে ব্যবহার করা
illusion [ɪ'luːʒən] *n* ভ্রান্তি
illustration [ˌɪlə'streɪʃən] *n* বিশদীকরণ
image ['ɪmɪdʒ] *n* প্রতিবিম্ব
imaginary [ɪ'mædʒɪnərɪ] *adj* কল্পিত
imagination [ɪˌmædʒɪ'neɪʃən] *n* কল্পনা
imagine [ɪ'mædʒɪn] *vt* কল্পনা করা
imitate ['ɪmɪˌteɪt] *vt* নকল করা
imitation [ˌɪmɪ'teɪʃən] *n* নকল
immature [ˌɪmə'tjʊə] *adj* অপরিণত
immediate [ɪ'miːdɪət] *adj* অবিলম্ব
immediately [ɪ'miːdɪətlɪ] *adv* অবিলম্বে
immigrant ['ɪmɪgrənt] *n* অভিবাসী
immigration [ˌɪmɪ'greɪʃən] *n* অভিবাসন
immoral [ɪ'mɒrəl] *adj* অনৈতিক
immune system [ɪ'mjuːn 'sɪstəm] *n* প্রতিরোধ ক্ষমতা
impact ['ɪmpækt] *n* প্রভাব
impartial [ɪm'pɑːʃəl] *adj* নিরপেক্ষ
impatience [ɪm'peɪʃəns] *n* ধৈর্যহীনতা
impatient [ɪm'peɪʃənt] *adj* অধৈর্য
impatiently [ɪm'peɪʃəntlɪ] *adv* অধৈর্যভাবে
impersonal [ɪm'pɜːsənl] *adj* নৈর্ব্যক্তিক
import ['ɪmpɔːt] *n* আমদানি ▷ [ɪm'pɔːt] *vt* আমদানি করা
importance [ɪm'pɔːtns] *n* গুরুত্ব
important [ɪm'pɔːtnt] *adj* *(matter)* গুরুত্বপূর্ণ; *(person)* গণ্যমান্য
impossible [ɪm'pɒsəbl] *adj* অসম্ভব
impractical [ɪm'præktɪkl] *adj* অবাস্তব
impress [ɪm'prɛs] *v* মন ভরিয়ে দেওয়া
impressed [ɪm'prɛst] *adj* মুগ্ধ
impression [ɪm'prɛʃən] *n* ধারণা
impressive [ɪm'prɛsɪv] *adj* মনভরানো
improve [ɪm'pruːv] *v* উন্নতি করা

improvement [ɪm'pruːvmənt] *n* উন্নতি

in [ɪn] *prep* *(denoting place)* মধ্যে; *(denoting time)* এ

inaccurate [ɪn'ækjʊrɪt] *adj* ত্রুটিযুক্ত

inadequate [ɪn'ædɪkwɪt] *adj* অপ্রতুল

inadvertently [ˌɪnəd'vɜːtntlɪ] *adv* অন্যমনস্কভাবে

inbox ['ɪnbɒks] *n* ইনবক্স

incentive [ɪn'sɛntɪv] *n* প্রণোদক

inch [ɪntʃ] *n* ইঞ্চি

incident ['ɪnsɪdənt] *n* *(formal)* ঘটনা

include [ɪn'kluːd] *vt* অন্তর্ভুক্ত করা

included [ɪn'kluːdɪd] *adj* ধরে

including [ɪn'kluːdɪŋ] *prep* সহ

inclusive [ɪn'kluːsɪv] *adj* সমেত

income ['ɪnkʌm] *n* আয়

income tax ['ɪnkəm tæks] *n* আয়কর

incompetent [ɪn'kɒmpɪtənt] *adj* অদক্ষ

incomplete [ˌɪnkəm'pliːt] *adj* অসম্পূর্ণ

inconsistent [ˌɪnkən'sɪstənt] *adj* অসমঞ্জষ

inconvenience [ˌɪnkən'viːnjəns] *n* অসুবিধা

inconvenient [ˌɪnkən'viːnjənt] *adj* অসুবিধাজনক

incorrect [ˌɪnkə'rɛkt] *adj* বেঠিক

increase ['ɪnkriːs] *n* বৃদ্ধি ▷ [ɪn'kriːs] *v* বৃদ্ধি পাওয়া

increasingly [ɪn'kriːsɪŋlɪ] *adv* অধিকতরভাবে

incredible [ɪn'krɛdəbl] *adj* অবিশ্বাস্য

indecisive [ˌɪndɪ'saɪsɪv] *adj* দ্বিধান্বিত

indeed [ɪn'diːd] *adv* সত্যি

independence [ˌɪndɪ'pɛndəns] *n* স্বাধীনতা

independent [ˌɪndɪ'pɛndənt] *adj* স্বাধীন

index ['ɪndɛks] *n* *(in book)* সূচীপত্র; *(numerical scale)* সূচক সংখ্যা

index finger ['ɪndɛks 'fɪŋgə] *n* তর্জনী

India ['ɪndɪə] *n* ভারত

Indian ['ɪndɪən] *adj* ভারতীয় ▷ *n* ভারতীয় নাগরিক

Indian Ocean ['ɪndɪən 'əʊʃən] *n* ভারত মহাসাগর
indicate ['ɪndɪˌkeɪt] *vt* চিহ্নিত করা
indicator ['ɪndɪˌkeɪtə] *n* সূচক
indigestion [ˌɪndɪ'dʒɛstʃən] *n* বদহজম
indirect [ˌɪndɪ'rɛkt] *adj* পরোক্ষ
indispensable [ˌɪndɪ'spɛnsəbl] *adj* অপরিহার্য
individual [ˌɪndɪ'vɪdjʊəl] *adj* ব্যক্তিবিশেষ
Indonesia [ˌɪndəʊ'niːzɪə] *n* ইন্দোনেশিয়া
Indonesian [ˌɪndəʊ'niːzɪən] *adj* ইন্দোনেশিয়া দেশীয় ▷ *n* ইন্দোনেশিয়ার নাগরিক
indoor ['ɪnˌdɔː] *adj* অভ্যন্তরীণ
indoors [ˌɪn'dɔːz] *adv* গৃহাভ্যন্তর
industrial [ɪn'dʌstrɪəl] *adj* শিল্প-সংক্রান্ত
industrial estate [ɪn'dʌstrɪəl ɪ'steɪt] *n* শিল্প এলাকা
industry ['ɪndəstrɪ] *n* শিল্প
inefficient [ˌɪnɪ'fɪʃənt] *adj* অদক্ষ
inevitable [ɪn'ɛvɪtəbl] *adj* অবশ্যম্ভাবী
inexpensive [ˌɪnɪk'spɛnsɪv] *adj* সস্তা
inexperienced [ˌɪnɪk'spɪərɪənst] *adj* অনভিজ্ঞ
infantry ['ɪnfəntrɪ] *n* পদাতিক সৈন্য
infant school ['ɪnfənt skuːl] *n* শিশু-বিদ্যালয়
infection [ɪn'fɛkʃən] *n* সংক্রমণ
infectious [ɪn'fɛkʃəs] *adj* সংক্রামক
inferior [ɪn'fɪərɪə] *adj* নিকৃষ্ট ▷ *n* অধস্তন
infertile [ɪn'fɜːtaɪl] *adj* বন্ধ্যা
infinitive [ɪn'fɪnɪtɪv] *n* অপরিবর্তনশীল ক্রিয়া
infirmary [ɪn'fɜːmərɪ] *n* চিকিৎসালয়
inflamed [ɪn'fleɪmd] *adj* জ্বালাযুক্ত
inflammation [ˌɪnflə'meɪʃən] *n (formal)* জ্বালা
inflatable [ɪn'fleɪtəbl] *adj* বাতাস ভরা
inflation [ɪn'fleɪʃən] *n* মূল্যবৃদ্ধি

inflexible [ɪn'flɛksəbl] *adj* অনমনীয়

influence ['ɪnflʊəns] *n* প্রভাব ▷ *vt* প্রভাবিত করা

influenza [,ɪnflʊ'ɛnzə] *n* *(formal)* ইনফ্লুয়েঞ্জা

inform [ɪn'fɔːm] *vt* অবহিত করা

informal [ɪn'fɔːməl] *adj* ঘরোয়া

information [,ɪnfə'meɪʃən] *n* তথ্য

information office [,ɪnfə'meɪʃən 'ɒfɪs] *n* তথ্য কার্যালয়

informative [ɪn'fɔːmətɪv] *adj* তথ্যভিত্তিক

infrastructure ['ɪnfrə,strʌktʃə] *n* পরিকাঠামো

infuriating [ɪn'fjʊərɪeɪtɪŋ] *adj* বিরক্তিকর

ingenious [ɪn'dʒiːnjəs] *adj* উদ্ভাবনশক্তিবিশিষ্ট

ingredient [ɪn'griːdɪənt] *n* উপকরণ

inhabitant [ɪn'hæbɪtənt] *n* বাসিন্দা

inhaler [ɪn'heɪlə] *n* ইনহেলার

inherit [ɪn'hɛrɪt] *vt* উত্তরাধিকার সূত্রে প্রাপ্ত

inheritance [ɪn'hɛrɪtəns] *n* উত্তরাধিকার

inhibition [,ɪnɪ'bɪʃən] *n* প্রবৃত্তি দমন

initial [ɪ'nɪʃəl] *adj* প্রারম্ভিক ▷ *vt* সই

initially [ɪ'nɪʃəlɪ] *adv* শুরুতে

initials [ɪ'nɪʃəlz] *npl* আদ্যক্ষর

initiative [ɪ'nɪʃɪətɪv] *n* উদ্যোগ

inject [ɪn'dʒɛkt] *vt* প্রবেশ করানো

injection [ɪn'dʒɛkʃən] *n* ইঞ্জেকশন

injure ['ɪndʒə] *vt* আঘাত করা

injured ['ɪndʒəd] *adj* আহত

injury ['ɪndʒərɪ] *n* আঘাত

injury time ['ɪndʒərɪ taɪm] *n* ইনজুরি টাইম

injustice [ɪn'dʒʌstɪs] *n* অবিচার

ink [ɪŋk] *n* কালি

in-laws ['ɪnlɔːz] *npl* শ্বশুরবাড়ি

inmate ['ɪn,meɪt] *n* জেলের অধিবাসী

inn [ɪn] *n* *(old-fashioned)* সরাইখানা

inner ['ɪnə] *adj* অন্তঃস্থিত

inner tube [ˈɪnə tjuːb] *n*
ইনার টিউব

innocent [ˈɪnəsənt] *adj*
নির্দোষ

innovation [ˌɪnəˈveɪʃən]
n উদ্ভাবন

innovative [ˈɪnəˌveɪtɪv] *adj*
উদ্ভাবনমূলক

inquest [ˈɪnˌkwɛst] *n* তদন্ত

inquire [ɪnˈkwaɪə] *v*
(formal) অনুসন্ধান করা

inquiries office
[ɪnˈkwaɪərɪz-] *n* অনুসন্ধান
কার্যালয়

inquiry [ɪnˈkwaɪərɪ] *n*
অনুসন্ধান

inquiry desk [ɪnˈkwaɪərɪ
dɛsk] *n* অনুসন্ধান কক্ষ

inquisitive [ɪnˈkwɪzɪtɪv]
adj কৌতূহলী

insane [ɪnˈseɪn] *adj*
অপ্রকৃতিস্থ

inscription [ɪnˈskrɪpʃən] *n*
খোদাই করা অক্ষর

insect [ˈɪnsɛkt] *n* পোকা

insecure [ˌɪnsɪˈkjʊə] *adj*
অরক্ষিত

insensitive [ɪnˈsɛnsɪtɪv]
adj অনুভূতিহীন

inside [ˈɪnˈsaɪd] *adv* অভ্যন্তরে
▷ *n* ভিতর ▷ *prep* ভেতরে

insincere [ˌɪnsɪnˈsɪə] *adj*
নিষ্ঠাহীন

insist [ɪnˈsɪst] *v* জোর করা

insomnia [ɪnˈsɒmnɪə] *n*
নিদ্রাহীনতা

inspect [ɪnˈspɛkt] *vt* পরীক্ষা
করা

inspector [ɪnˈspɛktə] *n*
পরিদর্শক

instability [ˌɪnstəˈbɪlɪtɪ]
n অস্থায়িত্ব

instalment [ɪnˈstɔːlmənt]
n কিস্তি

instance [ˈɪnstəns] *n* উদাহরণ

instant [ˈɪnstənt] *adj* অবিলম্ব

instantly [ˈɪnstəntlɪ] *adv*
অবিলম্বে

instead [ɪnˈstɛd] *adv* পরিবর্তে

instead of [ɪnˈstɛd ɒv; əv]
prep বদলে

instinct [ˈɪnstɪŋkt] *n* প্রবণতা

institute [ˈɪnstɪˌtjuːt] *n*
প্রতিষ্ঠান

institution [ˌɪnstɪˈtjuːʃən]
n সংস্থা

instruct [ɪnˈstrʌkt] *vt*
(formal) নির্দেশ দেওয়া

instructions [ɪnˈstrʌkʃənz]
npl নির্দেশাবলী

instructor [ɪnˈstrʌktə] *n*
নির্দেশক

instrument ['ɪnstrəmənt] *n* *(tool)* যন্ত্র; *(musical)* বাদ্যযন্ত্র
insufficient [ˌɪnsə'fɪʃənt] *adj* *(formal)* অপ্রতুল
insulation [ˌɪnsjʊ'leɪʃən] *n* ইন্সুলেশন
insulin ['ɪnsjʊlɪn] *n* ইনসুলিন
insult ['ɪnsʌlt] *n* অবমাননা ▷ [ɪn'sʌlt] *vt* অপমান করা
insurance ['θɜːd'pɑːtɪ ɪn'ʃʊərəns; -'ʃɔː-] *n* বিমা
insurance certificate [ɪn'ʃʊərəns sə'tɪfɪkət] *n* বিমা সার্টিফিকেট
insurance policy [ɪn'ʃʊərəns 'pɒlɪsɪ] *n* বিমা পলিসি
insure [ɪn'ʃʊə] *v* বিমা করা
insured [ɪn'ʃʊəd] *adj* বিমাকৃত
intact [ɪn'tækt] *adj* আস্ত
intellectual [ˌɪntɪ'lɛktʃʊəl] *adj* বুদ্ধি সম্পর্কিত ▷ *n* মেধাবী
intelligence [ɪn'tɛlɪdʒəns] *n* মেধা
intelligent [ɪn'tɛlɪdʒənt] *adj* বুদ্ধিমান
intend [ɪn'tɛnd] *v* মনস্থ করা
intense [ɪn'tɛns] *adj* প্রচন্ড
intensive [ɪn'tɛnsɪv] *adj* ব্যাপক
intensive care unit [ɪn'tɛnsɪv kɛə 'juːnɪt] *n* ইন্টেন্সিভ কেয়ার ইউনিট
intention [ɪn'tɛnʃən] *n* উদ্দেশ্য
intentional [ɪn'tɛnʃənl] *adj* ইচ্ছাকৃত
intercom ['ɪntəˌkɒm] *n* ইন্টারকম
interest ['ɪntrɪst] *n* *(curiosity)* স্বার্থ; *(money)* সুদ ▷ *vt* আগ্রহ জাগায়
interested ['ɪntrɪstɪd] *adj* আগ্রহী
interesting ['ɪntrɪstɪŋ] *adj* উৎসাহজনক
interest rate ['ɪntrəst reɪt] *n* সুদের হার
interior [ɪn'tɪərɪə] *n* ভেতরের অংশ
interior designer [ɪn'tɪərɪə dɪ'zaɪnə] *n* অন্দরসজ্জা বিশেষজ্ঞ
intermediate [ˌɪntə'miːdɪɪt] *adj* মধ্যবর্তী
internal [ɪn'tɜːnl] *adj* অভ্যন্তরীণ
international [ˌɪntə'næʃənl] *adj* আন্তর্জাতিক
Internet ['ɪntəˌnɛt] *n* ইন্টারনেট

Internet café ['ɪntə,nɛt 'kæfeɪ] *n* ইন্টারনেট কাফে
Internet user ['ɪntə,nɛt 'juːzə] *n* ইন্টারনেট ব্যবহারকারী
interpret [ɪn'tɜːprɪt] *vt* ব্যাখ্যা করা
interpreter [ɪn'tɜːprɪtə] *n* দোভাষী
interrogate [ɪn'tɛrə,geɪt] *vt* জিজ্ঞাসাবাদ করা
interrupt [,ɪntə'rʌpt] *v* বাধা দেওয়া
interruption [,ɪntə'rʌpʃən] *n* বাধা
interval ['ɪntəvəl] *n* বিরতি
interview ['ɪntə,vjuː] *n* সাক্ষাৎকার ▷ *vt* সাক্ষাৎকার নেওয়া
interviewer ['ɪntə,vjuːə] *n* সাক্ষাৎকার গ্রহণকারী
intimate ['ɪntɪmɪt] *adj* অন্তরঙ্গ
intimidate [ɪn'tɪmɪ,deɪt] *vt* ভয় দেখানো
into ['ɪntuː] *prep (put)* মধ্যে; *(go)* ভেতরে
intolerant [ɪn'tɒlərənt] *adj* অনুদার
intranet ['ɪntrə,nɛt] *n* ইন্ট্রানেট
introduce [,ɪntrə'djuːs] *vt* পরিচয় করানো
introduction [,ɪntrə'dʌkʃən] *n* পরিচয়
intruder [ɪn'truːdə] *n* অনধিকার প্রবেশকারী
intuition [,ɪntjʊ'ɪʃən] *n* অন্তর্দৃষ্টি
invade [ɪn'veɪd] *v* আক্রমণ করা
invalid ['ɪnvə,lɪd] *n* অক্ষম
invent [ɪn'vɛnt] *vt* আবিষ্কার করা
invention [ɪn'vɛnʃən] *n* আবিষ্কার
inventor [ɪn'vɛntə] *n* আবিষ্কারক
inventory ['ɪnvəntərɪ] *n* মালপত্রের তালিকা
inverted commas [ɪn'vɜːtɪd 'kɒməz] *npl* ইনভার্টেড কমা
invest [ɪn'vɛst] *v* বিনিয়োগ করা
investigation [ɪn,vɛstɪ'geɪʃən] *n* তদন্ত
investment [ɪn'vɛstmənt] *n* বিনিয়োগ
investor [ɪn'vɛstə] *n* বিনিয়োগকারী

invigilator [ɪn'vɪdʒɪ,leɪtə] *n* নজরদার
invisible [ɪn'vɪzəbl] *adj* অদৃশ্য
invitation [,ɪnvɪ'teɪʃən] *n* আমন্ত্রণ
invite [ɪn'vaɪt] *vt* আমন্ত্রণ করা
invoice ['ɪnvɔɪs] *n* চালান ▷ *vt* চালান দেওয়া
involve [ɪn'vɒlv] *vt* জড়িয়ে থাকা
iPod® ['aɪ,pɒd] *n* আইপড
IQ [aɪ kjuː] *abbr* বুদ্ধ্যঙ্ক
Iran [ɪ'rɑːn] *n* ইরান
Iranian [ɪ'reɪnɪən] *adj* ইরান দেশীয় ▷ *n (person)* ইরানের নাগরিক
Iraq [ɪ'rɑːk] *n* ইরাক
Iraqi [ɪ'rɑːkɪ] *adj* ইরাক দেশীয় ▷ *n* ইরাকের নাগরিক
Ireland ['aɪələnd] *n* আয়ার্ল্যান্ড
iris ['aɪrɪs] *n* চোখের মণি
Irish ['aɪrɪʃ] *adj* আয়ার্ল্যান্ড দেশীয় ▷ *n* আয়ার্ল্যান্ডের ভাষা
Irishman ['aɪrɪʃmən] *n* আইরিস ভদ্রলোক
Irishwoman ['aɪrɪʃwʊmən] *n* আইরিস ভদ্রমহিলা
iron ['aɪən] *n (metal)* লোহা ▷ *v* ইস্ত্রি করা ▷ *n (for pressing clothes)* ইস্ত্রী
ironic [aɪ'rɒnɪk] *adj* বিড়ম্বনাময়
ironing ['aɪənɪŋ] *n* ইস্ত্রি করা
ironing board ['aɪənɪŋ bɔːd] *n* ইস্ত্রি করার বোর্ড
ironmonger ['aɪən,mʌŋgə] *n* লোহার জিনিসের ব্যবসায়ী
irony ['aɪrənɪ] *n* পরিহাস
irregular [ɪ'rɛgjʊlə] *adj* অনিয়মিত
irrelevant [ɪ'rɛləvənt] *adj* অপ্রাসঙ্গিক
irresponsible [,ɪrɪ'spɒnsəbl] *adj* দায়িত্বজ্ঞানহীন
irritable ['ɪrɪtəbl] *adj* খিটখিটে
irritating ['ɪrɪ,teɪtɪŋ] *adj* বিরক্তিকর
Islam ['ɪzlɑːm] *n* ইসলাম ধর্ম
Islamic [ɪz'lɑːmɪk] *adj* ইসলাম ধর্ম সম্পর্কিত
island ['aɪlənd] *n* দ্বীপ
isolated ['aɪsə,leɪtɪd] *adj* বিচ্ছিন্ন
ISP [aɪ ɛs piː] *abbr* "ইন্টারনেট সার্ভিস প্রোভাইডার" এর সংক্ষিপ্তকরণ
Israel ['ɪzreɪəl] *n* ইস্রায়েল
Israeli [ɪz'reɪlɪ] *adj* ইস্রায়েল দেশীয় ▷ *n* ইস্রায়েলের নাগরিক
issue ['ɪʃjuː] *n* বিষয় ▷ *vt* প্রেরণ করা

IT [aɪ tiː] *abbr* তথ্যপ্রযুক্তি
it [ɪt] *pron* এটি
Italian [ɪ'tæljən] *adj* ইটালী দেশীয় ▷ *n (person)* ইটালীর নাগরিক; *(language)* ইটালিয়ান ভাষা
Italy ['ɪtəlɪ] *n* ইটালী
itch [ɪtʃ] *vi* চুলকানি
itchy ['ɪtʃɪ] *adj (informal)* চুলকানিযুক্ত
item ['aɪtəm] *n* তালিকাভুক্ত বিষয়
itinerary [aɪ'tɪnərərɪ] *n* সফরসূচি
its [ɪts] *det* তার
itself [ɪt'sɛlf] *pron* নিজে থেকে
ivory ['aɪvərɪ] *n* হাতির দাঁত
ivy ['aɪvɪ] *n* আইভিলতা

j

jab [dʒæb] *n* ইনজেকশন
jack [dʒæk] *n* জ্যাক
jacket ['dʒækɪt] *n* জ্যাকেট
jacket potato ['dʒækɪt pə'teɪtəʊ] *n* খোসাসমেত স্যাকা আলু
jackpot ['dʒæk,pɒt] *n* লটারি
jail [dʒeɪl] *n* কারাগার ▷ *vt* কারাবাস করা
jam [dʒæm] *n* জ্যাম
Jamaican [dʒə'meɪkən] *adj* জামাইকা দেশীয় ▷ *n* জামাইকার মানুষ
jam jar [dʒæm dʒɑː] *n* জ্যাম রাখার জার
jammed [dʒæmd] *adj* গাদাগাদি করে ভরা
janitor ['dʒænɪtə] *n* দ্বারপাল
January ['dʒænjʊərɪ] *n* জানুয়ারী
Japan [dʒə'pæn] *n* জাপান
Japanese [,dʒæpə'niːz] *adj* জাপান দেশীয় ▷ *n (people)* জাপানী; *(language)* জাপানী
jar [dʒɑː] *n* বয়াম
jaundice ['dʒɔːndɪs] *n* জন্ডিস
javelin ['dʒævlɪn] *n* বর্শা
jaw [dʒɔː] *n* চোয়াল
jazz [dʒæz] *n* জ্যাজ সংগীত
jealous ['dʒɛləs] *adj* ঈর্ষাপরায়ণ
jeans [dʒiːnz] *npl* জিন্স
Jehovah's Witness [dʒɪ'həʊvəz 'wɪtnəs] *n* জেহেবার সাক্ষী
jelly ['dʒɛlɪ] *n* জেলি
jellyfish ['dʒɛlɪ,fɪʃ] *n* জেলিফিস

jersey ['dʒɜːzɪ] *n* *(old-fashioned)* জার্সি
Jesus ['dʒiːzəs] *n* যীশু
jet [dʒɛt] *n* জেট
jetlag ['dʒɛtlæg] *n* জেট-ল্যাগ
jetty ['dʒɛtɪ] *n* জেটি
Jew [dʒuː] *n* ইহুদী
jewel ['dʒuːəl] *n* *(precious stone)* মণি; *(item of jewellery)* গয়না
jeweller ['dʒuːələ] *n* *(person)* জহুরী; ['dʒuːələz] *n* *(shop)* জহুরীর দোকান
jewellery ['dʒuːəlrɪ] *n* গহনা
Jewish ['dʒuːɪʃ] *adj* ইহুদী জাতীয়
jigsaw ['dʒɪgˌsɔː] *n* এক ধরনের ধাঁধা
job [dʒɒb] *n* কাজ
job centre [dʒɒb 'sɛntə] *n* কাজ খোঁজার জায়গা
jobless ['dʒɒblɪs] *adj* কর্মহীন
jockey ['dʒɒkɪ] *n* ঘোড়সওয়ার
jog [dʒɒg] *vi* জগিং
jogging ['dʒɒgɪŋ] *n* জগিং করা
join [dʒɔɪn] *v* *(link)* যুক্ত করা; *(become a member of)* যোগদান দেওয়া
joiner ['dʒɔɪnə] *n* ছুতোর
joint [dʒɔɪnt] *adj* যৌথ ▷ *n* *(join)* মিলনস্থল; *(meat)* বড় মাংসের টুকরো
joint account [dʒɔɪnt ə'kaʊnt] *n* যৌথ খাতা
joke [dʒəʊk] *n* কৌতুক ▷ *vi* মজা করা
jolly ['dʒɒlɪ] *adj* হাসিখুশি
Jordan ['dʒɔːdn] *n* জর্ডন
Jordanian [dʒɔː'deɪnɪən] *adj* জর্ডন দেশীয় ▷ *n* জর্ডনের মানুষ
jot down [dʒɒt daʊn] *v* নোট করা
jotter ['dʒɒtə] *n* নোটবুক
journalism ['dʒɜːnˌlɪzəm] *n* সাংবাদিকতা
journalist ['dʒɜːnlɪst] *n* সাংবাদিক
journey ['dʒɜːnɪ] *n* যাত্রা
joy [dʒɔɪ] *n* আনন্দ
joystick ['dʒɔɪˌstɪk] *n* জয়স্টিক
judge [dʒʌdʒ] *n* বিচারক ▷ *vt* বিচার করা
judo ['dʒuːdəʊ] *n* জুডো
jug [dʒʌg] *n* জগ
juggler ['dʒʌglə] *n* জাদুকর
juice [dʒuːs] *n* রস
July [dʒuː'laɪ] *n* জুলাই
jumbo jet ['dʒʌmbəʊ dʒɛt] *n* বড় এরোপ্লেন

jump [dʒʌmp] *v* লাফানো
jumper ['dʒʌmpə] *n* জাম্পার
jump leads [dʒʌmp liːdz] *npl* জাম্প-লিডস
junction ['dʒʌŋkʃən] *n* সংগম
June [dʒuːn] *n* জুন
jungle ['dʒʌŋgl] *n* জঙ্গল
junior ['dʒuːnjə] *adj* কনিষ্ঠ
junk [dʒʌŋk] *n* আবর্জনা
junk mail [dʒʌŋk meɪl] *n* জাঙ্ক-মেল
jury ['dʒʊərɪ] *n* জুরি
just [dʒəst] *adv* এইমাত্র
justice ['dʒʌstɪs] *n* সুবিচার
justify ['dʒʌstɪˌfaɪ] *vt* যুক্তি দিয়ে বোঝানো

k

kangaroo [ˌkæŋgə'ruː] *n* ক্যাঙ্গারু
karaoke [ˌkɑːrə'əʊkɪ] *n* কারাওকে
karate [kə'rɑːtɪ] *n* ক্যারাটে
Kazakhstan [ˌkɑːzɑːk'stæn] *n* কাজাকাস্তান
kebab [kə'bæb] *n* কাবাব
keen [kiːn] *adj* আগ্রহী
keep [kiːp] *v (stay in a particular condition)* রাখা ▷ *vi (stay in a particular position)* থাকা ▷ *vt (continue)* চালিয়ে যাওয়া; *(store)* রাখা
keep-fit ['kiːpˌfɪt] *n* সুস্থ রাখা
keep out [kiːp aʊt] *v* দূরে থাকা
keep up [kiːp ʌp] *v* পাল্লা দেওয়া
kennel ['kɛnl] *n* কুকুরের ঘর
Kenya ['kɛnjə] *n* কেনিয়া
Kenyan ['kɛnjən] *adj* কেনিয়া দেশীয় ▷ *n* কেনিয়ার নাগরিক
kerb [kɜːb] *n* রাস্তার ধার
kerosene ['kɛrəˌsiːn] *n (US)* কেরোসিন
ketchup ['kɛtʃəp] *n* কেচাপ
kettle ['kɛtl] *n* কেটলি
key [kiː] *n (computer, instrument)* বোতাম; *(for lock)* চাবি
keyboard ['kiːˌbɔːd] *n* কী-বোর্ড
keyring ['kiːˌrɪŋ] *n* চাবির রিং
kick [kɪk] *n* লাথি ▷ *v* লাথি মারা

kick off [kɪk ɒf] *v* শুরু করা
kick-off ['kɪkɒf] *n* শুরু করার সময়
kid [kɪd] *n (informal)* শিশু ▷ *vi (informal)* তামাসা করা
kidnap ['kɪdnæp] *vt* অপহরণ করা
kidney ['kɪdnɪ] *n* কিডনি
kill [kɪl] *v* মেরে ফেলা
killer ['kɪlə] *n* ঘাতক
kilo ['kiːləʊ] *n* কিলো
kilometre [kɪ'lɒmɪtə] *n* কিলোমিটার
kilt [kɪlt] *n* ঘাঘরা
kind [kaɪnd] *adj* দয়ালু ▷ *n* ধরণ
kindly ['kaɪndlɪ] *adv* দয়া করে
kindness ['kaɪndnɪs] *n* দয়া
king [kɪŋ] *n* রাজা
kingdom ['kɪŋdəm] *n* রাজ্য
kingfisher ['kɪŋˌfɪʃə] *n* মাছরাঙা
kiosk ['kiːɒsk] *n* ছোট দোকান
kipper ['kɪpə] *n* শুঁটকি মাছ
kiss [kɪs] *n* চুম্বন ▷ *v* চুম্বন করা
kit [kɪt] *n* সাজসরঞ্জাম
kitchen ['kɪtʃɪn] *n* রান্নাঘর
kite [kaɪt] *n* ঘুড়ি
kitten ['kɪtn] *n* বেড়ালছানা
kiwi ['kiːwiː] *n* কিউই
km/h *abbr* কিমি/ঘন্টা
knee [niː] *n* হাঁটু
kneecap ['niːˌkæp] *n* নি-ক্যাপ
kneel [niːl] *vi* হাঁটু-গাড়া
kneel down [niːl daʊn] *v* ভাঁজ করে বসা
knickers ['nɪkəz] *npl* মেয়েদের অন্তর্বাস
knife [naɪf] *n* ছুরি
knit [nɪt] *v* বোনা
knitting ['nɪtɪŋ] *n* কিছু বোনা
knitting needle ['nɪtɪŋ 'niːdl] *n* বোনার কাঁটা
knob [nɒb] *n* হাতল
knock [nɒk] *n* ঠোকা মারার আওয়াজ ▷ *vi* ঠোকা মারা
knock down [nɒk daʊn] *v* ভেঙ্গে ফেলা
knock out [nɒk aʊt] *v* অজ্ঞান করে দেওয়া
knot [nɒt] *n* গিঁট
know [nəʊ] *vt (fact)* জানা; *(person)* চেনা
know-all ['nəʊɔːl] *n (informal)* সবজান্তা
know-how ['nəʊˌhaʊ] *n (informal)* কৌশল
knowledge ['nɒlɪdʒ] *n* জ্ঞান

knowledgeable ['nɒlɪdʒəbl] *adj* জ্ঞানী
known [nəʊn] *adj* পরিচিত
Koran [kɔː'rɑːn] *n* কোরান
Korea [kə'riːə] *n* কোরিয়া
Korean [kə'riːən] *adj* কোরিয়া দেশীয় ▷ *n (person)* কোরিয়ার মানুষ; *(language)* কোরিয়ার ভাষা
kosher ['kəʊʃə] *adj* ইহুদিদের ধর্মীয় খাবার
Kosovo ['kɒsəvəʊ] *n* কসোভো
Kuwait [kʊ'weɪt] *n* কুয়েত
Kuwaiti [kʊ'weɪtɪ] *adj* কুয়েত দেশীয় ▷ *n* কুয়েতের নাগরিক
Kyrgyzstan ['kɪəgɪzˌstɑːn] *n* কিরগিজস্তান

l

lab [læb] *n* ল্যাব
label ['leɪbl] *n* লেবেল
laboratory [lə'bɒrətərɪ] *n* ল্যাবরেটরী
labour ['leɪbə] *n* শ্রম
labourer ['leɪbərə] *n* শ্রমিক
lace [leɪs] *n (cloth)* লেস; *(shoelace)* ফিতে
lack [læk] *n* ঘাটতি
lacquer ['lækə] *n* বার্নিশ
lad [læd] *n (informal)* ছেলে
ladder ['lædə] *n* মই
ladies ['leɪdɪz] *n* মহিলাদের
ladle ['leɪdl] *n* হাতা
lady ['leɪdɪ] *n* ভদ্রমহিলা
ladybird ['leɪdɪˌbɜːd] *n* এক ধরণের পোকা
lag behind [læg bɪ'haɪnd] *vi* পেছনে থাকা
lager ['lɑːgə] *n* হালকা বিয়ার
lagoon [lə'guːn] *n* সমুদ্রের ধারে বালিয়াড়ি-ঘেরা লবনাক্ত জলের হ্রদ
laid-back ['leɪdbæk] *adj (informal)* নিশ্চিন্ত
lake [leɪk] *n* ঝিল
lakh [lɑːk] *n (100,000)* লাখ
lamb [læm] *n* ভেড়া
lame [leɪm] *adj* খোঁড়া
lamp [læmp] *n* ল্যাম্প
lamppost ['læmpˌpəʊst] *n* ল্যাম্প-পোস্ট
lampshade ['læmpˌʃeɪd] *n* ল্যাম্প-শেড
land [lænd] *n* জমি ▷ *v* নামা
landing ['lændɪŋ] *n* চাতাল

landlady ['lænd,leɪdɪ] *n* বাড়িওয়ালি
landlord ['lænd,lɔːd] *n* বাড়িওয়ালা
landmark ['lænd,mɑːk] *n* দিকচিহ্ন
landowner ['lænd,əʊnə] *n* জমিদার
landscape ['lænd,skeɪp] *n* ভূদৃশ্য
landslide ['lænd,slaɪd] *n* বিপুল ভোটে
lane [leɪn] *n* গলি
language ['læŋgwɪdʒ] *n* ভাষা
language laboratory ['læŋgwɪdʒ lə'bɒrətərɪ] *n* বারবার অভ্যাসের দ্বারা বিদেশি ভাষা শেখার জন্যে টেপরেকর্ডার ইঃ যন্ত্রপাতিতে সজ্জিত ঘর
language school ['læŋgwɪdʒ skuːl] *n* ভাষা শেখার স্কুল
lanky ['læŋkɪ] *adj* ল্যাকপেকে
Laos [laʊz] *n* লাওস
lap [læp] *n* কোল
laptop ['læp,tɒp] *n* ল্যাপটপ
larder ['lɑːdə] *n* মিটসেফ
large [lɑːdʒ] *adj* বড়
largely ['lɑːdʒlɪ] *adv* অধিকাংশ
laryngitis [,lærɪn'dʒaɪtɪs] *n* স্বরনালির প্রদাহ
laser ['leɪzə] *n* লেসার
lass [læs] *n* তরুণী
last [lɑːst] *adj (previous)* গত ▷ *adv* শেষ ▷ *v* টিঁকে থাকা ▷ *adj (coming after all others)* শেষ
lastly ['lɑːstlɪ] *adv* সর্বশেষে
late [leɪt] *adj (after the proper time)* দেরীতে; *(dead)* স্বর্গীয় ▷ *adv* দেরি; *(near the end)* শেষবেলা
lately ['leɪtlɪ] *adv* সাম্প্রতিককালে
later ['leɪtə] *adv* পরে
Latin ['lætɪn] *n* ল্যাটিন
Latin America ['lætɪn ə'mɛrɪkə] *n* ল্যাটিন আমেরিকা
Latin American ['lætɪn ə'mɛrɪkən] *adj* ল্যাটিন আমেরিকীয়
latitude ['lætɪ,tjuːd] *n* অক্ষাংশ
Latvia ['lætvɪə] *n* ল্যাটভিয়া
Latvian ['lætvɪən] *adj* ল্যাটভিয়া সংক্রান্ত ▷ *n (person)* ল্যাটভিয়ান; *(language)* ল্যাটভিয়ান ভাষা
laugh [lɑːf] *n* হাসি ▷ *vi* হাসা
laughter ['lɑːftə] *n* হাসির শব্দ
launch [lɔːntʃ] *vt* উৎক্ষেপণ

Launderette® [ˌlɔːndəˈrɛt] n লন্ডেরেট

laundry [ˈlɔːndrɪ] n লন্ড্রি

lava [ˈlɑːvə] n লাভা

lavatory [ˈlævətərɪ] n শৌচাগার

lavender [ˈlævəndə] n ল্যাভেন্ডার

law [lɔː] n আইন

lawn [lɔːn] n লন

lawnmower [ˈlɔːnˌməʊə] n ঘাস কাটার মেশিন

law school [lɔː skuːl] n আইনের স্কুল

lawyer [ˈlɔːjə] n উকিল

laxative [ˈlæksətɪv] n কোষ্ঠশোধক পদার্থ

lay [leɪ] vt (put down) শোয়ানো; (egg) ডিম পাড়া

layby [ˈleɪˌbaɪ] n রাস্তার ধারে গলি

layer [ˈleɪə] n স্তর

lay off [leɪ ɒf] v বরখাস্ত করা

layout [ˈleɪˌaʊt] n পরিকল্পনা

lazy [ˈleɪzɪ] adj কুঁড়ে

lead [lɛd] n (metal) সীসা; [liːd] n (in a play or film) প্রধান; (in a race or competition) এগিয়ে থাকা ▷ vt পথ দেখিয়ে নিয়ে যাওয়া

leader [ˈliːdə] n নেতা

lead-free [ˌlɛdˈfriː] adj সীসা ছাড়া

lead singer [liːd ˈsɪŋə] n প্রধান গায়ক

leaf [liːf] n পাতা

leaflet [ˈliːflɪt] n পুস্তিকা

league [liːg] n লীগ

leak [liːk] n ফুটো ▷ vi ফুটো হয়ে যাওয়া

lean [liːn] vi ঝুঁকে থাকা

lean forward [liːn ˈfɔːwəd] v সামনে ঝোঁকা

lean on [liːn ɒn] v ভরসায় থাকা

lean out [liːn aʊt] v বাইরে ঝোঁকা

leap [liːp] vi লাফানো

leap year [liːp jɪə] n অধিবর্ষ

learn [lɜːn] v শেখা

learner [ˈlɜːnə] n শিক্ষার্থী

learner driver [ˈlɜːnə ˈdraɪvə] n শিক্ষার্থী ড্রাইভার

lease [liːs] n লিজ ▷ vt লিজ দেওয়া

least [liːst] adj ন্যূনতম

leather [ˈlɛðə] n চামড়া

leave [liːv] n ছুটি ▷ v (place) প্রস্থান করা ▷ vt (let remain somewhere) ছেড়ে আসা

leave out [liːv aʊt] v বাদ দেওয়া

Lebanese [ˌlɛbəˈniːz] *adj*
লেবানন দেশীয় ▷ *n* লেবাননের
মানুষ

Lebanon [ˈlɛbənən] *n*
লেবানন

lecture [ˈlɛktʃə] *n* ভাষণ
▷ *vi* ভাষণ দেওয়া

lecturer [ˈlɛktʃərə] *n*
অধ্যাপক

leek [liːk] *n* পেঁয়াজের মত সজি

left [lɛft] *adj* বাকি ▷ *adv*
বাঁ-দিকে ▷ *n* বাঁ দিকে

left-hand [ˌlɛftˈhænd] *adj*
বাঁ-হাত

left-hand drive [ˈlɛftˌhænd
draɪv] *n* বাঁ-দিকে গাড়ি চালানো

left-handed [ˌlɛftˈhændɪd]
adj বাঁ-হাতি

left luggage [lɛft ˈlʌgɪdʒ] *n*
রেলওয়ে স্টেশন বা এয়ারপোর্টে
পরে সংগ্রহ করা যায় এমন
জিনিষপত্র রাখার জায়গা

left-luggage office
[ˌlɛftˈlʌgɪdʒ ˈɒfɪs] *n*
রেলওয়ে স্টেশন বা এয়ারপোর্টে
অবস্থিত পরে সংগ্রহ করা যায়
এমন জিনিষপত্র রাখার অফিস

leftovers [ˈlɛftˌəʊvəz] *npl*
বেঁচে যাওয়া

left-wing [ˈlɛftˌwɪŋ] *adj*
বামপন্থী

leg [lɛg] *n (person, animal)*
পা; *(table, chair)* পায়া

legal [ˈliːgl] *adj* আইনী

legend [ˈlɛdʒənd] *n*
উপকথা

leggings [ˈlɛgɪŋz] *npl*
লেগিংগস্

legible [ˈlɛdʒəbl] *adj* স্পষ্ট

legislation [ˌlɛdʒɪsˈleɪʃən]
n (formal) বিধান

leisure [ˈlɛʒə] *n* অবসর

leisure centre [ˈlɛʒə ˈsɛntə]
n অবসর সময় কাটানোর
জায়গা

lemon [ˈlɛmən] *n* লেবু

lemonade [ˌlɛməˈneɪd] *n*
লেবুর সরবত

lend [lɛnd] *vt* ধার দেওয়া

length [lɛŋkθ] *n* দৈর্ঘ্য

lens [lɛnz] *n* লেন্স

Lent [lɛnt] *n* লেন্ট পর্ব

lentils [ˈlɛntɪlz] *npl*
শুঁটিজাতীয় গাছের বীজ

Leo [ˈliːəʊ] *n* সিংহরাশি

leopard [ˈlɛpəd] *n* চিতাবাঘ

leotard [ˈlɪəˌtɑːd] *n*
ব্যালেনর্তকদের একধরনের
আঁটোসাঁটো পোশাক

less [lɛs] *adv* অপেক্ষাকৃত কম
▷ *pron* কম ▷ *adj* কম

lesson [ˈlɛsn] *n* পাঠ

let [lɛt] *vt* হতে দেওয়া

let down [lɛt daʊn] *v* হতাশ করা

let in [lɛt ɪn] *v* প্রবেশ করতে দেওয়া

letter ['lɛtə] *n (alphabet)* অক্ষর; *(message)* চিঠি

letterbox ['lɛtə,bɒks] *n* লেটারবক্স

lettuce ['lɛtɪs] *n* লেটুস

leukaemia [luː'kiːmɪə] *n* লিউকেমিয়া

level ['lɛvl] *adj* মুখোমুখি ▷ *n* মাত্রা

level crossing ['lɛvl 'krɒsɪŋ] *n* লেভেল ক্রসিং

lever ['liːvə] *n* লিভার

liar ['laɪə] *n* মিথ্যাবাদী

liberal ['lɪbərəl] *adj* উদার

liberation [,lɪbə'reɪʃən] *n* স্বাধীনতা

Liberia [laɪ'bɪərɪə] *n* লাইবেরিয়া

Liberian [laɪ'bɪərɪən] *adj* লাইবেরিয়া দেশীয় ▷ *n* লাইবেরিয়ার মানুষ

Libra ['liːbrə] *n* তুলা

librarian [laɪ'brɛərɪən] *n* গ্রন্থাগারিক

library ['laɪbrərɪ] *n* গ্রন্থাগার

Libya ['lɪbɪə] *n* লিবিয়া

Libyan ['lɪbɪən] *adj* লিবিয়া দেশীয় ▷ *n* লিবিয়াবাসী

lice [laɪs] *npl* উকুন

licence ['laɪsəns] *n* লাইসেন্স

lick [lɪk] *vt* চাটা

lid [lɪd] *n* ঢাকনা

lie [laɪ] *n* মিথ্যাকথা ▷ *vi* শুয়ে থাকা

Liechtenstein ['lɪktən,staɪn] *n* লিকটেনস্টাইন

lie-in ['laɪɪn] *n (informal)* বিছানা ছেড়ে ওঠার সময় পার হয়ে যাওয়ার পরেও বিছানায় গড়ানো

lieutenant [lɛf'tɛnənt] *n* লেফটেন্যান্ট

life [laɪf] *n* জীবন

lifebelt ['laɪf,bɛlt] *n* লাইফবেল্ট

lifeboat ['laɪf,bəʊt] *n* লাইফবোট

lifeguard ['laɪf,gɑːd] *n* লাইফগার্ড

life jacket [laɪf 'dʒækɪt] *n* লাইফ জ্যাকেট

life-saving ['laɪf,seɪvɪŋ] *adj* জীবনদায়ক

lifestyle ['laɪf,staɪl] *n* জীবনযাত্রার ধরণ

lift [lɪft] *n* *(in car)* গাড়িতে লিফট; *(in a tall building)* লিফট দেওয়া ▷ *vt* তুলে ধরা
light [laɪt] *adj* *(weighing little)* হাল্কা; *(bright)* আলোকিত ▷ *n* *(sun)* আলোক শক্তি ▷ *vt* আলো জ্বালানো ▷ *n* *(lamp)* বাতি ▷ *adj* *(pale)* উজ্জ্বল নয়
light bulb [laɪt bʌlb] *n* আলোর বাল্ব
lighter ['laɪtə] *n* লাইটার
lighthouse ['laɪt,haʊs] *n* লাইটহাউস
lighting ['laɪtɪŋ] *n* আলোকসজ্জা
lightning ['laɪtnɪŋ] *n* বজ্রপাত
like [laɪk] *prep* অনুরূপ ▷ *vt* *(enjoy)* পছন্দ করা ▷ *v* *(be)* সুন্দর
likely ['laɪklɪ] *adj* সম্ভবত
lilac ['laɪlək] *adj* বেগুনি রঙের ▷ *n* এক ধরণের গাছ
lily ['lɪlɪ] *n* লিলিফুল
lily of the valley ['lɪlɪ əv ðə 'vælɪ] *n* এক ধরণের ফুলের গাছ
lime [laɪm] *n* *(fruit)* পাতিলেবু; *(substance)* চুন
limestone ['laɪm,stəʊn] *n* চুনাপাথর
limit ['lɪmɪt] *n* সীমা
limousine ['lɪmə,ziːn] *n* লিমুজিন
limp [lɪmp] *vi* খুঁড়িয়ে চলা
line [laɪn] *n* লাইন
linen ['lɪnɪn] *n* শণের কাপড়
liner ['laɪnə] *n* যাত্রীবাহী জাহাজ
linguist ['lɪŋgwɪst] *n* ভাষাতত্ত্ববিদ
linguistic [lɪŋ'gwɪstɪk] *adj* ভাষা সংক্রান্ত
lining ['laɪnɪŋ] *n* আস্তরণ
link [lɪŋk] *n* সম্পর্ক ▷ *vt* সংযোগ করা
lino ['laɪnəʊ] *n* লাইনো
lion ['laɪən] *n* সিংহ
lioness ['laɪənɪs] *n* সিংহী
lip [lɪp] *n* ওষ্ঠ্যযুগল
lip-read ['lɪp,riːd] *vi* মুখ খুললে ধরতে পারা
lip salve [lɪp sælv] *n* ঠোঁটের মলম
lipstick ['lɪp,stɪk] *n* লিপস্টিক
liqueur [lɪ'kjʊə] *n* মদ
liquid ['lɪkwɪd] *n* তরল
liquidizer ['lɪkwɪ,daɪzə] *n* তরল করবার মেশিন
list [lɪst] *n* তালিকা ▷ *vt* তালিকাভুক্ত করা
listen ['lɪsn] *vi* *(pay attention)* শোনা; *(take heed)* কোন কিছু শোনা

listener ['lɪsnə] *n* শ্রোতা
literally ['lɪtərəlɪ] *adv* অক্ষরে অক্ষরে
literature ['lɪtərɪtʃə] *n* সাহিত্য
Lithuania [ˌlɪθjʊ'eɪnɪə] *n* লিথুয়ানিয়া
Lithuanian [ˌlɪθjʊ'eɪnɪən] *adj* লিথুয়ানিয়া দেশীয় ▷ *n* *(person)* লিথুয়ানিয়ার মানুষ; *(language)* লিথুয়ানিয়া ভাষা
litre ['liːtə] *n* লিটার
litter ['lɪtə] *n* *(rubbish)* আজেবাজে জিনিষপত্র; *(animals)* একপাল
litter bin ['lɪtə bɪn] *n* জঞ্জাল ফেলার স্থান
little ['lɪtl] *adj* ছোট
live [laɪv] *adj* জীবন্ত ▷ [lɪv] *vi* *(dwell)* বাস করা; *(be alive)* বেঁচে থাকা
lively ['laɪvlɪ] *adj* প্রাণবন্ত
live on [lɪv ɒn] *v* জীবনধারণ করা
liver ['lɪvə] *n* লিভার
living ['lɪvɪŋ] *n* জীবিকা
living room ['lɪvɪŋ rʊm] *n* বসার ঘর
lizard ['lɪzəd] *n* টিকটিকি
load [ləʊd] *n* ভার ▷ *vt* বোঝাই করা
loaf [ləʊf] *n* পাউরুটি
loan [ləʊn] *n* ঋণ ▷ *vt* ধার দেওয়া
loathe [ləʊð] *vt* ঘৃণা করা
lobster ['lɒbstə] *n* গলদা চিংড়ি
local ['ləʊkl] *adj* স্থানীয়
local anaesthetic ['ləʊkl ˌænɪs'θɛtɪk] *n* অবশ করার ওষুধ
location [ləʊ'keɪʃən] *n* অবস্থান
lock [lɒk] *n* *(on door)* তালা; *(hair)* চুলের গোছা ▷ *vt* তালা লাগানো
locker ['lɒkə] *n* লকার
locket ['lɒkɪt] *n* লকেট
lock out [lɒk aʊt] *v* বার করে দেওয়া
locksmith ['lɒkˌsmɪθ] *n* তালাওয়ালা
lodger ['lɒdʒə] *n* অর্থের বিনিময়ে অন্যের বাড়িতে বাসকারী ব্যক্তি
loft [lɒft] *n* চিলেগুদাম
log [lɒg] *n* কাঠের গুঁড়ি
logical ['lɒdʒɪkl] *adj* যুক্তিসংগত
log in [lɒg ɪn] *v* লগ-ইন করা
logo ['ləʊgəʊ] *n* লোগো

log out [lɒg aʊt] v লগ-আউট করা

lollipop ['lɒlɪˌpɒp] n ললিপপ

lolly ['lɒlɪ] n ললি

London ['lʌndən] n লন্ডন

loneliness ['ləʊnlɪnɪs] n একাকিত্ব

lonely ['ləʊnlɪ] adj একাকী

lonesome ['ləʊnsəm] adj স্বজনহীন

long [lɒŋ] adj (in time) দীর্ঘ ▷ adv দীর্ঘ সময় ▷ v চাওয়া ▷ adj (in distance) লম্বা

longer ['lɒŋgə] adv আরো কিছু সময়

longitude ['lɒndʒɪˌtjuːd] n দ্রাঘিমাংশ

long jump [lɒŋ dʒʌmp] n লং জাম্প

loo [luː] n (informal) শৌচালয়

look [lʊk] n দৃষ্টিপাত ▷ vi (regard) দেখা ▷ v (appear) দেখতে

look after [lʊk 'ɑːftə] v লক্ষ্য রাখা

look at [lʊk æt] vi পড়া

look for [lʊk fɔː] v খোঁজা

look round [lʊk raʊnd] v চারিপাশে তাকানো

look up [lʊk ʌp] v কিছুর মধ্যে খোঁজা

loose [luːs] adj (not fixed) আলগা; (baggy) ঢিলে

lorry ['lɒrɪ] n লরি

lorry driver ['lɒrɪ 'draɪvə] n লরিচালক

lose [luːz] v হেরে যাওয়া ▷ vt (misplace) হারিয়ে যাওয়া

loser ['luːzə] n পরাজিত

loss [lɒs] n ক্ষতি

lost [lɒst] adj হারিয়ে যাওয়া

lot [lɒt] n প্রচুর

lotion ['ləʊʃən] n লোশন

lottery ['lɒtərɪ] n লটারি

loud [laʊd] adj জোরালো

loudly ['laʊdlɪ] adv উচ্চ আওয়াজে

loudspeaker [ˌlaʊd'spiːkə] n লাউডস্পিকার

lounge [laʊndʒ] n লাউঞ্জ

lousy ['laʊzɪ] adj (informal) খারাপ

love [lʌv] n ভালবাসা ▷ vt (care about) ভালোবাসা; (enjoy) পছন্দ করা

lovely ['lʌvlɪ] adj দারুণ সুন্দর

low [ləʊ] adj (in height) নীচু ▷ adv নিচুভাবে ▷ adj (number) কম

low-alcohol ['ləʊˌælkəhɒl] adj কম-অ্যালকোহলযুক্ত

lower ['ləʊə] *adj* নিচের ▷ *vt* নিচু করা
low-fat ['ləʊ,fæt] *adj* কম ফ্যাটযুক্ত
low season [ləʊ 'siːzn] *n* অসময়
loyalty ['lɔɪəltɪ] *n* আনুগত্য
luck [lʌk] *n* ভাগ্য
luckily ['lʌkɪlɪ] *adv* ভাগ্যবশতঃ
lucky ['lʌkɪ] *adj* ভাগ্যবান
lucrative ['luːkrətɪv] *adj* লোভনীয়
luggage ['lʌgɪdʒ] *n* তল্পিতল্পা
luggage rack ['lʌgɪdʒ ræk] *n* তল্পিতল্পা রাখার তাক
lukewarm [,luːk'wɔːm] *adj* ঈষদুষ্ণ
lullaby ['lʌlə,baɪ] *n* ঘুমপাড়ানি গান
lump [lʌmp] *n* ডেলা
lunatic ['luːnətɪk] *n* *(informal)* উন্মাদ
lunch [lʌntʃ] *n* মধ্যাহ্নভোজ
lunch break [lʌntʃ breɪk] *n* মধ্যাহ্নভোজ-বিরতি
lunchtime ['lʌntʃ,taɪm] *n* মধ্যাহ্নভোজের নির্ধারিত সময়
lung [lʌŋ] *n* ফুসফুস
lush [lʌʃ] *adj* ঘন শ্যামল
Luxembourg ['lʌksəm,bɜːg] *n* লুক্সেমবার্গ
luxurious [lʌg'zjʊərɪəs] *adj* বিলাসবহুল
luxury ['lʌkʃərɪ] *n* বিলাস
lyrics ['lɪrɪks] *npl* গানের কথা

m

mac [mæk] *n* বর্ষাতি
macaroni [,mækə'rəʊnɪ] *npl* ম্যাকারনি
machine [mə'ʃiːn] *n* মেশিন
machine gun [mə'ʃiːn gʌn] *n* মেশিন-গান
machinery [mə'ʃiːnərɪ] *n* যন্ত্রপাতি
machine washable [mə'ʃiːn 'wɒʃəbl] *adj* মেশিনে ধোয়া যায় এমন
mackerel ['mækrəl] *n* সামুদ্রিক মৎসবিশেষ
mad [mæd] *adj* *(mentally ill)* পাগল; *(informal, angry)* ক্ষিপ্ত
Madagascar [,mædə'gæskə] *n* মাদাগাসকার
madam ['mædəm] *n* মহোদয়া

madly ['mædlɪ] *adv* পাগলের মত
madman ['mædmən] *n* পাগল লোক
madness ['mædnɪs] *n* পাগলামি
magazine [ˌmægə'ziːn] *n* *(publication)* পত্রিকা; *(gun)* টোটা রাখার খোপ
maggot ['mægət] *n* পোকার ডিম
magic ['mædʒɪk] *adj* জাদু ▷ *n* জাদুবিদ্যা
magical ['mædʒɪkəl] *adj* জাদুবল
magician [mə'dʒɪʃən] *n* জাদুকর
magistrate ['mædʒɪˌstreɪt] *n* বিচারক
magnet ['mægnɪt] *n* চুম্বক
magnetic [mæg'nɛtɪk] *adj* চুম্বকীয়
magnificent [mæg'nɪfɪsnt] *adj* রাজসিক
magnifying glass ['mægnɪfaɪɪŋ glɑːs] *n* আতশ কাঁচ
magpie ['mægˌpaɪ] *n* ল্যাজঝোলা পাখি
mahogany [mə'hɒgənɪ] *n* মেহগনি
maid [meɪd] *n* পরিচারিকা
maiden name ['meɪdn neɪm] *n* নারীর বিবাহপূর্ব নাম
mail [meɪl] *n* চিঠি ▷ *vt* চিঠি পাঠানো
mailing list ['meɪlɪŋ lɪst] *n* ঠিকানার তালিকা
main [meɪn] *adj* মুখ্য
main course [meɪn kɔːs] *n* মূল খাবার
mainland ['meɪnlənd] *n* মূল ভূখন্ড
mainly ['meɪnlɪ] *adv* প্রধানতঃ
main road [meɪn rəʊd] *n* মূল রাস্তা
maintain [meɪn'teɪn] *vt* বজায় রাখা
maintenance ['meɪntɪnəns] *n* রক্ষণাবেক্ষণ
maize [meɪz] *n* ভুট্টা
majesty ['mædʒɪstɪ] *n* মহামান্য
major ['meɪdʒə] *adj* গুরুতর
majority [mə'dʒɒrɪtɪ] *n* অধিকাংশ
make [meɪk] *n* নির্মাতা ▷ *vt* *(carry out)* তৈরী করা; *(create)* তৈরী করা; *(force)* বাধ্য করা
makeover ['meɪkˌəʊvə] *n* রূপপরিবর্তন
maker ['meɪkə] *n* নির্মাতা

make up [meɪk ʌp] *v* ভাগ
make-up ['meɪkʌp] *n* অঙ্গসজ্জা
malaria [mə'lɛərɪə] *n* ম্যালেরিয়া
Malawi [mə'lɑːwɪ] *n* মালাউই
Malaysia [mə'leɪzɪə] *n* মালয়েশিয়া
Malaysian [mə'leɪzɪən] *adj* মালয়েশিয়া দেশীয় ▷ *n* মালয়েশিয়ার অধিবাসী
male [meɪl] *adj* পুরুষ ▷ *n* পুরুষ
malicious [mə'lɪʃəs] *adj* কটুক্তি
malignant [mə'lɪgnənt] *adj* প্রাণঘাতী
malnutrition [ˌmælnjuː'trɪʃən] *n* অপুষ্টি
Malta ['mɔːltə] *n* মালটা
Maltese [mɔːl'tiːz] *adj* মালটা দেশীয় ▷ *n (person)* মালটার মানুষ; *(language)* মলটিজ
malt whisky [mɔːlt 'wɪskɪ] *n* মল্ট হুইস্কি
mammal ['mæməl] *n* স্তন্যপায়ী
mammoth ['mæməθ] *adj* বিরাট ▷ *n* হস্তিজাতীয় প্রাগঐতিহাসিক জন্তুবিশেষ
man [mæn] *n* পুরুষ
manage ['mænɪdʒ] *vt* পরিচালনা করা
manageable ['mænɪdʒəbl] *adj* পরিচালনীয়
management ['mænɪdʒmənt] *n* কর্তৃপক্ষ
manager ['mænɪdʒə] *n* পরিচালক
manageress [ˌmænɪdʒə'rɛs] *n* পরিচালিকা
managing director ['mænɪdʒɪŋ dɪ'rɛktə] *n* পরিচালন অধিকর্তা
mandarin ['mændərɪn] *n (person in influential job)* উচ্চপদস্থ কর্মচারী; *(fruit)* কমলালেবু জাতীয় ফল
mangetout [ˌmɑ̃ʒ'tuː] *n* মটরশুঁটি
mango ['mæŋgəʊ] *n* আম
mania ['meɪnɪə] *n* বাতিক
maniac ['meɪnɪˌæk] *n* পাগল
manicure ['mænɪˌkjʊə] *n* হাত ও নখের যত্ন ▷ *vt* হাত ও নখের যত্ন নেওয়া
manipulate [mə'nɪpjʊˌleɪt] *vt* কৌশলে চালনা করা
mankind [ˌmæn'kaɪnd] *n* মনুষ্যজাতি
man-made ['mænˌmeɪd] *adj* মনুষ্যনির্মিত

m

manner ['mænə] *n* প্রকার
manners ['mænəz] *npl* আচরণ
manpower ['mæn,paʊə] *n* লোকবল
mansion ['mænʃən] *n* অট্টালিকা
mantelpiece ['mæntl,piːs] *n* ফায়ারপ্লেসের ওপরে অবস্থিত তাক
manual ['mænjʊəl] *n* নির্দেশগ্রন্থ
manufacture [,mænjʊ'fæktʃə] *vt* তৈরী করা
manufacturer [,mænjʊ'fæktʃərə] *n* নির্মাতা
manure [mə'njʊə] *n* সার
manuscript ['mænjʊ,skrɪpt] *n* পাণ্ডুলিপি
many ['mɛnɪ] *det* অনেক ▷ *pron* খুব বেশি
Maori ['maʊrɪ] *adj* নিউজিল্যাণ্ডের আদিবাসী সংক্রান্ত ▷ *n* *(person)* নিউজিল্যাণ্ডের আদিবাসী; *(language)* মাওরি
map [mæp] *n* মানচিত্র
maple ['meɪpl] *n* ম্যাপল
marathon ['mærəθən] *n* ম্যারাথন
marble ['mɑːbl] *n* মার্বেল
march [mɑːtʃ] *n* সৈন্যদলের চলন ▷ *v* মার্চ করা
March [mɑːtʃ] *n* মার্চ
mare [mɛə] *n* ঘোটকী
margarine [,mɑːdʒə'riːn] *n* মার্জারিন
margin ['mɑːdʒɪn] *n* ব্যবধান
marigold ['mærɪ,gəʊld] *n* গাঁদাফুল
marina [mə'riːnə] *n* প্রমোদতরণীর বন্দর
marinade [,mærɪ'neɪd] *n* ম্যারিনেড ▷ ['mærɪneɪd] *v* ম্যারিনেড করা
marital status ['mærɪtl 'steɪtəs] *n* *(formal)* বৈবাহিক অবস্থা
maritime ['mærɪ,taɪm] *adj* সমুদ্র সম্বন্ধীয়
marjoram ['mɑːdʒərəm] *n* মার্জোরাম
mark [mɑːk] *n* *(dirty)* দাগ ▷ *vt* *(write something on)* চিহ্নিত করা; *(grade)* নাম্বার দেওয়া ▷ *n* *(written or drawn shape)* চিহ্ন
market ['mɑːkɪt] *n* বাজার
marketing ['mɑːkɪtɪŋ] *n* বিপণন
marketplace ['mɑːkɪt,pleɪs] *n* বাজার

market research ['mɑːkɪt rɪ'sɜːtʃ] *n* মার্কেট রিসার্চ
marmalade ['mɑːməˌleɪd] *n* কমলালেবুর জ্যাম
maroon [mə'ruːn] *adj* বাদামী লাল
marriage ['mærɪdʒ] *n* বিবাহ
marriage certificate ['mærɪdʒ sə'tɪfɪkət] *n* বিবাহের সার্টিফিকেট
married ['mærɪd] *adj* বিবাহিত
marrow ['mærəʊ] *n* মজ্জা
marry ['mærɪ] *v* বিবাহ করা
marsh [mɑːʃ] *n* জলাভূমি
martyr ['mɑːtə] *n* শহীদ
marvellous ['mɑːvləs] *adj* অপূর্ব
Marxism ['mɑːksɪzəm] *n* মার্কসবাদ
marzipan ['mɑːzɪˌpæn] *n* মার্জিপান
mascara [mæ'skɑːrə] *n* মাসকারা
masculine ['mæskjʊlɪn] *adj* পুরুষোচিত
mashed potatoes [mæʃt pə'teɪtəʊz] *npl* আলুভাতে
mask [mɑːsk] *n* মুখোশ
masked [mɑːskt] *adj* মুখোশধারী
mass [mæs] *n* অনেক
Mass [mæs] *n* গির্জার অনুষ্ঠান
massacre ['mæsəkə] *n* বেপরোয়া হত্যাকান্ড
massive ['mæsɪv] *adj* বিশাল
mast [mɑːst] *n* মাস্তুল
master ['mɑːstə] *n* প্রভু ▷ *vt* ওস্তাদি রপ্ত করা
masterpiece ['mɑːstəˌpiːs] *n* শ্রেষ্ঠ কৃতি
mat [mæt] *n* মাদুর
match [mætʃ] *n* *(game)* ম্যাচ; *(good)* সমকক্ষ ▷ *v* মেলা ▷ *n* *(matchstick)* দেশলাই কাঠি
matching ['mætʃɪŋ] *adj* সামঞ্জস্যপূর্ণ
mate [meɪt] *n* *(informal)* সঙ্গী
material [mə'tɪərɪəl] *n* *(what something is made of)* উপাদান; *(cloth)* কাপড়
maternal [mə'tɜːnl] *adj* মাতৃ সম্পর্কীয়
maternity hospital [mə'tɜːnɪtɪ 'hɒspɪtəl] *n* প্রসূতি হাসপাতাল
maternity leave [mə'tɜːnɪtɪ liːv] *n* প্রসূতি ছুটি
mathematical [ˌmæθə'mætɪkl] *adj* অঙ্কশাস্ত্র সম্বন্ধীয়

mathematics
[ˌmæθəˈmætɪks] *npl*
অঙ্কশাস্ত্র

maths [mæθs] *npl* গণিত

matter [ˈmætə] *n* ব্যাপার
▷ *v* বড়ো বিষয়

mattress [ˈmætrɪs] *n* গদি

mature [məˈtjʊə] *adj*
পরিণত

mature student [məˈtjʊə
ˈstjuːdnt] *n* পরিণত ছাত্র

Mauritania [ˌmɒrɪˈteɪnɪə] *n*
মরিটানিয়া

Mauritius [məˈrɪʃəs] *n*
মরিসাস

mauve [məʊv] *adj* ফিকে
লাল

maximum [ˈmæksɪməm]
adj সর্বাধিক ▷ *n* সর্বোচ্চ

May [meɪ] *n* মে

may [meɪ] *v (possibly)* হতে
পারা; *(be allowed to)* করতে
পারা

maybe [ˈmeɪˌbiː] *adv*
সম্ভবতঃ

mayonnaise [ˌmeɪəˈneɪz] *n*
মেয়োনিজ

mayor [mɛə] *n* মেয়র

maze [meɪz] *n* গোলকধাঁধা

me [miː] *pron* আমাকে

meadow [ˈmɛdəʊ] *n* তৃণভূমি

meal [miːl] *n* আহার

mealtime [ˈmiːlˌtaɪm] *n*
খাবার সময়

mean [miːn] *adj* নিকৃষ্ট ▷ *vt*
(signify) অর্থ; *(be serious
about)* বলা; *(intend)* করতে
চাওয়া

meaning [ˈmiːnɪŋ] *n* অর্থ

means [miːnz] *npl* সংগতি

meantime [ˈmiːnˌtaɪm] *adv*
ইত্যবসরে

meanwhile [ˈmiːnˌwaɪl]
adv এর মধ্যে

measles [ˈmiːzəlz] *npl* হাম

measure [ˈmɛʒə] *vt* পরিমাপ
করা

measurements
[ˈmɛʒəmənts] *npl* পরিমাপ

meat [miːt] *n* মাংস

meatball [ˈmiːtˌbɔːl] *n*
মাংসের ছোট ছোট বল

Mecca [ˈmɛkə] *n* মক্কা

mechanic [mɪˈkænɪk] *n*
মিস্ত্রি

mechanical [mɪˈkænɪkl]
adj যান্ত্রিক

mechanism [ˈmɛkəˌnɪzəm]
n যন্ত্র কৌশল

medal [ˈmɛdl] *n* পদক

medallion [mɪˈdæljən] *n*
লকেট

media ['miːdɪə] *npl* প্রচারমাধ্যম
mediaeval [ˌmɛdɪ'iːvl] *adj* মধ্যযুগ
medical ['mɛdɪkl] *adj* চিকিৎসাবিদ্যা বিষয়ক ▷ *n* শারীরিক পরীক্ষা
medical certificate ['mɛdɪkl sə'tɪfɪkət] *n* মেড়িক্যাল সার্টিফিকেট
medicine ['mɛdɪsɪn] *n* ওষুধ
meditation [ˌmɛdɪ'teɪʃən] *n* ধ্যান
Mediterranean [ˌmɛdɪtə'reɪnɪən] *adj* ভূমধ্যসাগর সম্বন্ধীয় ▷ *n* ভূমধ্যসাগর
medium ['miːdɪəm] *adj* মাঝারি
medium-sized ['miːdɪəmˌsaɪzd] *adj* মাঝারি-মাপের
meet [miːt] *vt* সাক্ষাৎ করা ▷ *vi* সাক্ষাৎ করা
meeting ['miːtɪŋ] *n* বৈঠক
meet up [miːt ʌp] *v* একত্রিত হওয়া
mega ['mɛgə] *adj* *(informal)* বৃহৎ
melody ['mɛlədɪ] *n* *(formal)* মধুর সুর
melon ['mɛlən] *n* তরমুজ
melt [mɛlt] *vt* গলানো ▷ *vi* গলা
member ['mɛmbə] *n* সদস্য
membership ['mɛmbəˌʃɪp] *n* সদস্যতা
membership card ['mɛmbəʃɪp kaːd] *n* সদস্যতা পত্র
memento [mɪ'mɛntəʊ] *n* স্মরণার্থ চিহ্ন
memo ['mɛməʊ] *n* স্মারকিলিপি
memorial [mɪ'mɔːrɪəl] *n* স্মারণিক
memorize ['mɛməˌraɪz] *vt* মনে রাখা
memory ['mɛmərɪ] *n* *(ability to remember)* স্মৃতিশক্তি; *(reminiscence)* স্মৃতি
memory card ['mɛmərɪ kaːd] *n* মেমারী কার্ড
mend [mɛnd] *vt* মেরামত করা
meningitis [ˌmɛnɪn'dʒaɪtɪs] *n* মেনিনজাইটিস
menopause ['mɛnəʊˌpɔːz] *n* রজোনিবৃত্তি
menstruation [ˌmɛnstrʊ'eɪʃən] *n* মাসিক

mental ['mɛntl] *adj* মানসিক
mental hospital ['mɛntl 'hɒspɪtl] *n* মানসিক চিকিৎসালয়
mentality [mɛn'tælɪtɪ] *n* মনোবৃত্তি
mention ['mɛnʃən] *vt* উল্লেখ করা
menu ['mɛnjuː] *n* খাদ্য তালিকা
merchant bank ['mɜːtʃənt bæŋk] *n* ব্যবসায়িক ব্যাঙ্ক
mercury ['mɜːkjʊrɪ] *n* পারদ
mercy ['mɜːsɪ] *n* ক্ষমা
mere [mɪə] *adj* কেবল
merge [mɜːdʒ] *v* মিলিত হওয়া
merger ['mɜːdʒə] *n* ব্যবসায়িক প্রতিষ্ঠান একত্রিত হওয়া
meringue [mə'ræŋ] *n* ডিমের শ্বেতাংশ ও চিনি দিয়া তৈরী কেক বিশেষ
mermaid ['mɜːˌmeɪd] *n* মৎসকন্যা
merry ['mɛrɪ] *adj (old-fashioned)* আনন্দজনক
merry-go-round ['mɛrɪgəʊ'raʊnd] *n* নাগরদোলা
mess [mɛs] *n* বিশৃঙ্খল
mess about [mɛs ə'baʊt] *v* উদ্দেশ্যহীনভাবে কিছু করা
message ['mɛsɪdʒ] *n* বার্তা
messenger ['mɛsɪndʒə] *n* বার্তাবাহক
mess up [mɛs ʌp] *v (informal)* বিশৃঙ্খল করা
messy ['mɛsɪ] *adj* নোংরা
metabolism [mɪ'tæbəˌlɪzəm] *n* বিপাক
metal ['mɛtl] *n* ধাতু
meteorite ['miːtɪəˌraɪt] *n* উল্কাপিন্ড
meter ['miːtə] *n* মিটার
method ['mɛθəd] *n* পদ্ধতি
metre ['miːtə] *n* মিটার
metric ['mɛtrɪk] *adj* দশমিক
Mexican ['mɛksɪkən] *adj* মেক্সিকো সম্বন্ধীয় ▷ *n* মেক্সিকান
Mexico ['mɛksɪˌkəʊ] *n* মেক্সিকো
microchip ['maɪkrəʊˌtʃɪp] *n* মাইক্রোচিপ
microphone ['maɪkrəˌfəʊn] *n* মাইক্রোফোন
microscope ['maɪkrəˌskəʊp] *n* অনুবীক্ষণ যন্ত্র
microwave ['maɪkrəʊˌweɪv] *n* মাইক্রোওয়েভ ওভেন

mid [mɪd] *adj* মধ্য

midday ['mɪd'deɪ] *n* মধ্যাহ্ন

middle ['mɪdl] *n* মধ্যে

middle-aged ['mɪdl,eɪdʒd] *adj* মধ্যবয়স্ক

Middle Ages ['mɪdl 'eɪdʒɪz] *npl* মধ্যযুগ

middle-class ['mɪdl,klɑːs] *adj* মধ্যবিত্ত

Middle East ['mɪdl iːst] *n* মধ্যপ্রাচ্য

midge [mɪdʒ] *n* ডাঁশমাছি

midnight ['mɪd,naɪt] *n* মধ্যরাত্রি

midwife ['mɪd,waɪf] *n* ধাত্রী

might [maɪt] *v* সম্ভাব্য

migraine ['miːgreɪn] *n* চরম মাথাব্যথা

migrant ['maɪgrənt] *n* পরিযায়ী

migration [maɪ'greɪʃən] *n* পরিযাণ

mild [maɪld] *adj* মৃদু

mile [maɪl] *n* মাইল

mileage ['maɪlɪdʒ] *n* মাইলেজ

mileometer [maɪ'lɒmɪtə] *n* মাইলোমিটার

military ['mɪlɪtərɪ] *adj* সামরিক

milk [mɪlk] *n* দুধ ▷ *vt* দুধ দোওয়া

milk chocolate [mɪlk 'tʃɒklət] *n* দুধের চকোলেট

milkshake ['mɪlk,ʃeɪk] *n* দুধের সরবত

mill [mɪl] *n* পেষাইকল

millennium [mɪ'lɛnɪəm] *n* (formal) সহস্র বছর

millimetre ['mɪlɪ,miːtə] *n* মিলিমিটার

million ['mɪljən] *num* দশলক্ষ

millionaire [,mɪljə'nɛə] *n* কোটিপতি

mimic ['mɪmɪk] *vt* নকল করা

mince [mɪns] *n* কিমা

mind [maɪnd] *n* মন ▷ *vt* মনে করা

mine [maɪn] *n* খনি ▷ *pron* আমার

miner ['maɪnə] *n* খনিজীবী

mineral ['mɪnərəl] *adj* (of minerals) খনিজদ্রব্য ▷ *n* খনিজদ্রব্য

mineral water ['mɪnrəl 'wɔːtə] *n* খনিজ মেশা প্রাকৃতিক জল

miniature ['mɪnɪtʃə] *adj* নিতান্ত ক্ষুদ্র ▷ *n* ক্ষুদ্র নকল

minibus ['mɪnɪ,bʌs] *n* মিনিবাস

minicab ['mɪnɪ,kæb] *n* ছোট ট্যাক্সি

m

minimal ['mɪnɪməl] *adj* যৎসামান্য

minimize ['mɪnɪ,maɪz] *vt* কম করা

minimum ['mɪnɪməm] *adj* অল্পতম ▷ *n* কমপক্ষে

mining ['maɪnɪŋ] *n* খনি সম্বন্ধীয়

minister ['mɪnɪstə] *n* *(government)* মন্ত্রী

ministry ['mɪnɪstrɪ] *n* *(government department)* মন্ত্রক

mink [mɪŋk] *n* বেজির মত দেখতে জলে বাসকারী জন্তু

minor ['maɪnə] *adj* ক্ষুদ্র ▷ *n* অপ্রাপ্তবয়স্ক

minority [maɪ'nɒrɪtɪ] *n* সংখ্যালঘু

mint [mɪnt] *n* *(place where coins are made)* টাঁকশাল; *(herb)* পুদিনা

minus ['maɪnəs] *prep* বিয়োগ

minute [maɪ'njuːt] *adj* অতি ক্ষুদ্র ▷ ['mɪnɪt] *n* মিনিট

miracle ['mɪrəkl] *n* অঘটন

mirror ['mɪrə] *n* আয়না

misbehave [,mɪsbɪ'heɪv] *vi* অন্যায় আচরণ করা

miscarriage [mɪs'kærɪdʒ] *n* সন্তান প্রসবে ব্যর্থতা

miscellaneous [,mɪsə'leɪnɪəs] *adj* বিবিধ

mischief ['mɪstʃɪf] *n* নষ্টামি

mischievous ['mɪstʃɪvəs] *adj* অনিষ্টজনক

miser ['maɪzə] *n* কৃপণ

miserable ['mɪzərəbl] *adj* শোচনীয়

misery ['mɪzərɪ] *n* দুঃখ

misfortune [mɪs'fɔːtʃən] *n* দুর্ভাগ্য

mishap ['mɪshæp] *n* দুর্ঘটনা

misjudge [,mɪs'dʒʌdʒ] *vt* অন্যায় বিচার করা

mislay [mɪs'leɪ] *vt* ভুল স্থানে রাখা

misleading [mɪs'liːdɪŋ] *adj* বিভ্রান্তিকর

misprint ['mɪs,prɪnt] *n* ছাপার ভুল

miss [mɪs] *v* *(fail to catch or to hit)* ব্যর্থ হওয়া ▷ *vt* *(fail to notice)* লক্ষ্য না করা; *(someone who is absent)* অনুপস্থিতি বোধ করা

Miss [mɪs] *n* কুমারী

missile ['mɪsaɪl] *n* ক্ষেপণাস্ত্র

missing ['mɪsɪŋ] *adj* অনুপস্থিত

mist [mɪst] *n* কুয়াশা

mistake [mɪ'steɪk] *n* ভুল ▷ *vt* ভুল করা

mistaken [mɪ'steɪkən]
adj ভুল

mistakenly [mɪ'steɪkənlɪ]
adv ভুলভাবে

mistletoe ['mɪsl,təʊ] *n*
মিসেলটো

misty ['mɪstɪ] *adj* কুয়াশাচ্ছন্ন

misunderstand
[,mɪsʌndə'stænd] *v* ভুল
বোঝা

misunderstanding
[,mɪsʌndə'stændɪŋ] *n* ভুল
বোঝাবুঝি

mitten ['mɪtn] *n* দস্তানা
বিশেষ

mix [mɪks] *n* মিশ্রণ ▷ *v* মিশ্রিত

mixed [mɪkst] *adj* মিশ্র

mixed salad [mɪkst 'sæləd]
n মিশ্র স্যালাড

mixer ['mɪksə] *n* মিক্সার

mixture ['mɪkstʃə] *n* মিশ্রণ

mix up [mɪks ʌp] *v* তালগোল
পাকিয়ে ফেলা

mix-up ['mɪksʌp] *n*
(informal) গুলিয়ে ফেলা

MMS [ɛm ɛm ɛs] *abbr* এম
এম এস

moan [məʊn] *vi* গোঙানি

moat [məʊt] *n* দুর্গপরিখা

mobile ['məʊbaɪl] *n*
চলনশীল

mobile home ['məʊbaɪl
həʊm] *n* চলমান বাড়ি

mobile number ['məʊbaɪl
'nʌmbə] *n* মোবাইল নাম্বার

mobile phone ['məʊbaɪl
fəʊn] *n* মোবাইল ফোন

mock [mɒk] *adj* নকল ▷ *vt*
কৌতুক করা

mod cons [mɒd kɒnz] *npl*
(informal) আধুনিক সুবিধা

model ['mɒdl] *adj* আদর্শ
▷ *n (replica)* ছাঁচ ▷ *vt* নকল
করা ▷ *n (mannequin)* মডেল

modem ['məʊdɛm] *n*
মডেম

moderate ['mɒdərɪt] *adj*
মধ্যপন্থী

moderation [,mɒdə'reɪʃən]
n সংযম

modern ['mɒdən] *adj*
আধুনিক

modernize ['mɒdə,naɪz] *vt*
আধুনিকীকরণ

modern languages
['mɒdən 'læŋgwɪdʒɪz] *npl*
আধুনিক ভাষা

modest ['mɒdɪst] *adj* পরিমিত

modification
[,mɒdɪfɪ'keɪʃən] *n* পরিবর্তন

modify ['mɒdɪ,faɪ] *vt*
পরিবর্তন করা

m

module ['mɒdjuːl] *n* খন্ডিত অংশ
moist [mɔɪst] *adj* ভিজা
moisture ['mɔɪstʃə] *n* আর্দ্রতা
moisturizer ['mɔɪstʃə,raɪzə] *n* ময়শ্চারাইজার
Moldova [mɒl'dəʊvə] *n* মলডোভা
Moldovan [mɒl'dəʊvən] *adj* মালডোভীয় ▷ *n* মলডোভার মানুষ
mole [məʊl] *n (animal)* ছুঁচো; *(person)* অনুপ্রবেশকারী; *(dark spot)* তিল
molecule ['mɒlɪ,kjuːl] *n* অনু
moment ['məʊmənt] *n* মুহূর্ত
momentarily ['məʊməntərəlɪ] *adv (written)* ক্ষণিকের জন্য
momentary ['məʊməntərɪ] *adj* ক্ষণিক
momentous [məʊ'mɛntəs] *adj* গুরুত্বপূর্ণ
Monaco ['mɒnə,kəʊ; mə'nɑːkəʊ] *n* মোনাকো
monarch ['mɒnək] *n* রাজা
monarchy ['mɒnəkɪ] *n* রাজতন্ত্র
monastery ['mɒnəstərɪ] *n* মঠ
Monday ['mʌndɪ] *n* সোমবার
monetary ['mʌnɪtərɪ] *adj* আর্থিক
money ['mʌnɪ] *n* টাকাপয়সা
Mongolia [mɒŋ'gəʊlɪə] *n* মোঙ্গোলিয়া
Mongolian [mɒŋ'gəʊlɪən] *adj* মোঙ্গো্লীয় ▷ *n (person)* মোঙ্গোলীয়বাসী; *(language)* মোঙ্গোলিয়ান ভাষা
mongrel ['mʌŋgrəl] *n* দোআঁশলা
monitor ['mɒnɪtə] *n* মনিটর
monk [mʌŋk] *n* সন্নাসী
monkey ['mʌŋkɪ] *n* বাঁদর
monopoly [mə'nɒpəlɪ] *n* একচেটিয়া
monotonous [mə'nɒtənəs] *adj* একঘেয়েমি
monsoon [mɒn'suːn] *n* বর্ষাকাল
monster ['mɒnstə] *n* দানব
month [mʌnθ] *n* মাস
monthly ['mʌnθlɪ] *adj* মাসিক
monument ['mɒnjʊmənt] *n* স্মৃতিস্তম্ভ
mood [muːd] *n* মেজাজ
moody ['muːdɪ] *adj* মেজাজী
moon [muːn] *n* চাঁদ
moor [mʊə] *n* বিস্তীর্ণ পতিত ভূমি ▷ *v* জাহাজ নোঙ্গর করা

mop [mɒp] *n* ন্যাতা
moped ['məʊpɛd] *n* মোপেড
mop up [mɒp ʌp] *v* ন্যাতা দেওয়া
moral ['mɒrəl] *adj* নৈতিক ▹ *n* মনোবল
morale [mɒ'rɑːl] *n* নীতি
more [mɔː] *det* বেশি ▹ *adv* অধিক ▹ *pron* অধিকতর
morgue [mɔːg] *n* শবাগার
morning ['mɔːnɪŋ] *n* সকাল
morning sickness ['mɔːnɪŋ 'sɪknəs] *n* প্রাতঃকালীন বিবমিষা
Moroccan [mə'rɒkən] *adj* মরক্কো দেশীয় ▹ *n* মরক্কোবাসী
Morocco [mə'rɒkəʊ] *n* মরক্কো
morphine ['mɔːfiːn] *n* মরফিন
morse code [mɔːs kəʊd] *n* সাংকেতিক লিখন পদ্ধতি
mortar ['mɔːtə] *n (cannon)* কামান; *(for building)* প্লাস্টার
mortgage ['mɔːgɪdʒ] *n* বন্ধক ▹ *vt* বন্ধক দেওয়া
mosaic [mə'zeɪɪk] *n* মোজাইক
Muslim ['mɒzləm] *adj* মুসলিম ▹ *n* মুসলমান
mosque [mɒsk] *n* মসজিদ
mosquito [mə'skiːtəʊ] *n* মশা
moss [mɒs] *n* শ্যাওলা
most [məʊst] *adj* বেশিরভাগ ▹ *adv* সর্বাধিক ▹ *pron* বেশিরভাগ
mostly ['məʊstlɪ] *adv* অধিক অংশে
MOT [ɛm əʊ tiː] *abbr* মট
motel [məʊ'tɛl] *n* মোটেল
moth [mɒθ] *n* মথ
mother ['mʌðə] *n* মা
mother-in-law ['mʌðə ɪn lɔː] *n* শাশুড়ী
mother tongue ['mʌðə tʌŋ] *n* মাতৃভাষা
motionless ['məʊʃənlɪs] *adj* নিশ্চল
motivated ['məʊtɪˌveɪtɪd] *adj* অনুপ্রাণিত
motivation [ˌməʊtɪ'veɪʃən] *n* প্রেরণা
motive ['məʊtɪv] *n* উদ্দেশ্য
motor ['məʊtə] *n* মোটর
motorbike ['məʊtəˌbaɪk] *n* মোটরবাইক
motorboat ['məʊtəˌbəʊt] *n* মোটরবোট
motorcycle ['məʊtəˌsaɪkl] *n* মোটরসাইকেল
motorcyclist ['məʊtəˌsaɪklɪst] *n* মোটরসাইকেল চালক

m

motorist ['məʊtərɪst] *n* গাড়ি চালক

motor mechanic ['məʊtə mə'kænɪk] *n* মোটর মিস্ত্রী

motor racing ['məʊtə 'reɪsɪŋ] *n* মোটর দৌড় প্রতিযোগিতা

motorway ['məʊtə,weɪ] *n* দ্রুতগামী গাড়ির জন্য রাস্তা

mould [məʊld] *n* *(shape)* ছাঁচ; *(substance)* ছাতা

mouldy ['məʊldɪ] *adj* ছাতা পড়া

mount [maʊnt] *vt* বন্দোবস্ত করা

mountain ['maʊntɪn] *n* পর্বত

mountain bike ['maʊntɪn baɪk] *n* পাহাড়ে চড়ার বাইক

mountaineer [,maʊntɪ'nɪə] *n* পর্বতারোহী

mountaineering [,maʊntɪ'nɪərɪŋ] *n* পর্বতারোহণ

mountainous ['maʊntɪnəs] *adj* পর্বতময়

mount up [maʊnt ʌp] *v* বাড়া

mourning ['mɔːnɪŋ] *n* শোক

mouse [maʊs] *n* *(animal)* ইঁদুর; *(computer)* মাউস

mouse mat [maus mæt] *n* মাউস ম্যাট

mousse [muːs] *n* ডিম এবং ক্রীমের তৈরী খাবার

moustache [mə'stɑːʃ] *n* গোঁফ

mouth [maʊθ] *n* মুখ

mouth organ [maʊθ 'ɔːgən] *n* মাউথ-অরগান

mouthwash ['maʊθ,wɒʃ] *n* মুখ ধোয়ার তরল প্রতিষেধক

move [muːv] *n* স্থানান্তর ▷ *vt* *(reposition)* সরানো ▷ *vi* *(relocate)* স্থানান্তরে যাওয়া

move back [muːv bæk] *v* পেছনে সরা

move forward [muːv 'fɔːwəd] *v* সামনে যাওয়া

move in [muːv ɪn] *v* প্রবেশ করা

movement ['muːvmənt] *n* আসা যাওয়া

movie ['muːvɪ] *n* *(informal)* চলচ্চিত্র

moving ['muːvɪŋ] *adj* আবেগময়

mow [məʊ] *v* কাস্তে বা মেশিন দিয়ে ঘাস কাটা

mower ['məʊə] *n* ঘাস কাটার যন্ত্র

Mozambique [,məʊzəm'biːk] *n* মোজাম্বিক

MP3 player [ˌɛmpiːˈθriː ˈpleɪə] *n* এম পি থ্রি প্লেয়ার
MP4 player [ˌɛmpiːˈfɔː ˈpleɪə] *n* এম পি ফোর প্লেয়ার
mph [maɪlz pə aʊə] *abbr* এম পি এইচ
Mr [ˈmɪstə] *n* শ্রী
Mrs [ˈmɪsɪz] *n* শ্রীমতী
MS [ɛm ɛs] *abbr* এম এস
Ms [mɪz] *n* শ্রীযুক্তা
much [mʌtʃ] *det* অনেক ▹ *adv* খুব জোরে ▹ *pron* অত্যধিক
mud [mʌd] *n* কাদা
muddle [ˈmʌdl] *n* এলোমেলো অবস্থা
muddy [ˈmʌdɪ] *adj* কর্দমাক্ত
mudguard [ˈmʌdˌgɑːd] *n* মাড-গার্ড
muesli [ˈmjuːzlɪ] *n* মুয়েসলী
muffler [ˈmʌflə] *n* *(old-fashioned)* মাফলার
mug [mʌg] *n* মগ ▹ *vt* ছিনতাই করা
mugger [ˈmʌgə] *n* ডাকাত
mugging [ˈmʌgɪŋ] *n* ডাকাতি
mule [mjuːl] *n* খচ্চর
multinational [ˌmʌltɪˈnæʃənl] *adj* বহুজাতিক ▹ *n* বহুজাতিক
multiple sclerosis [ˌmʌltɪpəl skləˈrəʊsɪs] *n* মাল্টিপল স্ক্লেরোসিস
multiplication [ˌmʌltɪplɪˈkeɪʃən] *n* গুণ
multiply [ˈmʌltɪˌplaɪ] *v* বাড়িয়ে তোলা
mum [mʌm] *n* *(informal)* মা
mummy [ˈmʌmɪ] *n* *(informal)* *(mother)* মা; *(preserved dead body)* মমি
mumps [mʌmps] *n* মাম্পস্
murder [ˈmɜːdə] *n* খুন ▹ *vt* খুন করা
murderer [ˈmɜːdərə] *n* খুনী
muscle [ˈmʌsl] *n* পেশী
muscular [ˈmʌskjʊlə] *adj* পেশীবহুল
museum [mjuːˈzɪəm] *n* জাদুঘর
mushroom [ˈmʌʃruːm] *n* ছত্রাক
music [ˈmjuːzɪk] *n* সংগীত
musical [ˈmjuːzɪkl] *adj* সংগীত-বিষয়ক ▹ *n* সংগীত
musical instrument [ˈmjuːzɪkl ˈɪnstrəmənt] *n* বাদ্যযন্ত্র
musician [mjuːˈzɪʃən] *n* সংগীতকার

Muslim ['mʊzlɪm] *adj* মুসলিম ▷ *n* মুসলমান
mussel ['mʌsl] *n* শুক্তিবিশেষ
must [mʌst] *v* অবশ্যই
mustard ['mʌstəd] *n* সরষে
mutter ['mʌtə] *v* বিড়বিড় করে কথা বলা
mutton ['mʌtn] *n* ভেড়ার মাংস
mutual ['mjuːtʃʊəl] *adj* পারস্পরিক
my [maɪ] *det* আমার
Myanmar ['maɪænmɑː] *n* মায়ানমার
myself [maɪ'sɛlf] *pron* নিজে
mysterious [mɪ'stɪərɪəs] *adj* রহস্যময়
mystery ['mɪstərɪ] *n* রহস্য
myth [mɪθ] *n* পুরাণ
mythology [mɪ'θɒlədʒɪ] *n* পুরাণচর্চা

n

naff [næf] *adj (informal)* অপরিমার্জিত
nag [næg] *v* ঘ্যানঘ্যান করা
nail [neɪl] *n (metal)* পেরেক; *(finger, toe)* নখ
nailbrush ['neɪl,brʌʃ] *n* নখের ব্রাশ
nailfile ['neɪl,faɪl] *n* নেলফাইল
nail polish [neɪl 'pɒlɪʃ] *n* নেলপালিশ
nail-polish remover ['neɪlpɒlɪʃ rɪ'muːvə] *n* নেলপালিশ-রিমুভার
nail scissors [neɪl 'sɪzəz] *npl* নখ কাটার কাঁচি
naive [naɪ'iːv] *adj* সাধাসিধে
naked ['neɪkɪd] *adj* উলঙ্গ
name [neɪm] *n* নাম
nanny ['nænɪ] *n* শিশু-পরিচর্যাকারী
nap [næp] *n* স্বল্পসময়ের ঘুম
napkin ['næpkɪn] *n* রুমাল
nappy ['næpɪ] *n* শিশুদের লেংটি
narrow ['nærəʊ] *adj* সংকীর্ণ
narrow-minded ['nærəʊ'maɪndɪd] *adj* সংকীর্ণমনা
nasty ['nɑːstɪ] *adj* জঘন্য
nation ['neɪʃən] *n* দেশ
national ['næʃənəl] *adj* জাতীয়
national anthem ['næʃənl 'ænθəm] *n* জাতীয় সঙ্গীত

nationalism ['næʃənə,lɪzəm] *n* জাতীয়তাবাদ
nationalist ['næʃənəlɪst] *n* জাতীয়তাবাদী
nationality [,næʃə'nælɪtɪ] *n* নাগরিকত্ব
nationalize ['næʃənə,laɪz] *vt* জাতীয়করণ করা
national park ['næʃənl pɑːk] *n* রাষ্ট্রীয় পার্ক
native ['neɪtɪv] *adj* জন্মভূমি
native speaker ['neɪtɪv 'spiːkə] *n* মাতৃভাষা বক্তা
NATO ['neɪtəʊ] *abbr* ন্যাটো
natural ['nætʃrəl] *adj* স্বাভাবিক
natural gas ['nætʃrəl gæs] *n* প্রাকৃতিক গ্যাস
naturalist ['nætʃrəlɪst] *n* প্রকৃতিবিদ্
naturally ['nætʃrəlɪ] *adv* স্বাভাবিকভাবে
natural resources ['nætʃrəl rɪ'zɔːsɪz] *npl* প্রাকৃতিক সম্পদ
nature ['neɪtʃə] *n* প্রকৃতি
naughty ['nɔːtɪ] *adj* দুষ্টু
nausea ['nɔːzɪə] *n* বমিভাব
naval ['neɪvl] *adj* নৌ-বাহিনী সংক্রান্ত
navel ['neɪvl] *n* নাভি
navy ['neɪvɪ] *n* নৌ-বাহিনী ▷ ['neɪvɪ'bluː] *adj* গাঢ় নীল রং
NB [ɛn biː] *abbr* পুনশ্চ
near [nɪə] *adj* কাছে ▷ *adv* কাছাকাছি ▷ *prep* কাছে
nearby [,nɪə'baɪ] *adj* কাছেই ▷ ['nɪəbaɪ] *adv* নিকটবর্তী
nearly ['nɪəlɪ] *adv* প্রায়
near-sighted [,nɪə'saɪtɪd] *adj (US)* দূরের জিনিস যে দেখতে পায় না
neat [niːt] *adj* সুবিন্যস্ত
neatly ['niːtlɪ] *adv* সুবিন্যস্তভাবে
necessarily ['nɛsɪsərɪlɪ] *adv* অবধারিতভাবে
necessary ['nɛsɪsərɪ] *adj* প্রয়োজন
necessity [nɪ'sɛsɪtɪ] *n* প্রয়োজনীয়তা
neck [nɛk] *n* গলা
necklace ['nɛklɪs] *n* নেকলেস
nectarine ['nɛktərɪn] *n* পীচ ফল
need [niːd] *n* চাহিদা ▷ *vt* প্রয়োজন
needle ['niːdl] *n* সূচ
negative ['nɛgətɪv] *adj* নঞর্থক ▷ *n* নেতিবাচক

neglect [nɪ'glɛkt] n অবহেলা ▷ vt অবহেলা করা

neglected [nɪ'glɛktɪd] adj অবহেলিত

negotiate [nɪ'gəʊʃɪ,eɪt] v রফা করা

negotiations [nɪ,gəʊʃɪ'eɪʃənz] npl আপোস-আলোচনা

negotiator [nɪ'gəʊʃɪ,eɪtə] n আপোস-আলোচনায় অংশগ্রহণকারী ব্যক্তি

neighbour ['neɪbə] n প্রতিবেশী

neighbourhood ['neɪbə,hʊd] n পাড়া

neither ['naɪðə; 'niːðə] conj কেউই নয় ▷ pron উভয়েই নয় ▷ adj দুটির মধ্যে কোনটি নয়

neither ... nor ['naɪðə; 'niːðə nɔː; nə] conj কোনটিই নয়

neon ['niːɒn] n নিয়ন

Nepal [nɪ'pɔːl] n নেপাল

nephew ['nɛvjuː] n ভাগ্নে/ ভাইপো

nerve [nɜːv] n (in body) স্নায়ু; (courage) সাহস

nerve-racking ['nɜːv'rækɪŋ] adj স্নায়ুর ওপর চাপসৃষ্টিকারী

nervous ['nɜːvəs] adj বিচলিত

nest [nɛst] n বাসা

net [nɛt] n জাল

netball ['nɛt,bɔːl] n নেটবল

Netherlands ['nɛðələndz] npl নেদারল্যান্ডস্

nettle ['nɛtl] n বিছুটি

network ['nɛt,wɜːk] n নেটওয়ার্ক

neurotic [njʊ'rɒtɪk] adj বাতিকগ্রস্ত

neutral ['njuːtrəl] adj নিরপেক্ষ ▷ n নিউট্রাল

never ['nɛvə] adv কখনও নয়

nevertheless [,nɛvəðə'lɛs] adv (formal) তবুও

new [njuː] adj (that did not exist before) নতুন; (not used before) নতুন; (different) নতুন

newborn ['njuː,bɔːn] adj নবজাত

newcomer ['njuː,kʌmə] n নবাগত

news [njuːz] npl খবর

newsagent ['njuːz,eɪdʒənt] n সংবাদকর্মী

newspaper ['njuːz,peɪpə] n সংবাদপত্র

newsreader ['njuːz,riːdə] n সংবাদপাঠক

newt [njuːt] *n* গোসাপ-জাতীয় প্রাণী
New Year [njuː jɪə] *n* নববর্ষ
New Zealand [njuː 'ziːlənd] *n* নিউজিল্যান্ড
New Zealander [njuː 'ziːləndə] *n* নিউজিল্যান্ডের অধিবাসী
next [nɛkst] *adj* পরবর্তী ▷ *adv* এরপর
next of kin [nɛkst əv kɪn] *n* *(formal)* নিকটতম আত্মীয়
next to [nɛkst tə] *prep* পাশে
Nicaragua [ˌnɪkə'rægjʊə] *n* নিকারাগুয়া
Nicaraguan [ˌnɪkə'rægjʊən] *adj* নিকারাগুয়া দেশীয় ▷ *n* নিকারাগুয়ার অধিবাসী
nice [naɪs] *adj* সুন্দর
nickname ['nɪkˌneɪm] *n* ডাকনাম
nicotine ['nɪkəˌtiːn] *n* নিকোটিন
niece [niːs] *n* ভাইঝি/ভাগ্নী
Niger [niː'ʒɛə] *n* নাইজার
Nigeria [naɪ'dʒɪərɪə] *n* নাইজেরিয়া
Nigerian [naɪ'dʒɪərɪən] *adj* নাইজেরিয়া দেশীয় ▷ *n* নাইজেরিয়ার অধিবাসী
night [naɪt] *n* রাত
nightclub ['naɪtˌklʌb] *n* নাইটক্লাব
nightdress ['naɪtˌdrɛs] *n* রাতপোষাক
nightlife ['naɪtˌlaɪf] *n* নৈশ জীবন
nightmare ['naɪtˌmɛə] *n* দুঃস্বপ্ন
night school [naɪt skuːl] *n* নৈশ বিদ্যালয়
night shift [naɪt ʃɪft] *n* রাতের শিফট
nil [nɪl] *n* শূন্য
nine [naɪn] *num* নয়
nineteen [ˌnaɪn'tiːn] *num* উনবিংশ
nineteenth [ˌnaɪn'tiːnθ] *adj* উনবিংশতম
ninety ['naɪntɪ] *num* নব্বই
ninth [naɪnθ] *adj* নবম ▷ *n* নয় ভাগের এক ভাগ
nitrogen ['naɪtrədʒən] *n* নাইট্রোজেন
no [nəʊ] *det* না ▷ *adv* পরে নয় ▷ *excl* না
nobody ['nəʊbədɪ] *n* কোন ব্যক্তি নয়
nod [nɒd] *vi* মাথা নেড়ে সম্মতি জানানো
noise [nɔɪz] *n* কোলাহল

noisy ['nɔɪzɪ] *adj* কোলাহলপূর্ণ

nominate ['nɒmɪˌneɪt] *vt* মনোনীত

nomination [ˌnɒmɪ'neɪʃən] *n* মনোনয়ন

none [nʌn] *pron* কিছু নয়

nonsense ['nɒnsəns] *n* বোকাবোকা

non-smoker [nɒn'sməʊkə] *n* অ-ধূমপায়ী

non-smoking [nɒn'sməʊkɪŋ] *adj* ধূমপান-বর্জিত

non-stop ['nɒn'stɒp] *adv* বিরামহীন

noodles ['nuːdlz] *npl* নুডলস্

noon [nuːn] *n* দ্বিপ্রহর

no one ['nəʊwʌn] *pron* কেউ নয়

nor [nɔː] *conj* ওটাও না

normal ['nɔːml] *adj* স্বাভাবিক

normally ['nɔːməlɪ] *adv* সাধারণতঃ

north [nɔːθ] *adj* উত্তর ▹ *adv* উত্তরদিক ▹ *n* সূর্যের দিকে মুখ করে তাকালে বাঁদিক

North Africa [nɔːθ 'æfrɪkə] *n* উত্তর আফ্রিকা

North African [nɔːθ 'æfrɪkən] *adj* উত্তর আফ্রিকা দেশীয় ▹ *n* উত্তর আফ্রিকার অধিবাসী

North America [nɔːθ ə'mɛrɪkə] *n* উত্তর আমেরিকা

North American [nɔːθ ə'mɛrɪkən] *adj* উত্তর আমেরিকা দেশীয় ▹ *n* উত্তর আমেরিকার অধিবাসী

northbound ['nɔːθˌbaʊnd] *adj* উত্তরমুখী

northeast [ˌnɔːθ'iːst] *n* উত্তরপূর্ব

northern ['nɔːðən] *adj* উত্তরাঞ্চল

Northern Ireland ['nɔːðən 'aɪələnd] *n* আয়ার্ল্যান্ডের উত্তরপূর্ব অঞ্চল

North Korea [nɔːθ kə'rɪə] *n* উত্তর কোরিয়া

North Pole [nɔːθ pəʊl] *n* উত্তর মেরু

North Sea [nɔːθ siː] *n* উত্তর সাগর

northwest [ˌnɔːθ'wɛst] *n* উত্তরপশ্চিম

Norway ['nɔːˌweɪ] *n* নরওয়ে

Norwegian [nɔː'wiːdʒən] *adj* নরওয়ে দেশীয় ▹ *n* *(person)* নরওয়ের অধিবাসী; *(language)* নরওয়ের ভাষা

nose [nəʊz] *n* নাক
nosebleed ['nəʊz,bliːd] *n* নাক থেকে রক্তক্ষরণ
nostril ['nɒstrɪl] *n* নাসারন্ধ্র
nosy ['nəʊzɪ] *adj (informal)* কৌতূহলী
not [nɒt] *adv* না
note [nəʊt] *n (musical)* ধ্বনি; *(banknote)* ব্যাঙ্কের টাকা; *(message)* স্মারকলিপি
notebook ['nəʊt,bʊk] *n* নোটবুক
note down [nəʊt daʊn] *v* টুকে রাখা
notepad ['nəʊt,pæd] *n* নোটপ্যাড
notepaper ['nəʊt,peɪpə] *n* নোটপেপার
nothing ['nʌθɪŋ] *n* কিছু না
notice ['nəʊtɪs] *n (sign)* সূচনা; *(warning)* নোটিশ ▷ *vt* দেখতে পাওয়া
noticeable ['nəʊtɪsəbl] *adj* লক্ষ্যণীয়
notice board ['nəutɪsbɔːd] *n* নোটিশবোর্ড
notify ['nəʊtɪ,faɪ] *vt (formal)* জানানো
nought [nɔːt] *n* শূন্য সংখ্যা
noun [naʊn] *n* বিশেষ্য পদ
novel ['nɒvl] *n* উপন্যাস
novelist ['nɒvəlɪst] *n* ঔপন্যাসিক
November [nəʊ'vɛmbə] *n* নভেম্বর
now [naʊ] *adv* এখন
nowadays ['naʊə,deɪz] *adv* আজকাল
nowhere ['nəʊ,wɛə] *adv* কোথাও না
nuclear ['njuːklɪə] *adj* পারমাণবিক
nude [njuːd] *adj* নগ্ন ▷ *n* নগ্ন অবস্থা
nuisance ['njuːsəns] *n* আপদ
numb [nʌm] *adj* অসাড়
number ['nʌmbə] *n* সংখ্যা
number plate ['nʌmbə pleɪt] *n* নম্বরপ্লেট
numerous ['njuːmərəs] *adj* প্রচুরসংখ্যক
nun [nʌn] *n* সন্ন্যাসিনী
nurse [nɜːs] *n* সেবিকা
nursery ['nɜːsərɪ] *n* শিশু-আলয়
nursery rhyme ['nɜːsərɪ raɪm] *n* শিশু ছড়া
nursery school ['nɜːsərɪ skuːl] *n* শিশু বিদ্যালয়
nursing home ['nɜːsɪŋ həʊm] *n* আরোগ্য-নিকেতন

n

nut [nʌt] *n (metal)* নাট; *(edible)* বাদাম

nut allergy [nʌt 'ælədʒɪ] *n* বাদামের অ্যালার্জি

nutmeg ['nʌtmɛg] *n* জায়ফল

nutrient ['njuːtrɪənt] *n* পুষ্টিদায়ক

nutrition [njuː'trɪʃən] *n* পুষ্টি

nutritious [njuː'trɪʃəs] *adj* পুষ্টিকর

nutter ['nʌtə] *n (informal)* উন্মত্ত

nylon ['naɪlɒn] *n* নাইলন

O

oak [əʊk] *n* ওক গাছ

oar [ɔː] *n* বৈঠা

oasis [əʊ'eɪsɪs] *n* মরুদ্যান

oath [əʊθ] *n* শপথ

oatmeal ['əʊt,miːl] *n* ওটমিল

oats [əʊts] *npl* জই

obedient [ə'biːdɪənt] *adj* বাধ্য

obese [əʊ'biːs] *adj* স্থূল

obey [ə'beɪ] *v* মান্য করা

obituary [ə'bɪtjʊərɪ] *n* শোকসংবাদ

object ['ɒbdʒɪkt] *n* বস্তু

objection [əb'dʒɛkʃən] *n* আপত্তি

objective [əb'dʒɛktɪv] *n* উদ্দেশ্য

oblong ['ɒb,lɒŋ] *adj* আয়তাকার

obnoxious [əb'nɒkʃəs] *adj* জঘন্য

oboe ['əʊbəʊ] *n* একপ্রকার বাদ্যযন্ত্র

observant [əb'zɜːvənt] *adj* পর্যবেক্ষণশীল

observatory [əb'zɜːvətərɪ] *n* পর্যবেক্ষণাগার

observe [əb'zɜːv] *vt* নজর করা

observer [əb'zɜːvə] *n* পর্যবেক্ষক

obsessed [əb'sɛst] *adj* জর্জরিত

obsession [əb'sɛʃən] *n* আবেশ

obsolete ['ɒbsə,liːt] *adj* অচল

obstacle ['ɒbstəkl] *n* বাধা

obstinate ['ɒbstɪnɪt] *adj* জেদি

obstruct [əb'strʌkt] *vt* বাধার সৃষ্টি করা

obtain [əb'teɪn] *vt (formal)* জোগাড় করা

obvious ['ɒbvɪəs] *adj* সুস্পষ্ট

obviously ['ɒbvɪəslɪ] *adv* সুস্পষ্টই

occasion [ə'keɪʒən] *n* ঘটনাকাল

occasional [ə'keɪʒənl] *adj* কখনও সখনও

occasionally [ə'keɪʒənəlɪ] *adv* মাঝে মধ্যে

occupation [ˌɒkjʊ'peɪʃən] *n* (*job*) পেশা; (*country*) শক্তিবলে এলাকা দখল

occupy ['ɒkjʊˌpaɪ] *vt* বাস করা

occur [ə'kɜː] *vi* ঘটা

occurrence [ə'kʌrəns] *n* (*formal*) ঘটনা

ocean ['əʊʃən] *n* মহাসমুদ্র

Oceania [ˌəʊʃɪ'ɑːnɪə] *n* ওশেনিয়া

October [ɒk'təʊbə] *n* অক্টোবর

octopus ['ɒktəpəs] *n* অক্টোপাস

odd [ɒd] *adj* (*strange*) অস্বাভাবিক; (*nonmatching*) বিজোড়; (*number*) বিজোড়

odour ['əʊdə] *n* দুর্গন্ধ

of [ɒv] *prep* (*belonging to*) এর; (*used to talk about amounts*) পরিমাণ; (*about*) সম্বন্ধে

off [ɒf] *adv* বন্ধ করা ▷ *prep* বিচ্ছিন্ন করা

offence [ə'fɛns] *n* অপরাধ

offend [ə'fɛnd] *vt* অস্বস্তিতে ফেলা

offensive [ə'fɛnsɪv] *adj* অস্বস্তিকর

offer ['ɒfə] *n* প্রস্তাব ▷ *vt* প্রস্তাব দেওয়া

office ['ɒfɪs] *n* অফিস

office hours ['ɒfɪs aʊəz] *npl* অফিসের সময়

officer ['ɒfɪsə] *n* অফিসার

official [ə'fɪʃəl] *adj* অফিস-সংক্রান্ত

off-peak ['ɒfˌpiːk] *adv* মন্দার সময়

off-season ['ɒfˌsiːzn] *adj* মন্দার সময় ▷ *adv* মন্দার সময়

offside ['ɒf'saɪd] *adj* অফসাইড

often ['ɒfn] *adv* প্রায়ই

oil [ɔɪl] *n* তেল ▷ *vt* তেল দেওয়া

oil refinery [ɔɪl rɪ'faɪnərɪ] *n* তৈল শোধনাগার

oil rig [ɔɪl rɪg] *n* তেল তোলবার পাটাতন ও যন্ত্রপাতি

oil slick [ɔɪl slɪk] *n* ভাসমান তেলের আস্তরণ

oil well [ɔɪl wɛl] *n* তৈলকূপ

o

ointment ['ɔɪntmənt] *n* মলম

OK! [ˌəʊ'keɪ] *excl* ঠিক আছে

okay [ˌəʊ'keɪ] *adj (informal)* ঠিকঠাক ▷ *excl* সম্মতিদান

old [əʊld] *adj (aged)* বয়স্ক; *(made a long time ago)* পুরানো

old-age pensioner [əʊld'eɪdʒ 'pɛnʃənə] *n* পেনশনভোগী

old-fashioned ['əʊld'fæʃənd] *adj* পুরানো আমলের

olive ['ɒlɪv] *n (fruit)* অলিভ; *(tree)* অলিভ গাছ

olive oil ['ɒlɪv ɔɪl] *n* অলিভ তেল

Oman [əʊ'mɑːn] *n* ওমান

omelette ['ɒmlɪt] *n* ওমলেট

on [ɒn] *adv* চালু ▷ *prep* ওপরে

on behalf of [ɒn bɪ'hɑːf ɒv; əv] *n* কারোর পক্ষে

once [wʌns] *adv* একবার

one [wʌn] *num* এক ▷ *pron* আরেকজন

one-off ['wʌnɒf] *n* একবারের জন্য

one's [wʌnz] *det* কারোর নিজের

oneself [wʌn'self] *pron* নিজের

onion ['ʌnjən] *n* পিঁয়াজ

online ['ɒnˌlaɪn] *adj* অনলাইন ▷ *adv* অনলাইনে

onlooker ['ɒnˌlʊkə] *n* দর্শক

only ['əʊnlɪ] *adj (sole)* কেবলমাত্র ▷ *adv* কেবলমাত্র ▷ *adj (child)* একমাত্র

on time [ɒn taɪm] *adj* সময়ে

onto ['ɒntʊ] *prep (on top of)* কিছুর ওপরে; *(bus, train, plane)* কিছুর মধ্যে

open ['əʊpn] *adj* উন্মুক্ত ▷ *v (make or be no longer closed)* খোলা; *(shop, office)* খোলা

opening hours ['əʊpənɪŋ aʊəz] *npl* খোলা থাকার সময়

opera ['ɒpərə] *n* অপেরা

operate ['ɒpəˌreɪt] *v (business, organization)* চালনা করা ▷ *vi (surgeon)* অস্ত্রোপচার করা

operating theatre ['ɒpəˌreɪtɪŋ 'θɪətə] *n* অস্ত্রোপচার কক্ষ

operation [ˌɒpə'reɪʃən] *n (organized activity)* উদ্যোগ; *(surgical)* অস্ত্রোপচার

operator ['ɒpəˌreɪtə] *n* অপারেটর

opinion [ə'pɪnjən] *n* মতামত

opinion poll [ə'pɪnjən pəʊl] *n* জনসমীক্ষা

opponent [ə'pəʊnənt] *n* বিরোধী পক্ষ

opportunity [ˌɒpə'tjuːnɪtɪ] *n* সুযোগ

oppose [ə'pəʊz] *vt* বিরোধিতা করা

opposed [ə'pəʊzd] *adj* বিরোধী

opposing [ə'pəʊzɪŋ] *adj* বিরোধিতামূলক

opposite ['ɒpəzɪt] *adj* *(far)* বিপরীত ▷ *adv* মুখোমুখি ▷ *prep* সামনাসামনি ▷ *adj* *(completely different)* বিপরীত

opposition [ˌɒpə'zɪʃən] *n* বিরোধিতা

optician [ɒp'tɪʃən] *n* চশমা-বিক্রেতা

optimism ['ɒptɪˌmɪzəm] *n* আশাবাদ

optimist ['ɒptɪˌmɪst] *n* আশাবাদী

optimistic [ɒptɪ'mɪstɪk] *adj* আশাপ্রদ

option ['ɒpʃən] *n* বিকল্প

optional ['ɒpʃənl] *adj* ঐচ্ছিক

opt out [ɒpt aʊt] *v* স্বেচ্ছায় সরে আসা

or [ɔː] *conj* অথবা

oral ['ɔːrəl] *adj* মৌখিক ▷ *n* মৌখিক

orange ['ɒrɪndʒ] *n* *(colour)* কমলারঙ; *(fruit)* কমলালেবু

orange juice ['ɒrɪndʒ dʒuːs] *n* কমলালেবুর রস

orchard ['ɔːtʃəd] *n* ফলের বাগান

orchestra ['ɔːkɪstrə] *n* অর্কেস্ট্রা

orchid ['ɔːkɪd] *n* অর্কিড

ordeal [ɔː'diːl] *n* কঠিন পরীক্ষা

order ['ɔːdə] *n* আদেশ ▷ *vt* আদেশ দেওয়া

order form ['ɔːdə fɔːm] *n* অর্ডার ফর্ম

ordinary ['ɔːdnrɪ] *adj* সাধারণ

oregano [ˌɒrɪ'gɑːnəʊ] *n* ওরেগ্যানো

organ ['ɔːgən] *n* *(musical instrument)* অর্গান; *(part of the body)* অঙ্গ

organic [ɔː'gænɪk] *adj* জৈব

organism ['ɔːgəˌnɪzəm] *n* ক্ষুদ্রাতিক্ষুদ্র প্রাণী

organization [ˌɔːgənaɪ'zeɪʃən] *n* সংস্থা

organize ['ɔːgəˌnaɪz] *vt* আয়োজন করা

O

Orient ['ɔːrɪənt] *n (literary, old-fashioned)* পূর্ব এশিয়া
oriental [ˌɔːrɪ'ɛntl] *adj* পূর্ব এশিয়া সম্পর্কিত
origin ['ɒrɪdʒɪn] *n* উদ্ভব
original [ə'rɪdʒɪnl] *adj* মৌলিক
originally [ə'rɪdʒɪnəlɪ] *adv* গোড়াতে
ornament ['ɔːnəmənt] *n* অলংকার
orphan ['ɔːfən] *n* অনাথ
ostrich ['ɒstrɪtʃ] *n* উটপাখি
other ['ʌðə] *adj* অন্যান্য
otherwise ['ʌðəˌwaɪz] *adv* অন্যভাবে ▷ *conj* না হলে ▷ *adv (in other circumstances)* অন্যথায়
otter ['ɒtə] *n* ভোঁদড়
ought [ɔːt] *vt* উচিত
ounce [aʊns] *n* আউন্স
our [aʊə] *det* আমাদের
ours [aʊəz] *pron* আমাদের
ourselves [aʊə'sɛlvz] *pron* আমাদের নিজেদের; আমরা নিজেরা
out [aʊt] *adj* চলে যাওয়া ▷ *adv* বাইরে ▷ *prep* বাইরে বেরিয়ে আসা
outbreak ['aʊtˌbreɪk] *n* প্রকোপ
outcome ['aʊtˌkʌm] *n* ফলাফল
outdoor ['aʊt'dɔː] *adj* বহিঃস্থ
outdoors [ˌaʊt'dɔːz] *adv* বহিরঙ্গনে
outfit ['aʊtˌfɪt] *n* পোষাক
outgoing ['aʊtˌgəʊɪŋ] *adj* বহির্গামী
outing ['aʊtɪŋ] *n* আনন্দভ্রমণ
outline ['aʊtˌlaɪn] *n* প্রান্তরেখা
outlook ['aʊtˌlʊk] *n* দৃষ্টিভঙ্গী
out of date [aʊt ɒv deɪt] *adj* পুরানো
out-of-doors ['aʊtɒv'dɔːz] *adv* রাস্তায়
outrageous [aʊt'reɪdʒəs] *adj* সাংঘাতিক
outset ['aʊtˌsɛt] *n* প্রারম্ভ
outside ['aʊt'saɪd] *adj* বাইরের ▷ *adv* বাইরে ▷ *n* বাইরের দিক ▷ *prep* বাইরের দিক
outsize ['aʊtˌsaɪz] *adj* বেঢপ
outskirts ['aʊtˌskɜːts] *npl* শহরতলি
outspoken [ˌaʊt'spəʊkən] *adj* স্পষ্টভাষী
outstanding [ˌaʊt'stændɪŋ] *adj* অসামান্য

oval ['əʊvl] *adj* ডিম্বাকৃতি
ovary ['əʊvərɪ] *n* ডিম্বাশয়
oven ['ʌvn] *n* আভেন
oven glove ['ʌvən glʌv] *n* আভেন-দস্তানা
ovenproof ['ʌvn,pruːf] *adj* আভেন-নিরোধী
over ['əʊvə] *adj* শেষ ▷ *prep* ওপরে
overall [,əʊvər'ɔːl] *adv* সামগ্রিক
overalls ['əʊvərɔːlz] *npl* ডাংরি জাতীয় পোশাক
overcast ['əʊvə,kɑːst] *adj* মেঘাচ্ছন্ন
overcharge [,əʊvə'tʃɑːdʒ] *vt* বেশি পয়সা নেওয়া
overcoat ['əʊvə,kəʊt] *n* ওভারকোট
overcome [,əʊvə'kʌm] *vt* পরাজিত করা
overdone [,əʊvə'dʌn] *adj* বেশি করে ফেলা
overdraft ['əʊvə,drɑːft] *n* গচ্ছিত টাকার পরিমাণের থেকে বেশি টাকা তোলা
overdrawn [,əʊvə'drɔːn] *adj* গচ্ছিত টাকার পরিমাণের থেকে বেশি টাকা তোলা
overdue [,əʊvə'djuː] *adj* বিলম্বিত
overestimate [,əʊvər'ɛstɪ,meɪt] *vt* অতি মূল্যায়ন করা
overhead projector ['əʊvə,hɛd prə'dʒɛktə] *n* ওভারহেড প্রোজেক্টর
overheads ['əʊvə,hɛdz] *npl* স্থির ব্যয়
overlook [,əʊvə'lʊk] *vt* উঁচু থেকে কোন কিছু দেখা
overrule [,əʊvə'ruːl] *vt* খারিজ করা
overseas [,əʊvə'siːz] *adv* বিদেশ
oversight ['əʊvə,saɪt] *n (overseeing)* তত্ত্বাবধান; *(mistake)* অনিচ্ছাকৃত ভুল
oversleep [,əʊvə'sliːp] *vi* বেশি সময় ধরে ঘুমানো
overtake [,əʊvə'teɪk] *v* ওভারটেক
overtime ['əʊvə,taɪm] *n* বাড়তি সময়
overweight [,əʊvə'weɪt] *adj* বাড়তি ওজন
owe [əʊ] *vt* ধার করা
owing to ['əʊɪŋ tuː] *prep* কারণে
owl [aʊl] *n* পেঁচা
own [əʊn] *adj* নিজের ▷ *vt* মালিকানা লাভ করা

O

owner ['əʊnə] *n* মালিক
own up [əʊn ʌp] *v* স্বীকার করা
oxygen ['ɒksɪdʒən] *n* অক্সিজেন
oyster ['ɔɪstə] *n* অয়েস্টার
ozone ['əʊzəʊn] *n* ওজোন
ozone layer ['əʊzəʊn 'leɪə] *n* ওজোনের স্তর

p

PA [piː eɪ] *abbr* পি এ
pace [peɪs] *n* গতি
pacemaker ['peɪs,meɪkə] *n* পেসমেকার
Pacific Ocean [pə'sɪfɪk 'əʊʃən] *n* প্রশান্ত মহাসাগর
pack [pæk] *n* প্যাক ▷ *vt* ছোট প্যাকেট
package ['pækɪdʒ] *n* বান্ডিল
packaging ['pækɪdʒɪŋ] *n* মোড়ক
packed [pækt] *adj* ভিড়ে ঠাসা
packed lunch [pækt lʌntʃ] *n* প্যাক করা খাবার
packet ['pækɪt] *n* মোড়ক
pad [pæd] *n* প্যাড
paddle ['pædl] *n* দাঁড় ▷ *vt* *(boat)* দাঁড় চালানো ▷ *vi* *(wade)* অগভীর জলে চলা
paddling pool ['pædəlɪŋ puːl] *n* প্যাডেলিং পুল
padlock ['pæd,lɒk] *n* তালা
page [peɪdʒ] *n* পৃষ্ঠা ▷ *v* পেজ করা
pager ['peɪdʒə] *n* পেজার
paid [peɪd] *adj* সবেতন
pail [peɪl] *n* *(old-fashioned)* হাতওয়ালা বালতি
pain [peɪn] *n* ব্যথা
painful ['peɪnfʊl] *adj* বেদনাদায়ক
painkiller ['peɪn,kɪlə] *n* বেদনা উপশমকারী
paint [peɪnt] *n* রঙ ▷ *v* *(wall, door)* রঙ করা; *(make a picture of)* রঙ করা
paintbrush ['peɪnt,brʌʃ] *n* রঙ করার তুলি
painter ['peɪntə] *n* চিত্রকর
painting ['peɪntɪŋ] *n* চিত্র
pair [pɛə] *n* জোড়া
Pakistan [,pɑːkɪ'stɑːn] *n* পাকিস্তান
Pakistani [,pɑːkɪ'stɑːnɪ] *adj* পাকিস্তান দেশীয় ▷ *n* পাকিস্তানী

pal [pæl] *n* *(informal, old-fashioned)* বন্ধু
palace ['pælɪs] *n* প্রাসাদ
pale [peɪl] *adj* ফ্যাকাসে
Palestine ['pælɪˌstaɪn] *n* প্যালেস্টাইন
Palestinian [ˌpælɪ'stɪnɪən] *adj* প্যালেস্টাইন দেশীয় ▷ *n* প্যালেস্টাইনের নাগরিক
palm [pɑːm] *n* *(hand)* তালু; *(tree)* তালগাছ
pamphlet ['pæmflɪt] *n* পুস্তিকা
pan [pæn] *n* পাত্র
Panama [ˌpænə'mɑː] *n* পানামা
pancake ['pænˌkeɪk] *n* প্যানকেক
panda ['pændə] *n* পান্ডা
panic ['pænɪk] *n* আতঙ্ক ▷ *v* আতঙ্কিত হওয়া
panther ['pænθə] *n* চিতাবাঘ
pantomime ['pæntəˌmaɪm] *n* নির্বাক নাটক
pants [pænts] *npl* অন্তর্বাস
paper ['peɪpə] *n* *(material)* কাগজ; *(newspaper)* খবরের কাগজ
paperback ['peɪpəˌbæk] *n* মলাট দেওয়া বই
paperclip ['peɪpəˌklɪp] *n* পেপারক্লিপ
paper round ['peɪpə raʊnd] *n* সংবাদপত্র বিলি
paperweight ['peɪpəˌweɪt] *n* পেপারওয়েট
paperwork ['peɪpəˌwɜːk] *n* লেখার কাজ
paprika ['pæprɪkə] *n* লঙ্কাগুঁড়ো
parachute ['pærəˌʃuːt] *n* প্যারাসুট
parade [pə'reɪd] *n* কুচকাওয়াজ
paradise ['pærəˌdaɪs] *n* স্বর্গ
paraffin ['pærəfɪn] *n* প্যারাফিন
paragraph ['pærəˌgrɑːf] *n* অনুচ্ছেদ
Paraguay ['pærəˌgwaɪ] *n* প্যারাগুয়ে
Paraguayan [ˌpærə'gwaɪən] *adj* প্যারাগুয়ে দেশীয় ▷ *n* প্যারাগুয়ের মানুষ
parallel ['pærəˌlɛl] *adj* সমান্তরাল
paralysed ['pærəˌlaɪzd] *adj* অবশ
paramedic [ˌpærə'medɪk] *n* চিকিৎসাকার্যের সহায়ক
parcel ['pɑːsl] *n* মোড়ক

pardon ['pɑːdn] *excl* আরেকবার যদি বলেন ▷ *n* ক্ষমা করা
parent ['pɛərənt] *n* পিতা বা মাতা
park [pɑːk] *n* পার্ক ▷ *v* গাড়ি পার্ক করা
parking ['pɑːkɪŋ] *n* পার্কিং
parking meter ['pɑːkɪŋ 'miːtə] *n* পার্কিং মিটার
parking ticket ['pɑːkɪŋ 'tɪkɪt] *n* পার্কিং টিকিট
parliament ['pɑːləmənt] *n* সংসদ
parole [pə'rəʊl] *n* শর্তাধীনে ছাড়া পাওয়া
parrot ['pærət] *n* টিয়াপাখি
parsley ['pɑːslɪ] *n* পার্সলে
parsnip ['pɑːsnɪp] *n* গাজর প্রজাতির সব্জি
part [pɑːt] *n* অংশ
partial ['pɑːʃəl] *adj* আংশিক
participate [pɑː'tɪsɪˌpeɪt] *vi* অংশগ্রহণ করা
particular [pə'tɪkjʊlə] *adj* নির্দিষ্ট
particularly [pə'tɪkjʊləlɪ] *adv* বিশেষত
parting ['pɑːtɪŋ] *n* ছেড়ে যাওয়া
partly ['pɑːtlɪ] *adv* আংশিক
partner ['pɑːtnə] *n* অংশীদার
partridge ['pɑːtrɪdʒ] *n* তিতির
part-time ['pɑːtˌtaɪm] *adj* কিছু সময় ▷ *adv* খন্ডকাল
part with [pɑːt wɪð] *v* হাতছাড়া করা
party ['pɑːtɪ] *n* *(social event)* পার্টি; *(group)* দল ▷ *vi* পার্টিতে মজা করা
pass [pɑːs] *n* *(document)* অনুমতিপত্র; *(mountain)* সরু গিরিপথ; *(in an examination or test)* উত্তীর্ণ ▷ *vt* *(hand)* হস্তান্তরিত করা; *(go past)* অতিক্রম করা ▷ *v* *(test)* সাফল্যলাভ করা
passage ['pæsɪdʒ] *n* *(corridor)* বারান্দা; *(excerpt)* রচনাংশ
passenger ['pæsɪndʒə] *n* যাত্রী
passion fruit ['pæʃən fruːt] *n* প্যাশন ফ্রুট
passive ['pæsɪv] *adj* নিষ্ক্রিয়
pass out [pɑːs aʊt] *v* জ্ঞান হারানো
Passover ['pɑːsˌəʊvə] *n* ইহুদিদের বাৎসরিক অনুষ্ঠান
passport ['pɑːspɔːt] *n* পাসপোর্ট

password ['pɑːsˌwɜːd] *n* পাসওয়ার্ড
past [pɑːst] *adj* বিগত ▷ *n* অতীত ▷ *prep (after)* অতিবাহিত; *(farther than)* পরে
pasta ['pæstə] *n* পাস্তা
paste [peɪst] *n* লেই ▷ *vt (glue)* সেঁটে দেওয়া; *(on computer)* পেস্ট
pasteurized ['pæstəˌraɪzd] *adj* পাস্তুরীকরণ
pastime ['pɑːsˌtaɪm] *n* অবসর বিনোদন
pastry ['peɪstrɪ] *n* কেক
patch [pætʃ] *n* অংশ
patched [pætʃt] *adj* জোড়াতালি দেওয়া
paternity leave [pə'tɜːnɪtɪ liːv] *n* পিতৃত্ব লাভের জন্য প্রাপ্ত ছুটি
path [pɑːθ] *n* পথ
pathetic [pə'θɛtɪk] *adj* করুণ
patience ['peɪʃəns] *n* ধৈর্য
patient ['peɪʃənt] *adj* ধৈর্যশীল ▷ *n* রোগী
patio ['pætɪˌəʊ] *n* বাগানে বসার স্থান
patriotic ['pætrɪ'ɒtɪk] *adj* দেশভক্তি
patrol [pə'trəʊl] *n* টহল দল
patrol car [pə'trəʊl kɑː] *n* পুলিশের গাড়ি
pattern ['pætn] *n* ধরণ
pause [pɔːz] *n* থামা
pavement ['peɪvmənt] *n* ফুটপাথ
pavilion [pə'vɪljən] *n* খেলয়াড়দের ঘর
paw [pɔː] *n* থাবা
pawnbroker ['pɔːnˌbrəʊkə] *n* বন্ধকি মহাজন
pay [peɪ] *n* বেতন ▷ *v* টাকা দেওয়া
payable ['peɪəbl] *adj* পরিশোধনীয়
pay back [peɪ bæk] *v* টাকা ফেরত দেওয়া
payment ['peɪmənt] *n* পেমেন্ট
payphone ['peɪˌfəʊn] *n* পেফোন
PC [piː siː] *n* পি সি
PDF [piː diː ɛf] *n* পি ডি এফ
peace [piːz] *n* শান্তি
peaceful ['piːsfʊl] *adj* শান্তিপূর্ণ
peach [piːtʃ] *n* পীচফল
peacock ['piːˌkɒk] *n* ময়ূর
peak [piːk] *n* শীর্ষ
peak hours [piːk aʊəz] *npl* অফিসের সময়

peanut ['piː,nʌt] *n* চীনেবাদাম

peanut allergy ['piː,nʌt 'ælədʒɪ] *n* চীনেবাদামে অ্যালার্জি

peanut butter ['piː,nʌt 'bʌtə] *n* চীনেবাদাম মাখা

pear [pɛə] *n* নাসপাতি

pearl [pɜːl] *n* মুক্ত

peas [piːz] *npl* মটর

peat [piːt] *n* জলাভূমির উদ্ভিজ্জ পদার্থ

pebble ['pɛbl] *n* নুড়ি

peculiar [pɪ'kjuːlɪə] *adj* বৈশিষ্ট্যসূচক

pedal ['pɛdl] *n* প্যাডেল

pedestrian [pɪ'dɛstrɪən] *n* পদযাত্রী

pedestrian crossing [pə'dɛstrɪən 'krɒsɪŋ] *n* পথচারীদের যাওয়ার স্থান

pedestrianized [pɪ'dɛstrɪə,naɪzd] *adj* শুধু পথচারীদের জন্য করা স্থান

pedestrian precinct [pə'dɛstrɪən 'priːsɪŋkt] *n* শুধু পথচারীদের জন্য স্থান

pedigree ['pɛdɪ,griː] *adj* উচ্চজাতের

peel [piːl] *n* খোসা ▷ *vt* খোসা ছাড়ানো

peg [pɛg] *n* পেগ

Pekinese [,piːkə'niːz] *n* ছোট্ট চীনা কুকুর

pelican ['pɛlɪkən] *n* পেলিকান পাখি

pelican crossing ['pɛlɪkən 'krɒsɪŋ] *n* পেলিকান ক্রসিং

pellet ['pɛlɪt] *n* ক্ষুদ্র দলা

pelvis ['pɛlvɪs] *n* শ্রোণী

pen [pɛn] *n* কলম

penalize ['piːnə,laɪz] *vt* দন্ডিত করা

penalty ['pɛnltɪ] *n* সাজা

pencil ['pɛnsəl] *n* পেনসিল

pencil case ['pɛnsəl keɪs] *n* পেনসিল কেস

pencil sharpener ['pɛnsəl 'ʃɑːpənə] *n* পেনসিল কাটার কল

pendant ['pɛndənt] *n* পেনডেনট

penfriend ['pɛn,frɛnd] *n* পত্রবন্ধু

penguin ['pɛŋgwɪn] *n* পেঙ্গুইন

penicillin [,pɛnɪ'sɪlɪn] *n* পেনিসিলিন

peninsula [pɪ'nɪnsjʊlə] *n* উপদ্বীপ

penknife ['pɛn,naɪf] *n* পকেট ছুরি

penny ['pɛnɪ] *n* বৃটেনের মুদ্রা

pension ['pɛnʃən] *n* পেনশন
pensioner ['pɛnʃənə] *n* পেনশনভোগী
pentathlon [pɛn'tæθlən] *n* প্রতিযোগিতাবিশেষ
penultimate [pɪ'nʌltɪmɪt] *adj (formal)* শেষের আগেরটা
people ['piːpl] *npl* জনগণ
pepper ['pɛpə] *n (spice)* গোলমরিচ; *(vegetable)* লঙ্কা
peppermill ['pɛpə,mɪl] *n* গোলমরিচ পেষার যন্ত্র
peppermint ['pɛpə,mɪnt] *n* মেনথল
per [pɜː] *prep* প্রতি
per cent [pɜː sɛnt] *adv* শতকরা
percentage [pə'sɛntɪdʒ] *n* শতাংশ
percussion [pə'kʌʃən] *n* পারকাসন
perfect ['pɜːfɪkt] *adj* নিখুঁত
perfection [pə'fɛkʃən] *n* ত্রুটিহীনতা
perfectly ['pɜːfɪktlɪ] *adv* নিখুঁতভাবে
perform [pə'fɔːm] *vt* সম্পাদন করা
performance [pə'fɔːməns] *n* সম্পাদিত কার্য
perfume ['pɜːfjuːm] *n* সুগন্ধী
perhaps [pə'hæps] *adv* হয়ত
period ['pɪərɪəd] *n* পর্ব
perjury ['pɜːdʒərɪ] *n* মিথ্যা সাক্ষী
perm [pɜːm] *n* পার্ম
permanent ['pɜːmənənt] *adj* স্থায়ী
permanently ['pɜːmənəntlɪ] *adv* স্থায়ীভাবে
permission [pə'mɪʃən] *n* অনুমতি
permit ['pɜːmɪt] *n* অনুমতিপত্র
persecute ['pɜːsɪ,kjuːt] *vt* নির্যাতন করা
persevere [,pɜːsɪ'vɪə] *vi* অধ্যবসায়ী হওয়া
Persian ['pɜːʃən] *adj* পারস্যের
persistent [pə'sɪstənt] *adj* অটল
person ['pɜːsn] *n* ব্যক্তি
personal ['pɜːsənəl] *adj* ব্যক্তিগত
personal assistant ['pɜːsənəl ə'sɪstənt] *n* ব্যক্তিগত সহায়ক
personality [,pɜːsə'nælɪtɪ] *n* ব্যক্তিত্ব

p

personally ['pɜːsənəlɪ] *adv* ব্যক্তিগতভাবে
personal organizer ['pɜːsənəl 'ɔːgənaɪzə] *n* পার্সোনাল অর্গানাইজার
personal stereo ['pɜːsənəl 'stɛrɪəʊ] *n* ব্যক্তিগত স্টিরিও
personnel [ˌpɜːsə'nɛl] *npl* সংস্থার কর্মীবৃন্দ
perspective [pə'spɛktɪv] *n* পরিপ্রেক্ষিত
perspiration [ˌpɜːspə'reɪʃən] *n (formal)* ঘাম
persuade [pə'sweɪd] *vt* জোর করা
persuasive [pə'sweɪsɪv] *adj* বিশ্বাস-উৎপাদক
Peru [pə'ruː] *n* পেরু
Peruvian [pə'ruːvɪən] *adj* পেরু দেশীয় ▷ *n* পেরুর অধিবাসী
pessimist ['pɛsɪˌmɪst] *n* নৈরাশ্যবাদী
pessimistic ['pɛsɪˌmɪstɪk] *adj* হতাশাবাদ সংক্রান্ত
pest [pɛst] *n* পোকা
pester ['pɛstə] *vt* জ্বালাতন করা
pesticide ['pɛstɪˌsaɪd] *n* পোকানাশক ওষুধ
pet [pɛt] *n* পোষ্য
petition [pɪ'tɪʃən] *n* আর্জি
petrified ['pɛtrɪˌfaɪd] *adj* অত্যন্ত ভয়ার্ত
petrol ['pɛtrəl] *n* পেট্রল
petrol station ['pɛtrəl 'steɪʃən] *n* পেট্রল স্টেশন
petrol tank ['pɛtrəl tæŋk] *n* পেট্রল ট্যাঙ্ক
pewter ['pjuːtə] *n* মিশ্রিত দস্তা
pharmacist ['fɑːməsɪst] *n* ঔষধ প্রস্তুতকারক
pharmacy ['fɑːməsɪ] *n* ঔষধালয়
PhD [piː eɪtʃ diː] *n* পি এইচ ডি
pheasant ['fɛznt] *n* পক্ষীবিশেষ
philosophy [fɪ'lɒsəfɪ] *n* দর্শনশাস্ত্র
phobia ['fəʊbɪə] *n* ভীতি
phone [fəʊn] *n* ফোন ▷ *v* ফোন করা
phone back [fəʊn bæk] *v* ফোনের জবাবী ফোন
phone bill [fəʊn bɪl] *n* ফোনের বিল
phonebook ['fəʊnˌbʊk] *n* ফোনে নামের তালিকা
phonebox ['fəʊnˌbɒks] *n* ফোনবক্স
phone call [fəʊn kɔːl] *n* ফোনকল

phonecard ['fəʊn,kɑːd] *n*
ফোনকার্ড

phone number [fəʊn
'nʌmbə] *n* ফোন নম্বর

photo ['fəʊtəʊ] *n* ফটো

photo album ['fəʊtəʊ
'ælbəm] *n* ফটো অ্যালবাম

photocopier ['fəʊtəʊ,kɒpɪə]
n ফটোকপির যন্ত্র

photocopy ['fəʊtəʊ,kɒpɪ]
n ফটোকপি ▷ *vt* ফটোকপি
করা

photograph ['fəʊtə,grɑːf]
n ছবি ▷ *vt* ছবি তোলা

photographer [fə'tɒgrəfə]
n চিত্রগ্রাহক

photography [fə'tɒgrəfɪ]
n আলোকচিত্র বিদ্যা

phrase [freɪz] *n* বাগধারা

phrasebook ['freɪz,bʊk] *n*
শব্দানুবাদ সম্বলিত বই

physical ['fɪzɪkl] *adj*
শারীরিক ▷ *n* দেহের ডাক্তারি
পরীক্ষা

physicist ['fɪzɪsɪst] *n*
পদার্থবিদ্

physics ['fɪzɪks] *n*
পদার্থবিদ্যা

physiotherapist
[,fɪzɪəʊ'θɛrəpɪst] *n*
ফিজিওথেরাপিস্ট

physiotherapy
[,fɪzɪəʊ'θɛrəpɪ] *n*
ফিজিওথেরাপি

pianist ['pɪənɪst] *n*
পিয়ানোবাদক

piano [pɪ'ænəʊ] *n* পিয়ানো

pick [pɪk] *n* শ্রেষ্ঠ ব্যক্তি বা বস্তু
▷ *vt (choose)* বাছাই করা;
(pluck) তোলা

pick on [pɪk ɒn] *v*
(informal) হয়রান করা

pick out [pɪk aʊt] *v* নির্ণয়
করা

pickpocket ['pɪk,pɒkɪt] *n*
পকেটমার

pick up [pɪk ʌp] *v* উঠিয়ে
নেওয়া

picnic ['pɪknɪk] *n* পিকনিক

picture ['pɪktʃə] *n* চিত্র

picture frame ['pɪktʃə
freɪm] *n* ছবির কাঠামো

picturesque [,pɪktʃə'rɛsk]
adj ছবির মত সুন্দর

pie [paɪ] *n* পাই

piece [piːz] *n* টুকরো

pie chart [paɪ tʃɑːt] *n*
পাই চার্ট

pier [pɪə] *n* জেটি

pierce [pɪəs] *vt* ফুটো করা

pierced [pɪəst] *adj* বেঁধানো

piercing ['pɪəsɪŋ] *n* ছিদ্র

pig [pɪg] *n* শূয়োর
pigeon ['pɪdʒɪn] *n* পায়রা
piggybank ['pɪgɪ,bæŋk] *n* কয়েন রাখবার কৌটো
pigtail ['pɪg,teɪl] *n* শূয়োরের লেজ
pile [paɪl] *n* স্তূপ
piles [paɪlz] *npl* অর্শ
pile-up ['paɪlʌp] *n* বহু গাড়ীর মধ্যে পথ দুর্ঘটনা
pilgrim ['pɪlgrɪm] *n* তীর্থযাত্রী
pilgrimage ['pɪlgrɪmɪdʒ] *n* তীর্থস্থান
pill [pɪl] *n* বড়ি
pillar ['pɪlə] *n* স্তম্ভ
pillow ['pɪləʊ] *n* বালিশ
pillowcase ['pɪləʊ,keɪs] *n* বালিশের ঢাকা
pilot ['paɪlət] *n* বিমানচালক
pilot light ['paɪlət laɪt] *n* পাইলট লাইট
pimple ['pɪmpl] *n* ব্রণ
PIN [pɪn] *n* পিন নম্বর
pin [pɪn] *n* পিন
pinafore ['pɪnə,fɔː] *n* ঢিলা পোষাক
pinch [pɪntʃ] *vt* চিমটি কাটা
pine [paɪn] *n* পাইন গাছ
pineapple ['paɪn,æpl] *n* আনারস
pink [pɪŋk] *adj* গোলাপী
pint [paɪnt] *n* পাঁইট
pip [pɪp] *n* ছোট বীজ
pipe [paɪp] *n* পাইপ
pipeline ['paɪp,laɪn] *n* পাইপলাইন
pirate ['paɪrɪt] *n* জলদস্যু
Pisces ['paɪsiːz] *n* মীনরাশি
pistol ['pɪstl] *n* পিস্তল
piston ['pɪstən] *n* পিস্তন
pitch [pɪtʃ] *n (sports ground)* খেলার জন্য জায়গা; *(sound)* আওয়াজ ▷ *vt* জোরে ছোঁড়া
pity ['pɪtɪ] *n* করুণা ▷ *vt* করুণা করা
pixel ['pɪksl] *n* পিক্সেল
pizza ['piːtsə] *n* পিৎজা
place [pleɪs] *n (location)* স্থান ▷ *vt* স্থাপন করা ▷ *n (proper position)* অবস্থান
placement ['pleɪsmənt] *n* স্থাপন
place of birth [pleɪs ɒv; əv bɜːθ] *n* জন্মস্থান
plain [pleɪn] *adj* সাদামাটা ▷ *n* সমতলভূমি
plain chocolate [pleɪn 'tʃɒklət] *n* সাধারণ চকোলেট
plait [plæt] *n* বিনুনি
plan [plæn] *n* পরিকল্পনা ▷ *v* পরিকল্পনা

plane [pleɪn] *n* *(aeroplane)* বিমান; *(flat surface)* তল; *(tool)* একটি যন্ত্রবিশেষ
planet ['plænɪt] *n* গ্রহ
planning ['plænɪŋ] *n* পরিকল্পনা
plant [plɑːnt] *n* *(factory)* কারখানা; *(something that grows in the earth)* উদ্ভিদ ▷ *vt* রোপণ করা
plant pot [plɑːnt pɒt] *n* গাছের টব
plaque [plæk] *n* স্মৃতিফলক
plasma screen ['plæzmə skriːn] *n* প্লাজমা স্ক্রীণ
plasma TV ['plæzmə tiː viː] *n* প্লাজমা টিভি
plaster *n* পলেস্তারা; ['plɑːstə] *n* *(sticking plaster)* প্লাস্টার
plastic ['plæstɪk] *n* প্ল্যাস্টিক
plastic bag ['plæstɪk bæg] *n* প্ল্যাস্টিক ব্যাগ
plastic surgery ['plæstɪk 'sɜːdʒərɪ] *n* প্ল্যাস্টিক সার্জারি
plate [pleɪt] *n* প্লেট
platform ['plætfɔːm] *n* পাটাতন
platinum ['plætɪnəm] *n* প্ল্যাটিনাম
play [pleɪ] *n* নাটক ▷ *vi* *(children)* খেলা করা ▷ *vt* *(musical instrument)* বাজানো
player ['pleɪə] *n* *(of sport)* খেলোয়াড়; *(of musical instrument)* বাদক
playful ['pleɪfʊl] *adj* খেলাসুলভ
playground ['pleɪˌgraʊnd] *n* খেলার মাঠ
playgroup ['pleɪˌgruːp] *n* শিশু বিদ্যালয়
playing card ['pleɪɪŋ kɑːd] *n* তাস
playing field ['pleɪɪŋ fiːld] *n* খেলার মাঠ
PlayStation® ['pleɪˌsteɪʃən] *n* প্লে-স্টেশন
playtime ['pleɪˌtaɪm] *n* খেলার সময়
play truant [pleɪ 'trʊənt] *v* স্কুল পালানো
playwright ['pleɪˌraɪt] *n* নাট্যকার
pleasant ['plɛznt] *adj* মনোরম
please! [pliːz] *excl* অনুগ্রহ করে
pleased [pliːzd] *adj* আনন্দিত
pleasure ['plɛʒə] *n* আনন্দ
plenty ['plɛntɪ] *n* প্রচুর

P

pliers ['plaɪəz] *npl* একপ্রকার যন্ত্র
plot [plɒt] *n (piece of land)* জমি; *(plan)* ষড়যন্ত্র করা
plough [plaʊ] *n* লাঙ্গল ▷ *vt* হলকর্ষণ করা
plug [plʌg] *n* প্লাগ
plughole ['plʌg,həʊl] *n* প্লাগের গর্ত
plug in [plʌg ɪn] *v* প্লাগ ঢোকানো
plum [plʌm] *n* আলুবখরা
plumber ['plʌmə] *n* নলের মিস্ত্রি
plumbing ['plʌmɪŋ] *n* জল, নলের সংযোগ করা
plump [plʌmp] *adj* মোটাসোটা
plunge [plʌndʒ] *vi* ডুবে যাওয়া
plural ['plʊərəl] *n* বহুবচন
plus [plʌs] *prep* যুক্ত হওয়া
plywood ['plaɪ,wʊd] *n* প্লাইউড
p.m. [piː ɛm] *abbr* দুপুর এবং মধ্যরাত্রির মধ্যবর্তী সময়
pneumatic drill [njʊ'mætɪk drɪl] *n* হাওয়াভরা ড্রিল
pneumonia [njuː'məʊnɪə] *n* নিউমোনিয়া
poached [pəʊtʃt] *adj (fish, animal, bird)* অবৈধ শিকার; *(eggs, fish)* অল্প আঁচে সিদ্ধ
pocket ['pɒkɪt] *n* পকেট
pocket calculator ['pɒkɪt 'kælkjʊ,leɪtə] *n* পকেটে রাখবার ক্যালকুলেটর
pocket money ['pɒkɪt 'mʌnɪ] *n* হাতখরচ
podcast ['pɒd,kɑːst] *n* পডকাস্ট
poem ['pəʊɪm] *n* কবিতা
poet ['pəʊɪt] *n* কবি
poetry ['pəʊɪtrɪ] *n* কবিতা
point [pɔɪnt] *n (something stated)* মতামত ▷ *vi* উদ্দেশ্য করা ▷ *n (needle, pin, knife)* ডগা; *(in a game or sport)* পয়েন্ট
pointless ['pɔɪntlɪs] *adj* উদ্দেশ্যহীন
point out [pɔɪnt aʊt] *v* সূচিত করা
poison ['pɔɪzn] *n* বিষ ▷ *vt* বিষ দেওয়া
poisonous ['pɔɪzənəs] *adj* বিষাক্ত
poke [pəʊk] *vt* ঠেলে দেওয়া
poker ['pəʊkə] *n* পোকার
Poland ['pəʊlənd] *n* পোল্যান্ড
polar ['pəʊlə] *adj* মেরুদেশীয়
polar bear ['pəʊlə bɛə] *n* শ্বেতভাল্লুক
Pole [pəʊl] *n* পোল্যান্ডের নাগরিক

pole [pəʊl] *n* খুঁটি
pole vault [pəʊl vɔːlt] *n* পোল ভল্ট
police [pə'liːs] *n* পুলিশ
policeman [pə'liːsmən] *n* পুরুষ-পুলিশ
police officer [pə'liːs 'ɒfɪsə] *n* পুলিশ অফিসার
police station [pə'liːs 'steɪʃən] *n* পুলিশ স্টেশন
policewoman [pə'liːswʊmən] *n* মহিলা পুলিশ
polio ['pəʊlɪəʊ] *n* পোলিও
Polish ['pəʊlɪʃ] *adj* পোল্যান্ডের ▷ *n* পোলিশ ভাষা
polish ['pɒlɪʃ] *n* পালিশ ▷ ['pəʊlɪʃ] *vt* পালিশ করা
polite [pə'laɪt] *adj* নম্র
politely [pə'laɪtlɪ] *adv* নম্রভাবে
politeness [pə'laɪtnɪs] *n* নম্রতা
political [pə'lɪtɪkl] *adj* রাজনৈতিক
politician [ˌpɒlɪ'tɪʃən] *n* রাজনীতিক
politics ['pɒlɪtɪks] *npl* রাজনীতি
poll [pəʊl] *n* সমীক্ষা
pollen ['pɒlən] *n* পরাগরেণু
pollute [pə'luːt] *vt* দূষিত করা
polluted [pə'luːtɪd] *adj* দূষিত
pollution [pə'luːʃən] *n* দূষণ
polo-necked sweater ['pəʊləʊnɛkt 'swɛtə] *n* পোলো নেকড সোয়েটার
polo shirt ['pəʊləʊ ʃɜːt] *n* পোলো শার্ট
Polynesia [ˌpɒlɪ'niːʒə] *n* পলিনেশিয়া
Polynesian [ˌpɒlɪ'niːʒən] *adj* পলিনেশিয়া দেশীয় ▷ *n (person)* পলিনেশিয়ার অধিবাসী; *(language)* পলিনেশিয়া ভাষা
polythene bag ['pɒlɪˌθiːn bæg] *n* পলিথিনের ব্যাগ
pomegranate ['pɒmɪˌgrænɪt] *n* বেদানা
pond [pɒnd] *n* পুকুর
pony ['pəʊnɪ] *n* টাট্টু ঘোড়া
ponytail ['pəʊnɪˌteɪl] *n* পনিটেল
pony trekking ['pəʊnɪ 'trɛkɪŋ] *n* টাট্টু ঘোড়ায় ভ্রমণ
poodle ['puːdl] *n* একজাতীয় কুকুর
pool [puːl] *n (resources)* বহুলোকের সমষ্টি; *(water)* স্থির জলের পুকুর

poor [pʊə] *adj* দরিদ্র
poorly ['pʊəlɪ] *adj* দুর্বল
popcorn ['pɒpˌkɔːn] *n* পপকর্ণ
pope [pəʊp] *n* পোপ
poplar ['pɒplə] *n* উঁচু গাছবিশেষ
poppy ['pɒpɪ] *n* আফিম গাছ
popular ['pɒpjʊlə] *adj* জনপ্রিয়
popularity ['pɒpjʊlærɪtɪ] *n* জনপ্রিয়তা
population [ˌpɒpjʊ'leɪʃən] *n* জনসংখ্যা
pop-up ['pɒpʌp] *n* পপ-আপ
porch [pɔːtʃ] *n* গাড়ি-বারান্দা
porridge ['pɒrɪdʒ] *n* যবের পায়েস
port [pɔːt] *n* *(drink)* মদ্যবিশেষ; *(for ships)* বন্দর
portable ['pɔːtəbl] *adj* বহনযোগ্য
porter ['pɔːtə] *n* কুলি
portfolio [pɔːt'fəʊlɪəʊ] *n* পোর্টফোলিও
portion ['pɔːʃən] *n* অংশ
portrait ['pɔːtrɪt] *n* প্রতিকৃতি
Portugal ['pɔːtjʊgl] *n* পর্তুগাল
Portuguese [ˌpɔːtjʊ'giːz] *adj* পর্তুগাল দেশীয় ▷ *n* *(people)* পর্তুগীজ়; *(language)* পর্তুগীজ ভাষা
position [pə'zɪʃən] *n* অবস্থা
positive ['pɒzɪtɪv] *adj* আশাবাদী
possess [pə'zɛs] *vt* ভোগদখল করা
possession [pə'zɛʃən] *n* *(formal)* ভোগদখল
possibility [ˌpɒsɪ'bɪlɪtɪ] *n* সম্ভাবনা
possible ['pɒsɪbl] *adj* সম্ভব
possibly ['pɒsɪblɪ] *adv* সম্ভবতঃ
post [pəʊst] *n* *(stake)* খুঁটি; *(position)* পদমর্যাদা; *(mail)* ডাক ▷ *vt* প্রেরণ করা
postage ['pəʊstɪdʒ] *n* ডাকমূল্য
postal order ['pəʊstəl 'ɔːdə] *n* পোস্টাল অর্ডার
postbox ['pəʊstˌbɒks] *n* ডাকবাক্স
postcard ['pəʊstˌkɑːd] *n* পোস্টকার্ড
postcode ['pəʊstˌkəʊd] *n* পোস্ট কোড
poster ['pəʊstə] *n* পোস্টার

postgraduate [pəʊst'grædjʊɪt] *n* স্নাতকোত্তর ছাত্র
postman ['pəʊstmən] *n* ডাকবিলি কর্মী
postmark ['pəʊst,mɑːk] *n* ডাকচিহ্ন
post office [pəʊst 'ɒfɪs] *n* পোস্ট অফিস
postpone [pəʊst'pəʊn] *vt* স্থগিত রাখা
postwoman ['pəʊstwʊmən] *n* ডাকবিলি মহিলা কর্মী
pot [pɒt] *n* পাত্র
potato [pə'teɪtəʊ] *n* আলু
potato peeler [pə'teɪtəʊ 'piːlə] *n* আলুর খোসা ছাড়াবার যন্ত্র
potential [pə'tɛnʃəl] *adj* সম্ভাব্য ▷ *n* সম্ভাবনা
pothole ['pɒt,həʊl] *n* গর্ত
pot plant [pɒt plɑːnt] *n* টবের গাছ
pottery ['pɒtərɪ] *n* চীনামাটির তৈরী দ্রব্য
potty ['pɒtɪ] *n* পটি
pound [paʊnd] *n* পাউন্ড
pound sterling [paʊnd 'stɜːlɪŋ] *n* পাউন্ড স্টার্লিং
pour [pɔː] *vt* ঢালা
poverty ['pɒvətɪ] *n* দারিদ্র্য
powder ['paʊdə] *n* পাউডার
power ['paʊə] *n* *(control)* ক্ষমতা; *(strength)* শক্তি
power cut ['paʊə kʌt] *n* বিদ্যুত সরবরাহে ঘাটতি
powerful ['paʊəfʊl] *adj* শক্তিশালী
practical ['præktɪkl] *adj* বাস্তব
practically ['præktɪkəlɪ] *adv* প্রায়
practice ['præktɪs] *n* অভ্যাস
practise ['præktɪs] *vt* অভ্যাস করা
praise [preɪz] *vt* প্রশংসা করা
pram [præm] *n* প্যারামবুলেটর
prank [præŋk] *n* *(old-fashioned)* দুষ্টুমিভরা কৌতুক
prawn [prɔːn] *n* চিংড়িমাছ
pray [preɪ] *v* প্রার্থনা করা
prayer [prɛə] *n* প্রার্থনা
precaution [prɪ'kɔːʃən] *n* সতর্কতা
preceding [prɪ'siːdɪŋ] *adj* পূর্ববর্তী
precinct ['priːsɪŋkt] *n* পরিপার্শ্বস্থ
precious ['prɛʃəs] *adj* মূল্যবান
precise [prɪ'saɪs] *adj* সঠিক

P

precisely [prɪ'saɪslɪ] *adv* সঠিকভাবে

predecessor ['priːdɪˌsɛsə] *n* পূর্বসূরী

predict [prɪ'dɪkt] *vt* ভবিষ্যদ্বাণী করা

predictable [prɪ'dɪktəbl] *adj* অনুমানসাপেক্ষ

prefect ['priːfɛkt] *n* প্রিফেক্ট

prefer [prɪ'fɜː] *vt* পছন্দ করা

preferably ['prɛfərəblɪ] *adv* আরো ভাল করে

preference ['prɛfərəns] *n* পছন্দ

pregnancy ['prɛgnənsɪ] *n* গর্ভাবস্থা

pregnant ['prɛgnənt] *adj* গর্ভবতী

prehistoric [ˌpriːhɪ'stɒrɪk] *adj* প্রাগৈতিহাসিক

prejudice ['prɛdʒʊdɪs] *n* পূর্বকল্পিত ধারণা

prejudiced ['prɛdʒʊdɪst] *adj* পূর্বকল্পিত ধারণার বশবর্তী

premature [ˌprɛmə'tjʊə] *adj* অকাল

premiere ['prɛmɪˌɛə] *n* প্রিমিয়ার

premises ['prɛmɪsɪz] *npl* প্রাঙ্গণ

premonition [ˌprɛmə'nɪʃən] *n* পূর্বাশঙ্কা

preoccupied [priː'ɒkjʊˌpaɪd] *adj* পূর্বব্যস্ত

prepaid [priː'peɪd] *adj* পূর্বপ্রদত্ত

preparation [ˌprɛpə'reɪʃən] *n* প্রস্তুতি

prepare [prɪ'pɛə] *vt* প্রস্তুত হওয়া

prepared [prɪ'pɛəd] *adj* প্রস্তুত

prescribe [prɪ'skraɪb] *vt* ঔষধ ব্যবহারের নির্দেশ দেওয়া

prescription [prɪ'skrɪpʃən] *n* ঔষধ ব্যবহারের নির্দেশিকা

presence ['prɛzəns] *n* উপস্থিতি

present ['prɛzənt] *adj* উপস্থিত ▷ *n* *(gift)* উপহার; *(current time)* বর্তমান ▷ [prɪ'zɛnt] *vt* পুরস্কার দেওয়া

presentation [ˌprɛzən'teɪʃən] *n* উপস্থাপনা

presenter [prɪ'zɛntə] *n* উপস্থাপক

presently ['prɛzəntlɪ] *adv* বর্তমানে

preservative [prɪ'zɜːvətɪv] *n* সংরক্ষক

president ['prɛzɪdənt] *n* রাষ্ট্রপতি

press [prɛs] *n* সংবাদপত্র ▷ *vt* চাপ দেওয়া

press conference [prɛs 'kɒnfrəns] *n* সংবাদ-সম্মেলন

press-up ['prɛsʌp] *n* প্রেস-আপ

pressure ['prɛʃə] *n* চাপ ▷ *vt* চাপ সৃষ্টি করা

prestige [prɛ'stiːʒ] *n* মর্যাদা

prestigious [prɛ'stɪdʒəs] *adj* মর্যাদাপূর্ণ

presumably [prɪ'zjuːməblɪ] *adv* সম্ভবতঃ

presume [prɪ'zjuːm] *vt* সাময়িকভাবে ধরে নেওয়া

pretend [prɪ'tɛnd] *vt* ভান করা

pretext ['priːtɛkst] *n* ছুতো

prettily ['prɪtɪlɪ] *adv* বেশ ভালভাবে

pretty ['prɪtɪ] *adj* মিষ্টি ▷ *adv* বেশ ভাল

prevent [prɪ'vɛnt] *vt* প্রতিরোধ করা

prevention [prɪ'vɛnʃən] *n* নিবারণ

previous ['priːvɪəs] *adj* প্রাক্তন

previously ['priːvɪəslɪ] *adv* পূর্বে

prey [preɪ] *n* শিকার

price [praɪs] *n* মূল্য

price list [praɪs lɪst] *n* মূল্যের তালিকা

prick [prɪk] *vt* ফুটো করা

pride [praɪd] *n* গর্ব

primarily ['praɪmərəlɪ] *adv* প্রাথমিকভাবে

primary ['praɪmərɪ] *adj* *(formal)* মুখ্য

primary school ['praɪmərɪ skuːl] *n* প্রাথমিক স্কুল

prime minister [praɪm 'mɪnɪstə] *n* প্রধান মন্ত্রী

primitive ['prɪmɪtɪv] *adj* আদিম

primrose ['prɪm,rəʊz] *n* হলদে ফুলবিশেষ

prince [prɪns] *n* রাজকুমার

princess [prɪn'sɛs] *n* রাজকুমারী

principal ['prɪnsɪpl] *adj* মুখ্য ▷ *n* প্রধানশিক্ষক

principle ['prɪnsɪpl] *n* নীতি

print [prɪnt] *n* মুদ্রণ ▷ *v* *(with machine)* ছাপা; *(when writing)* খোদাই করা

printer ['prɪntə] *n* *(person)* মুদ্রাকর; *(machine)* মুদ্রণযন্ত্র

P

printout ['prɪntaʊt] *n* কম্পিউটারে ছাপা কাগজ
priority [praɪ'ɒrɪtɪ] *n* অগ্রাধিকার
prison ['prɪzn] *n* কারাগার
prisoner ['prɪzənə] *n* কয়েদী
prison officer ['prɪzən 'ɒfɪsə] *n* কারাগারের কর্মকর্তা
privacy ['praɪvəsɪ] *n* গোপনীয়তা
private ['praɪvɪt] *adj* বেসরকারি
private property ['praɪvət 'prɒpətɪ] *n* ব্যক্তিগত সম্পত্তি
privatize ['praɪvɪˌtaɪz] *vt* বেসরকারিকরণ
privilege ['prɪvɪlɪdʒ] *n* সুযোগ
prize [praɪz] *n* পুরস্কার
prize-giving ['praɪzˌɡɪvɪŋ] *n* পুরস্কার প্রদান
prizewinner ['praɪzˌwɪnə] *n* পুরস্কার প্রাপক
probability [ˌprɒbə'bɪlɪtɪ] *n* সম্ভাবনা
probable ['prɒbəbl] *adj* সম্ভব
probably ['prɒbəblɪ] *adv* সম্ভবতঃ
problem ['prɒbləm] *n* সমস্যা
proceedings [prə'siːdɪŋz] *npl (formal)* কার্যকলাপ
proceeds ['prəʊsiːdz] *npl* অর্থসংগ্রহ
process ['prəʊsɛs] *n* প্রক্রিয়া
procession [prə'sɛʃən] *n* মিছিল
produce [prə'djuːs] *vt* উৎপন্ন করা
producer [prə'djuːsə] *n* প্রযোজক
product ['prɒdʌkt] *n* উৎপাদিত দ্রব্য
production [prə'dʌkʃən] *n* উৎপাদন
productivity [ˌprɒdʌk'tɪvɪtɪ] *n* উৎপাদনশীলতা
profession [prə'fɛʃən] *n* পেশা
professional [prə'fɛʃənl] *adj* পেশাগত ▷ *n* পেশাদার
professionally [prə'fɛʃənəlɪ] *adv* পেশাগতভাবে
professor [prə'fɛsə] *n* অধ্যাপক
profit ['prɒfɪt] *n* লাভ
profitable ['prɒfɪtəbl] *adj* লাভজনক
program ['prəʊɡræm] *n* প্রোগ্রাম ▷ *vt* প্রোগ্রাম করা

programme ['prəʊgræm] *n* কার্যক্রম

programmer ['prəʊgræmə] *n* প্রোগ্রামার

programming ['prəʊgræmɪŋ] *n* প্রোগ্রামিং

progress ['prəʊgrɛs] *n* উন্নতি

prohibit [prə'hɪbɪt] *vt (formal)* নিষেধ করে

prohibited [prə'hɪbɪtɪd] *adj* নিষিদ্ধ

project ['prɒdʒɛkt] *n* প্রকল্প

projector [prə'dʒɛktə] *n* প্রোজেক্টর

promenade [ˌprɒmə'nɑːd] *n* সাগরতীরের রাস্তা

promise ['prɒmɪs] *n* প্রতিজ্ঞা ▷ *vt* প্রতিজ্ঞা করা

promising ['prɒmɪsɪŋ] *adj* সম্ভাবনাময়

promote [prə'məʊt] *vt* প্রচার করা

promotion [prə'məʊʃən] *n* প্রচার

prompt [prɒmpt] *adj* ত্বরিত

promptly ['prɒmptlɪ] *adv* তাড়াতাড়ি

pronoun ['prəʊˌnaʊn] *n* সর্বনাম

pronounce [prə'naʊns] *vt* উচ্চারণ করা

pronunciation [prəˌnʌnsɪ'eɪʃən] *n* উচ্চারণ

proof [pruːf] *n (evidence)* প্রমাণ; *(printed)* প্রুফ সংশোধন

propaganda [ˌprɒpə'gændə] *n* প্রচার

proper ['prɒpə] *adj* সঠিক

properly ['prɒpəlɪ] *adv* সঠিকভাবে

property ['prɒpətɪ] *n (formal)* সম্পদ

proportion [prə'pɔːʃən] *n (formal)* অনুপাত

proportional [prə'pɔːʃənl] *adj (formal)* আনুপাতিক

proposal [prə'pəʊzl] *n* প্রস্তাব

propose [prə'pəʊz] *vt* প্রস্তাব করা

prosecute ['prɒsɪˌkjuːt] *v* অভিযুক্ত করা

prospect ['prɒspɛkt] *n* সম্ভাবনা

prospectus [prə'spɛktəs] *n* প্রসপেকটাস

prosperity [prɒ'spɛrɪtɪ] *n* আর্থিক উন্নতি

protect [prə'tɛkt] *vt* রক্ষা করা

protection [prə'tɛkʃən] *n* সুরক্ষা

p

protein ['prəutiːn] *n* প্রোটিন
protest ['prəutɛst] *n* প্রতিবাদ ▷ [prə'tɛst] *v* প্রতিবাদ করা
proud [praud] *adj* গর্বিত
prove [pruːv] *v* প্রমাণ করা
proverb ['prɒvɜːb] *n* প্রবাদ
provide [prə'vaɪd] *vt* দেওয়া
provided [prə'vaɪdɪd] *conj* এই শর্তে
provide for [prə'vaɪd fɔː; fə] *v* আর্থিকভাবে সাহায্য করা
provisional [prə'vɪʒənl] *adj* শর্তাধীন
proximity [prɒk'sɪmɪtɪ] *n* *(formal)* নিকটত্ব
prune [pruːn] *n* শুকনো খেজুর
pry [praɪ] *vi* উঁকি মারা
pseudonym ['sjuːdə,nɪm] *n* ছদ্মনাম
psychiatric [,saɪkɪ'ætrɪk] *adj* মনোরোগ সংক্রান্ত
psychiatrist [saɪ'kaɪətrɪst] *n* মনোচিকিৎসক
psychological [,saɪkə'lɒdʒɪkl] *adj* মানসিক
psychologist [saɪ'kɒlədʒɪst] *n* মনোবিদ্
psychology [saɪ'kɒlədʒɪ] *n* মনোবিজ্ঞান
psychotherapy [,saɪkəu'θɛrəpɪ] *n* সাইকোথেরাপি
PTO [piː tiː əu] *abbr* পরের পৃষ্ঠায় দেখুন
public ['pʌblɪk] *adj* জনগণ ▷ *n* জনগণ
publication [,pʌblɪ'keɪʃən] *n* প্রকাশনা
public holiday ['pʌblɪk 'hɒlɪdeɪ] *n* গণছুটি
publicity [pʌ'blɪsɪtɪ] *n* প্রচার
public opinion ['pʌblɪk ə'pɪnjən] *n* জনমত
public relations ['pʌblɪk rɪ'leɪʃənz] *npl* জনসম্পর্ক
public school ['pʌblɪk skuːl] *n* পাব্লিক স্কুল
public transport ['pʌblɪk 'træns,pɔːt] *n* জনগণের ব্যবহৃত যানবাহন
publish ['pʌblɪʃ] *vt* প্রকাশনা করে
publisher ['pʌblɪʃə] *n* প্রকাশক
pudding ['pudɪŋ] *n* পুডিং
puddle ['pʌdl] *n* কাদামাখা ডোবা
Puerto Rico ['pwɜːtəu 'riːkəu] *n* পোর্টো রিকো

puff pastry [pʌf 'peɪstrɪ] *n* পাফ পেস্ট্রি

pull [pʊl] *vt* টানা

pull down [pʊl daʊn] *v* ধূলিস্মাৎ করে দেওয়া

pull out [pʊl aʊt] *v* টেনে বার করা

pullover ['pʊl‚əʊvə] *n* পুলওভার

pull up [pʊl ʌp] *v* টেনে ধরা

pulse [pʌls] *n* হৃদস্পন্দন

pulses ['pʌlsɪz] *npl* ডাল

pump [pʌmp] *n* পাম্প ▷ *vt* পাম্প করা

pumpkin ['pʌmpkɪn] *n* কুমড়ো

pump up [pʌmp ʌp] *v* হাওয়া ভর্তি করা

punch [pʌntʃ] *n* (*blow*) ঘুঁষি; (*drink*) মদ দিয়ে বানানো পানীয় ▷ *vt* ঘুঁষি মারা

punctual ['pʌŋktjʊəl] *adj* সময়ানুবর্তী

punctuation [‚pʌŋktjʊ'eɪʃən] *n* ছেদযতি চিহ্ন

puncture ['pʌŋktʃə] *n* গাড়ীর চাকায় ফুটো

punish ['pʌnɪʃ] *vt* শাস্তি দেওয়া

punishment ['pʌnɪʃmənt] *n* শাস্তি

punk [pʌŋk] *n* পাঙ্ক মিউজিক

pupil ['pju:pl] *n* (*schoolchild*) ছাত্রছাত্রী; (*eye*) চোখের মণি

puppet ['pʌpɪt] *n* পুতুলনাচ

puppy ['pʌpɪ] *n* কুকুরছানা

purchase ['pɜ:tʃɪs] *vt* (*formal*) ক্রয় করা

pure [pjʊə] *adj* আসল

purple ['pɜ:pl] *adj* বেগুনী

purpose ['pɜ:pəs] *n* উদ্দেশ্য

purr [pɜ:] *vi* গরগর আওয়াজ করা

purse [pɜ:s] *n* টাকার ব্যাগ

pursue [pə'sju:] *vt* (*formal*) অনুসরণ করা

pursuit [pə'sju:t] *n* অনুসরণ

pus [pʌs] *n* পুঁজ

push [pʊʃ] *v* পিছনে ঠেলা

pushchair ['pʊʃ‚tʃɛə] *n* পুশ-চেয়ার

push-up ['pʊʃʌp] *n* (*US*) পুশ-আপ

put [pʊt] *vt* রাখা

put aside [pʊt ə'saɪd] *v* সরিয়ে রাখা

put away [pʊt ə'weɪ] *v* ঠিক জায়গায় রাখা

put back [pʊt bæk] *v* স্থগিত রাখা

put forward [pʊt 'fɔ:wəd] *v* সামনে রাখা

p

put in [pʊt ɪn] v সময় দেওয়া

put off [pʊt ɒf] v দেরী করা

put up [pʊt ʌp] v নির্মাণ করা

puzzle ['pʌzl] n ধাঁধা

puzzled ['pʌzld] adj হতবুদ্ধি হওয়া

puzzling ['pʌzlɪŋ] adj হতবুদ্ধিকর

pyjamas [pə'dʒɑːməz] npl পায়জামা

pylon ['paɪlən] n উঁচু ইলেকট্রিক খুঁটি

pyramid ['pɪrəmɪd] n পিরামিড

q

Qatar [kæ'tɑː] n কাতার

quail [kweɪl] n কোয়েল

quaint [kweɪnt] adj মনোরম

qualification [ˌkwɒlɪfɪ'keɪʃən] n যোগ্যতা

qualified ['kwɒlɪˌfaɪd] adj সীমিত সমর্থন

qualify ['kwɒlɪˌfaɪ] v যোগ্যতা অর্জন করা

quality ['kwɒlɪtɪ] n গুণমান

quantify ['kwɒntɪˌfaɪ] v পরিমাণ নির্ণয় করা

quantity ['kwɒntɪtɪ] n পরিমাণ

quarantine ['kwɒrənˌtiːn] n সঙ্গরোধ

quarrel ['kwɒrəl] n ঝগড়া ▷ vi ঝগড়া করা

quarry ['kwɒrɪ] n খাদান

quarter ['kwɔːtə] n এক-চতুর্থাংশ

quarter final ['kwɔːtə 'faɪnl] n কোয়ার্টার ফাইনাল

quartet [kwɔː'tɛt] n চার গায়ক

quay [kiː] n নৌকা বাঁধার পাটাতন

queen [kwiːn] n রাণী

query ['kwɪərɪ] n প্রশ্ন ▷ vt প্রশ্ন করা

question ['kwɛstʃən] n প্রশ্ন ▷ vt জিজ্ঞাসা করা

question mark ['kwɛstʃən mɑːk] n জিজ্ঞাসা চিহ্ন

questionnaire [ˌkwɛstʃə'nɛə] n সমীক্ষার প্রশ্নাবলী

queue [kjuː] n লাইন ▷ vi লাইনে দাঁড়ানো

quick [kwɪk] adj তাড়াতাড়ি

quickly ['kwɪklɪ] adv তাড়াতাড়ি করে

quiet ['kwaɪət] adj শান্ত

quietly ['kwaɪətlɪ] *adv* নিঃশব্দে

quilt [kwɪlt] *n* লেপ

quit [kwɪt] *vt (informal)* ছেড়ে দেওয়া

quite [kwaɪt] *adv* বেশ

quiz [kwɪz] *n* কুইজ

quota ['kwəʊtə] *n* কোটা

quotation [kwəʊ'teɪʃən] *n* উদ্ধৃতি

quotation marks [kwəʊ'teɪʃən mɑːks] *npl* উদ্ধৃতি চিহ্ন

quote [kwəʊt] *n* উদ্ধৃতি দেওয়া ▷ *vt* উদ্ধৃতি দেওয়া

r

rabbit ['ræbɪt] *n* খরগোশ

rabies ['reɪbiːz] *n* জলাতঙ্ক রোগ

race [reɪs] *n (speed contest)* দৌড় প্রতিযোগিতা; *(group of human beings)* জাতি ▷ *v* দৌড় প্রতিযোগিতায় অংশগ্রহণ করা

racecourse ['reɪsˌkɔːs] *n* ঘোড়দৌড়ের মাঠ

racehorse ['reɪsˌhɔːs] *n* রেসের ঘোড়া

racer ['reɪsə] *n* দৌড় প্রতিযোগী

racetrack ['reɪsˌtræk] *n (US)* দৌড় প্রতিযোগিতার ট্র্যাক

racial ['reɪʃəl] *adj* জাতিগত

racing car ['reɪsɪŋ kɑː] *n* রেসিং কার

racing driver ['reɪsɪŋ 'draɪvə] *n* মোটরগাড়ী রেসের চালক

racism ['reɪsɪzəm] *n* জাতিবিদ্বেষ

racist ['reɪsɪst] *adj* জাতিবিদ্বেষী ▷ *n* জাতিবিদ্বেষী

rack [ræk] *n* তাক

racket ['rækɪt] *n (noise)* কোলাহলপূর্ণ আওয়াজ; *(for tennis, squash, or badminton)* রাকুন

racoon [rə'kuːn] *n* রাকুন

radar ['reɪdɑː] *n* র‍্যাডার

radiation [ˌreɪdɪ'eɪʃən] *n* বিকিরণ

radiator ['reɪdɪˌeɪtə] *n* রেডিয়েটর

radio ['reɪdɪəʊ] *n* বেতার

radioactive [ˌreɪdɪəʊ'æktɪv] *adj* তেজস্ক্রিয়

radio-controlled ['reɪdɪəʊ'kən'trəʊld] *adj* রেডিয়ো নিয়ন্ত্রিত

radio station ['reɪdɪəʊ 'steɪʃən] n বেতারকেন্দ্র

radish ['rædɪʃ] n মূলো

raffle ['ræfl] n লটারি

raft [rɑːft] n ভেলা

rag [ræg] n ন্যাকড়া

rage [reɪdʒ] n প্রচন্ড রাগ

raid [reɪd] n আচমকা হামলা ▷ vt আচমকা হামলা করা

rail [reɪl] n হাতল

railcard ['reɪl,kɑːd] n রেলকার্ড

railings ['reɪlɪŋz] npl রেলিং

railway ['reɪl,weɪ] n রেলওয়ে

railway station ['reɪlweɪ 'steɪʃən] n রেলওয়ে স্টেশন

rain [reɪn] n বৃষ্টি ▷ vi বৃষ্টি পড়া

rainbow ['reɪn,bəʊ] n রামধনু

raincoat ['reɪn,kəʊt] n বর্ষাতি

rainforest ['reɪn,fɒrɪst] n রেনফরেস্ট

rainy ['reɪnɪ] adj বর্ষণময়

raise [reɪz] vt ওঠানো

raisin ['reɪzn] n কিসমিস্

rake [reɪk] n বাগান করবার যন্ত্র

rally ['rælɪ] n সমাবেশ

ram [ræm] n পুরুষ ভেড়া ▷ vt প্রচন্ড জোরে ধাক্কা মারা

Ramadan [,ræmə'dɑːn] n রমজান

rambler ['ræmblə] n এদিক-ওদিক বিচরণকারী ব্যক্তি

ramp [ræmp] n ঢালু পথ

random ['rændəm] adj এলোমেলো

range [reɪndʒ] n (area covered) সীমা; (mountains) পর্বতমালা ▷ vi প্রসার

rank [ræŋk] n (status) পদমর্যাদা; (row) সারি ▷ v স্থান

ransom ['rænsəm] n মুক্তিপণ

rape [reɪp] n (sexual attack) ধর্ষণ; (US) (plant) সর্ষেজাতীয় গাছ ▷ vt ধর্ষিত হওয়া

rapids ['ræpɪdz] npl খর

rapist ['reɪpɪst] n ধর্ষণকারী

rare [rɛə] adj (uncommon) দুর্লভ; (lightly cooked) আধসিদ্ধ

rarely ['rɛəlɪ] adv কখনও সখনও

rash [ræʃ] n ফুসকুড়ি

raspberry ['rɑːzbərɪ] n রাস্পবেরি ফল

rat [ræt] n ধেড়ে ইঁদুর

rate [reɪt] n গতি ▷ vt মূল্যায়ন করা

rate of exchange [reɪt ɒv; əv ɪks'tʃeɪndʒ] *n* মুদ্রার বিনিময় হার
rather ['rɑːðə] *adv* বরং
ratio ['reɪʃɪˌəʊ] *n* অনুপাত
rational ['ræʃənl] *adj* যুক্তিবুদ্ধিসম্পন্ন
rattle ['rætl] *n* ঠকঠক্ আওয়াজ
rattlesnake ['rætlˌsneɪk] *n* একধরনের বিষাক্ত সাপ
rave [reɪv] *n* উচ্ছ্বাসময় ▷ *v* উচ্ছ্বসিত হয়ে কথা বলা
raven ['reɪvn] *n* দাঁড়কাক
ravenous ['rævənəs] *adj* প্রচন্ড ক্ষুধার্ত
ravine [rə'viːn] *n* সংকীর্ণ গিরিখাত
raw [rɔː] *adj* কাঁচা
razor ['reɪzə] *n* রেজর
razor blade ['reɪzə bleɪd] *n* রেজর ব্লেড
reach [riːtʃ] *vt (arrive at)* পৌঁছানো ▷ *vi (stretch)* নাগাল পাওয়া
react [rɪ'ækt] *vi* প্রতিক্রিয়া জানানো
reaction [rɪ'ækʃən] *n* প্রতিক্রিয়া
reactor [rɪ'æktə] *n* পারমাণবিক চুল্লি
read [riːd aʊt] *v* পড়া
reader ['riːdə] *n* পাঠক
readily ['rɛdɪlɪ] *adv* সাগ্রহে
reading ['riːdɪŋ] *n* পঠন
read out [riːd aʊt] *v* জোরে জোরে পড়া
ready ['rɛdɪ] *adj* প্রস্তুত
ready-cooked ['rɛdɪ'kʊkt] *adj* চটজলদি তৈরী
real ['rɪəl] *adj (factual)* প্রকৃত; *(authentic)* খাঁটি
realistic [ˌrɪə'lɪstɪk] *adj* বাস্তবধর্মী
reality [rɪ'ælɪtɪ] *n* বাস্তবতা
reality TV [riː'ælɪtɪ tiː'viː] *n* রিয়ালিটি টিভি
realize ['rɪəˌlaɪz] *v* উপলব্ধি করা
really ['rɪəlɪ] *adv (spoken, sincerely)* প্রকৃতপক্ষে; *(actually)* সত্যসত্যই
rear [rɪə] *adj* পশ্চাৎ ▷ *n* পিছনের
rear-view mirror ['rɪəvjuː 'mɪrə] *n* পশ্চাৎ দর্শনযোগ্য আয়না
reason ['riːzn] *n* কারণ
reasonable ['riːzənəbl] *adj* যুক্তিসম্পন্ন
reasonably ['riːzənəblɪ] *adv* যুক্তিসম্পন্নভাবে

reassure [ˌriːəˈʃʊə] *vt* দুঃশ্চিন্তামুক্ত করা
reassuring [ˌriːəˈʃʊəɪŋ] *adj* দুঃশ্চিন্তামুক্তকর
rebate [ˈriːbeɪt] *n* ছাড়
rebellious [rɪˈbɛljəs] *adj* অবাধ্য
rebuild [riːˈbɪld] *vt* পুনর্নির্মাণ
receipt [rɪˈsiːt] *n* রসিদ
receive [rɪˈsiːv] *vt* পাওয়া
receiver [rɪˈsiːvə] *n* *(telephone)* ফোনের রিসিভার; *(person)* প্রাপক
recent [ˈriːsnt] *adj* সাম্প্রতিক
recently [ˈriːsəntlɪ] *adv* সাম্প্রতিককালে
reception [rɪˈsɛpʃən] *n* রিসেপশন
receptionist [rɪˈsɛpʃənɪst] *n* রিসেপশনিস্ট
recession [rɪˈsɛʃən] *n* আর্থিক মন্দা
recharge [riːˈtʃɑːdʒ] *vt* রিচার্জ করা
recipe [ˈrɛsɪpɪ] *n* রন্ধনপ্রণালী
recipient [rɪˈsɪpɪənt] *n* *(formal)* গ্রহীতা
reckon [ˈrɛkən] *vt* *(informal)* চিন্তা করা
reclining [rɪˈklaɪnɪŋ] *adj* হেলানো
recognizable [ˈrɛkəgˌnaɪzəbl] *adj* চেনার মত
recognize [ˈrɛkəgˌnaɪz] *vt* চিনতে পারা
recommend [ˌrɛkəˈmɛnd] *vt* সুপারিশ করা
recommendation [ˌrɛkəmɛnˈdeɪʃən] *n* সুপারিশ
reconsider [ˌriːkənˈsɪdə] *v* পুনর্বিবেচনা
record [ˈrekɔːd] *n* *(written account)* লিখিত বিবরণ; *(best result ever)* রেকর্ড ▷ [rɪˈkɔːd] *vt* *(write down)* লিখিত বিবরণ রাখা; *(TV programme)* রেকর্ড করা
recorded delivery [rɪˈkɔːdɪd dɪˈlɪvərɪ] *n* রেকর্ডকৃত ডেলিভারি
recorder [rɪˈkɔːdə] *n* *(musical instrument)* বাঁশরি; *(machine)* রেকর্ডার
recording [rɪˈkɔːdɪŋ] *n* রেকর্ডিং
recover [rɪˈkʌvə] *vi* আরোগ্য লাভ করা
recovery [rɪˈkʌvərɪ] *n* আরোগ্য লাভ
recruitment [rɪˈkruːtmənt] *n* নিয়োগ

rectangle ['rɛk,tæŋgl] *n* আয়তক্ষেত্র

rectangular [rɛk'tæŋgjʊlə] *adj* আয়তকার

rectify ['rɛktɪ,faɪ] *vt* শুধরানো

recurring [rɪ'kɜːrɪŋ] *adj* পৌনঃপুনিক

recycle [riː'saɪkl] *vt* পুনর্ব্যবহারযোগ্য করে তোলা

recycling [riː'saɪklɪŋ] *n* পুনর্ব্যবহারযোগ্য

red [rɛd] *adj* লাল

Red Cross [rɛd krɒs] *n* রেড ক্রশ

redcurrant ['rɛd'kʌrənt] *n* লাল বেরী জাতীয় ফল

redecorate [riː'dɛkə,reɪt] *v* পুনর্সজ্জিত করা

red-haired ['rɛd,hɛəd] *adj* লাল চুলওয়ালা লোক

redhead ['rɛd,hɛd] *n* লাল চুলওয়ালা মহিলা

red meat [rɛd miːt] *n* ভেড়া-ছাগলের মাংস

redo [riː'duː] *vt* পুনর্গঠন করা

Red Sea [rɛd siː] *n* রেড সী

reduce [rɪ'djuːs] *vt* হ্রাস করা

reduction [rɪ'dʌkʃən] *n* হ্রাস

redundancy [rɪ'dʌndənsɪ] *n* ছাঁটাই

redundant [rɪ'dʌndənt] *adj* ছাঁটাই হওয়া

red wine [rɛd waɪn] *n* রেড ওয়াইন

reed [riːd aʊt] *n* নলখাগড়া

reel [riːl] *n* রীল

refer [rɪ'fɜː] *vi* প্রসঙ্গ উল্লেখ করা

referee [,rɛfə'riː] *n* রেফারি

reference ['rɛfərəns] *n* প্রসঙ্গ

reference number ['rɛfərəns 'nʌmbə] *n* রেফারেন্স নম্বর

refill [riː'fɪl] *vt* পুনরায় ভর্তি করা

refinery [rɪ'faɪnərɪ] *n* শোধনাগার

reflect [rɪ'flɛkt] *vt* প্রতিফলিত হওয়া

reflection [rɪ'flɛkʃən] *n* প্রতিফলন

reflex ['riːflɛks] *n* প্রতিবর্ত ক্রিয়া

refresher course [rɪ'frɛʃə kɔːs] *n* কোন বিষয় সম্বন্ধে সাম্প্রতিক জ্ঞান প্রদানের জন্য প্রশিক্ষণ ব্যবস্থা

refreshing [rɪ'frɛʃɪŋ] *adj* তরতাজা

refreshments [rɪ'frɛʃmənts] *npl* জলখাবার

r

refrigerator [rɪˈfrɪdʒəˌreɪtə] *n* রেফ্রিজারেটর
refuel [riːˈfjuːəl] *v* পুনরায় তেল নেওয়া
refuge [ˈrɛfjuːdʒ] *n* আশ্রয়
refugee [ˌrɛfjʊˈdʒiː] *n* উদ্বাস্তু
refund [rɪˈfʌnd] *vt* ফেরত মূল্য ▷ [ˈriːfʌnd] *n* মূল্য ফেরত দেওয়া
refusal [rɪˈfjuːzl] *n* প্রত্যাখ্যান
refuse [ˈrɛfjuːs] *n* আবর্জনা ▷ [rɪˈfjuːz] *v* প্রত্যাখ্যান করা
regain [rɪˈɡeɪn] *vt* পুনরায় লাভ করা
regard [rɪˈɡɑːd] *n* শ্রদ্ধা ▷ *vt* বিবেচনা করা
regarding [rɪˈɡɑːdɪŋ] *prep* সম্পর্কে
regiment [ˈrɛdʒɪmənt] *n* রেজিমেন্ট
region [ˈriːdʒən] *n* অঞ্চল
regional [ˈriːdʒənl] *adj* আঞ্চলিক
register [ˈrɛdʒɪstə] *n* নিবন্ধগ্রন্থ ▷ *vi* নিবন্ধিত করা
registered [ˈrɛdʒɪstəd] *adj* নিবন্ধিত
registration [ˌrɛdʒɪˈstreɪʃən] *n* তালিকাভুক্তকরণ
registry office [ˈrɛdʒɪstrɪ ˈɒfɪs] *n* নিবন্ধীকরণ কার্যালয়
regret [rɪˈɡrɛt] *n* অনুশোচনা ▷ *vt* অনুশোচনা করা
regular [ˈrɛɡjʊlə] *adj* নিয়মিত
regularly [ˈrɛɡjʊləlɪ] *adv* নিয়মিতভাবে
regulation [ˌrɛɡjʊˈleɪʃən] *n* বিধিনিয়ম
rehearsal [rɪˈhɜːsl] *n* অনুষ্ঠানের মহড়া
rehearse [rɪˈhɜːs] *v* অনুষ্ঠানের মহড়া দেওয়া
reimburse [ˌriːɪmˈbɜːs] *vt* *(formal)* শোধ করে দেওয়া
reindeer [ˈreɪnˌdɪə] *n* বল্গা হরিণ
reins [reɪnz] *npl* লাগাম
reject [rɪˈdʒɛkt] *vt* বাতিল করা
relapse [ˈriːˌlæps] *n* পুনরাক্রমণ
related [rɪˈleɪtɪd] *adj* সম্পর্কিত
relation [rɪˈleɪʃən] *n* সম্পর্ক
relationship [rɪˈleɪʃənʃɪp] *n* সম্পর্ক
relative [ˈrɛlətɪv] *n* আত্মীয়
relatively [ˈrɛlətɪvlɪ] *adv* তুলনামূলকভাবে

relax [rɪ'læks] *v* বিশ্রাম নেওয়া

relaxation [ˌriːlæk'seɪʃən] *n* বিশ্রাম

relaxed [rɪ'lækst] *adj* নিশ্চিন্ত

relaxing [rɪ'læksɪŋ] *adj* নিরুদ্বেগজনিত

relay ['riːleɪ] *n* রিলে রেস

release [rɪ'liːs] *n* মুক্তি ▷ *vt* মুক্ত হওয়া

relegate ['rɛlɪˌgeɪt] *vt* বহিষ্কার করা

relevant ['rɛlɪvənt] *adj* প্রাসঙ্গিক

reliable [rɪ'laɪəbl] *adj* বিশ্বাসী

relief [rɪ'liːf] *n* স্বস্তি

relieve [rɪ'liːv] *vt* স্বস্তি পাওয়া

relieved [rɪ'liːvd] *adj* উদ্বেগমুক্ত

religion [rɪ'lɪdʒən] *n* ধর্ম

religious [rɪ'lɪdʒəs] *adj* ধার্মিক

reluctant [rɪ'lʌktənt] *adj* অনিচ্ছুক

reluctantly [rɪ'lʌktəntlɪ] *adv* অনিচ্ছুকভাবে

rely on [rɪ'laɪ ɒn] *v* কাউকে বিশ্বাস করা

remain [rɪ'meɪn] *v* থেকে যাওয়া

remaining [rɪ'meɪnɪŋ] *adj* অবশিষ্টাংশ

remains [rɪ'meɪnz] *npl* অবশিষ্ট

remake ['riːˌmeɪk] *n* পুনর্গঠন

remark [rɪ'mɑːk] *n* মন্তব্য

remarkable [rɪ'mɑːkəbl] *adj* স্মরণীয়

remarkably [rɪ'mɑːkəblɪ] *adv* স্মরণীয়ভাবে

remarry [riː'mærɪ] *vi* পুনর্বিবাহ

remedy ['rɛmɪdɪ] *n* প্রতিকার

remember [rɪ'mɛmbə] *v* স্মরণ করা

remind [rɪ'maɪnd] *vt* মনে করানো

reminder [rɪ'maɪndə] *n* *(written)* স্মরণচিহ্ন

remorse [rɪ'mɔːs] *n* প্রবল অনুশোচনা

remote [rɪ'məʊt] *adj* সুদূর

remote control [rɪ'məʊt kən'trəʊl] *n* দূরনিয়ন্ত্রণ

remotely [rɪ'məʊtlɪ] *adv* ক্ষীণভাবে

removable [rɪ'muːvəbl] *adj* অপসারণযোগ্য

removal [rɪ'muːvl] *n* অপসারণ

removal van [rɪˈmuːvəl væn] *n* মালপত্র বহনের ভ্যান
remove [rɪˈmuːv] *vt* *(written)* অপসারণ করা
rendezvous [ˈrɒndɪˌvuː] *n* পূর্বনির্দিষ্ট সাক্ষাত
renew [rɪˈnjuː] *vt* পুনর্নবীকরণ করা
renewable [rɪˈnjuːəbl] *adj* নবীকরণযোগ্য
renovate [ˈrɛnəˌveɪt] *vt* মেরামত করা
renowned [rɪˈnaʊnd] *adj* বিখ্যাত
rent [rɛnt] *n* ভাড়া ▷ *vt* ভাড়া দেওয়া
rental [ˈrɛntl] *n* ভাড়ার অর্থ
reorganize [riːˈɔːgəˌnaɪz] *vt* পুনর্গঠন করা
rep [rɛp] *n* ভ্রাম্যমাণ বিক্রেতা
repair [rɪˈpɛə] *n* মেরামত ▷ *vt* মেরামত করা
repair kit [rɪˈpɛə kɪt] *n* মেরামতির কিট
repay [rɪˈpeɪ] *vt* পরিশোধ করা
repayment [rɪˈpeɪmənt] *n* পরিশোধ
repeat [rɪˈpiːt] *n* পুনরাবৃত্তি ▷ *vt* পুনরাবৃত্তি করা
repeatedly [rɪˈpiːtɪdlɪ] *adv* বারবার
repellent [rɪˈpɛlənt] *adj* *(formal)* নিবারক
repercussions [ˌriːpəˈkʌʃənz] *npl* *(formal)* গভীর প্রতিক্রিয়া
repetitive [rɪˈpɛtɪtɪv] *adj* পুনরাবৃত্তিমূলক
replace [rɪˈpleɪs] *vt* বদল করা
replacement [rɪˈpleɪsmənt] *n* পরিবর্তন
replay [ˈriːˌpleɪ] *n* পুনঃপ্রদর্শন ▷ [ˌriːˈpleɪ] *vt* পুনঃপ্রদর্শন করা
replica [ˈrɛplɪkə] *n* প্রতিরূপ
reply [rɪˈplaɪ] *n* উত্তর ▷ *vi* উত্তর দেওয়া
report [rɪˈpɔːt] *n* *(news)* প্রতিবেদন ▷ *vt* প্রতিবেদন করা ▷ *n* *(school)* পরীক্ষার ফলাফল
reporter [rɪˈpɔːtə] *n* প্রতিবেদক
represent [ˌrɛprɪˈzɛnt] *vt* প্রতিনিধিত্ব করা
representative [ˌrɛprɪˈzɛntətɪv] *adj* প্রতিনিধি
reproduction [ˌriːprəˈdʌkʃən] *n* অনুকরণ
reptile [ˈrɛptaɪl] *n* সরীসৃপ
republic [rɪˈpʌblɪk] *n* প্রজাতন্ত্র

repulsive [rɪ'pʌlsɪv] *adj* জঘন্য

reputable ['rɛpjʊtəbl] *adj* বিশ্বাসযোগ্য

reputation [ˌrɛpjʊ'teɪʃən] *n* নামডাক

request [rɪ'kwɛst] *n* (formal) অনুরোধ ▷ *vt* (formal) অনুরোধ করা

require [rɪ'kwaɪə] *vt* (formal) দরকার হওয়া

requirement [rɪ'kwaɪəmənt] *n* চাহিদা

rescue ['rɛskjuː] *n* উদ্ধার ▷ *vt* উদ্ধার করা

research [rɪ'sɜːtʃ] *n* গবেষণা

resemblance [rɪ'zɛmbləns] *n* সাদৃশ্য

resemble [rɪ'zɛmbl] *vt* সদৃশ হওয়া

resent [rɪ'zɛnt] *vt* ক্রুদ্ধ হওয়া

resentful [rɪ'zɛntfʊl] *adj* ক্রুদ্ধ

reservation [ˌrɛzə'veɪʃən] *n* সংরক্ষণ

reserve [rɪ'zɜːv] *n* (supply) মজুত; (nature) অভয়ারণ্য ▷ *vt* সংরক্ষিত রাখা

reserved [rɪ'zɜːvd] *adj* গম্ভীর

reservoir ['rɛzəˌvwɑː] *n* জলাধার

resident ['rɛzɪdənt] *n* আবাসিক

residential [ˌrɛzɪ'dɛnʃəl] *adj* বসবাসের জন্য নির্দিষ্ট

resign [rɪ'zaɪn] *vi* পদত্যাগ করা

resin ['rɛzɪn] *n* গঁদের আঠা

resist [rɪ'zɪst] *vt* বাধা দেওয়া

resistance [rɪ'zɪstəns] *n* বাধা

resit [riː'sɪt] *v* পুনরায় পরীক্ষা দেওয়া

resolution [ˌrɛzə'luːʃən] *n* প্রস্তাব

resort [rɪ'zɔːt] *n* অবসর-নিবাস

resort to [rɪ'zɔːt tuː; tʊ; tə] *v* পন্থা নেওয়া

resource [rɪ'zɔːs] *n* সম্পদ

respect [rɪ'spɛkt] *n* শ্রদ্ধা ▷ *vt* শ্রদ্ধা করা

respectable [rɪ'spɛktəbl] *adj* শ্রদ্ধেয়

respectively [rɪ'spɛktɪvlɪ] *adv* যথাক্রমে

respond [rɪ'spɒnd] *vi* জবাব দেওয়া

response [rɪ'spɒns] *n* জবাব

responsibility [rɪˌspɒnsə'bɪlɪtɪ] *n* দায়িত্ব

responsible [rɪ'spɒnsəbl] *adj* দায়িত্বশীল

rest [rɛst] *n* বাকি ▷ *v* বিশ্রাম নেওয়া

r

restaurant ['rɛstəˌrɒŋ] *n* রেস্তোঁরা

restful ['rɛstfʊl] *adj* বিশ্রামপূর্ণ

restless ['rɛstlɪs] *adj* বিশ্রামহীন

restore [rɪ'stɔː] *vt* পুনরুদ্ধার করা

restrict [rɪ'strɪkt] *vt* নিষেধ করা

restructure [riː'strʌktʃə] *vt* পুনর্গঠন করা

result [rɪ'zʌlt] *n* ঘটনার পরিণাম ▷ *vi* পরিণতি হওয়া

resume [rɪ'zjuːm] *v* *(formal)* পুনরারম্ভ করা

retail ['riːteɪl] *n* খুচরো বিক্রি ▷ *vi* খুচরো বিক্রি করা

retailer ['riːteɪlə] *n* খুচরো বিক্রেতা

retail price ['riːteɪl praɪs] *n* খুচরো বিক্রির দাম

retire [rɪ'taɪə] *vi* অবসর গ্রহণ করা

retired [rɪ'taɪəd] *adj* অবসরপ্রাপ্ত

retirement [rɪ'taɪəmənt] *n* অবসরগ্রহণ

retrace [rɪ'treɪs] *vt* পূর্বপথ অনুসরণ করা

return [rɪ'tɜːn] *n (coming back)* ফেরত; *(on an investment)* মুনাফা ▷ *vt (give back)* ফিরিয়ে দেওয়া ▷ *vi (go back)* ফিরে যাওয়া ▷ *n (ticket)* রিটার্ণ টিকিট

reunion [riː'juːnjən] *n* পুনর্মিলন উৎসব

reuse [riː'juːz] *vt* পুনর্ব্যবহার

reveal [rɪ'viːl] *vt* প্রকাশ করা

revenge [rɪ'vɛndʒ] *n* প্রতিশোধ

revenue ['rɛvɪˌnjuː] *n* রাজস্ব

reverse [rɪ'vɜːs] *n* উল্টো ▷ *vt* উল্টো করা

review [rɪ'vjuː] *n* পর্যালোচনা

revise [rɪ'vaɪz] *vt* পরিমার্জনা করা

revision [rɪ'vɪʒən] *n* পরিমার্জনা

revive [rɪ'vaɪv] *v* পুনরায় প্রাণসঞ্চার করা

revolting [rɪ'vəʊltɪŋ] *adj* বিরক্তিকর

revolution [ˌrɛvə'luːʃən] *n* বিপ্লব

revolutionary [ˌrɛvə'luːʃənərɪ] *adj* বৈপ্লবিক

revolver [rɪ'vɒlvə] *n* রিভলবার

reward [rɪ'wɔːd] *n* পুরস্কার

rewarding [rɪ'wɔːdɪŋ] *adj* সুফলদায়ক

rewind [riː'waɪnd] *v* পিছনে ঘোরানো

rheumatism ['ruːməˌtɪzəm] *n* বাত

rhubarb ['ruːbɑːb] *n* লম্বা বৃন্তওয়ালা গাছ

rhythm ['rɪðəm] *n* ছন্দ

rib [rɪb] *n* পাঁজর

ribbon ['rɪbn] *n* ফিতে

rice [raɪs] *n* চাল

rich [rɪtʃ] *adj* ধনী

ride [raɪd] *n* আরোহণ ▷ *v* আরোহণ করা

rider ['raɪdə] *n* আরোহী

ridiculous [rɪ'dɪkjʊləs] *adj* হাস্যকর

riding ['raɪdɪŋ] *n* আরোহণ

rifle ['raɪfl] *n* রাইফেল

rig [rɪg] *n* রিগ

right [raɪt] *adj (correct)* ঠিক; *(opposite of left)* ডান ▷ *adv* যথার্থ ▷ *n* ন্যায়সঙ্গত

right angle [raɪt 'æŋgl] *n* সমকোণ

right-hand ['raɪtˌhænd] *adj* ডানদিকে

right-hand drive ['raɪtˌhænd draɪv] *n* গাড়ির ডানদিকে স্টিয়ারিং

right-handed ['raɪtˌhændɪd] *adj* ডানহাতি

rightly ['raɪtlɪ] *adv* সঠিকভাবে

right of way [raɪt əv weɪ] *n* সরকারি পথ

right-wing ['raɪtˌwɪŋ] *adj* দক্ষিণ-পন্থী

rim [rɪm] *n* বেড়

ring [rɪŋ] *n* আংটি ▷ *vt (telephone)* ফোন করা ▷ *v (bell)* বাজা

ring back [rɪŋ bæk] *v* ফোনের জবাবে ফোন করা

ring binder [rɪŋ 'baɪndə] *n* একধরণের ফাইল

ring road [rɪŋ rəʊd] *n* রিং রোড

ringtone ['rɪŋˌtəʊn] *n* রিং টোন

ring up [rɪŋ ʌp] *v* ফোন করা

rink [rɪŋk] *n* স্কেটিং এর স্থান

rinse [rɪns] *n* ধৌতকরণ ▷ *vt* ধুয়ে ফেলা

riot ['raɪət] *n* দাঙ্গা ▷ *vi* দাঙ্গা লাগা

rip [rɪp] *v* জোর করে ছেঁড়া

ripe [raɪp] *adj* পাকা

rip off [rɪp ɒf] *v (informal)* প্রতারণা

rip-off ['rɪpɒf] *n (informal)* প্রবঞ্চনা

rip up [rɪp ʌp] *v* কুটিকুটি করে ছেঁড়া

rise [raɪz] *n* বৃদ্ধি ▷ *vi* ওঠা

risk [rɪsk] *n* ঝুঁকি ▷ *vt* ঝুঁকি নেওয়া
risky ['rɪskɪ] *adj* ঝুঁকিপ্রবণ
ritual ['rɪtjʊəl] *adj* আনুষ্ঠানিক ▷ *n* আনুষ্ঠানিক ক্রিয়াকর্ম
rival ['raɪvl] *adj* প্রতিদ্বন্দ্বী দল ▷ *n* প্রতিদ্বন্দ্বী
rivalry ['raɪvəlrɪ] *n* প্রতিদ্বন্দ্বিতা
river ['rɪvə] *n* নদী
road [rəʊd] *n* রাস্তা
roadblock ['rəʊd,blɒk] *n* রাস্তা বন্ধ
road map [rəʊd mæp] *n* রাস্তার ম্যাপ
road rage [rəʊd reɪdʒ] *n* রাস্তায় চালকের ক্রোধ
road sign [rəʊd saɪn] *n* পথনির্দেশমূলক চিহ্ন
road tax [rəʊd tæks] *n* পথকর
roadworks ['rəʊd,wɜːks] *npl* রাস্তা সারাই
roast [rəʊst] *adj* ঝলসানো
rob [rɒb] *vt* ডাকাতি করা
robber ['rɒbə] *n* ডাকাত
robbery ['rɒbərɪ] *n* ডাকাতি
robin ['rɒbɪn] *n* রবিন পাখি
robot ['rəʊbɒt] *n* রোবট
rock [rɒk] *n (material)* পাথর ▷ *v* দোল খাওয়া ▷ *n (piece of rock)* শিলার টুকরো
rock climbing [rɒk 'klaɪmɪŋ] *n* পাহাড়ে চড়া
rocket ['rɒkɪt] *n* রকেট
rocking chair ['rɒkɪŋ tʃɛə] *n* রকিং চেয়ার
rocking horse ['rɒkɪŋ hɔːs] *n* খেলনা ঘোড়া
rod [rɒd] *n* দন্ড
rodent ['rəʊdnt] *n* তীক্ষ্ণদন্তী প্রাণীবিশেষ
role [rəʊl] *n* ভূমিকা
roll [rəʊl] *n* পাকানো বস্তু ▷ *v* গড়িয়ে দেওয়া
roll call [rəʊl kɔːl] *n* নামডাকা
roller ['rəʊlə] *n* রোলার
rollercoaster ['rəʊlə,kəʊstə] *n* রোলার কোস্টার
rollerskates ['rəʊlə,skeɪts] *npl* স্কেটিং এর জুতো
rollerskating ['rəʊlə,skeɪtɪŋ] *n* স্কেটিং এর জুতো পরে স্কেটিং করা
rolling pin ['rəʊlɪŋ pɪn] *n* রোলিং পিন
Roman ['rəʊmən] *adj* রোম দেশীয়
romance [rə'mæns] *n* প্রেম
Romanesque [,rəʊmə'nɛsk] *adj* প্রাচীন ইউরোপিয়ান স্থাপত্যকলা

Romania [rəʊ'meɪnɪə] *n* রোমানিয়া
Romanian [rəʊ'meɪnɪən] *adj* রোমানিয়া দেশীয় ▹ *n* *(person)* রোমানিয়ার অধিবাসী; *(language)* রোমানিয়া ভাষা
romantic [rəʊ'mæntɪk] *adj* কল্পনাময়
roof [ruːf] *n* ছাদ
room [ruːm] *n* *(section of a building)* ঘর; *(space)* জায়গা
roommate ['ruːm,meɪt] *n* সহবাসী
room service [ruːm; rʊm 'sɜːvɪs] *n* ঘরে পরিষেবা
root [ruːt] *n* মূল
rope [rəʊp] *n* দড়ি
rope in [rəʊp ɪn] *v* *(informal)* টেনে আনা
rose [rəʊz] *n* গোলাপ ফুল
rosé ['rəʊzeɪ] *n* একপ্রকার মদ্য
rosemary ['rəʊzmərɪ] *n* রোজমেরি
rot [rɒt] *v* পচে যাওয়া
rotten ['rɒtn] *adj* পচা
rough [rʌf] *adj* *(not smooth)* রুক্ষ; *(not gentle)* অভব্য
roughly ['rʌflɪ] *adv* জোরসহকারে
roulette [ruː'lɛt] *n* একধরণের জুয়াখেলা
round [raʊnd] *adj* গোল ▹ *n* *(series)* রাউন্ড; *(circle)* চক্র ▹ *prep* চক্রাকারে
roundabout ['raʊndə,baʊt] *n* রাস্তার মোড়
round trip [raʊnd trɪp] *n* যাতায়াত
round up [raʊnd ʌp] *v* একত্রীকরণ
route [ruːt] *n* রুট
routine [ruː'tiːn] *n* দৈনন্দিন কার্যসূচী
row [rəʊ] *n* *(line)* সারি; [raʊ] *n* *(argument)* তর্কবিতর্ক ▹ [rəʊ] *v* *(in boat)* দাঁড় বওয়া ▹ [raʊ] *vi* *(argue)* তর্কবিতর্ক করা
rowing ['rəʊɪŋ] *n* নৌকা বাওয়া
rowing boat ['rəʊɪŋ bəʊt] *n* বাইচের নৌকা
royal ['rɔɪəl] *adj* রাজকীয়
rub [rʌb] *vt* ঘষা
rubber ['rʌbə] *n* *(material)* রবার; *(eraser)* রবার
rubber band ['rʌbə bænd] *n* রবার ব্যান্ড
rubber gloves ['rʌbə glʌvz] *npl* রবার দস্তানা
rubbish ['rʌbɪʃ] *adj* *(informal)* অকর্মের ঢেঁকি ▹ *n* আবর্জনা

rubbish dump ['rʌbɪʃ dʌmp] *n* আবর্জনা জড়ো করবার জায়গা
rucksack ['rʌk,sæk] *n* পিঠে নেওয়ার ব্যাগ
rude [ruːd] *adj* রূঢ়
rug [rʌg] *n* শতরঞ্জি
rugby ['rʌgbɪ] *n* রাগবি
ruin ['ruːɪn] *n* কর্পদকহীন ▷ *vt* ক্ষয় করা
rule [ruːl] *n* নিয়ম ▷ *v* রাজত্ব করা
rule out [ruːl aʊt] *v* বাতিল করা
ruler ['ruːlə] *n* *(leader)* শাসক; *(for measuring)* রুলার
rum [rʌm] *n* একপ্রকার মদ্য
rumour ['ruːmə] *n* গুজব
run [rʌn] *n* দৌড় ▷ *vi* *(follow a particular course)* দৌড়ানো; *(move quickly)* দৌড়ানো
run away [rʌn ə'weɪ] *v* পলায়ন করা
runner ['rʌnə] *n* দৌড়বীর
runner bean ['rʌnə biːn] *n* লম্বাজাতের বীন
runner-up ['rʌnəʌp] *n* দ্বিতীয় বিজেতা
running ['rʌnɪŋ] *n* দৌড়
run out [rʌn aʊt] *v* নিঃশেষিত হওয়া
run over [rʌn 'əʊvə] *v* চাপা দেওয়া
runway ['rʌn,weɪ] *n* রানওয়ে
rupee [ruː'piː] *n* টাকা, রুপি
rural ['rʊərəl] *adj* গ্রামীণ
rush [rʌʃ] *n* দ্রূত ধাবন ▷ *vi* দ্রুত ধাবিত হওয়া
rush hour [rʌʃ aʊə] *n* তাড়াহুড়োর সময়
rusk [rʌsk] *n* কড়া পাঁউরুটি
Russia ['rʌʃə] *n* রাশিয়া
Russian ['rʌʃən] *adj* রাশিয়া দেশীয় ▷ *n* *(person)* রাশিয়ার অধিবাসী; *(language)* রুশ ভাষা
rust [rʌst] *n* মরচে
rusty ['rʌstɪ] *adj* মরচে ধরা
ruthless ['ruːθlɪs] *adj* নির্মম
rye [raɪ] *n* দানাশস্য

S

sabotage ['sæbə,tɑːʒ] *n* নাশকতা ▷ *vt* নষ্ট করা
sachet ['sæʃeɪ] *n* পুরিয়া
sack [sæk] *n* *(bag)* বস্তা; *(dismissal)* বরখাস্ত ▷ *vt* বরখাস্ত করা
sacred ['seɪkrɪd] *adj* পবিত্র

sacrifice ['sækrɪˌfaɪs] *n* বলিদান
sad [sæd] *adj* দুঃখিত
saddle ['sædl] *n* ঘোড়ার জিন
saddlebag ['sædlˌbæg] *n* স্যাডল্‌ থলে
sadly ['sædlɪ] *adv* দুঃখিত হয়ে
safari [sə'fɑːrɪ] *n* শিকার যাত্রা
safe [seɪf] *adj* নিরাপদ ▷ *n* সিন্দুক
safety ['seɪftɪ] *n* নিরাপত্তা
safety belt ['seɪftɪ bɛlt] *n* নিরাপত্তা পেটি
safety pin ['seɪftɪ pɪn] *n* সেফটি পিন
saffron ['sæfrən] *n* জাফরান
Sagittarius [ˌsædʒɪ'tɛərɪəs] *n* ধনুরাশি
Sahara [sə'hɑːrə] *n* সাহারা মরুভূমি
sail [seɪl] *n* পাল ▷ *v* নৌকো করে পাড়ি দেওয়া
sailing ['seɪlɪŋ] *n* জাহাজযাত্রা
sailing boat ['seɪlɪŋ bəʊt] *n* পাল তোলা নৌকো
sailor ['seɪlə] *n* নাবিক
saint [seɪnt] *n* সন্ত
salad ['sæləd] *n* স্যালাড
salad dressing ['sæləd 'drɛsɪŋ] *n* স্যালাডের মশলা
salami [sə'lɑːmɪ] *n* স্যালামী
salary ['sælərɪ] *n* বেতন
sale [seɪl] *n* বিক্রি
sales assistant [seɪlz ə'sɪstənt] *n* বিক্রি সহায়ক
salesman ['seɪlzmən] *n* বিক্রেতা (পুরুষ)
salesperson ['seɪlzpɜːsn] *n* বিক্রেতা
sales rep [seɪlz rɛp] *n* বিক্রি প্রতিনিধি
saleswoman ['seɪlzwʊmən] *n* বিক্রেতা (মহিলা)
saliva [sə'laɪvə] *n* লালা
salmon ['sæmən] *n* স্যামন মাছ
saloon [sə'luːn] *n* গাড়ি
saloon car [sə'luːn kɑː] *n* সেলুন গাড়ি
salt [sɔːlt] *n* নুন
saltwater ['sɔːltˌwɔːtə] *adj* নোনাজল
salty ['sɔːltɪ] *adj* নোনতা
salute [sə'luːt] *v* অভিবাদন করা
same [seɪm] *adj* এক রকম
sample ['sɑːmpl] *n* নমুনা
sand [sænd] *n* বালু
sandal ['sændl] *n* চপ্পল
sandcastle ['sændkɑːsl] *n* সৈকতে শিশুদের বানানো বালির ঘর

sand dune [sænd djuːn] *n* বালির পাহাড়

sandpaper ['sænd,peɪpə] *n* শিরিশ কাগজ

sandpit ['sænd,pɪt] *n* বালি ভরা গর্ত

sandstone ['sænd,stəʊn] *n* এক ধরনের পাথর

sandwich ['sænwɪdʒ] *n* স্যান্ডুইচ

sanitary towel ['sænɪtərɪ 'taʊəl] *n* স্যানিটারি টাওয়েল

San Marino [,sæn mə'riːnəʊ] *n* স্যান ম্যারিনো দেশ

sapphire ['sæfaɪə] *n* নীলা

sarcastic [sɑː'kæstɪk] *adj* শ্লেষাত্মক

sardine [sɑː'diːn] *n* সারডিন মাছ

satchel ['sætʃəl] *n* থলে

satellite ['sætəlaɪt] *n* উপগ্রহ

satellite dish ['sætəlaɪt dɪʃ] *n* উপগ্রহ ডিশ

satisfaction [,sætɪs'fækʃən] *n* সন্তুষ্টি

satisfactory [,sætɪs'fæktərɪ] *adj* সন্তোষজনক

satisfied ['sætɪs,faɪd] *adj* সন্তুষ্ট

sat nav ['sætnæv] *n* উপগ্রহ ভিত্তিক পথ নির্দেশিকা

Saturday ['sætədɪ] *n* শনিবার

sauce [sɔːs] *n* সস (খাদ্য দ্রব্য)

saucepan ['sɔːspən] *n* সসপ্যান (পাত্র)

saucer ['sɔːsə] *n* চায়ের প্লেট

Saudi ['sɔːdɪ ə'reɪbɪə] *adj* সৌদি আরবীয় ▷ *n* সৌদি আরবের মানুষ

Saudi Arabia ['sɔːdɪ ə'reɪbɪə] *n* সৌদি আরব

Saudi Arabian ['sɔːdɪ ə'reɪbɪən] *adj* সৌদি আরবীয় ▷ *n* সৌদি আরবের মানুষ

sauna ['sɔːnə] *n* সওনা এক ধরনের বাষ্পস্নান

sausage ['sɒsɪdʒ] *n* সসেজ (মাংস জাতীয় খাবার)

save [seɪv] *vt (rescue)* বাঁচানো; *(money)* বাঁচিয়ে রাখা

save up [seɪv ʌp] *v* সাশ্রয়

savings ['seɪvɪŋz] *npl* সঞ্চয়

savoury ['seɪvərɪ] *adj* নোনতা খাবার

saw [sɔː] *n* করাত

sawdust ['sɔː,dʌst] *n* কাঠের গুড়ো

saxophone ['sæksə,fəʊn] *n* স্যাক্সোফোন (বাদ্য যন্ত্র)

say [seɪ] *vt* বলা
saying ['seɪɪŋ] *n* বাণী
scaffolding ['skæfəldɪŋ] *n* ভারা
scale [skeɪl] *n (for measuring)* মানদন্ড; *(fish, reptile)* আঁশ
scales [skeɪlz] *npl* দাঁড়িপাল্লা
scallop ['skɒləp] *n* এক ধরনের শামুক
scam [skæm] *n (informal)* কেলেংকারী
scampi ['skæmpɪ] *npl* বাগদা চিংড়ি
scan [skæn] *n* স্ক্যান (ডাক্তারী পরীক্ষা) ▷ *vt* সযত্নে পরীক্ষা করা
scandal ['skændl] *n* কেলেংকারী
Scandinavia [ˌskændɪ'neɪvɪə] *n* স্ক্যানডিনেভিয়া (স্থানের নাম)
Scandinavian [ˌskændɪ'neɪvɪən] *adj* স্ক্যান্ডেনেভিয়
scanner ['skænə] *n* স্ক্যানার যন্ত্র
scar [skɑː] *n* ক্ষত চিহ্ন
scarce [skɛəs] *adj* স্বল্প
scarcely ['skɛəslɪ] *adv* বড়জোর
scare [skɛə] *n* ভয় ▷ *vt* ভয় দেখানো
scarecrow ['skɛəˌkrəʊ] *n* কাকতাড়ুয়া
scared [skɛəd] *adj* ভীত
scarf [skɑːf] *n* মাফলার
scarlet ['skɑːlɪt] *adj* রক্তিম
scary ['skɛərɪ] *adj* ভয় পাওয়ার মত
scene [siːn] *n* দৃশ্য
scenery ['siːnərɪ] *n* প্রাকৃতিক দৃশ্য
scent [sɛnt] *n* সুগন্ধী
sceptical ['skɛptɪkl] *adj* সন্দেহ বাতিক
schedule ['ʃɛdjuːl] *n* নির্ঘন্ট
scheme [skiːm] *n* কর্মসূচী
schizophrenic [ˌskɪtsəʊ'frɛnɪk] *adj* স্কিজোফ্রেনিয়ার রোগী
scholarship ['skɒləʃɪp] *n* বৃত্তি
school [skuːl] *n* বিদ্যালয়
schoolbag ['skuːlˌbæg] *n* স্কুলের ব্যাগ
schoolbook ['skuːlˌbʊk] *n* স্কুলের বই
schoolboy ['skuːlˌbɔɪ] *n* স্কুলের ছাত্র
schoolchildren ['skuːlˌtʃɪldrən] *npl* স্কুলের বাচ্চা

S

schoolgirl ['skuːlˌgɜːl] *n* স্কুলের মেয়ে
schoolteacher ['skuːlˌtiːtʃə] *n* স্কুল শিক্ষক
school uniform [skuːl 'juːnɪfɔːm] *n* স্কুলের পোশাক
science ['saɪəns] *n* বিজ্ঞান
science fiction ['saɪəns 'fɪkʃən] *n* কল্পবিজ্ঞান
scientific [ˌsaɪən'tɪfɪk] *adj* বিজ্ঞানসম্মত
scientist ['saɪəntɪst] *n* বিজ্ঞানী
sci-fi ['saɪˌfaɪ] *n (informal)* কল্পবিজ্ঞান
scissors ['sɪzəz] *npl* কাঁচি
scoff [skɒf] *vi* ব্যঙ্গ করা
scold [skəʊld] *vt (formal)* বকাঝকা করা
scooter ['skuːtə] *n* স্কুটার
score [skɔː] *n (in a game)* স্কোর (খেলার ফলাফল); *(music)* স্বরলিপি ▷ *v* স্কোর করা
Scorpio ['skɔːpɪˌəʊ] *n* বৃশ্চিকরাশি
scorpion ['skɔːpɪən] *n* বিছে
Scot [skɒt] *n* স্কটিশ বংশোদ্ভুত
Scotland ['skɒtlənd] *n* স্কটল্যান্ড (দেশ)
Scots [skɒts] *adj* স্কটল্যান্ড দেশীয়
Scotsman ['skɒtsmən] *n* স্কটল্যান্ডের পুরুষ
Scotswoman ['skɒtsˌwʊmən] *n* স্কটল্যান্ডের মহিলা
Scottish ['skɒtɪʃ] *adj* স্কটল্যান্ড দেশীয়
scout [skaʊt] *n* গোয়েন্দা
scrambled eggs ['skræmbld ɛgz] *npl* ডিমের ঝুরি
scrap [skræp] *n (small piece)* টুকরো; *(fight)* ঝগড়া ▷ *vt* বাতিল করা
scrapbook ['skræpˌbʊk] *n* স্ক্র্যাপ বই
scrap paper [skræp 'peɪpə] *n* আলাদা কাগজ
scratch [skrætʃ] *n* ছড়ে যাওয়ার দাগ ▷ *v (with nails)* চুলকানো ▷ *vt (something sharp)* আঁচড়ে যাওয়া
scream [skriːm] *n* ভয়ার্ত চিৎকার ▷ *vi* ভয়ে চিৎকার করা
screen [skriːn] *n* পর্দা ▷ *vt* ছবি দেখান
screensaver ['skriːnseɪvə] *n* কম্পিউটারের স্ক্রীনসেভার
screw [skruː] *n* স্ক্রু
screwdriver ['skruːˌdraɪvə] *n* স্ক্রুড্রাইভার

scribble ['skrɪbl] *v* হাতে লেখা

scrub [skrʌb] *vt* ঘসে ঘসে মোছা

scuba diving ['skuːbə 'daɪvɪŋ] *n* ডুব সাঁতার

sculptor ['skʌlptə] *n* ভাস্কর

sculpture ['skʌlptʃə] *n* ভাস্কর্য

sea [siː] *n* সমুদ্র

seafood ['siːˌfuːd] *n* সামুদ্রিক খাবার

seagull ['siːˌgʌl] *n* সিগাল

seal [siːl] *n (animal)* সীল (জলজ প্রাণী); *(on a document)* সীলমোহর ▷ *vt* বন্ধ করা

sea level [siː 'lɛvl] *n* সমুদ্রপৃষ্ঠ

seam [siːm] *n* সেলাই করা

seaman ['siːmən] *n* নাবিক

search [sɜːtʃ] *n* তল্লাসী ▷ *v* সন্ধান করা

search engine [sɜːtʃ 'ɛndʒɪn] *n* কম্পিউটারের সার্চ ইঞ্জিন

search party [sɜːtʃ 'pɑːtɪ] *n* তল্লাসী দল

seashore ['siːˌʃɔː] *n* সমুদ্র তীর

seasick ['siːˌsɪk] *adj* সমুদ্রে ভ্রমণের ফলে অসুস্থ

seaside ['siːˌsaɪd] *n* সমুদ্রতীরে

season ['siːzn] *n* ঋতু

seasonal ['siːzənl] *adj* মৌসুমী

seasoning ['siːzənɪŋ] *n* সুস্বাদু করে তোলা

season ticket ['siːzn 'tɪkɪt] *n* সিজন টিকিট

seat [siːt] *n (for sitting on)* আসন; *(in election)* আসন

seatbelt ['siːtˌbɛlt] *n* সুরক্ষা-বন্ধনী

sea water [siː 'wɔːtə] *n* সমুদ্রের জল

seaweed ['siːˌwiːd] *n* সামুদ্রিক উদ্ভিদ

second ['sɛkənd] *adj* দ্বিতীয় ▷ *n* সেকেন্ড

secondary school ['sɛkəndərɪ skuːl] *n* মাধ্যমিক বিদ্যালয়

second class ['sɛkənd klɑːs] *n* দ্বিতীয় শ্রেণী

second-class ['sɛkəndˌklɑːs] *adj* অপেক্ষাকৃত খারাপ

secondhand ['sɛkəndˌhænd] *adj* ব্যবহার করা

secondly ['sɛkəndlɪ] *adv* দ্বিতীয়তঃ

second-rate ['sɛkənd,reɪt] *adj* খারাপ

secret ['si:krɪt] *adj* গোপন ▷ *n* গোপনীয়

secretary ['sɛkrətri] *n* সচিব

secretly ['si:krɪtli] *adv* গোপনভাবে

secret service ['si:krɪt 'sɜ:vɪs] *n* গোয়েন্দা বিভাগ

sect [sɛkt] *n* সম্প্রদায়

section ['sɛkʃən] *n* বিভাগ

sector ['sɛktə] *n* ক্ষেত্র

secure [sɪ'kjʊə] *adj* নিরাপদ

security [sɪ'kjʊərɪti] *n* নিরাপত্তা

security guard [sɪ'kjʊərɪti gɑ:d] *n* নিরাপত্তা রক্ষী

sedative ['sɛdətɪv] *n* শান্তকারী

see [si:] *v (with eyes)* দেখা ▷ *vt (meet)* সাক্ষাৎ করা

seed [si:d] *n* বীজ

seek [si:k] *vt (formal)* চাওয়া

seem [si:m] *v* মনে হওয়া

seesaw ['si:,sɔ:] *n* ঢেঁকি

see-through ['si:,θru:] *adj* ফিনফিনে

seize [si:z] *vt* আটক করা

seizure ['si:ʒə] *n* ফিট হওয়া

seldom ['sɛldəm] *adv* কদাচিৎ

select [sɪ'lɛkt] *vt* নির্বাচন করা

selection [sɪ'lɛkʃən] *n* নির্বাচন

self-assured ['sɛlfə'ʃʊəd] *adj* স্ব-আস্থাযুক্ত

self-catering ['sɛlf'keɪtərɪŋ] *n* স্ব-ব্যবস্থাপনা

self-centred ['sɛlf'sɛntəd] *adj* আত্ম-কেন্দ্রিক

self-conscious ['sɛlf'kɒnʃəs] *adj* আত্ম সচেতন

self-contained ['sɛlf,kən'teɪnd] *adj* আত্ম-নির্ভর

self-control ['sɛlf,kən'trəʊl] *n* আত্ম-নিয়ন্ত্রণ

self-defence ['sɛlf,dɪ'fɛns] *n* আত্ম-রক্ষা

self-discipline ['sɛlf'dɪsɪplɪn] *n* আত্ম-শৃংখলা

self-employed ['sɛlfɪm'plɔɪd] *adj* স্ব-নিযুক্ত

selfish ['sɛlfɪʃ] *adj* স্বার্থপর

self-service ['sɛlf'sɜ:vɪs] *adj* স্বপরিবেশন

sell [sɛl] *vt* বিক্রি করা

sell-by date ['sɛlbaɪ deɪt] *n* তারিখের মধ্যে বিক্রি করা

selling price ['sɛlɪŋ praɪs] *n* বিক্রয় মূল্য

sell off [sɛl ɒf] *v* বিক্রি করে দেওয়া

Sellotape® ['sɛlə,teɪp] *n* সেলোটেপ

sell out [sɛl aʊt] *v* বিক্রি হয়ে যাওয়া

semester [sɪ'mɛstə] *n* সেমিস্টার

semicircle ['sɛmɪ,sɜːkl] *n* অর্দ্ধ গোলাকার

semi-colon [,sɛmɪ'kəʊlən] *n* সেমি কোলন/অর্দ্ধ বিরাম

semi-detached house [sɛmɪdɪ'tætʃt haʊs] *n* এক দেওয়ালের বাড়ি

semifinal [,sɛmɪ'faɪnl] *n* সেমিফাইনাল

semi-skimmed milk ['sɛmɪskɪmd mɪlk] *n* মাঠা তোলা দুধ

send [sɛnd] *vt* পাঠানো

send back [sɛnd bæk] *v* ফেরত পাঠানো

sender ['sɛndə] *n* প্রেরক

send off [sɛnd ɒf] *v* পাঠিয়ে দেওয়া

send out [sɛnd aʊt] *v* বিতরণ করা

Senegal [,sɛnɪ'gɔːl] *n* সেনেগাল দেশ

Senegalese [,sɛnɪgə'liːz] *adj* সেনেগালীয় ▷ *n* সেনেগালের নাগরিক

senior ['siːnjə] *adj* বরিষ্ঠ

senior citizen ['siːnɪə 'sɪtɪzn] *n* বরিষ্ঠ নাগরিক

sensational [sɛn'seɪʃənl] *adj* চাঞ্চল্যসৃষ্টিকারী

sense [sɛns] *n* বোধ

senseless ['sɛnslɪs] *adj* কান্ডজ্ঞানহীন

sense of humour [sɛns ɒv 'hjuːmə] *n* কৌতুক বোধ

sensible ['sɛnsɪbl] *adj* বিচারবুদ্ধি সম্পন্ন

sensitive ['sɛnsɪtɪv] *adj* সংবেদনশীল

sensuous ['sɛnsjʊəs] *adj* ভাবময়

sentence ['sɛntəns] *n (statement)* বাক্য; *(punishment)* রায় ▷ *vt* শাস্তি প্রদান

sentimental [,sɛntɪ'mɛntl] *adj* আবেগপ্রবণ

separate ['seprɪt] *adj* পৃথক ▷ ['sɛpə,reɪt] *v* আলাদা করা

separately ['sɛpərətlɪ] *adv* আলাদাভাবে

separation [ˌsɛpəˈreɪʃən] *n* বিচ্ছেদ
September [sɛpˈtɛmbə] *n* সেপ্টেম্বর মাস
septic tank [ˈsɛptɪk tæŋk] *n* সেপ্টিক ট্যাংক
sequel [ˈsiːkwəl] *n* ধারাবাহিক
sequence [ˈsiːkwəns] *n* ক্রম
Serbia [ˈsɜːbɪə] *n* সার্বিয়া
Serbian [ˈsɜːbɪən] *adj* সার্বিয় ▷ *n (person)* সার্বিয়ার নাগরিক; *(language)* সার্বিয়ার ভাষা
sergeant [ˈsɑːdʒənt] *n* সার্জেন্ট
serial [ˈsɪərɪəl] *n* ধারাবাহিক
series [ˈsɪəriːz] *n* সিরিজ
serious [ˈsɪərɪəs] *adj* গুরুতর
seriously [ˈsɪərɪəslɪ] *adv* গুরুতরভাবে
servant [ˈsɜːvnt] *n* চাকর
serve [sɜːv] *n* সার্ভ (খেলার ক্ষেত্রে) ▷ *vt* সেবা
server [ˈsɜːvə] *n (of a computer network)* কম্পিউটার সার্ভার; *(tennis player)* খেলোয়ার যে সার্ভ করে
service [ˈsɜːvɪs] *n* পরিষেবা ▷ *vt* মেরামত করান
service area [ˈsɜːvɪs ˈɛərɪə] *n* সার্ভিস এলাকা
service charge [ˈsɜːvɪs tʃɑːdʒ] *n* পরিষেবা শুল্ক
serviceman [ˈsɜːvɪsˌmæn] *n* সৈনিক
service station [ˈsɜːvɪs ˈsteɪʃən] *n* পেট্রোল পাম্প
servicewoman [ˈsɜːvɪsˌwʊmən] *n* মহিলা সৈনিক
serviette [ˌsɜːvɪˈɛt] *n* ন্যাপকিন
session [ˈsɛʃən] *n* অধিবেশন
set [sɛt] *n* গুচ্ছ ▷ *vt* বসান
setback [ˈsɛtbæk] *n* বাধা
set off [sɛt ɒf] *v* রওনা দেওয়া
set out [sɛt aʊt] *v* যাত্রা শুরু করা
settee [sɛˈtiː] *n* সেটি, বসার আসন
settle [ˈsɛtl] *vt* নিস্পত্তি করা
settle down [ˈsɛtl daʊn] *v* থিতু হওয়া
seven [ˈsɛvn] *num* সাত
seventeen [ˈsɛvnˈtiːn] *num* সতেরো
seventeenth [ˈsɛvnˈtiːnθ] *adj* সপ্তদশ
seventh [ˈsɛvnθ] *adj* সপ্তম ▷ *n* সাত ভাগের এক ভাগ

seventy ['sɛvntɪ] *num* সত্তর
several ['sɛvrəl] *det* বেশ কিছু ▷ *pron* বেশ কিছু ▷ *adj* অনেক
sew [səʊ] *v* সেলাই করা
sewer ['suːə] *n* পয়প্রণালী
sewing ['səʊɪŋ] *n* সেলাই এর কাজ
sewing machine ['səʊɪŋ məˈʃiːn] *n* সেলাই মেসিন
sew up [səʊ ʌp] *v* সেলাই করা
sex [sɛks] *n* লিংগ
sexism ['sɛksɪzəm] *n* স্ত্রী-পুরুষবাদ
sexist ['sɛksɪst] *adj* স্ত্রী-পুরুষবাদী
shabby ['ʃæbɪ] *adj* খারাপ
shade [ʃeɪd] *n* ছায়ার নিচে
shadow ['ʃædəʊ] *n* ছায়া
shake [ʃeɪk] *vt (move up and down)* ঝাঁকানো ▷ *v (tremble)* কাঁপা
shaken ['ʃeɪkən] *adj* অস্থির
shaky ['ʃeɪkɪ] *adj* দুর্বল
shall [ʃæl] *v* ভবিষ্যতে করা হবে
shallow ['ʃæləʊ] *adj* অগভীর
shambles ['ʃæmblz] *npl* বিশৃংখল
shame [ʃeɪm] *n* লজ্জা
shampoo [ʃæm'puː] *n* শ্যাম্পু
shape [ʃeɪp] *n* আকার
share [ʃɛə] *n* অংশ ▷ *vt* ভাগ করে নেওয়া
shareholder ['ʃɛəˌhəʊldə] *n* শেয়ার ধারক
share out [ʃɛə aʊt] *v* সমানভাবে ভাগ করে দেওয়া
shark [ʃɑːk] *n* হাংগর মাছ
sharp [ʃɑːp] *adj (point)* ধারালো; *(pain)* তীক্ষ্ণ
shave [ʃeɪv] *v* দাড়ি কামানো
shaver ['ʃeɪvə] *n* দাড়ি কামানোর মেসিন
shaving cream ['ʃeɪvɪŋ kriːm] *n* দাড়ি কামানোর ক্রীম
shaving foam ['ʃeɪvɪŋ fəʊm] *n* দাড়ি কামানোর ফোম
shawl [ʃɔːl] *n* শাল
she [ʃiː] *pron* সে (মেয়ে)
shed [ʃɛd] *n* শেড
sheep [ʃiːp] *n* মেষ
sheepdog ['ʃiːpˌdɒg] *n* কুকুর
sheepskin ['ʃiːpˌskɪn] *n* ভেরার ছাল
sheer [ʃɪə] *adj* নিছক
sheet [ʃiːt] *n (for bed)* চাদর; *(paper)* পাত
shelf [ʃɛlf] *n* তাক

S

shell [ʃɛl] *n (egg, nut)* খোলা; *(animal)* খোলস
shellfish [ˈʃɛlˌfɪʃ] *n* স্বার্থপর
shell suit [ʃɛl suːt] *n* পাতলা সুট
shelter [ˈʃɛltə] *n* আশ্রয়
shepherd [ˈʃɛpəd] *n* মেষ পালক
sherry [ˈʃɛrɪ] *n* শেরী মদ
shield [ʃiːld] *n* ঢাল
shift [ʃɪft] *n* পরিবর্তন ▷ *v* সরানো
shifty [ˈʃɪftɪ] *adj (informal)* অসৎ
shin [ʃɪn] *n* জাং
shine [ʃaɪn] *vi* উজ্জ্বল হওয়া
shiny [ˈʃaɪnɪ] *adj* উজ্জ্বল
ship [ʃɪp] *n* জাহাজ
shipbuilding [ˈʃɪpˌbɪldɪŋ] *n* জাহজ নির্মান
shipment [ˈʃɪpmənt] *n* চালান
shipwreck [ˈʃɪpˌrɛk] *n* জাহাজ দুর্ঘটনা
shipwrecked [ˈʃɪpˌrɛkt] *adj* জাহাজ দুর্ঘটনা থেকে বেচে যাওয়া
shipyard [ˈʃɪpˌjɑːd] *n* জাহাজঘাঁটি
shirt [ʃɜːt] *n* জামা
shiver [ˈʃɪvə] *vi* ঠান্ডায় কাঁপা
shock [ʃɒk] *n* হতবাক ▷ *vt* হতবাক হওয়া
shocking [ˈʃɒkɪŋ] *adj (informal)* ভয়ানক
shoe [ʃuː] *n* জুতো
shoelace [ˈʃuːˌleɪs] *n* জুতোর ফিতে
shoe polish [ʃuː ˈpɒlɪʃ] *n* জুতোর পালিশ
shoe shop [ʃuː ʃɒp] *n* জুতোর দোকান
shoot [ʃuːt] *vt* গুলি করা
shooting [ˈʃuːtɪŋ] *n* গুলি করার ঘটনা
shop [ʃɒp] *n* দোকান
shop assistant [ʃɒp əˈsɪstənt] *n* দোকান সহায়ক
shopkeeper [ˈʃɒpˌkiːpə] *n* দোকানদার
shoplifting [ˈʃɒpˌlɪftɪŋ] *n* দোকান থেকে চুরি করা
shopping [ˈʃɒpɪŋ] *n* কেনাকাটা
shopping bag [ˈʃɒpɪŋ bæg] *n* থলে
shopping centre [ˈʃɒpɪŋ ˈsɛntə] *n* কেনাকাটার স্থান
shopping trolley [ˈʃɒpɪŋ ˈtrɒlɪ] *n* জিনিসপত্র রাখার ট্রলি
shop window [ʃɒp ˈwɪndəʊ] *n* দোকানের প্রদর্শনী

shore [ʃɔː] *n* তীর
short [ʃɔːt] *adj* *(in time)* স্বল্পমেয়াদী; *(in length or distance)* ছোট
shortage [ˈʃɔːtɪdʒ] *n* ঘাটতি
shortcoming [ˈʃɔːtˌkʌmɪŋ] *n* ত্রুটি
shortcrust pastry [ˈʃɔːtkrʌst ˈpeɪstrɪ] *n* পেস্ট্রি
shortcut [ˈʃɔːtˌkʌt] *n* ছোট রাস্তা
shortfall [ˈʃɔːtˌfɔːl] *n* কম হওয়া
shorthand [ˈʃɔːtˌhænd] *n* শর্টহ্যান্ড লেখা
shortlist [ˈʃɔːtˌlɪst] *n* বাছাই
shortly [ˈʃɔːtlɪ] *adv* তাড়াতাড়ি
shorts [ʃɔːts] *npl* হাফ প্যান্ট
short-sighted [ˈʃɔːtˈsaɪtɪd] *adj* অদূরদর্শী
short-sleeved [ˈʃɔːtˌsliːvd] *adj* হাফ হাতা জামা
short story [ʃɔːt ˈstɔːrɪ] *n* ছোট গল্প
shot [ʃɒt] *n* গুলি চালনা
shotgun [ˈʃɒtˌgʌn] *n* বন্দুক
should [ʃʊd] *v* উচিত
shoulder [ˈʃəʊldə] *n* কাঁধ
shoulder blade [ˈʃəʊldə bleɪd] *n* কাঁধের পিছন দিক
shout [ʃaʊt] *n* চিৎকার ▷ *v* চিৎকার করা
shovel [ˈʃʌvl] *n* বেলচা
show [ʃəʊ] *n* লোককে দেখানো ▷ *vt* *(prove)* দেখানো ▷ *v* *(let see)* দেখানো ▷ *vt* *(teach)* প্রদর্শন করা
show business [ʃəʊ ˈbɪznɪs] *n* বিনোদন শিল্প
shower [ˈʃaʊə] *n* *(type of bath)* শাওয়ার; *(rain)* একপশলা বৃষ্টি
shower cap [ˈʃaʊə kæp] *n* স্নানের সময় পরবার টুপি
shower gel [ˈʃaʊə dʒɛl] *n* স্নানের তরল সাবান
showerproof [ˈʃaʊəˌpruːf] *adj* বৃষ্টিনিরোধী
showing [ˈʃəʊɪŋ] *n* প্রদর্শনী
show jumping [ʃəʊ ˈdʒʌmpɪŋ] *n* শো জাম্পিং
show off [ʃəʊ ɒf] *v* লোক দেখানো
show-off [ˈʃəʊɒf] *n* *(informal)* লোক দেখানো
show up [ʃəʊ ʌp] *v* উপস্থিত হওয়া
shriek [ʃriːk] *vi* চিৎকার
shrimp [ʃrɪmp] *n* চিংড়িমাছ
shrine [ʃraɪn] *n* প্রার্থনা স্থল

shrink [ʃrɪŋk] *v* ছোট হয়ে যাওয়া

shrub [ʃrʌb] *n* ঝোপ

shrug [ʃrʌg] *vi* অনিচ্ছার ভঙ্গী

shrunken ['ʃrʌŋkən] *adj* খাটো

shudder ['ʃʌdə] *vi* ভয় পাওয়া

shuffle ['ʃʌfl] *vi* ঘসটে চলা

shut [ʃʌt] *v* বন্ধ করা

shut down [ʃʌt daʊn] *v* বন্ধ করে দেওয়া, পাট তুলে নেওয়া

shutters ['ʃʌtəz] *npl* জানালা দরজার শাটার

shuttle ['ʃʌtl] *n* ফেরি যান

shuttlecock ['ʃʌtl,kɒk] *n* শাটলকক

shut up [ʃʌt ʌp] *v* চুপ করা

shy [ʃaɪ] *adj* লাজুক

Siberia [saɪ'bɪərɪə] *n* সাইবেরিয়া

siblings ['sɪblɪŋz] *npl* *(formal)* ভাইবোন

sick [sɪk] *adj* অসুস্থ

sickening ['sɪkənɪŋ] *adj* অসুস্থ করে তোলার মত

sick leave [sɪk liːv] *n* অসুস্থতার জন্য ছুটি

sickness ['sɪknɪs] *n* অসুস্থতা

sick note [sɪk nəʊt] *n* অসুস্থতার প্রমাণ পত্র

sick pay [sɪk peɪ] *n* অসুস্থ থাকাকালীন বেতন

side [saɪd] *n* *(right or left part)* পাশ; *(edge)* দিক; *(team)* দল

sideboard ['saɪd,bɔːd] *n* সাইড বোর্ড, আলমারী

side effect [saɪd ɪ'fɛkt] *n* পার্শ্ব প্রতিক্রিয়া

sidelight ['saɪd,laɪt] *n* গাড়ির আলো

side street [saɪd striːt] *n* পার্শ্ব রাস্তা

sideways ['saɪd,weɪz] *adv* পাশ দিয়ে

sieve [sɪv] *n* ছাঁকনী

sigh [saɪ] *n* হাঁফ ছাড়া ▷ *vi* হাঁফ ছেড়ে বাঁচা

sight [saɪt] *n* দৃষ্টি

sightseeing ['saɪt,siːɪŋ] *n* বেড়ানো

sign [saɪn] *n* *(symbol)* চিহ্ন ▷ *v* স্বাক্ষর করা ▷ *n* *(gesture)* সংকেত

signal ['sɪgnl] *n* সংকেত ▷ *v* সংকেত দেওয়া

signature ['sɪgnɪtʃə] *n* স্বাক্ষর

significance [sɪg'nɪfɪkəns] *n* গুরুত্ব

significant [sɪg'nɪfɪkənt] *adj* গুরুত্বপূর্ণ

sign language [saɪn 'læŋgwɪdʒ] *n* ইশারা ভাষা
sign on [saɪn ɒn] *v* ভাতার জন্য আবেদন
signpost ['saɪn,pəʊst] *n* পথ নির্দেশ
Sikh [siːk] *adj* শিখ সম্প্রদায়ের ▷ *n* শিখ
silence ['saɪləns] *n* চুপচাপ
silencer ['saɪlənsə] *n* যাতে শব্দ হয় না
silent ['saɪlənt] *adj (with no sound)* নিস্তব্ধ; *(not talking)* চুপচাপ
silicon chip ['sɪlɪkən tʃɪp] *n* সিলিকন চিপ
silk [sɪlk] *n* রেশম
silly ['sɪlɪ] *adj* বোকা
silver ['sɪlvə] *n* রুপো
similar ['sɪmɪlə] *adj* অনুরুপ
similarity ['sɪmɪ'lærɪtɪ] *n* সাদৃশ্য
simmer ['sɪmə] *v* হালকা আঁচে রান্না করা
simple ['sɪmpl] *adj* সরল
simplify ['sɪmplɪ,faɪ] *vt* সরলীকরণ
simply ['sɪmplɪ] *adv* সরলভাবে
simultaneous [,sɪməl'teɪnɪəs] *adj* এক সঙ্গে
simultaneously [,sɪməl'teɪnɪəslɪ] *adv* এক সঙ্গে
since [sɪns] *adv* থেকে ▷ *conj* যখন থেকে ▷ *prep* থেকে
sincere [sɪn'sɪə] *adj* নিষ্ঠাবান
sincerely [sɪn'sɪəlɪ] *adv* নিষ্ঠার সঙ্গে
sing [sɪŋ] *v* গান করা
singer ['sɪŋə] *n* গায়ক
singing ['sɪŋɪŋ] *n* গান গাওয়া
single ['sɪŋgl] *adj* একটি
single parent ['sɪŋgl 'pɛərənt] *n* একলা মা বা বাবা
singles *npl* এক জন করে খেলা, সিংগলস
single ticket ['sɪŋgl 'tɪkɪt] *n* একদিকের টিকিট
singular ['sɪŋgjʊlə] *n* একক
sinister ['sɪnɪstə] *adj* ক্ষতিকর
sink [sɪŋk] *n* জলের সিংক ▷ *v* ডুবে যাওয়া
sinus ['saɪnəs] *n* নাকের হাড়
sir [sɜː] *n* মহাশয়
siren ['saɪərən] *n* সাইরেন
sister ['sɪstə] *n* বোন
sister-in-law ['sɪstə ɪn lɔː] *n* ননদ, শ্যালিকা, বৌদি

S

sit [sɪt] *vi* বসা

sitcom ['sɪt,kɒm] *n* হাস্যরসাত্মক নাটক

sit down [sɪt daʊn] *v* বসুন

site [saɪt] *n* স্থল

sitting room ['sɪtɪŋ rʊm] *n* বসার ঘর

situated ['sɪtjʊ,eɪtɪd] *adj* অবস্থিত

situation [,sɪtjʊ'eɪʃən] *n* পরিস্থিতি

six [sɪks] *num* ছয়

sixteen ['sɪks'tiːn] *num* ষোল

sixteenth ['sɪks'tiːnθ] *adj* ষোড়শ

sixth [sɪksθ] *adj* ষষ্ঠ

sixty ['sɪkstɪ] *num* ষাট

size [saɪz] *n* আকার

skate [skeɪt] *vi* স্কেট করা

skateboard ['skeɪt,bɔːd] *n* স্কেট বোর্ড

skateboarding ['skeɪt,bɔːdɪŋ] *n* স্কেট বোর্ডে চড়া

skates [skeɪts] *npl* স্কেট করার জুতো

skating ['skeɪtɪŋ] *n* স্কেটিং করা

skating rink ['skeɪtɪŋ rɪŋk] *n* স্কেটিং করার স্থান

skeleton ['skɛlɪtən] *n* কংকাল

sketch [skɛtʃ] *n* প্রাথমিক চিত্রাংকন ▷ *v* তাড়াতাড়ি চিত্র আঁকা

skewer ['skjʊə] *n* শিক

ski [skiː] *n* স্কি, (বরফের খেলার উপকরণ) ▷ *vi* স্কি খেলা

skid [skɪd] *vi* পিছলে যাওয়া

skier ['skiːə] *n* স্কি খেলে যে ব্যক্তি

skiing ['skiːɪŋ] *n* স্কি খেলা

skilful ['skɪlfʊl] *adj* দক্ষ

ski lift [skiː lɪft] *n* স্কি খেলতে উচু স্থানে নিয়ে যাবার লিফট

skill [skɪl] *n* দক্ষতা

skilled [skɪld] *adj* দক্ষতাসম্পন্ন

skimmed milk [skɪmd mɪlk] *n* মাখন তোলা দুধ

skimpy ['skɪmpɪ] *adj* খুব ছোট

skin [skɪn] *n* (*person*) চামড়া; (*fruit, vegetable*) খোসা

skinhead ['skɪn,hɛd] *n* নেড়ামাথা

skinny ['skɪnɪ] *adj* (*informal*) খুব রোগা

skin-tight ['skɪn'taɪt] *adj* খুব আঁটো, চামড়ার সাথে লেগে থাকে

skip [skɪp] vi (with feet) লাফিয়ে চলা ▷ vt (not have) ছেড়ে দেওয়া

skirt [skɜːt] n স্কার্ট

skirting board ['skɜːtɪŋ bɔːd] n চৌকাঠ

skive [skaɪv] v (informal) কাজে ফাঁকি দেওয়া

skull [skʌl] n মাথার খুলি

sky [skaɪ] n আকাশ

skyscraper ['skaɪˌskreɪpə] n গগনচুম্বী ভবন

slack [slæk] adj ঢিলে

slag off [slæg ɒf] v (informal) সমালোচনা করা

slam [slæm] v সজোরে বন্ধ করা

slang [slæŋ] n গালিগালাজের ভাষা

slap [slæp] vt চড় মারা

slate [sleɪt] n স্লেট পাথর

slave [sleɪv] n কৃতদাস ▷ vi খুব কষ্টে কাজ করা

sledge [slɛdʒ] n বরফে চলার গাড়ি

sledging ['slɛdʒɪŋ] n স্লেজ গাড়িতে চড়া

sleep [sliːp] n ঘুম ▷ vi ঘুমোন

sleep in [sliːp ɪn] v অনেকক্ষন ধরে ঘুমোন

sleeping bag ['sliːpɪŋ bæg] n স্লিপিং ব্যাগ

sleeping car ['sliːpɪŋ kɑː] n ঘুমোনর ব্যবস্থা সহ রেলের কামরা

sleeping pill ['sliːpɪŋ pɪl] n ঘুমের বড়ি

sleepwalk ['sliːpˌwɔːk] vi ঘুমিয়ে হাঁটা

sleepy ['sliːpɪ] adj ঘুম চোখ

sleet [sliːt] n হিমেল বৃষ্টি ▷ v হিমেল বৃষ্টি হওয়া

sleeve [sliːv] n হাতা

sleeveless ['sliːvlɪs] adj হাতা কাটা

slender ['slɛndə] adj (written) আকর্ষনীয়

slice [slaɪs] n টুকরো ▷ vt টুকরো করে কাটা

slide [slaɪd] n স্লাইড (বাচ্চাদের খেলার উপকরন) ▷ v গড়িয়ে পড়া

slight [slaɪt] adj সামান্য

slightly ['slaɪtlɪ] adv আরো কিছুটা

slim [slɪm] adj তন্বী

sling [slɪŋ] n দোলনা

slip [slɪp] n (mistake) ত্রুটি; (paper) চিরকুট; (petticoat) অন্তর্বাস ▷ vi পিছলে পড়া

slipped disc [slɪpt dɪsk] *n* পিঠের হাড় সরে যাওয়া অবস্থা
slipper ['slɪpə] *n* চপ্পল
slippery ['slɪpərɪ] *adj* পিচ্ছিল
slip road [slɪp rəʊd] *n* গাড়ি চলাচলের ছোট রাস্তা
slip up [slɪp ʌp] *v* ভুল করা
slip-up ['slɪpʌp] *n* *(informal)* ছোট্ট ভুল
slope [sləʊp] *n* ঢালু স্থান
sloppy ['slɒpɪ] *adj* খারাপ
slot [slɒt] *n* নির্দিষ্ট স্থান
slot machine [slɒt mə'ʃiːn] *n* স্লট মেসিন
Slovak ['sləʊvæk] *adj* স্লোভাকিয় ▷ *n* *(language)* স্লোভাক ভাষা; *(person)* স্লোভাকিয়ার নাগরিক
Slovakia [sləʊ'vækɪə] *n* স্লোভাকিয়া (দেশ)
Slovenia [sləʊ'viːnɪə] *n* স্লোভেনিয়া (দেশ)
Slovenian [sləʊ'viːnɪən] *adj* স্লোভেনিয়া দেশীয় ▷ *n* *(person)* স্লোভেনিয়ার মানুষ; *(language)* স্লোভেনিয় ভাষা
slow [sləʊ] *adj* ধীরগতি
slow down [sləʊ daʊn] *v* গতি কম করা
slowly ['sləʊlɪ] *adv* ধীরে ধীরে
slug [slʌg] *n* খোলসহীন পোকা
slum [slʌm] *n* বস্তি
slush [slʌʃ] *n* কাদা
sly [slaɪ] *adj* চতুর চাহনি
smack [smæk] *vt* চড় মারা
small [smɔːl] *adj* ছোট
small ads [smɔːl ædz] *npl* ছোট বিজ্ঞাপন
smart [smɑːt] *adj* সৌম্য দর্শন
smart phone [smɑːt fəʊn] *n* স্মার্ট ফোন
smash [smæʃ] *v* ভেঙ্গে টুকরো টুকরো হওয়া
smashing ['smæʃɪŋ] *adj* *(informal)* আকর্ষনীয়
smear [smɪə] *n* স্মিয়ার পরীক্ষা
smell [smɛl] *n* গন্ধ ▷ *vt* গন্ধ পাওয়া ▷ *vi* গন্ধ ছাড়া
smelly ['smɛlɪ] *adj* দুর্গন্ধযুক্ত
smile [smaɪl] *n* হাসি ▷ *vi* হাসা
smiley ['smaɪlɪ] *n* *(informal)* কম্পিউটারে ব্যবহৃত স্মাইলি
smoke [sməʊk] *n* ধোঁয়া ▷ *vi* ধোঁয়া বার হওয়া
smoke alarm [sməʊk ə'lɑːm] *n* ধোঁয়ার সতর্কতা

smoked ['sməʊkt] *adj* ধোঁয়াচ্ছন্ন
smoker ['sməʊkə] *n* ধূমপায়ী
smoking ['sməʊkɪŋ] *n* ধূমপান
smooth [smuːð] *adj* মসৃণ
SMS [ɛs ɛm ɛs] *n* এস এম এস (মোবাইলে বার্তা পাঠানো)
smudge [smʌdʒ] *n* দাগ
smug [smʌg] *adj* আত্মসন্তুষ্ট
smuggle ['smʌgl] *vt* পাচার করা
smuggler ['smʌglə] *n* পাচারকারী
smuggling ['smʌglɪŋ] *n* পাচার
snack [snæk] *n* জলখাবার
snack bar [snæk bɑː] *n* জলযোগের দোকান
snail [sneɪl] *n* শামুক
snake [sneɪk] *n* সাপ
snap [snæp] *v* ভেঙ্গে যাওয়া
snapshot ['snæp,ʃɒt] *n* ফোটো
snarl [snɑːl] *vi* গর্জন করা
snatch [snætʃ] *v* ছিনিয়ে নেওয়া
sneeze [sniːz] *vi* হাঁচি
sniff [snɪf] *v* শব্দ করে নাক টানা
snigger ['snɪgə] *vi* তাচ্ছিল্যের হাসা
snob [snɒb] *n* নাকউঁচু লোক
snooker ['snuːkə] *n* স্নুকার খেলা
snooze [snuːz] *n (informal)* দিবানিদ্রা ▷ *vi (informal)* হাল্কা ঘুমোন
snore [snɔː] *vi* নাক ডাকা
snorkel ['snɔːkl] *n* ডুবসাতারুর নিঃশ্বাস নেবার নল
snow [snəʊ] *n* বরফ ▷ *vi* বরফ পড়া
snowball ['snəʊ,bɔːl] *n* বরফের গোলা
snowflake ['snəʊ,fleɪk] *n* বরফের কুঁচি
snowman ['snəʊ,mæn] *n* বরফের মনুষ্যাকৃতি
snowplough ['snəʊ,plaʊ] *n* বরফ সরানোর যন্ত্র
snowstorm ['snəʊ,stɔːm] *n* তুষার ঝড়
so [səʊ] *adv (referring to something already mentioned)* তাই ▷ *conj* যাতে ▷ *adv (very)* ভীষণ
soak [səʊk] *v* ভিজিয়ে রাখা
soaked [səʊkt] *adj* ভেজা
soap [səʊp] *n* সাবান
soap dish [səʊp dɪʃ] *n* সাবানদানি

soap opera [səʊp 'ɒpərə] *n* টেলিভিশনের ধারাবাহিক
soap powder [səʊp 'paʊdə] *n* সাবানের গুঁড়ো
sob [sɒb] *vi* কাঁদা
sober ['səʊbə] *adj* ভদ্র
sociable ['səʊʃəbl] *adj* সামাজিক
social ['səʊʃəl] *adj* সামাজিক
socialism ['səʊʃə,lɪzəm] *n* সমাজবাদ
socialist ['səʊʃəlɪst] *adj* সমাজবাদী ▷ *n* সমাজবাদী
social security ['səʊʃəl sɪ'kjuərɪtɪ] *n* সামাজিক নিরাপত্তা
social services ['səʊʃəl 'sɜːvɪsɪs] *npl* সমাজ সেবা
social worker ['səʊʃəl 'wɜːkə] *n* সমাজসেবী
society [sə'saɪətɪ] *n* সমাজ
sociology [,səʊsɪ'ɒlədʒɪ] *n* সমাজ বিজ্ঞান
sock [sɒk] *n* মোজা
socket ['sɒkɪt] *n* সকেট (সরঞ্জাম)
sofa ['səʊfə] *n* সোফা (আসবাব পত্র)
sofa bed ['səʊfə bɛd] *n* সোফা তথা বিছানা
soft [sɒft] *adj (to touch)* নরম; *(gentle)* কোমল
soft drink [sɒft drɪŋk] *n* হাল্কা পানীয়
software ['sɒft,wɛə] *n* কম্পিউটারের সফটওয়ার
soggy ['sɒgɪ] *adj* ভিজে ন্যাতানো
soil [sɔɪl] *n* মাটি
solar ['səʊlə] *adj* সৌর
solar power ['səʊlə 'paʊə] *n* সৌর শক্তি
solar system ['səʊlə 'sɪstəm] *n* সৌর জগৎ
soldier ['səʊldʒə] *n* সৈনিক
sold out [səʊld aʊt] *adj* বিক্রি শেষ
solicitor [sə'lɪsɪtə] *n* উকিল
solid ['sɒlɪd] *adj (not liquid or gas)* কঠিন; *(not hollow)* নিরেট
solo ['səʊləʊ] *n* একক
soloist ['səʊləʊɪst] *n* একক শিল্পী
soluble ['sɒljʊbl] *adj* গলে যায়
solution [sə'luːʃən] *n* সমাধান
solve [sɒlv] *vt* সমাধান করা
solvent ['sɒlvənt] *n* যা অন্য উপাদানকে গলায়

Somali [səʊ'mɑːlɪ]
adj সোমালীয় ▷ *n (language)*
সোমালিয়ার নাগরিক; *(person)*
সোমালী ভাষা

Somalia [səʊ'mɑːlɪə] *n*
সোমালিয়া (দেশ)

some [sʌm] *det* কিছুটা
▷ *pron* সে গুলির কিছু

somebody ['sʌmbədɪ]
pron কেউ

somehow ['sʌm,haʊ] *adv*
যে কোন রকমে

someone ['sʌm,wʌn] *pron*
কোন একজন

someplace ['sʌm,pleɪs]
adv কোন এক স্থান

something ['sʌmθɪŋ] *pron*
কিছু জিনিস

sometime ['sʌm,taɪm] *adv*
কখনো

sometimes ['sʌm,taɪmz]
adv কখনো কখনো

somewhere ['sʌm,wɛə]
adv কোনখানে

son [sʌn] *n* পুত্র

song [sɒŋ] *n* গান

son-in-law [sʌn ɪn lɔː] *n*
জামাতা

soon [suːn] *adv* শীঘ্র

soot [sʊt] *n* ধোঁয়ার
কালি

sophisticated
[sə'fɪstɪ,keɪtɪd] *adj*
অত্যাধুনিক

soppy ['sɒpɪ] *adj*
আবেগপ্রবন

soprano [sə'prɑːnəʊ] *n*
মুখ্যগায়ক/গায়িকা

sorbet ['sɔːbeɪ] *n* সরবত

sorcerer ['sɔːsərə] *n*
জাদুকর

sore [sɔː] *adj* ব্যথা ▷ *n* ঘা

sorry ['sɒrɪ] *excl* দুঃখিত
▷ *adj (regretful)* দুঃখিত;
(sympathetic) দুঃখিত

sort [sɔːt] *n* ধরণ

sort out [sɔːt aʊt] *v* বাছাই

SOS [ɛs əʊ ɛs] *n* সতর্ক বার্তা

so-so ['səʊ'səʊ] *adv*
(informal) মোটামুটি

soul [səʊl] *n* আত্মা

sound [saʊnd] *adj* মজবুত
▷ *n* শব্দ

soundtrack ['saʊnd,træk]
n আওয়াজ, সঙ্গীত

soup [suːp] *n* সুপ, ঝোল

sour ['saʊə] *adj* টক

south [saʊθ] *adj* দক্ষিণ
▷ *adv* দক্ষিণদিকে ▷ *n*
দক্ষিণদিক

South Africa [saʊθ 'æfrɪkə]
n দক্ষিণ আফ্রিকা

S

South African [saʊθ 'æfrɪkən] *adj* দক্ষিণ আফ্রিকা দেশীয় ▷ *n* দক্ষিন আফ্রিকার মানুষ

South America [saʊθ ə'mɛrɪkə] *n* দক্ষিন আমেরিকা

South American [saʊθ ə'merɪkən] *adj* দক্ষিণ আমেরিকার ▷ *n* দক্ষিণ আমেরিকার মানুষ

southbound ['saʊθ,baʊnd] *adj* দক্ষিণ মুখী

southeast [,saʊθ'iːst] *n* দক্ষিণপূর্ব

southern ['sʌðən] *adj* দক্ষিনাঞ্চলীয়

South Korea [saʊθ kə'riːə] *n* দক্ষিণ কোরিয়া

South Pole [saʊθ pəʊl] *n* দক্ষিণ মেরু

southwest [,saʊθ'wɛst] *n* দক্ষিণপশ্চিম

souvenir [,suːvə'nɪə] *n* স্মরণিকা

soya ['sɔɪə] *n* সয়া

soy sauce [sɔɪ sɔːs] *n* সয়া সস

spa [spɑː] *n* স্পা

space [speɪs] *n (empty area)* জায়গা; *(where the planets are)* মহাকাশ

spacecraft ['speɪs,krɑːft] *n* মহাকাশযান

spade [speɪd] *n* কোদাল

spaghetti [spə'gɛtɪ] *n* এক ধরণের পাস্তা

Spain [speɪn] *n* স্পেন

spam [spæm] *n* অপ্রয়োজনীয় ই-মেল

Spaniard ['spænjəd] *n* স্পেনের বংশোদ্ভুত

spaniel ['spænjəl] *n* কুকুরের প্রজাতি

Spanish ['spænɪʃ] *adj* স্পেনীয় বা স্পেনের ▷ *n* স্পেনের ভাষা

spank [spæŋk] *vt* পাছায় চাটি মারা

spanner ['spænə] *n* স্প্যানার

spare [spɛə] *adj* বাড়তি ▷ *vi* বাড়তি থাকা

spare part [spɛə pɑːt] *n* যন্ত্রাংশ

spare room [spɛə ruːm; rʊm] *n* অতিথি কক্ষ

spare time [spɛə taɪm] *n* খালি সময়

spare tyre [spɛə 'taɪə] *n* অতিরিক্ত টায়ার

spare wheel [spɛə wiːl] *n* অতিরিক্ত চাকা

spark [spɑːk] *n* স্ফুলিংগ

sparkling water ['spɑːklɪŋ 'wɔːtə] *n* টল টলে জল
spark plug [spɑːk plʌg] *n* স্পার্ক প্লাগ, গাড়ির যন্ত্রাংশ
sparrow ['spærəʊ] *n* চড়াই পাখি
spasm ['spæzəm] *n* খিঁচুনি
spatula ['spætjʊlə] *n* রান্নার খুন্তি
speak [spiːk] *v* বলা
speaker ['spiːkə] *n* বক্তা
speak up [spiːk ʌp] *v* জোরে বলা
special ['spɛʃəl] *adj* বিশেষ
specialist ['spɛʃəlɪst] *n* বিশেষজ্ঞ
speciality [ˌspɛʃɪ'ælɪtɪ] *n* বৈশিষ্ট্য
specialize ['spɛʃəˌlaɪz] *vi* বিশেষ জ্ঞান লাভ করা
specially ['spɛʃəlɪ] *adv* বিশেষ করে
special offer ['spɛʃəl 'ɒfə] *n* বিশেষ সুবিধা
species ['spiːʃiːz] *n* প্রজাতি
specific [spɪ'sɪfɪk] *adj* সুনির্দিষ্ট
specifically [spɪ'sɪfɪklɪ] *adv* সুনির্দিষ্টভাবে
specify ['spɛsɪˌfaɪ] *vt* সুনির্দিষ্ট করা
spectacles ['spɛktəklz] *npl (formal)* চশমা
spectacular [spɛk'tækjʊlə] *adj* নয়নাভিরাম
spectator [spɛk'teɪtə] *n* দর্শক
speculate ['spɛkjʊˌleɪt] *v* অনুমান করা
speech [spiːtʃ] *n* বাক
speechless ['spiːtʃlɪs] *adj* হতবাক
speed [spiːd] *n* গতি
speedboat ['spiːdˌbəʊt] *n* স্পীডবোট
speeding ['spiːdɪŋ] *n* দ্রুত গতি
speed limit [spiːd 'lɪmɪt] *n* গতিসীমা
speedometer [spɪ'dɒmɪtə] *n* গতি পরিমাপক
speed up [spiːd ʌp] *v* গতি বাড়ানো
spell [spɛl] *n (period)* সময়; *(magic)* জাদুমন্ত্র ▷ *vt* বানান করা
spellchecker ['spɛlˌtʃɛkə] *n* বানান পরীক্ষক
spelling ['spɛlɪŋ] *n* বানান
spend [spɛnd] *vt (money)* ব্যয় করা; *(time)* অতিবাহিত করা
sperm [spɜːm] *n* শুক্রাণু

spice [spaɪs] *n* মশলা
spicy ['spaɪsɪ] *adj* মশলাযুক্ত
spider ['spaɪdə] *n* মাকড়সা
spill [spɪl] *v* ছড়িয়ে পড়া
spinach ['spɪnɪdʒ] *n* পালংশাক
spinal cord ['spaɪnəl kɔːd] *n* মেরুদন্ড
spin drier [spɪn 'draɪə] *n* কাপড় শুকোনোর যন্ত্র
spine [spaɪn] *n* শিরদাঁড়া
spinster ['spɪnstə] *n* *(old-fashioned)* অবিবাহিতা মহিলা
spire [spaɪə] *n* শিখর
spirit ['spɪrɪt] *n* আত্মশক্তি
spirits ['spɪrɪts] *npl* ভেতরের শক্তি
spiritual ['spɪrɪtjʊəl] *adj* আধ্যাত্মিক
spit [spɪt] *n* থুথু ▷ *v* থুথু ফেলা
spite [spaɪt] *n* দ্বেষ ▷ *vt* শত্রুতা করা
spiteful ['spaɪtfʊl] *adj* বিদ্বেষী
splash [splæʃ] *vi* জল ছিটান
splendid ['splɛndɪd] *adj* চমৎকার
splint [splɪnt] *n* সহায়ক দন্ড
splinter ['splɪntə] *n* ধারালো টুকরো
split [splɪt] *v* দ্বিখন্ড হওয়া
split up [splɪt ʌp] *v* সম্পর্ক ছিন্ন করা
spoil [spɔɪl] *vt* *(ruin)* নষ্ট করা; *(child)* নষ্ট করে দেওয়া
spoilsport ['spɔɪlˌspɔːt] *n* *(informal)* বেরসিক
spoilt [spɔɪlt] *adj* বখাটে
spoke [spəʊk] *n* চাকার স্পোক
spokesman ['spəʊksmən] *n* মুখপাত্র (পুরুষ)
spokesperson ['spəʊksˌpɜːsən] *n* মুখপাত্র
spokeswoman ['spəʊksˌwʊmən] *n* মুখপাত্র (মহিলা)
sponge [spʌndʒ] *n* *(for washing)* স্পঞ্জ; *(cake)* কেক (মিষ্টিদ্রব্য)
sponge bag [spʌndʒ bæg] *n* সেভিং ব্যাগ
sponsor ['spɒnsə] *n* আয়োজক ▷ *vt* আয়োজন করা
sponsorship ['spɒnsəʃɪp] *n* আর্থিক সহায়তা
spontaneous [spɒn'teɪnɪəs] *adj* স্বতঃস্ফূর্ত
spooky ['spuːkɪ] *adj* *(informal)* ভয়াল
spoon [spuːn] *n* চামচ

spoonful ['spuːnˌfʊl] *n* চামচ ভর্তি
sport [spɔːt] *n* ক্রীড়া
sportsman ['spɔːtsmən] *n* ক্রীড়াবিদ
sportswear ['spɔːtsˌwɛə] *n* খেলার পোশাক
sportswoman ['spɔːtsˌwʊmən] *n* মহিলা খেলোয়াড়
sporty ['spɔːtɪ] *adj* খেলোয়াড় সুলভ
spot [spɒt] *n* *(round mark)* দাগ; *(place)* স্থান ▷ *vt* খুঁজে পাওয়া
spotless ['spɒtlɪs] *adj* তকতকে
spotlight ['spɒtˌlaɪt] *n* স্পটলাইট
spotty ['spɒtɪ] *adj* মুখে দাগ আছে যার
spouse [spaʊs] *n* স্বামী বা স্ত্রী
sprain [spreɪn] *n* মচকানো ▷ *vt* মচকে যাওয়া
spray [spreɪ] *n* ছড়ানো ▷ *v* ছড়িয়ে দেওয়া
spread [sprɛd] *n* মাখন জাতীয় খাবার ▷ *vt* *(open out)* ছড়িয়ে দেওয়া; *(butter, jam)* ছড়িয়ে দেওয়া ▷ *vi* *(reach a larger area)* ছড়িয়ে যাওয়া
spread out [sprɛd aʊt] *v* ছড়িয়ে যাওয়া
spreadsheet ['sprɛdˌʃiːt] *n* স্প্রেডশীট কম্পিউটার প্রোগ্রাম
spring [sprɪŋ] *n* *(season)* বসন্তকাল; *(coil)* স্প্রিং
spring-cleaning ['sprɪŋˌkliːnɪŋ] *n* ব্যাপক পরিস্কার করা
spring onion [sprɪŋ 'ʌnjən] *n* পেঁয়াজকলি
springtime ['sprɪŋˌtaɪm] *n* বসন্ত কালের সময়
sprinkler ['sprɪŋklə] *n* স্প্রিংকলার
sprint [sprɪnt] *n* দৌড় প্রতিযোগিতা ▷ *vi* দ্রুত দৌড়ন
sprinter ['sprɪntə] *n* ধাবক
sprouts [spraʊts] *npl* সব্জি
spy [spaɪ] *n* গুপ্তচর ▷ *vi* গুপ্তচরের কাজ করা
spying ['spaɪɪŋ] *n* চরবৃত্তি
squabble ['skwɒbl] *vi* ঝগড়া করা
squander ['skwɒndə] *vt* নষ্ট করা
square [skwɛə] *adj* বর্গাকার ▷ *n* বর্গক্ষেত্র
squash [skwɒʃ] *n* স্কোয়াশ খেলা ▷ *vt* চেপে যাওয়া

S

squeak [skwiːk] *vi* আওয়াজ করা

squeeze [skwiːz] *vt* চেপা

squeeze in [skwiːz ɪn] *v* গাদাগাদি করে

squid [skwɪd] *n* স্কুইড

squint [skwɪnt] *vi* ট্যারা

squirrel ['skwɪrəl] *n* কাঠবিড়ালী

Sri Lanka [ˌsriː 'læŋkə] *n* শ্রীলংকা (দেশ)

stab [stæb] *vt* ছুরিকাঘাত

stability [stə'bɪlɪtɪ] *n* স্থিতিশীলতা

stable ['steɪbl] *adj* স্থিতিশীল ▷ *n* আস্তাবল

stack [stæk] *n* গাদা

stadium ['steɪdɪəm] *n* ক্রীড়াস্থল

staff [stɑːf] *npl (personnel)* কর্মচারী ▷ *n (stick)* ছড়ি

staffroom ['stɑːfˌruːm] *n* কর্মীদের বিশ্রাম ঘর

stage [steɪdʒ] *n* পর্যায়

stagger ['stægə] *vi* টলমল করা

stag night [stæg naɪt] *n* পুরুষদের নৈশ ভোজ

stain [steɪn] *n* দাগ ▷ *vt* দাগ লাগা

stained glass [steɪnd glɑːs] *n* রঙিন কাঁচ

stainless steel ['steɪnlɪs stiːl] *n* মরচে পরে না এমন ধাতু

stain remover [steɪn rɪ'muːvə] *n* দাগ ওঠানোর উপাদান

staircase ['stɛəˌkeɪs] *n* সিঁড়ি

stairs [stɛəz] *npl* সিঁড়ি

stale [steɪl] *adj* বাসি

stalemate ['steɪlˌmeɪt] *n* অচলাবস্থা

stall [stɔːl] *n* দোকান

stamina ['stæmɪnə] *n* শারীরিক শক্তি

stammer ['stæmə] *v* তোতলানো

stamp [stæmp] *n* ডাকটিকিট ▷ *vt* সীলমোহর লাগান

stand [stænd] *vi* দাঁড়ান ▷ ['stændz] *n* বসার স্থান

standard ['stændəd] *adj* সাধারণ ▷ *n* গুনমানের মাপকাঠি

standard of living ['stændəd ɒv; əv 'lɪvɪŋ] *n* জীবনধারনের মান

stand for [stænd fɔː] *v* অর্থাৎ

standing order ['stændɪŋ 'ɔːdə] *n* স্থায়ী আদেশ
stand out [stænd aʊt] *v* বিশিষ্ট হওয়া
standpoint ['stænd,pɔɪnt] *n* দৃষ্টিভঙ্গী
stand up [stænd ʌp] *v* উঠে দাঁড়ান
staple ['steɪpl] *n* *(piece of bent wire)* স্টেপল; *(basic food)* প্রধান পণ্য ▷ *vt* বাঁধা
stapler ['steɪplə] *n* স্টেপলার
star [stɑː] *n* *(in the sky)* নক্ষত্র; *(celebrity)* তারকা ▷ *v* অভিনয় করা ▷ *n* *(shape)* তারকা চিহ্ন
starch [stɑːtʃ] *n* শ্বেতসার
stare [stɛə] *vi* এক দৃষ্টে তাকানো
stark [stɑːk] *adj* কঠিন
start [stɑːt] *n* সূচনা ▷ *vt* *(to do something)* শুরু করা ▷ *v* *(activity, event)* শুরু হওয়া
starter ['stɑːtə] *n* আহারের প্রথম পদ
startle ['stɑːtl] *vt* বিস্মিত করা
start off [stɑːt ɒf] *v* চালু করা
starve [stɑːv] *vi* না খেয়ে থাকা
state [steɪt] *n* দেশ ▷ *vt* বলা
stately home ['steɪtlɪ həʊm] *n* পুরোনো বড় বাড়ি
statement ['steɪtmənt] *n* বিবৃতি
station ['steɪʃən] *n* রেল স্টেশন
stationer ['steɪʃənə] *n* স্টেশনারী দোকান
stationery ['steɪʃənərɪ] *n* খাতাপত্র-কাগজকলম
statistics [stə'tɪstɪks] *npl* পরিসংখ্যান
statue ['stætjuː] *n* মূর্তি
status quo ['steɪtəs kwəʊ] *n* স্থিতাবস্থা
stay [steɪ] *n* অবস্থান কাল ▷ *vi* *(remain)* থাকা; *(live for a short time)* কোথাও থাকা
stay in [steɪ ɪn] *v* বাড়িতে থাকা
stay up [steɪ ʌp] *v* বেশিক্ষণ জেগে থাকা
steady ['stɛdɪ] *adj* ক্রমাগত
steak [steɪk] *n* মাংসের ফালি
steal [stiːl] *v* চুরি করা
steam [stiːm] *n* বাষ্প
steel [stiːl] *n* ইস্পাত
steep [stiːp] *adj* খাড়া
steeple ['stiːpl] *n* চূড়া
steering ['stɪərɪŋ] *n* গাড়ির স্টিয়ারিং
steering wheel ['stɪərɪŋ wiːl] *n* স্টিয়ারিং চাকা

S

step [stɛp] *n* *(pace)* ধাপ; *(stair)* পদক্ষেপ ফেলা
stepbrother ['stɛp,brʌðə] *n* সৎ ভাই
stepdaughter ['stɛp,dɔːtə] *n* সৎ মেয়ে
stepfather ['stɛp,fɑːðə] *n* সৎ বাবা
stepladder ['stɛp,lædə] *n* মই বা সিঁড়ি
stepmother ['stɛp,mʌðə] *n* সৎ মা
stepsister ['stɛp,sɪstə] *n* সৎ বোন
stepson ['stɛp,sʌn] *n* সৎ ছেলে
stereo ['stɛrɪəʊ] *n* স্টিরিও
stereotype ['stɛrɪə,taɪp] *n* একই রকম
sterile ['stɛraɪl] *adj* বিশুদ্ধ
sterilize ['stɛrɪ,laɪz] *vt* জীবাণুমুক্ত করা
sterling ['stɜːlɪŋ] *n* ব্রিটেনের মূদ্রা
steroid ['stɪərɔɪd] *n* রাসায়নিক উপাদান
stew [stjuː] *n* স্টিউ
steward ['stjʊəd] *n* যাত্রীদের পরিচারক
stick [stɪk] *n* লাঠি ▷ *vt* আটকানো
sticker ['stɪkə] *n* স্টিকার
stick insect [stɪk'ɪnsɛkt] *n* পোকা
stick out [stɪk aʊt] *v* বেরিয়ে থাকা
sticky ['stɪkɪ] *adj* আঠালো
stiff [stɪf] *adj* শক্ত
stifling ['staɪflɪŋ] *adj* প্রচন্ড
still [stɪl] *adj* নিশ্চল ▷ *adv* এখনো
sting [stɪŋ] *n* হুল ▷ *v* হুল ফোটান
stingy ['stɪndʒɪ] *adj* *(informal)* কৃপণ
stink [stɪŋk] *n* দুর্গন্ধ ▷ *vi* দুর্গন্ধ ছড়ানো
stir [stɜː] *vt* নাড়ান
stitch [stɪtʃ] *n* সেলাই ▷ *vt* সেলাই করা
stock [stɒk] *n* কোম্পানীর শেয়ার ▷ *vt* মজুত রাখা
stockbroker ['stɒk,brəʊkə] *n* শেয়ার দালাল
stock cube [stɒk kjuːb] *n* শুকনো খাবার
stock exchange [stɒk ɪks'tʃeɪndʒ] *n* শেয়ার বিনিময় কেন্দ্র
stock market [stɒk 'mɑːkɪt] *n* শেয়ার বাজার

stock up [stɒk ʌp] v প্রচুর পরিমানে মজুত করা

stomach ['stʌmək] n পাকস্থলী

stomachache ['stʌmək,eɪk] n পেটের ব্যথা

stone [stəʊn] n (material) পাথর; (piece of rock) কাঁকর

stool [stuːl] n বসার টুল

stop [stɒp] n থামা ▷ v (doing something) থামানো ▷ vi (not continue) বন্ধ হওয়া

stopover ['stɒp,əʊvə] n স্বল্প কালের জন্য থামা

stopwatch ['stɒp,wɒtʃ] n স্টপ ওয়াচ

storage ['stɔːrɪdʒ] n গুদামে রাখা

store [stɔː] n গুদাম ▷ vt গুদামজাত করা

storm [stɔːm] n ঝড়

stormy ['stɔːmɪ] adj ঝোড়ো

story ['stɔːrɪ] n গল্প

stove [stəʊv] n স্টোভ

straight [streɪt] adj সোজা

straighteners ['streɪtnəz] npl চুল সোজা করার সরঞ্জাম

straightforward [,streɪt'fɔːwəd] adj স্পষ্টভাষী

straight on [streɪt ɒn] adv সোজাভাবে

strain [streɪn] n চাপ ▷ vt চাপ দেওয়া

strained [streɪnd] adj ক্লান্ত

stranded ['strændɪd] adj আটকে পড়া

strange [streɪndʒ] adj অদ্ভুত

stranger ['streɪndʒə] n আগন্তুক

strangle ['stræŋgl] vt গলা টিপে মারা

strap [stræp] n ফিতা

strategic [strə'tiːdʒɪk] adj রণনীতি বিষয়ক

strategy ['strætɪdʒɪ] n নীতিকৌশল

straw [strɔː] n (dried stalks of crops) খড়; (for drinking through) সরু নল

strawberry ['strɔːbərɪ] n স্ট্রবেরি ফল

stray [streɪ] n হারিয়ে যাওয়া গৃহপালিত জন্তু

stream [striːm] n জল স্রোত

street [striːt] n রাস্তা

streetlamp ['striːt,læmp] n রাস্তার আলো

street map [striːt mæp] n রাস্তার মানচিত্র

streetwise ['striːt,waɪz] adj (informal) অভিজ্ঞ

strength [streŋθ] n শক্তি

strengthen ['strɛŋθən] *vt* মজবুত করা

stress [strɛs] *n* চাপ ▷ *vt* চাপ সৃষ্টি করা

stressed [strɛst] *adj* চাপে পড়া

stressful ['strɛsfʊl] *adj* কষ্টকর

stretch [strɛtʃ] *vi* *(extend)* প্রসারিত হওয়া; *(with your body)* ছড়িয়ে দেওয়া

stretcher ['strɛtʃə] *n* স্ট্রেচার

stretchy ['strɛtʃɪ] *adj* টানলে বড় হয়

strict [strɪkt] *adj* কঠোর

strictly ['strɪktlɪ] *adv* কঠোর ভাবে

strike [straɪk] *n* ধর্মঘট ▷ *vt* আঘাত করা ▷ *vi* ধর্মঘট পালন করা ▷ *v* *(hit)* আক্রমণ করা

striker ['straɪkə] *n* ধর্মঘটী

striking ['straɪkɪŋ] *adj* লক্ষ্যণীয়

string [strɪŋ] *n* *(for parcel)* সরু দড়ি; *(musical instrument)* তার

strip [strɪp] *n* লম্বা লম্বা ফালি ▷ *v* জামা কাপড় খোলা

stripe [straɪp] *n* সরু সরু রেখা

striped [straɪpt] *adj* ডোরা কাটা

stripy ['straɪpɪ] *adj* *(informal)* ডোরা কাটা

stroke [strəʊk] *n* স্ট্রোক (অসুখ) ▷ *vt* টোকা মারা

stroll [strəʊl] *n* ঘুরে বেড়ান

strong [strɒŋ] *adj* *(person)* সবল; *(object)* শক্ত

strongly ['strɒŋlɪ] *adv* মজবুতভাবে

structure ['strʌktʃə] *n* কাঠামো

struggle ['strʌgl] *n* সংগ্রাম ▷ *v* সংগ্রাম করা

stub [stʌb] *n* বর্জিতাংশ

stubborn ['stʌbn] *adj* একগুঁয়ে

stub out [stʌb aʊt] *v* টিপে নেবানো

stuck [stʌk] *adj* *(unable to move)* দাঁড়িয়ে যাওয়া; *(stumped)* আটকে যাওয়া

stuck-up ['stʌk'ʌp] *adj* *(informal)* অহংকার

stud [stʌd] *n* পেরেকের মাথা

student ['stjuːdnt] *n* ছাত্র-ছাত্রী

student discount ['stjuːdnt 'dɪskaʊnt] *n* ছাত্রছাত্রীর জন্য ছাড়

studio ['stjuːdɪˌəʊ] *n* স্টুডিও
studio flat ['stjuːdɪəʊ flæt] *n* ছোট ফ্ল্যাটবাড়ি
study ['stʌdɪ] *v* লেখা পড়া করা
stuff [stʌf] *n (informal)* বস্তু
stuffy ['stʌfɪ] *adj* পুরোন ধাঁচের
stumble ['stʌmbl] *vi* হোঁচট খাওয়া
stunned [stʌnd] *adj* বিস্মিত
stunning ['stʌnɪŋ] *adj* আকর্ষক
stunt [stʌnt] *n* লোক দেখানো
stuntman ['stʌntmən] *n* বিপজ্জনক দৃশ্যের নেপথ্য অভিনেতা
stupid ['stjuːpɪd] *adj* বোকা
stutter ['stʌtə] *vi* তোতলানো
style [staɪl] *n* শৈলী
stylist ['staɪlɪst] *n* চুল কাটেন এবং স্টাইল করেন যিনি
subject ['sʌbdʒɪkt] *n* বিষয়
submarine ['sʌbməˌriːn] *n* ডুবোজাহাজ
subscription [səb'skrɪpʃən] *n* চাঁদা
subsidiary [səb'sɪdɪərɪ] *n* অধীনস্থ সংস্থা
subsidize ['sʌbsɪˌdaɪz] *vt* ভরতুকি দেওয়া
subsidy ['sʌbsɪdɪ] *n* ভরতুকি
substance ['sʌbstəns] *n* পদার্থ
substitute ['sʌbstɪˌtjuːt] *n* পরিবর্ত ▷ *v* বদলান
subtitled ['sʌbˌtaɪtld] *adj* ছবির কথা অনুবাদ করে নিচে লেখা
subtitles ['sʌbˌtaɪtlz] *npl* ছবির কথা অনুবাদ করে নিচে লেখা হয়
subtle ['sʌtl] *adj* সূক্ষ্ম
subtract [səb'trækt] *vt* বিয়োগ করা
suburb ['sʌbɜːb] *n* শহরতলী
suburban [sə'bɜːbn] *adj* শহরতলী সংক্রান্ত
subway ['sʌbˌweɪ] *n* ভূগর্ভস্থ পায়ে হাটার পথ
succeed [sək'siːd] *vi* সফল হওয়া
success [sək'sɛs] *n* সাফল্য
successful [sək'sɛsfʊl] *adj* সফল
successfully [sək'sɛsfʊlɪ] *adv* সফলভাবে
successive [sək'sɛsɪv] *adj* ধারাবাহিক, পরপর
successor [sək'sɛsə] *n* উত্তরাধিকারী

S

such [sʌtʃ] *det (like the one previously mentioned)* এই রকম; *(intensifying an adjective)* ভীষণ; *(like that)* এইরকম; *(followed by 'a' or 'an')* কি ভীষণ

suck [sʌk] *v* চোষা

Sudan [suː'dɑːn] *n* সুদান

Sudanese [ˌsuːd'niːz] *adj* সুদান দেশীয় ▷ *npl* সুদানের নাগরিক

sudden ['sʌdn] *adj* হঠাৎ

suddenly ['sʌdnlɪ] *adv* হঠাৎকরে

sue [sjuː] *v* মামলা করা

suede [sweɪd] *n* চামড়া

suffer ['sʌfə] *v* কষ্ট পাওয়া

suffocate ['sʌfəˌkeɪt] *vi* দম বন্ধ হয়ে আসা

sugar ['ʃʊgə] *n* চিনি

sugar-free ['ʃʊgəfriː] *adj* চিনি-বিহীন

suggest [sə'dʒɛst] *vt* পরামর্শ দেওয়া

suggestion [sə'dʒɛstʃən] *n* পরামর্শ

suicide ['suːɪˌsaɪd] *n* আত্মহত্যা

suicide bomber ['suɪsaɪd 'bɔmə] *n* আত্মঘাতী বোমাবাজ

suit [suːt] *n* পরিধানের স্যুট ▷ *vt* উপযুক্ত হওয়া

suitable ['suːtəbl] *adj* উপযুক্ত

suitcase ['suːtˌkeɪs] *n* সুটকেস

suite [swiːt] *n* হোটেলের সুইট

sulk [sʌlk] *vi* চাপা রাগে চুপ থাকা

sulky ['sʌlkɪ] *adj* গোমড়ামুখো

sultana [sʌl'tɑːnə] *n* কিশমিশ

sum [sʌm] *n (amount)* টাকার পরিমাণ; *(in maths)* অঙ্ক

summarize ['sʌməˌraɪz] *v* সারসংক্ষেপ করা

summary ['sʌmərɪ] *n* সারাংশ

summer ['sʌmə] *n* গ্রীষ্মকাল

summer holidays ['sʌmə 'hɒlədeɪz] *npl* গরমের ছুটি

summertime ['sʌməˌtaɪm] *n* গরমের দিন

summit ['sʌmɪt] *n* শিখর সম্মেলন

sum up [sʌm ʌp] *v* যোগ করা

sun [sʌn] *n* সূর্য্য

sunbathe ['sʌnˌbeɪð] *vi* রৌদ্রস্নান

sunbed ['sʌn,bɛd] n
সানবেড

sunblock ['sʌn,blɒk] n
সানব্লক ক্রীম

sunburn ['sʌn,bɜːn] n
রোদে পোড়া

sunburnt ['sʌn,bɜːnt] adj
রোদে পুড়ে যাওয়া

suncream ['sʌn,kriːm] n
সান ক্রীম

Sunday ['sʌndɪ] n রবিবার

sunflower ['sʌn,flaʊə] n
সূর্যমুখী

sunglasses ['sʌn,glɑːsɪz]
npl রোদ চশমা

sunlight ['sʌnlaɪt] n সূর্যরশ্মি

sunny ['sʌnɪ] adj রৌদ্রোজ্জ্বল

sunrise ['sʌn,raɪz] n সূর্য
ওঠা

sunroof ['sʌn,ruːf] n সান
রুফ,গাড়িতে আলো বাতাস
আসার স্থান

sunscreen ['sʌn,skriːn] n
রোধনিরোধী ক্রিম

sunset ['sʌn,sɛt] n সূর্যাস্ত

sunshine ['sʌn,ʃaɪn] n
সূর্যকিরণ

sunstroke ['sʌn,strəʊk] n
সর্দিগর্মি

suntan ['sʌn,tæn] n রোদে
বিবর্ণ

suntan lotion ['sʌntæn
'ləʊʃən] n রোদ থেকে
সুরক্ষার লোশন

suntan oil ['sʌntæn ɔɪl] n
রোদ থেকে সুরক্ষার তেল

super ['suːpə] adj (informal,
old-fashioned) খুব ভাল

superb [sʊ'pɜːb] adj অত্যন্ত
ভাল

superficial [,suːpə'fɪʃəl]
adj ওপর-ওপর

superior [suː'pɪərɪə] adj
উন্নততর ▷ n উর্দ্ধতন

supermarket
['suːpə,mɑːkɪt] n বড়দোকান

supernatural
[,suːpə'nætʃrəl] adj
অতিপ্রাকৃতিক

superstitious
[,suːpə'stɪʃəs] adj কুসংস্কার

supervise ['suːpə,vaɪz]
vt তদারক করা

supervisor ['suːpə,vaɪzə] n
তদারককারী

supper ['sʌpə] n নৈশভোজ

supplement ['sʌplɪmənt]
n অতিরিক্ত

supplier [sə'plaɪə] n
সরবরাহকারী

supplies [sə'plaɪz] npl
যোগান

S

supply [sə'plaɪ] *n* সরবরাহ ▷ *vt* সরবরাহ করা

supply teacher [sə'plaɪ 'tiːtʃə] *n* অস্থায়ী শিক্ষক

support [sə'pɔːt] *n* সমর্থন ▷ *vt* সমর্থন করা

supporter [sə'pɔːtə] *n* সমর্থক

suppose [sə'pəʊz] *vt* মনে করা

supposedly [sə'pəʊzɪdlɪ] *adv* আনুমানিকভাবে

supposing [sə'pəʊzɪŋ] *conj* ধরে নেওয়া যাক

surcharge ['sɜːˌtʃɑːdʒ] *n* শুল্ক

sure [ʃʊə] *adj* নিশ্চিত

surely ['ʃʊəlɪ] *adv* নিশ্চিতভাবে

surf [sɜːf] *n* ফেনার ঢেউ ▷ *vi* সামুদ্রিক ক্রীড়া

surface ['sɜːfɪs] *n* উপরিভাগ

surfboard ['sɜːfˌbɔːd] *n* সার্ফবোর্ড

surfer ['sɜːfə] *n* যে সার্ফিং করে

surfing ['sɜːfɪŋ] *n* সমুদ্রের ঢেউয়ে খেলা

surge [sɜːdʒ] *n* হঠাৎ বৃদ্ধি পাওয়া

surgeon ['sɜːdʒən] *n* শল্যচিকিৎসক

surgery ['sɜːdʒərɪ] *n* *(medical treatment)* অস্ত্রোপচার; *(place)* ডাক্তারখানা

surname ['sɜːˌneɪm] *n* পদবী

surplus ['sɜːpləs] *adj* বেশি ▷ *n* অতিরিক্ত

surprise [sə'praɪz] *n* বিস্ময়

surprised [sə'praɪzd] *adj* বিস্মিত

surprising [sə'praɪzɪŋ] *adj* বিস্ময়কর

surprisingly [sə'praɪzɪŋlɪ] *adv* বিস্ময়করভাবে

surrender [sə'rɛndə] *vi* আত্মসমর্পণ

surrogate mother ['sʌrəgɪt 'mʌðə] *n* অন্যমহিলার বাচ্চার জন্মদাত্রী

surround [sə'raʊnd] *vt* ঘিরে ফেলা

surroundings [sə'raʊndɪŋz] *npl* পরিবেশ

survey ['sɜːveɪ] *n* সমীক্ষা

surveyor [sɜː'veɪə] *n* সমীক্ষক

survival [sə'vaɪvl] *n* জীবিত থাকা

survive [sə'vaɪv] *v* বেঁচে থাকা

survivor [sə'vaɪvə] *n* জীবিত ব্যক্তি

suspect ['sʌspekt] *n* সন্দেহভাজন ▷ [sə'spɛkt] *vt* সন্দেহ করা
suspend [sə'spɛnd] *vt* নিলম্বিত করা
suspense [sə'spɛns] *n* দ্বিধা
suspension [sə'spɛnʃən] *n* নিলম্বন
suspension bridge [səs'pɛnʃən brɪdʒ] *n* টানা সেতু
suspicious [sə'spɪʃəs] *adj* সন্দেহবাতিক
swallow ['swɒləʊ] *n* গলাধঃকরণ ▷ *vt* গিলে নেওয়া ▷ *vi* গিলে খাওয়া
swamp [swɒmp] *n* জলাভূমি
swan [swɒn] *n* রাজহংস
swap [swɒp] *v* বিনিময়
swat [swɒt] *vt* দ্রুতগতিতে মারা
sway [sweɪ] *vi* দোল খাওয়া
Swaziland ['swɑːzɪˌlænd] *n* সোয়াজিল্যান্ড
swear [swɛə] *vi* গালি দেওয়া
swearword ['swɛəˌwɜːd] *n* কটুক্তি
sweat [swɛt] *n* ঘাম ▷ *vi* ঘামা
sweater ['swɛtə] *n* শীত বস্ত্র
sweatshirt ['swɛtˌʃɜːt] *n* ঢিলে ঢালা শার্ট
sweaty ['swɛtɪ] *adj* ঘর্মাক্ত
Swede [swiːd] *n* সুইডেনের লোক
swede [swiːd] *n* শালগম
Sweden ['swiːdn] *n* সুইডেন
Swedish ['swiːdɪʃ] *adj* সুইডেন দেশীয় ▷ *n* সুইডেনের ভাষা
sweep [swiːp] *vt* ঝাড়ু দেওয়া
sweet [swiːt] *adj (food, drink)* মিষ্টি; *(enjoyable)* আনন্দদায়ক ▷ *n* মিষ্টদ্রব্য
sweetcorn ['swiːtˌkɔːn] *n* ভুট্টা
sweetener ['swiːtnə] *n* চিনির পরিবর্ত
sweets ['swiːtz] *npl* মিষ্টিদ্রব্য
sweltering ['swɛltərɪŋ] *adj* গরম
swerve [swɜːv] *v* ঘুরিয়ে নেওয়া
swim [swɪm] *vi* সাঁতার কাটা
swimmer ['swɪmə] *n* সাঁতারু
swimming ['swɪmɪŋ] *n* সাঁতার
swimming costume ['swɪmɪŋ 'kɒstjuːm] *n* সাঁতারের পোশাক
swimming pool ['swɪmɪŋ puːl] *n* সাঁতার কাটার জলাশয়
swimming trunks ['swɪmɪŋ trʌŋks] *npl* সাঁতারের প্যান্ট

swimsuit ['swɪmˌsuːt] *n* মেয়েদের সাঁতারের পোশাক
swing [swɪŋ] *n* দোলা ▷ *v* দোল খাওয়া
Swiss [swɪs] *adj* সুইৎজারল্যান্ডের ▷ *npl* সুইৎজারল্যান্ডের নাগরিক
switch [swɪtʃ] *n* বিদ্যুতের সুইচ ▷ *vi* পরিবর্তন করা
switchboard ['swɪtʃˌbɔːd] *n* সুইচ বোর্ড
switch off [swɪtʃ ɒf] *v* বন্ধ করা
switch on [swɪtʃ ɒn] *v* চালু করা
Switzerland ['swɪtsələnd] *n* সুইৎজ়ারল্যান্ড, (দেশ)
swollen ['swəʊlən] *adj* ফোলা
sword [sɔːd] *n* অসি
swordfish ['sɔːdˌfɪʃ] *n* সামুদ্রিক মাছ
swot [swɒt] *vi* *(informal)* পরীক্ষার পড়া
syllable ['sɪləbl] *n* বর্ণ বিভাজন
syllabus ['sɪləbəs] *n* পাঠ্যক্রম
symbol ['sɪmbl] *n* প্রতীক
symmetrical [sɪ'mɛtrɪkl] *adj* সদৃশ
sympathetic [ˌsɪmpə'θɛtɪk] *adj* সহানুভূতিশীল
sympathize ['sɪmpəˌθaɪz] *vi* সহানুভূতি প্রদর্শন
sympathy ['sɪmpəθɪ] *n* সহানুভূতি
symphony ['sɪmfənɪ] *n* সঙ্গীত
symptom ['sɪmptəm] *n* লক্ষণ
synagogue ['sɪnəˌgɒg] *n* ইহুদীদের পূজাস্থল
Syria ['sɪrɪə] *n* সিরিয়া (দেশ)
Syrian ['sɪrɪən] *adj* সিরিয়া দেশীয় ▷ *n* সিরিয়ার নাগরিক
syringe ['sɪrɪndʒ] *n* সিরিঞ্জ
syrup ['sɪrəp] *n* চিনির শিরা
system ['sɪstəm] *n* ব্যবস্থা
systematic [ˌsɪstɪ'mætɪk] *adj* সুপরিকল্পিত
systems analyst ['sɪstəms 'ænəlɪst] *n* সিস্টেম এ্যানালিষ্ট

t

table ['teɪbl] *n* *(piece of furniture)* টেবিল; *(chart)* সারণী
tablecloth ['teɪblˌklɒθ] *n* টেবিল ক্লথ

tablespoon ['teɪbl,spuːn] *n* টেবিলচামচ
tablet ['tæblɪt] *n* ট্যাবলেট
table tennis ['teɪbl 'tɛnɪs] *n* টেবিল টেনিস
table wine ['teɪbl waɪn] *n* টেবিল ওয়াইন
taboo [tə'buː] *adj* নিষিদ্ধ ▷ *n* নিষিদ্ধ
tackle ['tækl] *n* সামলানো ▷ *vt* সামলে রাখা
tact [tækt] *n* বিচক্ষণতা
tactful ['tæktfʊl] *adj* কৌশলী
tactics ['tæktɪks] *npl* কৌশল
tactless ['tæktlɪs] *adj* কাণ্ডজ্ঞানহীন
tadpole ['tæd,pəʊl] *n* ব্যাঙাচি
tag [tæg] *n* টিকলি
Tahiti [tə'hiːtɪ] *n* তাহিতি
tail [teɪl] *n* লেজ
tailor ['teɪlə] *n* দর্জি
Taiwan ['taɪ'wɑːn] *n* তাইওয়ান
Taiwanese [,taɪwɑː'niːz] *adj* তাইওয়ান দেশীয় ▷ *n* তাইওয়ানের বসবাসকারী
Tajikistan [tɑː,dʒɪkɪ'stɑːn] *n* তাজিকিস্তান
taka ['tɑːkɑː] *n* টাকা
take [teɪk] *vt (travel in)* যানবাহনে চড়া; *(carry)* নেওয়া; *(steal)* হস্তগত করা
take after [teɪk 'ɑːftə] *v* সদৃশ হওয়া
take apart [teɪk ə'pɑːt] *v* আলাদা করা
take away [teɪk ə'weɪ] *v* সরিয়ে নেওয়া
takeaway ['teɪkə,weɪ] *n* দোকানের বাইরে নিয়ে যাওয়ার খাবার
take back [teɪk bæk] *v* ফেরত নেওয়া
take off [teɪk ɒf] *v* বিমান ওড়া
takeoff ['teɪk,ɒf] *n* বিমানের আকাশ আরোহন
take over [teɪk 'əʊvə] *v* দখল নেওয়া
takeover ['teɪk,əʊvə] *n* অধিগ্রহণ
takings ['teɪkɪŋz] *npl* বিক্রয় মারফত টাকা পাওয়া
talcum powder ['tælkəm 'paʊdə] *n* ট্যালকম পাউডার
tale [teɪl] *n* কাহিনী
talent ['tælənt] *n* প্রতিভা
talented ['tæləntɪd] *adj* প্রতিভাবান

talk [tɔːk] *n* কথা ▷ *vi* কথা বলা

talkative ['tɔːkətɪv] *adj* বাচাল

talk to [tɔːk tʊ; tuː; tə] *v* কথোপকথন করা

tall [tɔːl] *adj* লম্বা

tame [teɪm] *adj* গৃহপালিত

tampon ['tæmpɒn] *n* রজঃস্রাবে ব্যবহৃত ন্যাকড়া

tan [tæn] *n* তামাটে

tandem ['tændəm] *n* একপ্রকার সাইকেল

tangerine [ˌtændʒə'riːn] *n* একপ্রকার কমলালেবু

tank [tæŋk] *n* (container) বড় আধার; (vehicle) যুদ্ধের ট্যাঙ্ক

tanker ['tæŋkə] *n* ট্যাঙ্কার জাহাজ

tanned [tænd] *adj* পিঙ্গল

tantrum ['tæntrəm] *n* রাগারাগি

Tanzania [ˌtænzə'nɪə] *n* তানজানিয়া

Tanzanian [ˌtænzə'nɪən] *adj* তানজানিয়া দেশীয় ▷ *n* তানজানিয়ার অধিবাসী

tap [tæp] *n* জলের কল

tap-dancing ['tæpˌdɑːnsɪŋ] *n* ট্যাপ নৃত্য

tape [teɪp] *n* ফিতা ▷ *vt* টেপ করা

tape measure [teɪp 'mɛʒə] *n* টেপ পরিমাপক

tape recorder [teɪp rɪ'kɔːdə] *n* টেপ রেকর্ডার

target ['tɑːgɪt] *n* লক্ষ্য

tariff ['tærɪf] *n* শুল্ক

tarmac ['tɑːmæk] *n* রাস্তার পিচ

tarpaulin [tɑː'pɔːlɪn] *n* টারপুলিন

tarragon ['tærəgən] *n* ট্যারাগন

tart [tɑːt] *n* পেস্ট্রি

tartan ['tɑːtn] *adj* পশমের বস্ত্র

task [tɑːsk] *n* কাজ

Tasmania [tæz'meɪnɪə] *n* তাসমানিয়া

taste [teɪst] *n* স্বাদ ▷ *vi* স্বাদ নেওয়া

tasteful ['teɪstfʊl] *adj* মার্জিত

tasteless ['teɪstlɪs] *adj* স্বাদহীন

tasty ['teɪstɪ] *adj* সুস্বাদু

tattoo [tæ'tuː] *n* উল্কি

Taurus ['tɔːrəs] *n* বৃষরাশি

tax [tæks] *n* কর

taxi ['tæksɪ] *n* ট্যাক্সি

taxi driver ['tæksɪ 'draɪvə] *n* ট্যাক্সি চালক

taxpayer ['tæks,peɪə] *n* করদাতা

tax return [tæks rɪ'tɜːn] *n* ট্যাক্স রিটার্ণ

TB [tiː biː] *n* যক্ষ্মা

tea [tiː] *n* *(drink)* চা; *(meal)* চা-পান

tea bag [tiː bæg] *n* চা ব্যাগ

teach [tiːtʃ] *vt* পড়ানো

teacher ['tiːtʃə] *n* শিক্ষক

teaching ['tiːtʃɪŋ] *n* শিক্ষকতা

teacup ['tiː,kʌp] *n* চায়ের কাপ

team [tiːm] *n* দল

teapot ['tiː,pɒt] *n* চায়ের কেটলি

tear [tɪə] *n* *(from eye)* অশ্রু; [tɛə] *n* *(rip)* ছেঁড়া ▷ *vt* ছিঁড়ে ফেলা

tear gas [tɪə gæs] *n* কাঁদানে গ্যাস

tear up [tɛə ʌp] *v* টুকরো করে ছিঁড়ে ফেলা

tease [tiːz] *vt* উত্যক্ত করা

teaspoon ['tiː,spuːn] *n* চা-চামচ

teatime ['tiː,taɪm] *n* চা খাবার সময়

tea towel [tiː 'taʊəl] *n* টি টাওয়েল

technical ['tɛknɪkl] *adj* প্রায়োগিক

technician [tɛk'nɪʃən] *n* যন্ত্রকুশলী

technique [tɛk'niːk] *n* কৌশল

techno ['tɛknəʊ] *n* টেকনো

technological [tɛknə'lɒdʒɪkl] *adj* প্রযুক্তিগত

technology [tɛk'nɒlədʒɪ] *n* প্রযুক্তি

teddy bear ['tɛdɪ bɛə] *n* টেডি বিয়ার

tee [tiː] *n* গলফের শুরুর স্থান

teenager ['tiːn,eɪdʒə] *n* কিশোর বা কিশোরী

teens [tiːnz] *npl* কৈশোর

tee-shirt ['tiː,ʃɜːt] *n* টি-শার্ট

teethe [tiːð] *vi* দুধের দাঁত পড়া

teetotal [tiː'təʊtl] *adj* মদ্যপানে অনিচ্ছুক

telecommunications [,tɛlɪkə,mjuːnɪ'keɪʃənz] *npl* বৈদ্যুতিন যোগাযোগব্যবস্থা

telegram ['tɛlɪ,græm] *n* তার

telephone ['tɛlɪ,fəʊn] *n* টেলিফোন

t

telephone directory ['tɛlɪfəʊn dɪ'rɛktərɪ; -trɪ; daɪ-] *n* টেলিফোনের তথ্যসম্বলিত তালিকা

telesales ['tɛlɪ,seɪlz] *n* টেলিফোনের মাধ্যমে বিক্রয়

telescope ['tɛlɪ,skəʊp] *n* টেলিস্কোপ

television ['tɛlɪ,vɪʒən] *n* টেলিভিশন

tell [tɛl] *vt (inform)* বলা; *(order)* বলা; *(sense)* বলতে পারা

teller ['tɛlə] *n* খাজাঞ্চি

tell off [tɛl ɒf] *v* তিরষ্কার করা

telly ['tɛlɪ] *n (informal)* টেলিভিশন

temp [tɛmp] *n* অস্থায়ী কর্মী

temper ['tɛmpə] *n* মেজাজ

temperature ['tɛmprɪtʃə] *n* তাপমাত্রা

temple ['tɛmpl] *n* মন্দির

temporary ['tɛmpərərɪ] *adj* অস্থায়ী

tempt [tɛmpt] *v* প্রলুব্ধ করা

temptation [tɛmp'teɪʃən] *n* প্রলোভন

tempting ['tɛmptɪŋ] *adj* প্রলুব্ধকর

ten [tɛn] *num* দশ

tenant ['tɛnənt] *n* ভাড়াটে

tend [tɛnd] *vi* ঝোঁক থাকা

tendency ['tɛndənsɪ] *n* প্রবণতা

tender ['tɛndə] *adj* নরম

tendon ['tɛndən] *n* কণ্ডরা

tennis ['tɛnɪs] *n* টেনিস

tennis court ['tɛnɪs kɔːt] *n* টেনিস কোর্ট

tennis player ['tɛnɪs 'pleɪə] *n* টেনিস খেলোয়াড়

tennis racket ['tɛnɪs 'rækɪt] *n* টেনিস ব্যাট

tenor ['tɛnə] *n* উচ্চ আওয়াজসম্পন্ন পুরুষ গায়ক

tenpin bowling ['tɛnpɪn 'bəʊlɪŋ] *n* টেনপিন বোলিং

tense [tɛns] *adj* স্নায়ুচাপে পীড়িত ▷ *n* ক্রিয়ার কাল

tension ['tɛnʃən] *n* স্নায়ুচাপ পীড়ন

tent [tɛnt] *n* তাঁবু

tenth [tɛnθ] *adj* দশম ▷ *n* এক-দশমাংশ

term [tɜːm] *n (expression)* শব্দ; *(school, college, university)* শিক্ষাবর্ষের ভাগ

terminal ['tɜːmɪnl] *adj* অন্তিম ▷ *n* প্রান্ত

terminally ['tɜːmɪnlɪ] *adv* চূড়ান্তভাবে

terrace ['tɛrəs] *n* ছাদ

terraced ['tɛrəst] *adj* ধাপ কাটা

terrible ['tɛrəbl] *adj* সাংঘাতিক

terribly ['tɛrəblɪ] *adv* সাংঘাতিকভাবে

terrier ['tɛrɪə] *n* টেরিয়ার

terrific [tə'rɪfɪk] *adj (informal)* দারুণ

terrified ['tɛrɪˌfaɪd] *adj* সন্ত্রস্ত

terrify ['tɛrɪˌfaɪ] *vt* সন্ত্রস্ত হওয়া

territory ['tɛrɪtərɪ] *n* শাসিত অঞ্চল

terrorism ['tɛrəˌrɪzəm] *n* উগ্রপন্থা

terrorist ['tɛrərɪst] *n* উগ্রপন্থী

terrorist attack ['tɛrərɪst ə'tæk] *n* উগ্রপন্থী হামলা

test [tɛst] *n (experiment)* পরীক্ষা ▷ *vt* পরীক্ষা করা ▷ *n (person, knowledge)* পরীক্ষা

testicle ['tɛstɪkl] *n* অন্ডকোষ

test tube [tɛst tjuːb] *n* পরীক্ষার নল

tetanus ['tɛtənəs] *n* ধনুষ্টঙ্কার

text [tɛkst] *n* লিখিত বস্তু ▷ *vt* বার্তা পাঠানো

textbook ['tɛkstˌbʊk] *n* পাঠ্যবই

textile ['tɛkstaɪl] *n* বস্ত্র

text message [tɛkst 'mɛsɪdʒ] *n* বার্তা

Thai [taɪ] *adj* থাইল্যান্ড দেশীয় ▷ *n (person)* থাইল্যান্ডের নাগরিক; *(language)* থাইল্যান্ডের ভাষা

Thailand ['taɪˌlænd] *n* থাইল্যান্ড

than [ðæn] *prep* অপেক্ষা

thank [θæŋk] *vt* ধন্যবাদ দেওয়া

thanks! ['θæŋks] *excl* ধন্যবাদ

that [ðæt] *det (denoting something previously mentioned)* তাহা ▷ *conj (joining clauses)* যেটা ▷ *pron (denoting something previously mentioned)* তাহা ▷ *det (referring to a person or thing a distance away)* ওই ▷ *pron (referring to a person or thing a distance away)* ওই; *(who or which)* ওই

thatched [θætʃt] *adj* খড় ছাওয়া চাল

the [ðə] *det (referring to a specific person or thing)* টি; *(with singular noun referring to things of that type generally)* এই

t

theatre ['θɪətə] *n* রঙ্গমঞ্চ
theft [θɛft] *n* চুরি
their [ðɛə] *det* তাদের
theirs [ðɛəz] *pron* কেবলমাত্র তাদের
them [ðɛm] *pron* তাদেরকে
theme [θiːm] *n* বিষয়বস্তু
theme park [θiːm pɑːk] *n* থিম পার্ক
themselves [ðəm'sɛlvz] *pron* তারা নিজেরা
then [ðɛn] *adv* তখন ▷ *conj (informal)* তারপর
theology [θɪ'ɒlədʒɪ] *n* ধর্মতত্ত্ব
theory ['θɪərɪ] *n* তত্ত্ব
therapy ['θɛrəpɪ] *n* ঔষধবর্জিত চিকিৎসা
there [ðɛə] *adv* সেখানে ▷ *pron* কোন জায়গায়
therefore ['ðɛə,fɔː] *adv* সুতরাং
thermometer [θə'mɒmɪtə] *n* থার্মোমিটার
Thermos® ['θɜːməs] *n* থার্মোস
thermostat ['θɜːmə,stæt] *n* থার্মোস্ট্যাট
these [ðiːz] *det (referring to people or things previously mentioned)* এইগুলি ▷ *pron* এইগুলি ▷ *det* এইগুলি; *(referring to people or things you are going to talk about)* এইগুলি
they [ðeɪ] *pron* তাহারা
thick [θɪk] *adj (measuring a lot from one side to the other)* পুরু; *(liquid)* ঘন
thickness ['θɪknɪs] *n* পুরুত্ব
thief [θiːf] *n* চোর
thigh [θaɪ] *n* উরু
thin [θɪn] *adj (not measuring much from one side to the other)* পাতলা; *(slim)* রোগা
thing [θɪŋ] *n* জিনিস
think [θɪŋk] *v (believe)* মনে করা ▷ *vi (use your mind)* চিন্তা করা
third [θɜːd] *adj* তৃতীয় ▷ *n* এক তৃতীয়াংশ
thirdly ['θɜːdlɪ] *adv* তৃতীয়তঃ
third-party insurance ['θɜːd'pɑːtɪ ɪn'ʃʊərəns; -'ʃɔː-] *n* থার্ড পার্টি ইন্সিওরেন্স
thirst [θɜːst] *n* তৃষ্ণা
thirsty ['θɜːstɪ] *adj* তৃষ্ণার্ত
thirteen ['θɜː'tiːn] *num* ত্রয়োদশ
thirteenth ['θɜː'tiːnθ] *adj* ত্রয়োদশতম

thirty ['θɜːtɪ] *num* ত্রিশ

this [ðɪs] *det (referring to a person or thing previously mentioned)* এই ▹ *pron (person or thing near you)* এইখানি ▹ *det (referring to a person or thing near you)* এই ▹ *pron (referring to a person or thing you are going to talk about)* এইটি

thistle ['θɪsl] *n* কাঁটাগাছবিশেষ

thorn [θɔːn] *n* কাঁটা

thorough ['θʌrə] *adj* পুঙ্খানুপুঙ্খ

thoroughly ['θʌrəlɪ] *adv* পুঙ্খানুপুঙ্খরূপে

those [ðəʊz] *det (referring to people or things previously mentioned)* ওইগুলি ▹ *pron* ওইগুলি ▹ *det* ওইগুলি

though [ðəʊ] *adv* যদিও ▹ *conj (even although)* তবুও; *(in contrast)* যদিও

thought [θɔːt] *n* মনন

thoughtful ['θɔːtfʊl] *adj* মননশীল

thoughtless ['θɔːtlɪs] *adj* মননহীন

thousand ['θaʊzənd] *num* সহস্র

thousandth ['θaʊzənθ] *adj* সহস্রতম ▹ *n* এক-সহস্রাংশ

thread [θrɛd] *n* সুতো

threat [θrɛt] *n* হুমকি

threaten ['θrɛtn] *vt* হুমকি দেওয়া

threatening ['θrɛtnɪŋ] *adj* ভীতিজনক

three [θriː] *num* তিন

three-dimensional [ˌθriːdɪ'mɛnʃənl] *adj* ত্রিমাত্রিক

thrifty ['θrɪftɪ] *adj* হিসাবী

thrill [θrɪl] *n* রোমাঞ্চ

thrilled [θrɪld] *adj* রোমাঞ্চিত

thriller ['θrɪlə] *n* রোমাঞ্চকর কাহিনী

thrilling ['θrɪlɪŋ] *adj* রোমাঞ্চকর

throat [θrəʊt] *n (back of mouth)* গলা; *(front of neck)* টুঁটি

throb [θrɒb] *vi* স্পন্দিত হওয়া

throne [θrəʊn] *n* সিংহাসন

through [θruː] *prep (from one side to the other of)* মধ্যে

throughout [θruː'aʊt] *prep* সম্পূর্ণরূপে

throw [θrəʊ] *vt* ছোঁড়া

throw away [θrəʊ ə'weɪ] *v* ফেলা দেওয়া

throw out [θrəʊ aʊt] *v* ফেলা দেওয়া
throw up [θrəʊ ʌp] *v* *(informal)* বমি করা
thrush [θrʌʃ] *n* গায়ক পক্ষী
thug [θʌg] *n* খুনি
thumb [θʌm] *n* বুড়ো আঙ্গুল
thumbtack ['θʌm,tæk] *n* *(US)* ছোট মাথাওয়ালা পেরেক
thump [θʌmp] *v* ঘুসি মারা
thunder ['θʌndə] *n* বজ্র
thunderstorm ['θʌndə,stɔːm] *n* বজ্রবিদ্যুতসহ ঝোড়ো বৃষ্টি
thundery ['θʌndərɪ] *adj* বজ্রপাতযুক্ত
Thursday ['θɜːzdɪ] *n* বৃহস্পতিবার
thyme [taɪm] *n* একপ্রকার সুগন্ধি লতা
Tibet [tɪ'bɛt] *n* তিব্বত
Tibetan [tɪ'bɛtn] *adj* তিব্বত দেশীয় ▷ *n* *(person)* তিব্বতী; *(language)* তিব্বতী ভাষা
tick [tɪk] *n* টিক্ চিহ্ন ▷ *vt* চিহ্নিত করা
ticket ['tɪkɪt] *n* টিকিট
ticket machine ['tɪkɪt mə'ʃiːn] *n* টিকিট কাটার মেশিন
ticket office ['tɪkɪt 'ɒfɪs] *n* টিকিট বিক্রির অফিস
tickle ['tɪkl] *vt* কাতুকুতু দেওয়া
ticklish ['tɪklɪʃ] *adj* কষ্টসাধ্য
tick off [tɪk ɒf] *v* দাগ দিয়ে রাখা
tide [taɪd] *n* ঢেউ
tidy ['taɪdɪ] *adj* পরিষ্কার পরিচ্ছন্ন ▷ *vt* পরিষ্কার পরিচ্ছন্ন করা
tidy up ['taɪdɪ ʌp] *v* গোছগাছ করা
tie [taɪ] *n* *(necktie)* টাই ▷ *vt* বাঁধা
tie up [taɪ ʌp] *v* শক্ত করে বাঁধা
tiger ['taɪgə] *n* বাঘ
tight [taɪt] *adj* *(clothes)* আঁটসাঁট; *(knot)* বাঁধা
tighten ['taɪtn] *v* আঁটা
tights [taɪts] *npl* একপ্রকার আঁটসাঁট পোশাক
tile [taɪl] *n* টালি
tiled ['taɪld] *adj* টালি দ্বারা বাঁধানো
till [tɪl] *conj* *(informal)* যতক্ষণ পর্যন্ত ▷ *n* টাকা রাখবার কাউন্টার ▷ *prep* *(informal, until but not later than)* যতক্ষণ পর্যন্ত; *(informal, before)* পর্যন্ত
timber ['tɪmbə] *n* কাঠ

time [taɪm] *n (how long something takes to happen)* সময়; *(current)* সময়
time bomb [taɪm bɒm] *n* টাইম বম্ব
time off [taɪm ɒf] *n* ছুটি
timer ['taɪmə] *n* সময়-পরিমাপক যন্ত্র
timetable ['taɪm,teɪbl] *n* সময় সারণী
time zone [taɪm zəʊn] *n* সময়-মান মন্ডল
tin [tɪn] *n (metal)* টিন; *(can)* ধাতুর কৌটো
tinfoil ['tɪn,fɔɪl] *n* টিন ফয়েল
tinned [tɪnd] *adj* কৌটোয় সংরক্ষিত
tin opener [tɪn 'əʊpnə] *n* কৌটো খোলার যন্ত্র
tinsel ['tɪnsəl] *n* চকচকে কাগজ
tinted ['tɪntɪd] *adj* আবছা
tiny ['taɪnɪ] *adj* ক্ষুদ্র
tip [tɪp] *n (end)* প্রান্ত; *(gratuity)* বকশিস; *(hint)* পরামর্শ ▷ *v (incline)* মাথা হেলানো ▷ *vt (give money to)* বকশিশ দেওয়া
tipsy ['tɪpsɪ] *adj* নেশাগ্রস্ত
tired ['taɪəd] *adj* ক্লান্ত
tiring ['taɪərɪŋ] *adj* ক্লান্তিকর
tissue ['tɪsjuː] *n* টিস্যু
title ['taɪtl] *n* শিরোনাম
to [tuː] *prep* প্রতি ▷ *part* এর
toad [təʊd] *n* ব্যাঙ
toadstool ['təʊd,stuːl] *n* বিষাক্ত ছত্রাক
toast [təʊst] *n (bread)* টোষ্ট; *(drink)* শুভেচ্ছা
toaster ['təʊstə] *n* টোষ্ট বানানোর যন্ত্র
tobacco [tə'bækəʊ] *n* তামাক
tobacconist [tə'bækənɪst] *n* তামাক বিক্রির দোকান
toboggan [tə'bɒgən] *n* হাল্কা কাঠের বোর্ড
tobogganing [tə'bɒgənɪŋ] *n* বরফের ওপর খেলা
today [tə'deɪ] *adv* আজ
toddler ['tɒdlə] *n* বাচ্চা
toe [təʊ] *n* পায়ের আঙুল
toffee ['tɒfɪ] *n* টফি
together [tə'gɛðə] *adv* একসাথে
Togo ['təʊgəʊ] *n* টোগো (দেশ)
toilet ['tɔɪlɪt] *n* শৌচাগার
toilet bag ['tɔɪlɪt bæg] *n* প্রসাধনী থলে
toilet paper ['tɔɪlɪt 'peɪpə] *n* শৌচাগারে ব্যবহৃত কাগজ

t

toiletries ['tɔɪlɪtriːz] *npl* প্রসাধনী সামগ্রী

toilet roll ['tɔɪlɪt rəʊl] *n* শৌচাগারে ব্যবহৃত কাগজের বান্ডিল

token ['təʊkən] *n* টোকেন

tolerant ['tɒlərənt] *adj* সহিষ্ণু

toll [təʊl] *n* পথ কর

tomato [tə'mɑːtəʊ] *n* টমেটো

tomato sauce [tə'mɑːtəʊ sɔːs] *n* টমেটো সস

tomb [tuːm] *n* সমাধি সৌধ

tomboy ['tɒm,bɔɪ] *n* পুরুষালী মেয়ে

tomorrow [tə'mɒrəʊ] *adv* আগামী কাল

ton [tʌn] *n* টন (পরিমাপ)

tongue [tʌŋ] *n* জিভ

tonic ['tɒnɪk] *n* টনিক

tonight [tə'naɪt] *adv* আজ রাত

tonsillitis [,tɒnsɪ'laɪtɪs] *n* টনসিলের অসুখ

tonsils ['tɒnsəlz] *npl* টনসিল

too [tuː] *adv (also)* এছাড়া; *(excessively)* খুব বেশি

tool [tuːl] *n* হাতিয়ার

tooth [tuːθ] *n (in your mouth)* দাঁত; *(comb, zip, saw)* ধারাল দাঁত

toothache ['tuːθ,eɪk] *n* দাঁতব্যথা

toothbrush ['tuːθ,brʌʃ] *n* দাঁত মাজার ব্রাশ

toothpaste ['tuːθ,peɪst] *n* দাঁতের মাজন

toothpick ['tuːθ,pɪk] *n* দাঁত কাঠি

top [tɒp] *n* শীর্ষস্থান; *(highest part)* উঁচু অংশ; *(lid)* ওপরের অংশ

topic ['tɒpɪk] *n* প্রসঙ্গ

topical ['tɒpɪkl] *adj* ঘটনা অনুযায়ী

top-secret ['tɒp'siːkrɪt] *adj* অতি গোপন

top-up card ['tɒpʌp kɑːd] *n* মোবাইলে ব্যবহৃত কার্ড

torch ['tɔːtʃ] *n* টর্চ

tornado [tɔː'neɪdəʊ] *n* ঘূর্ণিঝড়

tortoise ['tɔːtəs] *n* কচ্ছপ

torture ['tɔːtʃə] *n* নির্যাতন ▷ *vt* নির্যাতন করা

toss [tɒs] *vt* নিক্ষেপ করা

total ['təʊtl] *adj* মোট ▷ *n* যোগফল

totally ['təʊtlɪ] *adv* সম্পূর্ণরূপে

touch [tʌtʃ] *vt (with your fingers)* স্পর্শ করা ▷ *v (come into contact with)* ছোঁয়া

touchdown ['tʌtʃ,daʊn] *n*
অবতরণ

touched [tʌtʃt] *adj* অভিভূত

touching ['tʌtʃɪŋ] *adj*
হৃদয়স্পর্শী

touchline ['tʌtʃ,laɪn] *n*
পার্শ্ব রেখা

touch pad [tʌtʃ pæd] *n*
টাচপ্যাড

touchy ['tʌtʃɪ] *adj* স্পর্শ
কাতর

tough [tʌf] *adj* কষ্টসহিষ্ণু

toupee ['tuːpeɪ] *n* পরচুল

tour [tʊə] *n* ভ্রমণ ▷ *v* ভ্রমণ
করা

tour guide [tʊə gaɪd] *n*
ভ্রমণ নির্দেশক

tourism ['tʊərɪzəm] *n*
পর্যটন

tourist ['tʊərɪst] *n* পর্যটক

tourist office ['tʊərɪst 'ɒfɪs]
n পর্যটন দপ্তর

tournament ['tʊənəmənt]
n প্রতিযোগিতা

towards [tə'wɔːdz] *prep*
অভিমুখে

tow away [təʊ ə'weɪ] *v*
টেনে নিয়ে যাওয়া

towel ['taʊəl] *n* তোয়ালে

tower ['taʊə] *n* চূড়া

town [taʊn] *n* শহর

town centre [taʊn 'sɛntə]
n শহরের কেন্দ্রস্থল

town hall [taʊn hɔːl] *n*
টাউন হল

town planning [taʊn
'plænɪŋ] *n* নগর পরিকল্পনা

toxic ['tɒksɪk] *adj* বিষাক্ত

toy [tɔɪ] *n* খেলনা

trace [treɪs] *n* অবশিষ্টাংশ

tracing paper ['treɪsɪŋ
'peɪpə] *n* স্বচ্ছ কাগজ

track [træk] *n* সরু পথ

track down [træk daʊn] *v*
খোঁজ পাওয়া

tracksuit ['træk,suːt] *n*
ট্র্যাকস্যুট

tractor ['træktə] *n* ট্র্যাক্টর

trade [treɪd] *n* ব্যবসা

trademark ['treɪd,mɑːk]
n মার্কা

trade union [treɪd 'juːnjən]
n শ্রমিক সংঘ

trade unionist [treɪd
'juːnjənɪst] *n* শ্রমিক নেতা

tradition [trə'dɪʃən] *n*
ঐতিহ্য

traditional [trə'dɪʃənl] *adj*
চিরাচরিত

traffic ['træfɪk] *n* যানবাহন

traffic jam ['træfɪk dʒæm]
n যানজট

t

traffic lights ['træfɪk laɪts] *npl* ট্রাফিক লাইট
traffic warden ['træfɪk 'wɔːdn] *n* যান নিয়ন্ত্রক
tragedy ['trædʒɪdɪ] *n* বিয়োগান্তক
tragic ['trædʒɪk] *adj* মর্মস্পর্শী
trailer ['treɪlə] *n* ট্রেইলার
train [treɪn] *n* ট্রেন ▷ *vt* প্রশিক্ষণ দেওয়া
trained [treɪnd] *adj* প্রশিক্ষণ প্রাপ্ত
trainee [treɪ'niː] *n* শিক্ষানবিশ
trainer ['treɪnə] *n* প্রশিক্ষক
trainers ['treɪnəz] *npl* খেলার জুতো
training ['treɪnɪŋ] *n* প্রশিক্ষণ
training course ['treɪnɪŋ kɔːs] *n* প্রশিক্ষণ পাঠ্যসুচী
tram [træm] *n* ট্রাম গাড়ি
tramp [træmp] *n* *(vagabond)* ভবঘুরে; *(walk)* কষ্টকর দীর্ঘপথ
trampoline ['træmpəlɪn] *n* ট্রাম্পোলিন (খেলার সামগ্রী)
tranquillizer ['træŋkwɪˌlaɪzə] *n* ঘুমপাড়ানি ওষুধ
transaction [træn'zækʃən] *n* *(formal)* লেনদেন
transcript ['trænskrɪpt] *n* প্রতিলিপি
transfer ['trænsfɜː] *n* হস্তান্তর, বদলী
transform [træns'fɔːm] *vt* রূপান্তর করা
transfusion [træns'fjuːʒən] *n* শরীরে ঢোকান
transistor [træn'zɪstə] *n* ট্রানজিস্টার
transit ['trænsɪt] *n* স্থানান্তরণ
transition [træn'zɪʃən] *n* রূপান্তর
translate [træns'leɪt] *vt* অনুবাদ করা
translation [træns'leɪʃən] *n* অনুবাদ
translator [træns'leɪtə; trænz-] *n* অনুবাদক
transparent [træns'pærənt] *adj* স্বচ্ছ
transplant ['trænsˌplɑːnt] *n* প্রতিস্থাপন
transport ['trænspɔːt] *n* পবিবহন ▷ [træns'pɔːt] *vt* পরিবহন করা
transvestite [trænz'vɛstaɪt] *n* যে অন্য লিঙ্গের পোশাক পড়ে
trap [træp] *n* ফাঁদ
traumatic [trɔː'mætɪk] *adj* বেদনাবহ

travel ['trævl] *n* ভ্রমণ ▷ *vi* ভ্রমণ করা
travel agency ['trævl 'eɪdʒənsɪ] *n* ভ্রমণ সংস্থা
travel agent ['trævl 'eɪdʒənt] *n* *(person)* ভ্রমণ ব্যবস্থার দোকান
travel insurance ['trævl ɪn'ʃʊərəns; -'ʃɔː-] *n* ভ্রমণবীমা
traveller ['trævələ] *n* ভ্রমণকারী
traveller's cheque ['trævləz tʃɛk] *n* ট্রাভেলার চেক
travelling ['trævlɪŋ] *n* ভ্রমণ
tray [treɪ] *n* পাত্র
treacle ['triːkl] *n* চটচটে আঠালো মিষ্টি পদার্থ
tread [trɛd] *vi* পা রাখা
treasure ['trɛʒə] *n* *(literary)* ধনসম্পত্তি
treasurer ['trɛʒərə] *n* কোষাধ্যক্ষ
treat [triːt] *n* উপহার ▷ *vt* গণ্য করা
treatment ['triːtmənt] *n* চিকিৎসা
treaty ['triːtɪ] *n* চুক্তি
treble ['trɛbl] *v* তিনগুণ করা
tree [triː] *n* গাছ
trek [trɛk] *n* কঠিন দীর্ঘযাত্রা ▷ *vi* কঠিন পথে চলা
tremble ['trɛmbl] *vi* কাঁপা
tremendous [trɪ'mɛndəs] *adj* দারুণ
trench [trɛntʃ] *n* সুড়ঙ্গ
trend [trɛnd] *n* প্রবণতা
trendy ['trɛndɪ] *adj* *(informal)* আধুনিক
trial ['traɪəl] *n* বিচার
trial period ['traɪəl 'pɪərɪəd] *n* পরীক্ষামূলক সময়
triangle ['traɪˌæŋgl] *n* *(shape)* ত্রিভুজ; *(musical instrument)* ধাতুর বাদ্যযন্ত্র
tribe [traɪb] *n* উপজাতি
tribunal [traɪ'bjuːnl] *n* বিশেষ আদালত
trick [trɪk] *n* কৌশল ▷ *vt* প্রতারণা করা
tricky ['trɪkɪ] *adj* কঠিন
tricycle ['traɪsɪkl] *n* তিন চাকার সাইকেল
trifle ['traɪfl] *n* নগণ্য
trim [trɪm] *vt* ছাঁটা
Trinidad and Tobago ['trɪnɪˌdæd ænd tə'beɪgəʊ] *n* ত্রিনিদাদ এ্যান্ড টোবাগো, (দেশ)
trip [trɪp] *n* ভ্রমণ ▷ *vi* হোঁচট খাওয়া

t

triple ['trɪpl] *adj* তিনটি অংশ
triplets ['trɪplɪts] *npl* ত্রয়ী
triumph ['traɪəmf] *n* বিজয় ▷ *vi* বিজয়প্রাপ্ত হওয়া
trivial ['trɪvɪəl] *adj* তুচ্ছ
trolley ['trɒlɪ] *n* ট্রলি
trombone [trɒm'bəʊn] *n* পেতলের বাদ্য যন্ত্র
troops ['truːps] *npl* সৈন্য
trophy ['trəʊfɪ] *n* ট্রফি
tropical ['trɒpɪkl] *adj* গ্রীষ্মপ্রধান স্থান
trot [trɒt] *vi* দ্রুত বেগে চলা
trouble ['trʌbl] *n* সমস্যা
troublemaker ['trʌbl,meɪkə] *n* সমস্যা সৃষ্টিকারী
trough [trɒf] *n* জল পানের লম্বা পাত্র
trousers ['traʊzəz] *npl* পাতলুন
trout [traʊt] *n* মাছ
trowel ['traʊəl] *n* খুরপী
truce [truːs] *n* সংঘর্ষ বিরতি
truck [trʌk] *n (US)* ট্রাক
truck driver [trʌk 'draɪvə] *n (US)* ট্রাক চালক
true [truː] *adj (factual)* সত্য; *(correct)* সঠিক
truly ['truːlɪ] *adv* যথাযথ
trumpet ['trʌmpɪt] *n* বাদ্য যন্ত্র
trunk [trʌŋk] *n (tree)* গাছের গুঁড়ি; *(elephant)* শুঁড়; *(box)* টিনের বাক্স
trunks [trʌŋks] *npl* হাফ প্যান্ট
trust [trʌst] *n* বিশ্বাস ▷ *vt* বিশ্বাস করা
trusting ['trʌstɪŋ] *adj* আস্থাশীল
truth [truːθ] *n* সত্য
truthful ['truːθfʊl] *adj* সত্যবাদী
try [traɪ] *n* চেষ্টা ▷ *vi (attempt)* চেষ্টা করা ▷ *vt (test)* পরীক্ষা করা
try on [traɪ ɒn] *v* যাচাই করা
try out [traɪ aʊt] *v* ব্যবহারিক প্রমানের পরিক্ষা
T-shirt ['tiː,ʃɜːt] *n* টি শার্ট
tsunami [tsʊ'næmɪ] *n* সুনামি
tube [tjuːb] *n (long hollow object)* নল; *(container)* টিউব
tuberculosis [tjʊ,bɜːkjʊ'ləʊsɪs] *n* যক্ষ্মা
Tuesday ['tjuːzdɪ] *n* মঙ্গলবার
tug-of-war ['tʌgɒv'wɔː] *n* টানাটানি

tuition [tjuːˈɪʃən] *n* গৃহশিক্ষা
tuition fees [tjuːˈɪʃən fiːz] *npl* শিক্ষার বেতন
tulip [ˈtjuːlɪp] *n* টিউলিপ ফুল
tumble dryer [ˈtʌmbl ˈdraɪə] *n* কাপড় শুকোনোর ড্রায়ার
tummy [ˈtʌmɪ] *n* উদর
tumour [ˈtjuːmə] *n* টিউমার
tuna [ˈtjuːnə] *n* টুনা মাছ
tune [tjuːn] *n* সুর
Tunisia [tjuːˈnɪzɪə] *n* টিউনিশিয়া
Tunisian [tjuːˈnɪzɪən] *adj* টিউনেশিয় ▷ *n* টিউনেশিয়ার নাগরিক
tunnel [ˈtʌnl] *n* সুড়ঙ্গ
turbulence [ˈtɜːbjʊləns] *n* উত্তাল
Turk [tɜːk] *n* তুরস্কের লোক
Turkey [ˈtɜːkɪ] *n* তুরস্ক (দেশ)
turkey [ˈtɜːkɪ] *n* বড় পাখি
Turkish [ˈtɜːkɪʃ] *adj* তুরষ্ক দেশীয় ▷ *n* তুর্কী ভাষা
turn [tɜːn] *n* দিক পরিবর্তন ▷ *v* *(move in a different direction)* অন্যদিকে ফেরা; *(move round in a circle)* ঘুরে যাওয়া ▷ *vi* *(change)* পরিণত হওয়া
turn around [tɜːn əˈraʊnd] *v* বিভিন্ন দিশায় ঘোরা
turn back [tɜːn bæk] *v* পেছন ফেরা
turn down [tɜːn daʊn] *v* নাকচ করা
turning [ˈtɜːnɪŋ] *n* দিক পরিবর্তন
turnip [ˈtɜːnɪp] *n* শালগম
turn off [tɜːn ɒf] *v* রাস্তাবদল করা
turn on [tɜːn ɒn] *v* চালু করা
turn out [tɜːn aʊt] *v* প্রতীয়মান হওয়া
turnover [ˈtɜːnˌəʊvə] *n* মোট লেনদেন
turn up [tɜːn ʌp] *v* হাজির হওয়া
turquoise [ˈtɜːkwɔɪz] *adj* তুতে
turtle [ˈtɜːtl] *n* কচ্ছপ
tutor [ˈtjuːtə] *n* গৃহশিক্ষক
tutorial [tjuːˈtɔːrɪəl] *n* শিক্ষাস্থল
tuxedo [tʌkˈsiːdəʊ] *n* জ্যাকেট
TV [tiː viː] *n* টিভি
tweezers [ˈtwiːzəz] *npl* চিমটি
twelfth [twɛlfθ] *adj* দ্বাদশ
twelve [twɛlv] *num* বারো
twentieth [ˈtwɛntɪɪθ] *adj* বিংশতি

twenty ['twɛntɪ] *num* কুড়ি
twice [twaɪs] *adv* দুবার
twin [twɪn] *n* যমজ
twin beds [twɪn bɛdz] *npl* দুই শয্যার ঘর
twinned [twɪnd] *adj* সংলগ্ন
twist [twɪst] *vt* মোচড়ান
twit [twɪt] *n* *(informal)* অবমাননাকর সম্বোধন
two [tuː] *num* দুই
type [taɪp] *n* প্রকার ▷ *v* টাইপ করা
typewriter ['taɪpˌraɪtə] *n* টাইপ করার যন্ত্র
typhoid ['taɪfɔɪd] *n* টাইফয়েড
typical ['tɪpɪkl] *adj* বিশেষ ধরণের
typist ['taɪpɪst] *n* টাইপ করে যে
tyre ['taɪə] *n* টায়ার

U

UFO ['juːfəʊ] *abbr* ইউ এফ ও
Uganda [juː'gændə] *n* উগান্ডা
Ugandan [juː'gændən] *adj* উগান্ডা দেশীয় ▷ *n* উগান্ডার নাগরিক
ugh! [ʌh] *excl* বিরক্তিকর!
ugly ['ʌglɪ] *adj* কুৎসিত
UHT milk [juː eɪtʃ tiː mɪlk] *n* আল্ট্রা হিট ট্রিটেড দুধ
UK [juː keɪ] *n* ইউনাইটেড কিংডম এর সংক্ষিপ্তকরণ
Ukraine [juː'kreɪn] *n* ইউক্রেন
Ukrainian [juː'kreɪnɪən] *adj* ইউক্রেন দেশীয় ▷ *n* *(person)* ইউক্রেনের নাগরিক; *(language)* ইউক্রেনের ভাষা
ulcer ['ʌlsə] *n* নালি ঘা
Ulster ['ʌlstə] *n* আলস্টার
ultimate ['ʌltɪmɪt] *adj* চূড়ান্ত
ultimately ['ʌltɪmɪtlɪ] *adv* পরিশেষে
ultimatum [ˌʌltɪ'meɪtəm] *n* শেষ প্রস্তাব
ultrasound ['ʌltrəˌsaʊnd] *n* আলট্রাসাউন্ড
umbrella [ʌm'brɛlə] *n* ছাতা
umpire ['ʌmpaɪə] *n* আম্পায়ার
UN [juː ɛn] *abbr* ইউনাইটেড নেশনস্ এর সংক্ষিপ্তকরণ
unable [ʌn'eɪbl] *adj* অক্ষম
unacceptable [ˌʌnək'sɛptəbl] *adj* অগ্রহণযোগ্য

unanimous [juːˈnænɪməs]
adj সর্বসম্মত

unattended [ˌʌnəˈtɛndɪd]
adj একলা

unavoidable [ˌʌnəˈvɔɪdəbl]
adj অনিবার্য

unbearable [ʌnˈbɛərəbl]
adj অসহনীয়

unbeatable [ʌnˈbiːtəbl] *adj*
অপরাজিত

unbelievable [ˌʌnbɪˈliːvəbl]
adj অবিশ্বাস্য

unbreakable [ʌnˈbreɪkəbl]
adj অভঙ্গুর

uncanny [ʌnˈkænɪ] *adj*
অস্বাভাবিক

uncertain [ʌnˈsɜːtn] *adj*
অনিশ্চিত

uncertainty [ʌnˈsɜːtntɪ] *n*
অনিশ্চয়তা

unchanged [ʌnˈtʃeɪndʒd]
adj অপরিবর্তিত

uncivilized [ʌnˈsɪvɪˌlaɪzd]
adj অসভ্য

uncle [ˈʌŋkl] *n* আংকল

unclear [ʌnˈklɪə] *adj*
অস্পষ্ট

uncomfortable
[ʌnˈkʌmftəbl] *adj* অস্বস্তিকর

unconditional
[ˌʌnkənˈdɪʃənl] *adj* শর্তহীন

unconscious [ʌnˈkɒnʃəs]
adj অজ্ঞান

uncontrollable
[ˌʌnkənˈtrəʊləbl] *adj*
অদম্য

unconventional
[ˌʌnkənˈvɛnʃənl] *adj*
প্রথাবহির্ভূত

undecided [ˌʌndɪˈsaɪdɪd]
adj অনিশ্চিত

undeniable [ˌʌndɪˈnaɪəbl]
adj অস্বীকার্য

under [ˈʌndə] *prep* নিচে

underage [ˌʌndərˈeɪdʒ] *adj*
নাবালক

underestimate
[ˌʌndərˈɛstɪmeɪt] *vt*
অবমূল্যায়ন করা

undergo [ˌʌndəˈgəʊ] *vt*
অতিক্রম করা

undergraduate
[ˌʌndəˈgrædjʊɪt] *n* স্নাতক
পাঠরত

underground
[ˌʌndəˈgraʊnd] *adv* ভূগর্ভস্থ
▷ [ˈʌndəgraʊnd] *n* ভূগর্ভ

underground station
[ˈʌndəgraʊnd ˈsteɪʃən] *n*
ভূগর্ভস্থ স্টেশন

underline [ˌʌndəˈlaɪn] *vt*
গুরুত্ব আরোপ করা

u

underneath [ˌʌndəˈniːθ] *adv* তলায় ▷ *prep* কোন কিছুর নিচে
underpaid [ˌʌndəˈpeɪd] *adj* কম মূল্য প্রাপ্তি
underpants [ˈʌndəˌpænts] *npl* অন্তর্বাস
underpass [ˈʌndəˌpɑːs] *n* ভূগর্ভস্থ পথ
underskirt [ˈʌndəˌskɜːt] *n* স্কার্টের নিচে পরবার পোষাক
understand [ˌʌndəˈstænd] *vt* বুঝতে পারা
understandable [ˌʌndəˈstændəbl] *adj* বোধগম্য
understanding [ˌʌndəˈstændɪŋ] *adj* বুঝদার
undertaker [ˈʌndəˌteɪkə] *n* শবদেহ সৎকারকারী
underwater [ˈʌndəˈwɔːtə] *adv* জলের নীচে
underwear [ˈʌndəˌwɛə] *n* অন্তর্বাস
undisputed [ˌʌndɪˈspjuːtɪd] *adj* তর্কাতীত
undo [ʌnˈduː] *vt* আলগা করা
undoubtedly [ʌnˈdaʊtɪdlɪ] *adv* নিঃসন্দেহে
undress [ʌnˈdrɛs] *v* পোষাক খোলা
unemployed [ˌʌnɪmˈplɔɪd] *adj* বেকার
unemployment [ˌʌnɪmˈplɔɪmənt] *n* বেকারত্ব
unexpected [ˌʌnɪkˈspɛktɪd] *adj* অপ্রত্যাশিত
unexpectedly [ˌʌnɪkˈspɛktɪdlɪ] *adv* অপ্রত্যাশিতভাবে
unfair [ʌnˈfɛə] *adj* অনুচিত
unfaithful [ʌnˈfeɪθfʊl] *adj* অবিশ্বাসী
unfamiliar [ˌʌnfəˈmɪljə] *adj* অপরিচিত
unfashionable [ʌnˈfæʃənəbl] *adj* প্রচলিত ফ্যাশন বহির্ভূত
unfavourable [ʌnˈfeɪvərəbl] *adj* অসন্তোষজনক
unfit [ʌnˈfɪt] *adj* অশক্ত
unforgettable [ˌʌnfəˈgɛtəbl] *adj* অবিস্মরণীয়
unfortunately [ʌnˈfɔːtʃənɪtlɪ] *adv* দুর্ভাগ্যবশতঃ
unfriendly [ʌnˈfrɛndlɪ] *adj* অবন্ধুজনোচিত
ungrateful [ʌnˈgreɪtfʊl] *adj* অকৃতজ্ঞ
unhappy [ʌnˈhæpɪ] *adj* অসুখী

unhealthy [ʌn'hɛlθɪ] *adj* অস্বাস্থ্যকর
unhelpful [ʌn'hɛlpfʊl] *adj* অসহায়তাকর
uni ['juːnɪ] *n (informal)* বিশ্ববিদ্যালয়
unidentified [ˌʌnaɪ'dɛntɪˌfaɪd] *adj* অসনাক্ত
uniform ['juːnɪˌfɔːm] *n* ইউনিফর্ম
unimportant [ˌʌnɪm'pɔːtnt] *adj* গুরুত্বহীন
uninhabited [ˌʌnɪn'hæbɪtɪd] *adj* বসতিহীন
unintentional [ˌʌnɪn'tɛnʃənl] *adj* অনিচ্ছাকৃত
union ['juːnjən] *n* ইউনিয়ন
unique [juː'niːk] *adj* অনন্য
unit ['juːnɪt] *n* ইউনিট
unite [juː'naɪt] *v* ঐক্যবদ্ধ হওয়া
United Arab Emirates [juː'naɪtɪd 'ærəb e'mɪərɪts] *npl* সংযুক্ত আরব আমিরশাহী
United Kingdom [juː'naɪtɪd 'kɪŋdəm] *n* যুক্তরাজ্য
United Nations [juː'naɪtɪd 'neɪʃənz] *n* রাষ্ট্রসংঘ
United States of America [juː'naɪtɪd steɪts ɒv ə'mɛrɪkə] *n* মার্কিন যুক্তরাষ্ট্র
universe ['juːnɪˌvɜːs] *n* বিশ্বব্রম্ভান্ড
university [ˌjuːnɪ'vɜːsɪtɪ] *n* বিশ্ববিদ্যালয়
unknown [ʌn'nəʊn] *adj* অজানা
unleaded [ʌn'lɛdɪd] *n* কম লীডযুক্ত
unleaded petrol [ʌn'lɛdɪd 'pɛtrəl] *n* কম লীডযুক্ত পেট্রল
unless [ʌn'lɛs] *conj* যদি না
unlike [ʌn'laɪk] *prep* অন্যরকম
unlikely [ʌn'laɪklɪ] *adj* কম সম্ভাবনাযুক্ত
unlisted [ʌn'lɪstɪd] *adj* তালিকাভুক্ত নয়
unload [ʌn'ləʊd] *vt* খালাস করা
unlock [ʌn'lɒk] *vt* তালা খোলা
unlucky [ʌn'lʌkɪ] *adj* ভাগ্যহীন
unmarried [ʌn'mærɪd] *adj* অবিবাহিত
unnecessary [ʌn'nɛsɪsərɪ] *adj* অপ্রয়োজনীয়
unofficial [ˌʌnə'fɪʃəl] *adj* বেসরকারী

u

unpack [ʌn'pæk] *v* জিনিসপত্র বার করা
unpaid [ʌn'peɪd] *adj* বেতনবিহীন
unpleasant [ʌn'plɛznt] *adj* অমনোরম
unplug [ʌn'plʌg] *vt* প্লাগ খুলে ফেলা
unpopular [ʌn'pɒpjʊlə] *adj* অজনপ্রিয়
unprecedented [ʌn'prɛsɪˌdɛntɪd] *adj* অভূতপূর্ব
unpredictable [ˌʌnprɪ'dɪktəbl] *adj* অনিশ্চিত
unreal [ʌn'rɪəl] *adj* অসত্য
unrealistic [ˌʌnrɪə'lɪstɪk] *adj* অবাস্তব
unreasonable [ʌn'riːznəbl] *adj* অযৌক্তিক
unreliable [ˌʌnrɪ'laɪəbl] *adj* অবিশ্বাসযোগ্য
unroll [ʌn'rəʊl] *v* খুলে ফেলা
unsatisfactory [ˌʌnsætɪs'fæktərɪ] *adj* অসন্তোষজনক
unscrew [ʌn'skruː] *v* ঘুরিয়ে খোলা
unshaven [ʌn'ʃeɪvn] *adj* দাড়ি না কামানো
unskilled [ʌn'skɪld] *adj* অদক্ষ
unstable [ʌn'steɪbl] *adj* অস্থির
unsteady [ʌn'stɛdɪ] *adj* কম্পমান
unsuccessful [ˌʌnsək'sɛsfʊl] *adj* অসফল
unsuitable [ʌn'suːtəbl] *adj* অযোগ্য
unsure [ʌn'ʃʊə] *adj* অনিশ্চিত
untidy [ʌn'taɪdɪ] *adj* অপরিষ্কার
untie [ʌn'taɪ] *vt* বাঁধন খোলা
until [ʌn'tɪl] *conj* না পর্যন্ত ▷ *prep* পর্যন্ত
unusual [ʌn'juːʒʊəl] *adj* অস্বাভাবিক
unwell [ʌn'wɛl] *adj* অসুস্থ
unwind [ʌn'waɪnd] *vi* বিশ্রাম নেওয়া
unwise [ʌn'waɪz] *adj* অবিবেচক
unwrap [ʌn'ræp] *vt* মোড়ক খোলা
unzip [ʌn'zɪp] *vt* চেন খোলা
up [ʌp] *adv* ওপরে
upbringing ['ʌpˌbrɪŋɪŋ] *n* পালন

update [ʌp'deɪt] *vt* আপডেট করা
uphill ['ʌp'hɪl] *adv* পাহাড়ে চড়া
upon [ə'pɒn] *prep* ওপরে
upper ['ʌpə] *adj* ওপরের
upright ['ʌp,raɪt] *adv* সোজা
upset [ʌp'sɛt] *adj* বিচলিত ▹ [ʌp'set] *vt* বিচলিত করা
upside down ['ʌp,saɪd daʊn] *adv* ওপরের অংশ নিচের দিকে করা ▹ *adj* নিচের অংশ ওপরের দিকে করা
upstairs ['ʌp'stɛəz] *adv* ওপরতলা
uptight [ʌp'taɪt] *adj* *(informal)* স্নায়ুচাপগ্রস্ত
up-to-date [,ʌptʊ'deɪt] *adj* আধুনিক
upwards ['ʌpwədz] *adv* ওপরদিকে
uranium [jʊ'reɪnɪəm] *n* ইউরেনিয়াম
urgency ['ɜːdʒənsɪ] *n* জরুরী অবস্থা
urgent ['ɜːdʒənt] *adj* জরুরী
urine ['jʊərɪn] *n* প্রস্রাব
URL [juː ɑː ɛl] *n* ওয়েব অ্যাড্রেস
Uruguay ['jʊərə,gwaɪ] *n* উরুগুয়ে
Uruguayan [,jʊərə'gwaɪən] *adj* উরুগুয়ে সম্পর্কিত ▹ *n* উরুগুয়ের বসবাসকারী
US [juː ɛs] *n* মার্কিন যুক্তরাষ্ট্র
us [ʌs] *pron* আমাদের
USA [juː ɛs eɪ] *n* মার্কিন যুক্তরাষ্ট্র
use [juːs] *n* ব্যবহার ▹ [juːz] *vt* ব্যবহার করা
used [juːzd] *adj* ব্যবহৃত ▹ *v* অতীতে করা হত
useful ['juːsfʊl] *adj* দরকারী
useless ['juːslɪs] *adj* অদরকারী
user ['juːzə] *n* ব্যবহারকারী
user-friendly ['juːzə,frɛndlɪ] *adj* ব্যবহারকারী-সহায়ক
use up [juːz ʌp] *v* নিঃশেষ করে ফেলা
usual ['juːʒʊəl] *adj* প্রচলিত
usually ['juːʒʊəlɪ] *adv* সাধারণতঃ
utility room [juː'tɪlɪtɪ rʊm] *n* নিত্য-ব্যবহার্য জিনিসপত্র রাখার ঘর
U-turn ['juː,tɜːn] *n* উলটো দিকে ঘোরা
Uzbekistan [,ʌzbɛkɪ'stɑːn] *n* উজবেকিস্তান

V

vacancy ['veɪkənsɪ] *n* শূন্যপদ
vacant ['veɪkənt] *adj* খালি
vacate [və'keɪt] *vt (formal)* খালি করা
vaccinate ['væksɪˌneɪt] *vt* টিকা দেওয়া
vaccination [ˌvæksɪ'neɪʃən] *n* টিকাদান
vacuum ['vækjʊəm] *v* ভ্যাকুয়াম ক্লিনার দিয়ে পরিষ্কার করা
vacuum cleaner ['vækjʊəm 'kliːnə] *n* ভ্যাকুয়াম ক্লিনার
vague [veɪg] *adj* অস্পষ্ট
vain [veɪn] *adj* নিষ্ফল
Valentine's Day ['væləntaɪnz deɪ] *n* ভ্যালেন্টাইনস্ দিবস
valid ['vælɪd] *adj* বৈধ
valley ['vælɪ] *n* উপত্যকা
valuable ['væljʊəbl] *adj* মূল্যবান
valuables ['væljʊəblz] *npl* দামী জিনিস
value ['væljuː] *n* মূল্য
vampire ['væmpaɪə] *n* বাদুড়
van [væn] *n* ভ্যান গাড়ি
vandal ['vændl] *n* তছনছকারী ব্যক্তি
vandalism ['vændəˌlɪzəm] *n* তছনছ করা
vandalize ['vændəˌlaɪz] *v* তছনছ হয়ে যাওয়া
vanilla [və'nɪlə] *n* ভ্যানিলা
vanish ['vænɪʃ] *vi* উধাও হয়ে যাওয়া
variable ['vɛərɪəbl] *adj* পরিবর্তনযোগ্য
varied ['vɛərɪd] *adj* পরিবর্তিত হওয়া
variety [və'raɪɪtɪ] *n* বৈচিত্র্য
various ['vɛərɪəs] *adj* বিভিন্ন
varnish ['vɑːnɪʃ] *n* বার্নিশ ▷ *vt* বার্নিশ করা
vary ['vɛərɪ] *vi* আলাদা হওয়া
vase [vɑːz] *n* ফুলদানি
VAT [væt] *abbr* মূল্য সংযোজিত কর
Vatican ['vætɪkən] *n* ভ্যাটিকান
veal [viːl] *n* কচি বাছুর
vegan ['viːgən] *n* নিরামিষে আসক্ত ব্যক্তি
vegetable ['vɛdʒtəbl] *n* সবজি
vegetarian [ˌvɛdʒɪ'tɛərɪən] *adj* নিরামিষাশী ▷ *n* নিরামিষাশী

vegetation [ˌvɛdʒɪˈteɪʃən] *n (formal)* উদ্ভিদসমূহ
vehicle [ˈviːɪkl] *n* বাহন
veil [veɪl] *n* ওড়না
vein [veɪn] *n* শিরা
Velcro® [ˈvɛlkrəʊ] *n* ভেলক্রো®
velvet [ˈvɛlvɪt] *n* মখমল
vending machine [ˈvɛndɪŋ məˈʃiːn] *n* ভেন্ডিং মেশিন
vendor [ˈvɛndɔː] *n* ছোট বিক্রেতা
Venetian blind [vɪˈniːʃən blaɪnd] *n* ভেনেশিয়ান ব্লাইন্ড
Venezuela [ˌvɛnɪˈzweɪlə] *n* ভেনিজুয়েলা
Venezuelan [ˌvɛnɪˈzweɪlən] *adj* ভেনিজুয়েলা দেশীয় ▷ *n* ভেনিজুয়েলার বসবাসকারী
venison [ˈvɛnɪzn] *n* হরিণের মাংস
venom [ˈvɛnəm] *n* কারোর প্রতি বিতৃষ্ণা
ventilation [ˌvɛntɪˈleɪʃən] *n* বায়ু-চলাচল
venue [ˈvɛnjuː] *n* স্থান
verb [vɜːb] *n* ক্রিয়া
verdict [ˈvɜːdɪkt] *n* রায়
versatile [ˈvɜːsəˌtaɪl] *adj* বহুমুখী দক্ষতার অধিকারী
version [ˈvɜːʃən] *n* সংস্করণ
versus [ˈvɜːsəs] *prep* বনাম
vertical [ˈvɜːtɪkl] *adj* উল্লম্ব
vertigo [ˈvɜːtɪˌɡəʊ] *n* ভার্টিগো
very [ˈvɛrɪ] *adv* খুব
vest [vɛst] *n* দেহের উপরিভাগের অন্তর্বাস
vet [vɛt] *n* পশু-চিকিৎসক
veteran [ˈvɛtərən] *adj* অভিজ্ঞ ও প্রবীণ ▷ *n* সশস্ত্র সেনাবাহিনীর প্রাক্তন কর্মী
veto [ˈviːtəʊ] *n* ভেটো
via [ˈvaɪə] *prep* হয়ে
vice [vaɪs] *n* দুর্বলতা
vice versa [ˈvaɪsɪ ˈvɜːsə] *adv* বিপরীতভাবে
vicinity [vɪˈsɪnɪtɪ] *n (formal)* প্রতিবেশী অঞ্চল
vicious [ˈvɪʃəs] *adj* উগ্র
victim [ˈvɪktɪm] *n* শিকার
victory [ˈvɪktərɪ] *n* বিজয়
video [ˈvɪdɪˌəʊ] *n* ভিডিও
video camera [ˈvɪdɪəʊ ˈkæmərə; ˈkæmrə] *n* ভিডিও ক্যামেরা
videophone [ˈvɪdɪəʊˌfəʊn] *n* ভিডিও ফোন
Vietnam [ˌvjɛtˈnæm] *n* ভিয়েতনাম
Vietnamese [ˌvjɛtnəˈmiːz] *adj* ভিয়েতনাম দেশীয় ▷ *n (person)* ভিয়েতনামের নাগরিক; *(language)* ভিয়েতনামের ভাষা

view [vjuː] *n* মতামত
viewer ['vjuːə] *n* দর্শক
viewpoint ['vjuːˌpɔɪnt] *n* দৃষ্টিকোণ
vile [vaɪl] *adj* বিশ্রী
villa ['vɪlə] *n* বড় বাড়ী
village ['vɪlɪdʒ] *n* গ্রাম
villain ['vɪlən] *n* খলনায়ক
vinaigrette [ˌvɪnɪ'grɛt] *n* ভিনিগার মাখানো খাবার
vine [vaɪn] *n* দ্রাক্ষালতা
vinegar ['vɪnɪgə] *n* ভিনিগার
vineyard ['vɪnjəd] *n* আঙ্গুরের ক্ষেত
viola [vɪ'əʊlə] *n* ভায়োলা
violence ['vaɪələns] *n* হিংসা
violent ['vaɪələnt] *adj* হিংসাত্মক
violin [ˌvaɪə'lɪn] *n* বেহালা
violinist [ˌvaɪə'lɪnɪst] *n* বেহালাবাদক
virgin ['vɜːdʒɪn] *n* কুমারী
Virgo ['vɜːgəʊ] *n* কন্যা রাশি
virtual ['vɜːtʃʊəl] *adj* প্রকৃত
virtual reality ['vɜːtjʊəl riː'ælɪtɪ] *n* কমপিউটার উৎপাদিত পরিবেশ
virus ['vaɪrəs] *n* ভাইরাস
visa ['viːzə] *n* ভিসা
visibility [ˌvɪzɪ'bɪlɪtɪ] *n* দৃষ্টিগোচরতা
visible ['vɪzɪbl] *adj* দৃষ্টিগোচর
visit ['vɪzɪt] *n* সাক্ষাৎ ▷ *vt* সাক্ষাৎ করা
visiting hours ['vɪzɪtɪŋ aʊəz] *npl* সাক্ষাতের সময়
visitor ['vɪzɪtə] *n* সাক্ষাৎকারী
visitor centre ['vɪzɪtə 'sɛntə] *n* ভিজিটর কেন্দ্র
visual ['vɪʒʊəl] *adj* দর্শনকেন্দ্রিক
visualize ['vɪʒʊəˌlaɪz] *vt* মনশ্চক্ষুতে দেখা
vital ['vaɪtl] *adj* খুব গুরুত্বপূর্ণ
vitamin ['vɪtəmɪn] *n* ভিটামিন
vivid ['vɪvɪd] *adj* উজ্জ্বল
vocabulary [və'kæbjʊlərɪ] *n* শব্দভাণ্ডার
vocational [vəʊ'keɪʃənl] *adj* বৃত্তিমূলক
vodka ['vɒdkə] *n* ভডকা
voice [vɔɪs] *n* কণ্ঠস্বর
voicemail ['vɔɪsˌmeɪl] *n* ভয়েসমেল
void [vɔɪd] *adj* বাতিল ▷ *n* শূন্যতা
volcano [vɒl'keɪnəʊ] *n* আগ্নেয়গিরি
volleyball ['vɒlɪˌbɔːl] *n* ভলিবল

volt [vəʊlt] *n* ভোল্ট

voltage ['vəʊltɪdʒ] *n* ভোল্টেজ

volume ['vɒljuːm] *n* পরিমাণ

voluntarily ['vɒləntrəlɪ] *adv* স্বেচ্ছায়

voluntary ['vɒləntərɪ] *adj* স্বেচ্ছাপ্রণোদিত

volunteer [ˌvɒlən'tɪə] *n* স্বেচ্ছাসেবী ▷ *v* স্বেচ্ছাশ্রম করা

vomit ['vɒmɪt] *vi* বমি করা

vote [vəʊt] *n* নির্বাচন ▷ *v* নির্বাচন করা

voucher ['vaʊtʃə] *n* রসিদ

vowel ['vaʊəl] *n* স্বরবর্ণ

vulgar ['vʌlgə] *adj* স্থূল কারুকার্যময়

vulnerable ['vʌlnərəbl] *adj* অরক্ষিত

vulture ['vʌltʃə] *n* শকুনি

W

wafer ['weɪfə] *n* ওয়েফার

waffle ['wɒfl] *n (informal)* বকবকানি ▷ *vi (informal)* বকবক করা

wage [weɪdʒ] *n* মজুরী

waist [weɪst] *n* কোমর

waistcoat ['weɪsˌkəʊt] *n* ওয়েস্টকোট

wait [weɪt] *vi (be delayed)* প্রতীক্ষা করা

waiter ['weɪtə] *n* হোটেলের পরিচারক

waiting list ['weɪtɪŋ lɪst] *n* প্রতীক্ষা তালিকা

waiting room ['weɪtɪŋ rʊm] *n* প্রতীক্ষালয়

waitress ['weɪtrɪs] *n* হোটেলের মহিলা পরিচারক

wait up [weɪt ʌp] *v* কারোর জন্য প্রতীক্ষা করা

waive [weɪv] *vt* ছেড়ে দেওয়া

wake up [weɪk ʌp] *v* জেগে ওঠা

Wales [weɪlz] *n* রাজকুমার পরিচালিত রাজ্য

walk [wɔːk] *n* পায়ে হাঁটা ▷ *vi* হাঁটা

walkie-talkie [ˌwɔːkɪ'tɔːkɪ] *n* ওয়াকি-টকি

walking ['wɔːkɪŋ] *n* হাঁটা

walking stick ['wɔːkɪŋ stɪk] *n* হাঁটার লাঠি

walkway ['wɔːkˌweɪ] *n* হেঁটে বেড়াবার স্থান

wall [wɔːl] *n* দেওয়াল

wallet ['wɒlɪt] *n* পয়সা রাখার ব্যাগ
wallpaper ['wɔːlˌpeɪpə] *n* ওয়ালপেপার
walnut ['wɔːlˌnʌt] *n* আখরোট
walrus ['wɔːlrəs] *n* সিন্ধুঘোটক
waltz [wɔːls] *n* তিনতালের নৃত্য ▷ *vi* তিনতালে নৃত্য করা
wander ['wɒndə] *vi* ঘুরে বেড়ানো
want [wɒnt] *vt* চাওয়া
war [wɔː] *n* যুদ্ধ
ward [wɔːd] *n* *(hospital room)* হাসপাতালের ঘর; *(district)* অঞ্চল
warden ['wɔːdn] *n* ওয়ার্ডের প্রহরী
wardrobe ['wɔːdrəʊb] *n* পোশাকের আলমারি
warehouse ['wɛəˌhaʊs] *n* গুদামঘর
warm [wɔːm] *adj* উষ্ণ
warm up [wɔːm ʌp] *v* গরম করা
warn [wɔːn] *v* সতর্ক করা
warning ['wɔːnɪŋ] *n* সতর্কতা
warranty ['wɒrəntɪ] *n* ওয়ারান্টি
wart [wɔːt] *n* আব
wash [wɒʃ] *vt* ধোওয়া
washbasin ['wɒʃˌbeɪsn] *n* মুখ ধোওয়ার বেসিন
washing ['wɒʃɪŋ] *n* কাপড় ধোওয়া
washing line ['wɒʃɪŋ laɪn] *n* কাপড় শুকোবার দড়ি
washing machine ['wɒʃɪŋ məˈʃiːn] *n* কাপড় ধোওয়ার মেশিন
washing powder ['wɒʃɪŋ 'paʊdə] *n* কাপড় ধোওয়ার পাউডার
washing-up ['wɒʃɪŋʌp] *n* ধৌতকরণ
washing-up liquid ['wɒʃɪŋ ʌp 'lɪkwɪd] *n* তরল সাবান
wash up [wɒʃ ʌp] *v* পরিষ্কার করা
wasp [wɒsp] *n* বোলতা
waste [weɪst] *n* অপচয় ▷ *vt* অপচয় করা
wastepaper basket [ˌweɪstˈpeɪpə 'bɑːskɪt] *n* নোংরা ফেলবার ঝুড়ি
watch [wɒtʃ] *n* হাতঘড়ি ▷ *v* লক্ষ্য করা
watch out [wɒtʃ aʊt] *v* সতর্ক হওয়া
watch strap [wɒtʃ stræp] *n* হাতঘড়ির ব্যান্ড

water ['wɔːtə] *n* জল ▷ *vt* জল

watercolour ['wɔːtə,kʌlə] *n* জলরং

watercress ['wɔːtə,krɛs] *n* হালিম শাক

waterfall ['wɔːtə,fɔːl] *n* ঝরণা

watering can ['wɔːtərɪŋ kæn] *n* ঝারি

watermelon ['wɔːtə,mɛlən] *n* তরমুজ

waterproof ['wɔːtə,pruːf] *adj* জলনিরোধী

water-skiing ['wɔːtə,skiːɪŋ] *n* ওয়াটার-স্কি

wave [weɪv] *n (greeting)* হাত নাড়া ▷ *v (gesture)* হাত নাড়ানো ▷ *n (of the sea)* ঢেউ

wavelength ['weɪv,lɛŋθ] *n* তরঙ্গদৈর্ঘ্য

wavy ['weɪvɪ] *adj* ঢেউখেলানো

wax [wæks] *n* মোম

way [weɪ] *n (manner)* উপায়; *(route)* রাস্তা

way in [weɪ ɪn] *n* ঢোকার রাস্তা

way out [weɪ aʊt] *n* বেরোবার রাস্তা

we [wiː] *pron* আমরা

weak [wiːk] *adj* দুর্বল

weakness ['wiːknɪs] *n* দুর্বলতা

wealth [wɛlθ] *n* সম্পদ

wealthy ['wɛlθɪ] *adj* সম্পদশালী

weapon ['wɛpən] *n* অস্ত্রশস্ত্র

wear [wɛə] *vt* পরা

weasel ['wiːzl] *n* বেঁজি

weather ['wɛðə] *n* আবহাওয়া

weather forecast ['wɛðə 'fɔːkaːst] *n* আবহাওয়ার পূর্বাভাস

web [web] *n* মাকড়সার জাল

Web [web] *n* ওয়েব

Web 2.0 [web tuːpɔɪnt 'zɪərəʊ] *n* ওয়েব ২.০

web address [wɛb ə'drɛs] *n* ওয়েব অ্যাড্রেস

web browser [wɛb 'braʊzə] *n* ওয়েব ব্রাউজার

webcam ['wɛb,kæm] *n* ওয়েবক্যাম

webmaster ['wɛb,maːstə] *n* ওয়েবমাষ্টার

website ['wɛb,saɪt] *n* ওয়েবসাইট

webzine ['wɛb,ziːn] *n* ওয়েবজিন

wedding ['wɛdɪŋ] *n* বিবাহ

wedding anniversary ['wɛdɪŋ ˌænɪ'vɜːsərɪ] *n* বিবাহবার্ষিকী

wedding dress ['wɛdɪŋ drɛs] *n* বিবাহের পোষাক

wedding ring ['wɛdɪŋ rɪŋ] *n* বিবাহের আংটি

Wednesday ['wɛnzdɪ] *n* বুধবার

weed [wiːd] *n* আগাছা

weedkiller ['wiːdˌkɪlə] *n* আগাছানাশক

week [wiːk] *n* সপ্তাহ

weekday ['wiːkˌdeɪ] *n* সপ্তাহের কাজের দিন

weekend [ˌwiːk'ɛnd] *n* সপ্তাহান্ত

weep [wiːp] *v (literary)* ফুঁপিয়ে কাঁদা

weigh [weɪ] *vt* ওজন করা

weight [weɪt] *n* ওজন

weightlifter ['weɪtˌlɪftə] *n* ভারোত্তোলক

weightlifting ['weɪtˌlɪftɪŋ] *n* ভারোত্তোলন

weird [wɪəd] *adj (informal)* অদ্ভুত

welcome ['welkəm] *excl* স্বাগত-সম্ভাষণ ▷ *n* স্বাগত ▷ *vt* স্বাগত জানানো

well [wɛl] *adj* সুস্থ ▷ *adv* ভাল ▷ *n* কুয়ো

well-behaved ['wɛl'bɪ'heɪvd] *adj* সুন্দর আচরণবিশিষ্ট

well done! [wɛl dʌn] *excl* সাবাস

wellingtons ['wɛlɪŋtənz] *npl* লম্বা রাবারের জুতো

well-known ['wɛl'nəʊn] *adj* সুপরিচিত

well-off ['wɛl'ɒf] *adj (informal)* স্বচ্ছল

well-paid ['wɛl'peɪd] *adj* মোটা বেতন প্রাপ্ত

Welsh [wɛlʃ] *adj* ওয়েলস্ দেশীয় ▷ *n* ওয়েলস্ ভাষা

west [wɛst] *adj* পশ্চিমাংশ ▷ *adv* পশ্চিম দিকে ▷ *n* পশ্চিম

westbound ['wɛstˌbaʊnd] *adj* পশ্চিমদিকে

western ['wɛstən] *adj* পশ্চিমাঞ্চল ▷ *n* গোপালকের জীবনকাহিনী

West Indian [wɛst 'ɪndɪən] *adj* ওয়েস্ট ইন্ডিয়া দেশীয় ▷ *n* ওয়েস্ট ইন্ডিয়ার নাগরিক

West Indies [wɛst 'ɪndɪz] *npl* ওয়েস্ট ইন্ডিজ

wet [wɛt] *adj* ভিজে

wetsuit ['wɛt,suːt] *n* সাঁতারুর পোষাক

whale [weɪl] *n* তিমি

what [wɒt] *det* কি বোঝাতে ব্যবহৃত হয় ▷ *pron* কি?

whatever [wɒt'ɛvə] *conj* যা কিছু

wheat [wiːt] *n* গম

wheat intolerance [wiːt ɪn'tɒlərəns] *n* গমে অ্যালার্জি

wheel [wiːl] *n* চাকা

wheelbarrow ['wiːl,bærəʊ] *n* হুইলব্যারো

wheelchair ['wiːl,tʃɛə] *n* হুইলচেয়ার

when [wɛn] *adv* কখন? ▷ *conj* যখন

whenever [wɛn'ɛvə] *conj* যখনই

where [wɛə] *adv* কোথায়? ▷ *conj* কোথা থেকে

whether ['wɛðə] *conj* কিনা

which [wɪtʃ] *det* কোন? ▷ *pron* কোনটা

whichever [wɪtʃ'ɛvə] *det* যা কিছু

while [waɪl] *conj* যখন ▷ *n* কিছুক্ষণ

whip [wɪp] *n* চাবুক

whipped cream [wɪpt kriːm] *n* ফেটানো ক্রিম

whisk [wɪsk] *n* ফেটানোর মেশিন

whiskers ['wɪskəz] *npl* গোঁফ

whisky ['wɪskɪ] *n* মদ্যবিশেষ

whisper ['wɪspə] *v* ফিসফিস করা

whistle ['wɪsl] *n* বাঁশি ▷ *v* শিস দেওয়া

white [waɪt] *adj* সাদা

whiteboard ['waɪt,bɔːd] *n* হোয়াইট বোর্ড

whitewash ['waɪt,wɒʃ] *v* চুনকাম করা

whiting ['waɪtɪŋ] *n* সামুদ্রিক মৎসবিশেষ

who [huː] *pron* কে

whoever [huː'ɛvə] *conj* যে কেউ

whole *adj* গোটা ▷ [həʊl] *n* সম্পূর্ণ

wholefoods ['həʊl,fuːdz] *npl* অপরিশীলিত খাদ্য

wholemeal ['həʊl,miːl] *adj* আটা

wholesale ['həʊl,seɪl] *adj* পাইকারি ▷ *n* পাইকারি হারে ক্রয়বিক্রয়

whom [huːm] *pron (formal)* যাকে

W

whose [huːz] *det* কার
▷ *pron* যার
why [waɪ] *adv* কেন
wicked ['wɪkɪd] *adj* মন্দ
wide [waɪd] *adj* চওড়া
▷ *adv* চওড়াভাবে
widespread ['waɪd,sprɛd] *adj* ব্যাপক
widow ['wɪdəʊ] *n* বিধবা
widower ['wɪdəʊə] *n* বিপত্নীক
width [wɪdθ] *n* বহর
wife [waɪf] *n* স্ত্রী
Wi-Fi ['waɪfaɪ] *n* ওয়াই-ফাই
wig [wɪg] *n* পরচুলা
wild [waɪld] *adj* বন্য
wildlife ['waɪld,laɪf] *n* বন্যজীবন
will [wɪl] *n (determination)* ইচ্ছা; *(document)* দলিল
▷ *v* হবে
willing ['wɪlɪŋ] *adj* ইচ্ছুক
willingly ['wɪlɪŋlɪ] *adv* ইচ্ছাকৃতভাবে
willow ['wɪləʊ] *n* উইলো গাছ
willpower ['wɪl,paʊə] *n* ইচ্ছাশক্তি
wilt [wɪlt] *vi* শুকিয়ে যাওয়া
win [wɪn] *v* জেতা
wind [wɪnd] *n* বাতাস ▷ *vt (cause to have difficulty breathing)* দম ফুরানো
▷ [waɪnd] *vi (road, river)* ঘুরে যাওয়া ▷ *vt (wrap)* ঘুরিয়ে বাঁধা
windmill ['wɪnd,mɪl] *n* হাওয়া কল
window ['wɪndəʊ] *n* জানালা
window pane ['wɪndəʊ peɪn] *n* জানালার কাঁচ
window seat ['wɪndəʊ siːt] *n* জানালার ধারের সীট
windowsill ['wɪndəʊ,sɪl] *n* গোবরাট
windscreen ['wɪnd,skriːn] *n* গাড়ির সামনের কাঁচ
windscreen wiper ['wɪndskriːn 'waɪpə] *n* গাড়ির সামনের কাঁচ পরিষ্কার করবার ওয়াইপার
windsurfing ['wɪnd,sɜːfɪŋ] *n* একটি জলের ক্রীড়া
windy ['wɪndɪ] *adj* বাতাসযুক্ত
wine [waɪn] *n* মদ্যবিশেষ
wineglass ['waɪn,glɑːs] *n* ওয়াইনের গ্লাস
wine list [waɪn lɪst] *n* ওয়াইনের তালিকা
wing [wɪŋ] *n* ডানা
wing mirror [wɪŋ 'mɪrə] *n* গাড়ির দুধারে লাগানো আয়না

wink [wɪŋk] *vi* চোখ টিপে ইশারা করা
winner ['wɪnə] *n* বিজয়ী
winning ['wɪnɪŋ] *adj* জয়ী
winter ['wɪntə] *n* শীতকাল
winter sports ['wɪntə spɔːts] *npl* শীতকালের খেলা
wipe [waɪp] *vt* মোছা
wipe up [waɪp ʌp] *v* মুছে ফেলা
wire [waɪə] *n* তার
wisdom ['wɪzdəm] *n* জ্ঞান
wisdom tooth ['wɪzdəm tuːθ] *n* আক্কেল দাঁত
wise [waɪz] *adj* জ্ঞানী
wish [wɪʃ] *n* মনোবাসনা ▷ *vt* ইচ্ছা করা
wit [wɪt] *n* রসিকতা
witch [wɪtʃ] *n* ডাইনি
with [wɪð] *prep* *(accompanied by)* সঙ্গে; *(having)* সহ
withdraw [wɪð'drɔː] *vt* *(formal)* প্রত্যাহার করা
withdrawal [wɪð'drɔːəl] *n* *(formal)* প্রত্যাহার
within [wɪ'ðɪn] *prep* *(formal)* মধ্যে
without [wɪ'ðaʊt] *prep* ছাড়া
witness ['wɪtnɪs] *n* সাক্ষী
witty ['wɪtɪ] *adj* রসময়
wolf [wʊlf] *n* নেকড়ে
woman ['wʊmən] *n* মহিলা
wonder ['wʌndə] *vt* অবাক হওয়া
wonderful ['wʌndəfʊl] *adj* দারুণ
wood [wʊd] *n* *(material)* কাঠ; *(forest)* জঙ্গল
wooden ['wʊdn] *adj* কাঠনির্মিত
woodwind ['wʊd,wɪnd] *adj* বায়ুচালিত বাদ্যযন্ত্র
woodwork ['wʊd,wɜːk] *n* কাঠের কাজ
wool [wʊl] *n* পশম
woollen ['wʊlən] *adj* পশমনির্মিত
woollens ['wʊlənz] *npl* উলনির্মিত
word [wɜːd] *n* শব্দ
work [wɜːk] *n* কাজ ▷ *vi* *(toil)* কাজ করা; *(machine)* ঠিকঠাক চলা
worker ['wɜːkə] *n* কর্মী
work experience [wɜːk ɪk'spɪərɪəns] *n* কর্ম অভিজ্ঞতা
workforce ['wɜːk,fɔːs] *n* কর্মীবাহিনী
working-class ['wɜːkɪŋklɑːs] *adj* শ্রমিকশ্রেণী

W

workman ['wɜːkmən] *n* মজুর
work of art [wɜːk ɒv; əv ɑːt] *n* শিল্পকর্ম
work out [wɜːk aʊt] *v* সমাধান খোঁজা
work permit [wɜːk 'pɜːmɪt] *n* কাজের অনুমতিপত্র
workplace ['wɜːk,pleɪs] *n* কর্মক্ষেত্র
workshop ['wɜːk,ʃɒp] *n* কারখানা
workspace ['wɜːk,speɪs] *n* কাজ করার জায়গা
workstation ['wɜːk,steɪʃən] *n* কম্পিউটার
world [wɜːld] *n* পৃথিবী
World Cup [wɜːld kʌp] *n* বিশ্বকাপ
worm [wɜːm] *n* কেঁচো
worn [wɔːn] *adj* জরাজীর্ণ
worried ['wʌrɪd] *adj* চিন্তিত
worry *vi* চিন্তা করা
worrying ['wʌrɪɪŋ] *adj* চিন্তার বিষয়
worse [wɜːs] *adj* আরো খারাপ ▹ *adv* অধিকতর খারাপ
worsen ['wɜːsn] *v* আরো খারাপ করা
worship ['wɜːʃɪp] *v* পূজা করা
worst [wɜːst] *adj* সবথেকে খারাপ
worth [wɜːθ] *n* মূল্য
worthless ['wɜːθlɪs] *adj* মূল্যহীন
would [wʊd] *v* হবে
wound [wuːnd] *n* আঘাত ▹ *vt* আঘাত লাগা
wrap [ræp] *vt* মোড়া
wrapping paper ['ræpɪŋ 'peɪpə] *n* মোড়ার কাগজ
wrap up [ræp ʌp] *v* গুটিয়ে ফেলা
wreck [rɛk] *n* ধ্বংস ▹ *vt* ধ্বংস করা
wreckage ['rɛkɪdʒ] *n* ধ্বংসাবশেষ
wren [rɛn] *n* পক্ষীবিশেষ
wrench [rɛntʃ] *n* কষ্টকর ▹ *vt* হ্যাঁচকা মারা
wrestler ['rɛslə] *n* কুস্তিগির
wrestling ['rɛslɪŋ] *n* কুস্তি
wrinkle ['rɪŋkl] *n* বলিরেখা
wrinkled ['rɪŋkld] *adj* বলিরেখাযুক্ত
wrist [rɪst] *n* কবজি
write [raɪt] *v* লেখা
write down [raɪt daʊn] *v* লিখে রাখা
writer ['raɪtə] *n* লেখক
writing ['raɪtɪŋ] *n* লেখা

writing paper ['raɪtɪŋ 'peɪpə] *n* লেখার কাগজ

wrong [rɒŋ] *adj (amiss)* ভুল; *(incorrect)* ভুল; *(morally)* অন্যায়

wrong number [rɒŋ 'nʌmbə] *n* ভুল নম্বর

X

Xmas ['ɛksməs] *n (informal)* বড়দিন

X-ray ['ɛksreɪ] *n* এক্স-রে ▷ *vt* এক্স-রে করা

xylophone ['zaɪlə,fəʊn] *n* জাইলোফোন

y

yacht [jɒt] *n* প্রমোদতরণী

yard [jɑːd] *n (unit of length)* গজ; *(courtyard)* আঙ্গিনা

yawn [jɔːn] *vi* হাই তোলা

year [jɪə] *n* বৎসর

yearly ['jɪəlɪ] *adj* বাৎসরিক ▷ *adv* বার্ষিক

yeast [jiːst] *n* ঈস্ট

yell [jɛl] *v* চিৎকার করা

yellow ['jɛləʊ] *adj* হলুদ

Yellow Pages® ['jɛləʊ 'peɪdʒɪz] *n* ইয়েলো পেজ

Yemen ['jɛmən] *n* ইয়েমেন

yes! [jɛs] *excl* হ্যাঁ!

yesterday ['jɛstədɪ] *adv* গতকাল

yet [jɛt] *adv* এখনও

yew [juː] *n* একধরণের চিরসবুজ গাছ

yield [jiːld] *vi (formal)* মেনে নেওয়া

yoga ['jəʊgə] *n* যোগব্যায়াম

yoghurt ['jəʊgət] *n* দই

yolk [jəʊk] *n* ডিমের হলুদ অংশ

you [juː] *pron* তুমি

young [jʌŋ] *adj* অল্পবয়সী

younger ['jʌŋgə] *adj* অপেক্ষাকৃত ছোট

youngest ['jʌŋgɪst] *adj* সবথেকে ছোট

your [jɔː] *det* আপনার/ তোমার

yours [jɔːz] *pron* আপনার

yourself [jɔː'sɛlf] *pron* আপনি/তুমি নিজে

yourselves [jɔː'sɛlvz] *pron* আপনাদের নিজেদের

youth [juːθ] *n* যৌবনে

y

youth club [juːθ klʌb] *n* যুব সঙ্ঘ
youth hostel [juːθ 'hɒstl] *n* ইউথ হোস্টেল

Z

Zambia ['zæmbɪə] *n* জাম্বিয়া
Zambian ['zæmbɪən] *adj* জাম্বিয়া দেশীয় ▷ *n* জাম্বিয়ার বসবাসকারী
zebra ['ziːbrə] *n* জেব্রা
zebra crossing ['ziːbrə 'krɒsɪŋ] *n* জেব্রা ক্রসিং
zero ['zɪərəʊ] *n* শূন্য
zest [zɛst] *n* *(vitality)* উদ্দীপনা; *(rind)* পাতিলেবুর খোসা
Zimbabwe [zɪm'bɑːbwɪ] *n* জিম্বাবোয়ে
Zimbabwean [zɪm'bɑːbwɪən] *adj* জিম্বাবোয়ে দেশীয় ▷ *n* জিম্বাবোয়ের বসবাসকারী
Zimmer® frame ['zɪmə freɪm] *n* বয়স্কদের হাঁটার সহায়ক
zinc [zɪŋk] *n* দস্তা
zip [zɪp] *n* চেন ▷ *vt* চেন টানা
zit [zɪt] *n* *(informal)* ত্বকে দাগ
zodiac ['zəʊdɪ,æk] *n* রাশিচক্র
zone [zəʊn] *n* অঞ্চল
zoo [zuː] *n* চিড়িয়াখানা
zoology [zəʊ'ɒlədʒɪ] *n* প্রাণীতত্ত্ব
zoom lens [zuːm lɛnz] *n* জুম লেন্স